I0042336

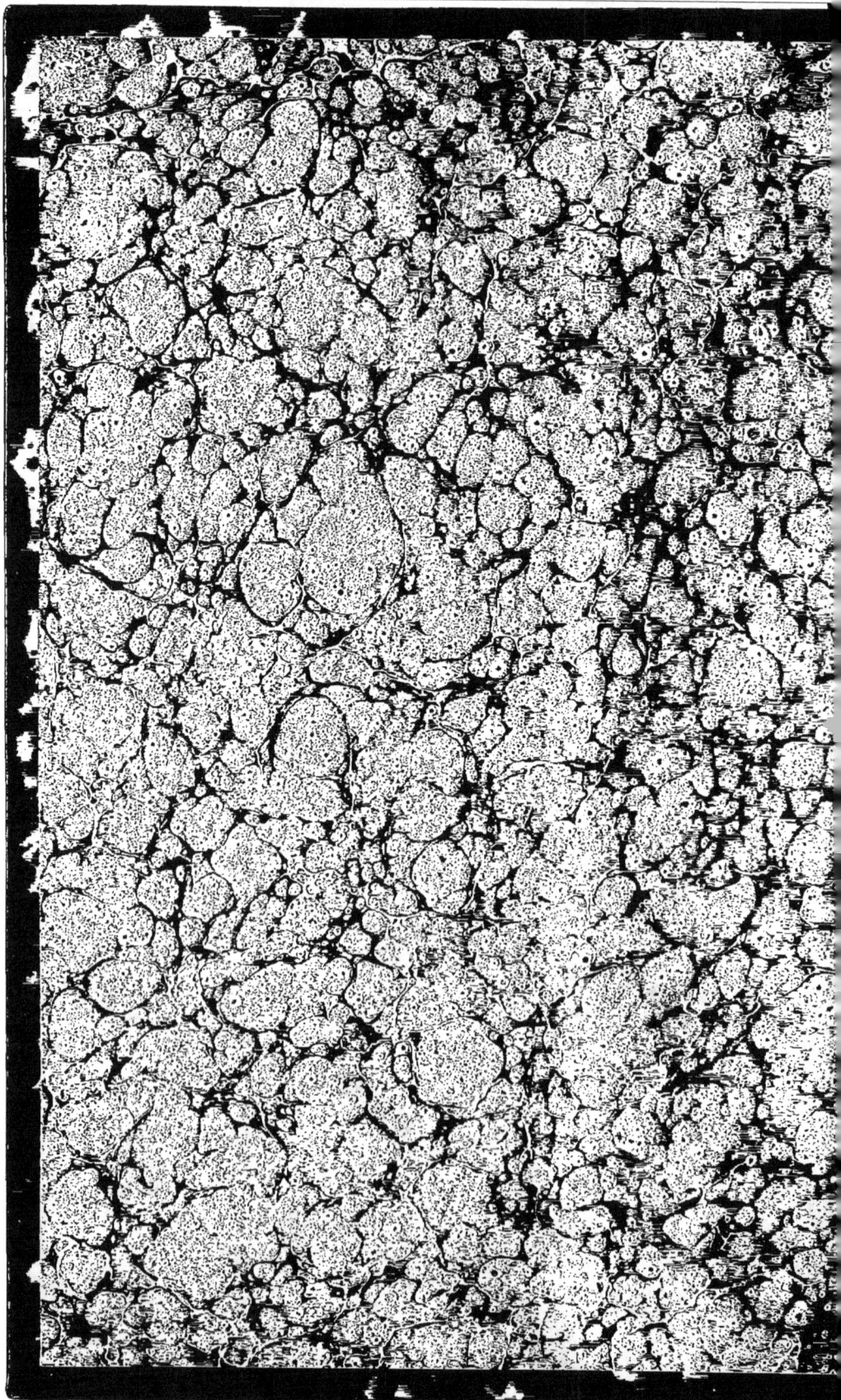

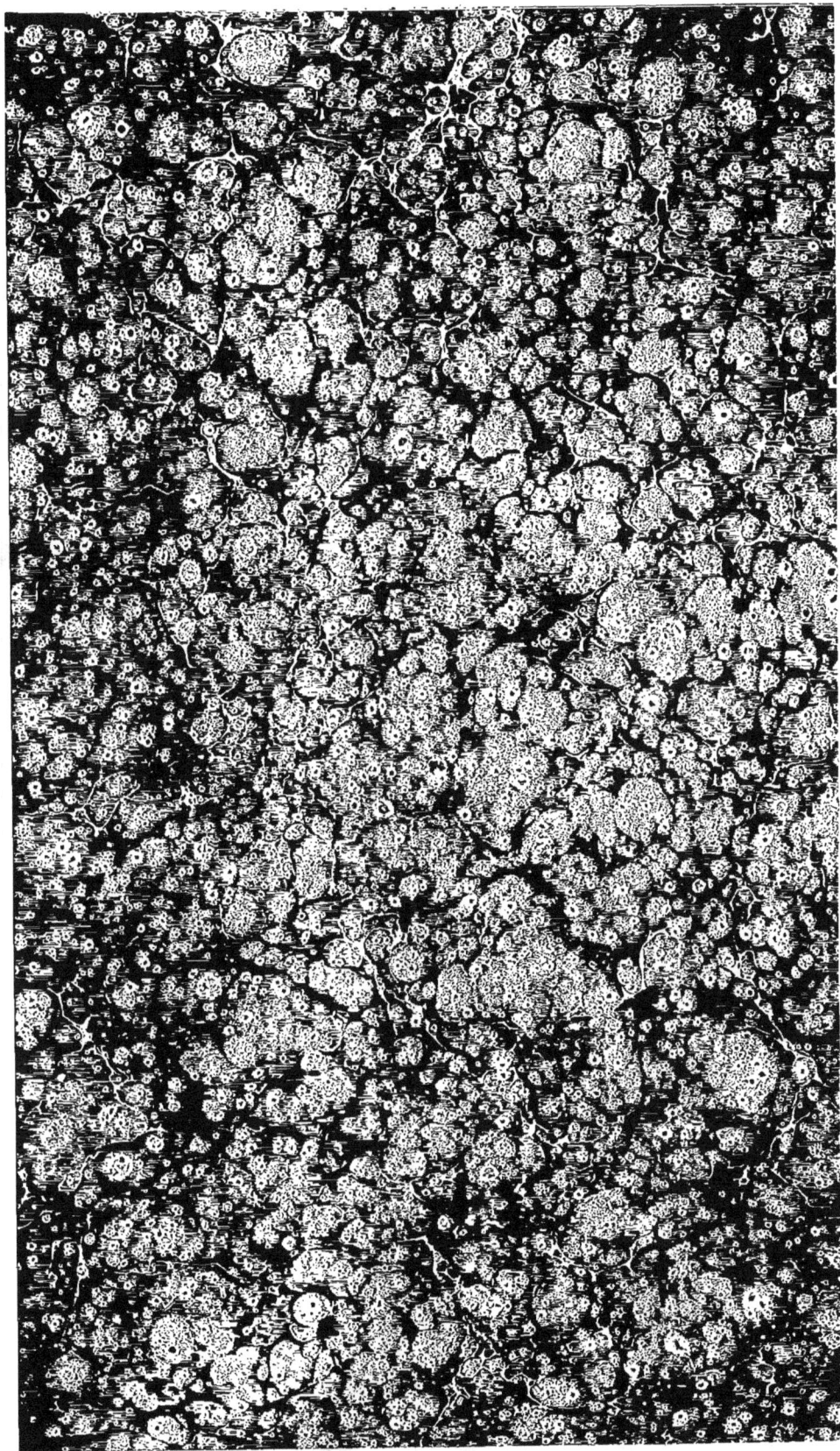

44

# PROSPECTUS.

*Souscription pour laquelle on ne payera rien d'avance.*

# MONUMENT
# A LA GLOIRE NATIONALE.

## OU

## RECUEIL DES PROCLAMATIONS,

### RAPPORTS ET BULLETINS DES ARMÉES FRANÇAISES,

DEPUIS LE COMMENCEMENT DE LA GUERRE DE LA RÉVO-
LUTION, EN 1792, JUSQU'EN 18..

LA guerre occasionnée par la révolution de France, a
produit des résultats si importants, si extraordinaires, que
le public accueillera sans doute avec bienveillance un ouvrage
qui a pour objet de réunir dans un petit nombre de volumes
le tableau de la Gloire militaire de la nation française. En
traçant le tableau de cette guerre, on a voulu présenter
avec ordre et méthode, une série des évènements, qui n'existait pas encore, et, à l'exemple de l'artiste qui fait des études
de toutes les parties essentielles, on les a reproduits tels qu'ils
avaient été présentés par les généraux eux-mêmes. On espère que cette précieuse collection de ce qui a été dit de mémorable par ceux qui ont fait tant de choses dignes de mémoire, pourra servir un jour de base à une histoire complète
et raisonnée des guerres de la révolution. C'est donc concourir au perfectionnement de l'histoire nationale, que de
rassembler les premiers éléments de ce grand ouvrage ; c'est
mériter, par leur publicité, quelque reconnaissance de cette
classe nombreuse de Français, avide et curieuse d'un sujet qui
intéresse la nation en général, et un grand nombre d'individus
en particulier, puisqu'ils y trouveront des titres de gloire.

1

Personne n'ignore qu'au moment où la guerre fut déclarée en 1792, et même depuis, la France était violemment agitée par des factions qui tentèrent toutes de se culbuter pour s'emparer de l'autorité et de la direction des affaires auxquelles ces intérêts particuliers, toujours inconciliables entr'eux, nuisaient essentiellement. C'est par cette raison que les choses furent alors presque toujours présentées sous de faux aspects, et qu'il est si difficile d'arracher la vérité aux passions. Il s'agissait donc de fixer, de rassembler les idées éparses dans une foule de comptes rendus, de rapports, de journaux, d'apologies, de relations, de mémoires trop souvent infidèles, soit qu'ils eussent été dictés par l'ignorance, la mauvaise foi et l'esprit de parti, intéressés à peindre les faits sous le jour qui pouvait être momentanément ou ultérieurement favorable à des vues personnelles. C'est ce qui rend si longue et si pénible la recherche de la vérité, surtout pendant les premières années de la guerre de la révolution, indépendamment de la difficulté de mettre en ordre l'immensité des évènements militaires, et de leur donner de la liaison et de l'ensemble. Il faudrait d'ailleurs s'imposer la loi de la plus sincère impartialité, pour rétablir la vérité, en même temps qu'on aurait à se préserver de l'inconvénient d'offrir au lecteur un journal sec, aride et minutieux, de dispositions ou de combats particuliers qui ont eu leur utilité dans la masse des détails, mais dont le développement total occupe toujours trop de place, produit l'ennui sans l'instruction, et doit par conséquent disparaître comme les lignes de crayon d'un plan mis au net.

Au moment où la Convention nationale se forma, en septembre 1792, la France se trouvait dans une situation très-critique. Les ennemis, déjà entrés dans plusieurs provinces, pouvaient arriver incessamment aux portes de la capitale; les principales puissances de l'Europe désiraient sinon la destruction totale, du moins l'affaiblissement de la France, que leurs armées cernaient de toutes parts au dehors, tandis qu'elle était déchirée au dedans par des factions et des troubles, qui dégénérèrent bientôt en guerre civile. Un grand nombre de bons citoyens craignaient que la patrie ne succombât et ne subît le sort de la Pologne. Bientôt la face des choses change. On manquait d'armes, et la République devient un vaste arsenal. On n'avait point d'étoffes pour vêtir les troupes, et la plupart des villes se transforment en ateliers d'habillement. On s'aperçoit qu'on va éprouver la disette de poudre, et sur-le-champ on se trouve dans une atmosphère de salpêtre. Les armées étaient trop peu nombreuses, et le décret du 23 août 1793, produit un million de soldats à l'aspect desquels les légions ennemies partout vaincues, fuyent épouvantées; enfin le sol français est non-seulement reconquis, mais on l'étend jusqu'au Rhin et au-de-là des Alpes.

On observera que dans la Convention nationale, un décret de déclaration de guerre n'occasionna jamais une minute de discussion; que c'est même au moment où nos armées étaient repoussées de la Belgique, que la Convention décréta la réunion de ces importantes provinces; que cette conduite qui, dans d'autres circonstances, eût été téméraire, était alors commandée par la nécessité; que si, dans ces moments difficiles, la Convention eût manqué de vigueur ou paru redouter le nombre des ennemis, il était à craindre que la nation entière ne partageât la pusillanimité de ses représentants, et, jugeant le péril plus grand que nos ressources, retombât dans l'abattement; qu'il n'est pas moins certain qu'en montrant beaucoup de confiance dans les forces et le patriotisme du peuple, on finit par le persuader que ses moyens étaient supérieurs aux dangers qui le menaçaient, et que cette opinion a été la source de l'énergie qu'il déploya dans la guerre de la révolution.

Un ouvrage historique quelconque n'a de mérite qu'en raison de la pureté des sources où on a puisé, et les moins incertaines sont sans contredit les pièces officielles ou originales. Toutes concourent à prouver que la campagne de 1792 et partie de la suivante, sont un tissu d'intrigues mêlées d'opérations militaires, souvent sans aucune liaison entr'elles, ou mal calculées: mais la situation de nos frontières et de nos armées, et la manière peu habile dont on les employa fréquemment, ajoutent beaucoup à la gloire de la nation française, qui, avec des généraux d'abord sans expérience et sans réputation, avec une armée à la fois nouvelle et énervée par l'indiscipline, déploya une énergie, un courage et des ressources qui ne s'étaient jamais manifestés dans aucune circonstance avec autant d'éclat : aussi a-t-on vu la France triompher de l'Europe entière liguée contre elle.

On sent facilement combien ces documents doivent répandre de jour sur l'histoire de la guerre de la révolution, et concourir aux progrès de la science militaire, puisqu'ils offrent la base d'une tactique entièrement neuve et d'autant plus essentielle, qu'elle seule conduit à former méthodiquement des plans de guerre et de campagne par principe et par règle, et à les établir sur des hypotheses certaines, justifiées par une longue expérience : elle apprend encore à n'avoir que des idées saines sur la stratégie, les lignes d'opération et celles de communication.

Ce vaste tableau de la Gloire militaire de la France, est divisé d'abord par années ou campagnes, et celles-ci par chapitres, consacrés aux détails des différentes armées, chacune ayant le sien suivant l'ordre des dates. Au surplus, les tables placées à la fin de chaque volume, donnent une idée exacte de son contenu : dressées avec le plus grand soin, elles aident en outre à trouver facilement les faits particuliers, ainsi que les titres par ordre alphabétique de toutes les personnes dont il est fait une mention quelconque dans l'ouvrage. On ne pouvait adopter une autre division, parce que, comme plusieurs armées agissaient à la fois, et dans des lieux différents, si on avait reproduit cumulativement les rapports ou bulletins où sont décrits leurs mouvements ou leurs entreprises, il en serait résulté une confusion qui aurait rompu sans cesse le fil qui doit lier toutes les parties d'un même ensemble : d'ailleurs, la table chronologique des principaux évènements militaires et politiques de la guerre de la révolution, placée à la fin du dernier volume, les présentera réunis dans leur ordre naturel, puisqu'ils y seront énoncés par date de jour, de mois et d'année, de manière qu'on pourra voir d'un coup d'œil ce qui s'est passé de remarquable le même jour dans toutes les armées françaises.

Quant aux sources où on a puisé pour composer cette ample collection , nous pouvons assurer qu'elles sont dignes de confiance. Les sommaires placés en tête des bulletins ou rapports publiés par les généraux , sont un simple extrait de mémoires fort étendus , rédigés dans le temps même par un officier-général connu, que sa position mettait en mesure de voir les pièces originales ou officielles, même les plus secrètes. On a consulté aussi beaucoup de mémoires fournis par les généraux et les commissaires de la Convention nationale auprès des armées, de même que leurs rapports imprimés ; mais comme on sait qu'ils étaient souvent dictés par des vues ou des intérêts particuliers, on n'en a adopté le contenu que quand il était confirmé d'ailleurs. Enfin , nous croyons que l'ensemble de notre travail présente et présentera une base solide et une réunion de détails précieux, pour faciliter un jour la rédaction d'un ouvrage détaillé et complet sur la guerre de la révolution ; qu'en attendant il offre un supplément nécessaire à toutes les histoires de la révolution publiées jusqu'à ce jour, dans lesquelles la partie militaire est totalement omise, ou traitée trop superficiellement et avec inexactitude.

Toutes les pièces rassemblées dans cette collection sont autant de titres de gloire , non-seulement pour l'armée française en général , mais pour chacun de ses chefs , chacun de ses officiers, chacun de ses soldats. Combien de braves dont le nom est inscrit sur ces tables immortelles ! C'est-là que, rentrés dans leurs foyers , couverts d'impérissables lauriers, ils retrouveront, avec un juste orgueil, leur nom gravé sur le tableau de la gloire , de la main même de ceux qui furent les témoins de leurs exploits, qui partagèrent leurs dangers, qui vainquirent avec eux. Ils sentiront encore une fois battre leur cœur d'enthousiasme à la lecture de ces proclamations qui furent toujours pour eux les préludes de la victoire; de ces proclamations toujours inspirées par l'amour de la patrie, et qui enfantèrent la gloire nationale. Quel Français ne serait fier de puiser dans ces immortelles archives de l'honneur, des titres à la reconnaissance de ses concitoyens? Quel est celui de ses enfants qui, qui, appelé à son tour à veiller la défense de la patrie, n'aimera à trouver dans son père un modèle à imiter?

C'est du sein de nos armées que partirent ces glorieuses proclamations qui nous consolèrent tant de fois de la honte de nos fureurs intestines. Modèles d'éloquence militaire, elles transmettront à nos derniers neveux le souvenir du triomphe de nos armes.

Ne sont-ils pas des brevets de gloire durable ces rapports où sont racontés avec l'austère gravité d'un soldat qui fit consister plus d'une fois sa gloire à ne pas dire tout ce qu'il avait fait, les triomphes de la France aux prises avec l'Europe entière ? Ces bulletins où se montrent avec tant d'éclat les prodiges du courage français ; ces bulletins qui, rédigés dans l'ivresse de la victoire, sont autant de batailles en récit, où respire toute l'ardeur des combattants, et où vivront éternellement des triomphes que les revers nepourront faire oublier.

Un ouvrage qui a pour objet de les réunir tous dans un petit nombre de volumes, de rassembler dans un cadre étroit cette immense collection, dispersée dans tant d'ouvrages divers que la réunion en deviendrait impossible, est une de ces entreprises qui devront leur succès à l'intérêt qu'elles sont faites pour inspirer à tous les Français.

Cet ouvrage sera composé de 4 volumes de chacun 500 pages. Il en paraîtra successivement un volume de mois en mois, à dater du premier avril 1818. Le prix de chaque volume sera de 5 fr. 50 centimes en papier ordinaire, et de 11 fr. en papier vélin, pour les personnes qui auront souscrit avant cette époque. Passé ce temps, chaque volume sera du prix de 7 francs.

Les souscripteurs ne payeront le prix de la souscription qu'en retirant les volumes.

Toutes les Souscriptions doivent être adressées à MM. Chaumerot, jeune, libraire, au Palais Royal, galeries de bois, n° 188 ; et Patris, impr.-libr., rue de la Colombe, n° 4, quai de la Cité, à Paris.

---

DE L'IMPRIMERIE DE C.-F. PATRIS, rue de la Colombe, n° 4, quai de la Cité.

On détachera cet engagement du Prospectus, pour l'envoyer signé et rempli à l'un des deux endroits indiqués.

*Souscription à l'ouvrage intitulé :* MONUMENT A LA GLOIRE NATIONALE, *ou* Recueil des Proclamations, Rapports et Bulletins des armées françaises, depuis le commencement de la guerre de la révolution, en 1792 jusqu'en 1815. *Prix de chaque volume* 5 *fr.* 50 *c.*

*Je soussigné*            *déclare souscrire à*       *exemplaire de l'ouvrage ci-dessus, que je payerai à MM.* PATRIS, *Imprimeur, rue de la Colombe, N° 4, en la Cité, ou* CHAUMEROT *jeune, Libraire, au Palais-Royal, galeries de bois, N° 188, à raison de* Vingt-deux francs *les quatre volumes, au fur et à mesure de la mise en vente de chaque livraison.*

A          le          1818.

*Nota.* Avoir soin d'indiquer, dans la lettre de demande, par quelle voie on désire recevoir l'ouvrage. Si c'est par la poste, il faudra ajouter 1 fr. 50 c. par volume.

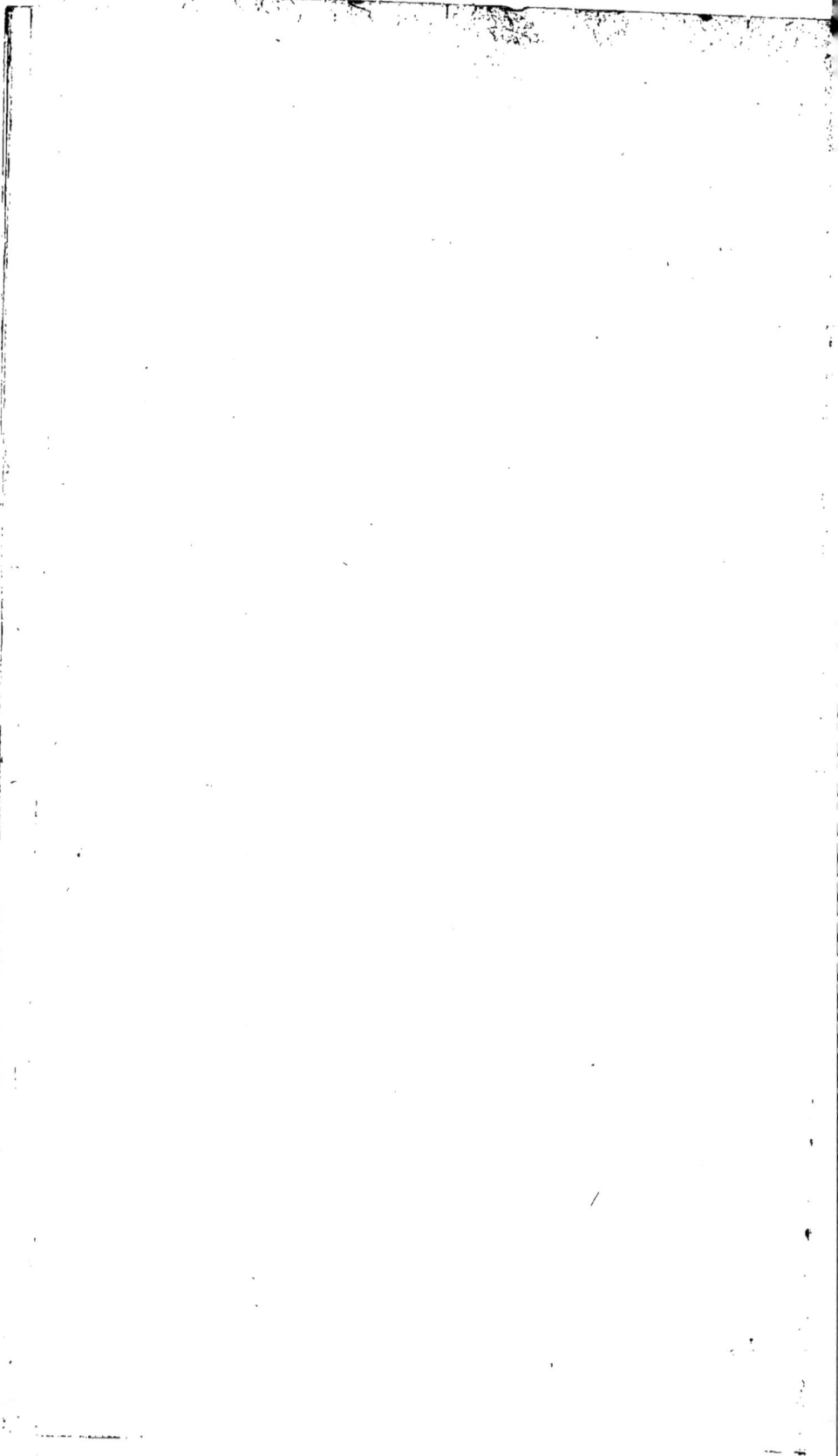

# MONUMENT

## A

# LA GLOIRE NATIONALE.

DE L'IMPRIMERIE DE C.-F. PATRIS, rue de la
Colombe , n° 4 , quai de la Cité.

# MONUMENT

## A

# LA GLOIRE NATIONALE,

ou

Collection générale des Proclamations, Rapports, Lettres et Bulletins des Armées françaises, depuis le commencement de la guerre de la révolution, en 1792, jusqu'en 1815.

> Non est quercus solida, nec fortis, nisi in quam frequens ventus incursat; ipsâ enim vexatione constringitur, et radices certiùs figit.
>
> SENEC. *De Prosper.*

## TOME PREMIER.

# PARIS,

PATRIS, imprimeur-libraire, rue de la Colombe, n° 4, quai de la Cité;

CHAUMEROT jeune, libraire au Palais-Royal, galeries de bois, n° 188.

## 1818.

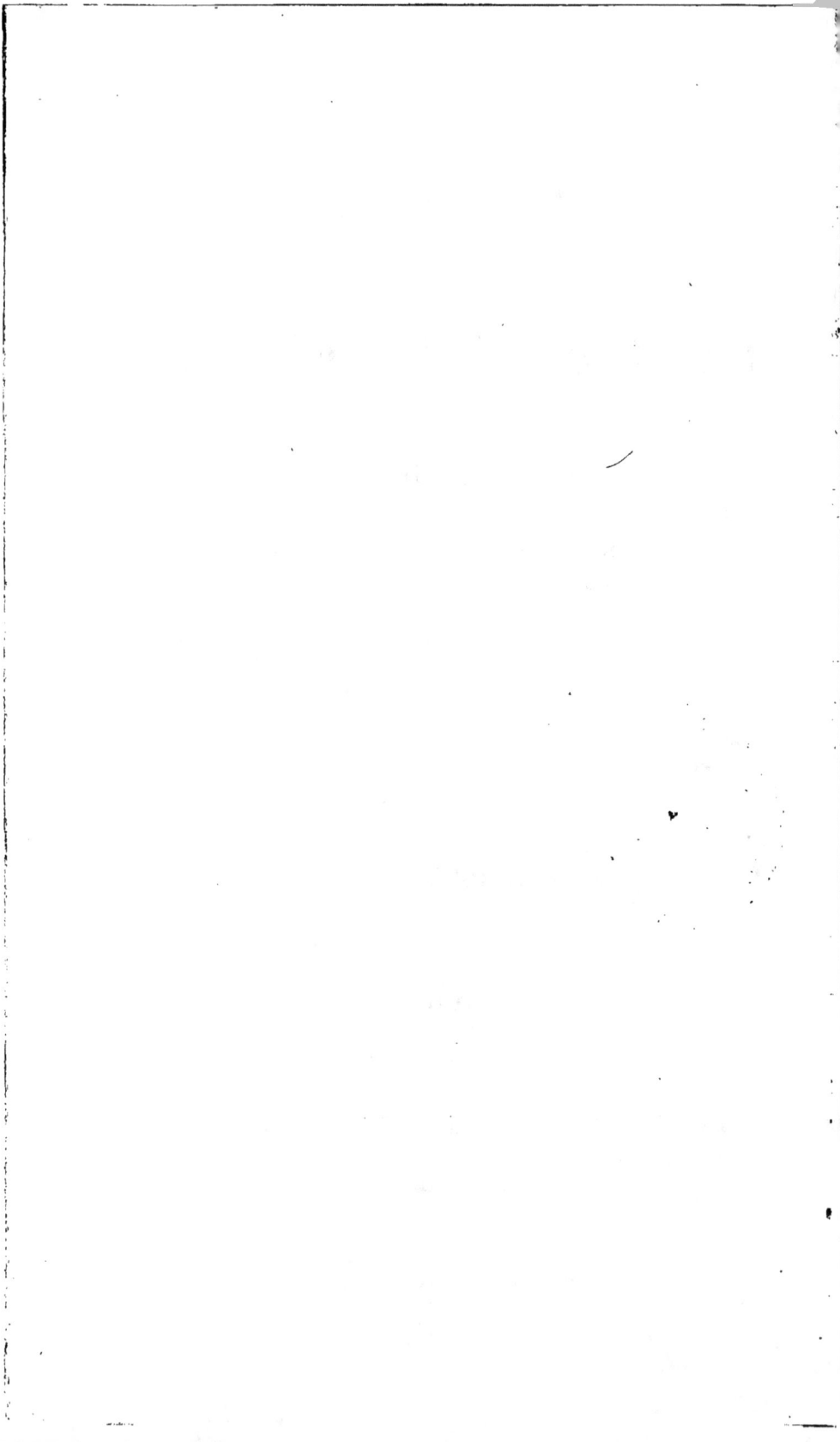

# INTRODUCTION.

~~~~~~~

Lorsque les lumières répandues chez un peuple, ont
avili ses anciennes institutions, une réforme dans les lois
et dans le gouvernement est devenue nécessaire; une révolution est inévitable. En vain l'ignorance ou l'intérêt s'efforcent de lutter contre elle : vouloir la contenir, c'est
irriter sa violence; ses ressorts comprimés n'en deviènent
que plus impétueux. Heureux sans doute les peuples gou-
vernés par des hommes dont les principes et la conduite
sont toujours en harmonie avec les lumières publiques !
mais bien plus heureux encore ces conducteurs des nations,
lorsqu'au lieu de contrarier l'opinion et de retenir leur
siècle en arrière, ils favorisent son essor, et s'avancent, si
je puis m'exprimer ainsi, à la tête des révolutions. Cette
gloire est leur unique refuge; s'ils ne conduisent le char,
ils tombent écrasés sous la roue. De grands, de terribles
souvenirs nous servent ici d'exemples. Les ennemis de la
France peuvent, tant qu'ils voudront, blâmer les excès de
la révolution française; eux seuls en seront plus coupables :
leur entêtement ou leur cupidité ont fait tout le mal. Ils
n'avaient qu'à suivre la nation, s'ils voulaient n'être pas
réduits à la calomnier un jour. Eclairée par ses droits et
rendue à elle-même, la France voulut se donner une constitution libérale qui détruisît à jamais l'arbitraire, fondât
l'égalité entre tous les citoyens, et mît sous la sauve-garde
des lois la liberté et les propriétés de chacun. C'est là que
tendait la révolution toute entière; la révolution ne pouvait
s'arrêter que là : la France ne pouvait être heureuse, tran-

quille et florissante, tant que sa révolution ne serait pas terminée. Si nul obstacle ne peut empêcher les révolutions de naître, à plus forte raison n'est-il point de barrière qui puisse les arrêter dans leur cours. Lorsque le temps est venu, il faut qu'elles éclatent; commencées, il faut qu'elles s'achèvent.

La guerre continentale, occasionnée par la révolution de France, a produit des résultats si importants, si extraordinaires, et dont les vraies causes sont encore si peu éclaircies, qu'on approuvera sans doute que nous commencions à les mettre en évidence, puisque leur développement sera également utile a l'histoire et à l'art militaire qui a éprouvé, durant cette guerre, une révolution non moins remarquable dans son genre que celle qu'a subie l'empire français dans son existence politique. En traçant le tableau de cette guerre, nous ne prétendons pas donner un travail définitif, mais seulement présenter, avec ordre et méthode, une série des événements qui n'existait pas encore; et, à l'exemple de l'artiste qui fait des études de toutes les parties essentielles dont il projète de composer un tableau, nous avons rapproché les faits essentiels, nous les avons esquissés, et nous espérons que cette première ébauche pourra servir d'introduction à la collection des proclamations, rapports, lettres, bulletins et adresses que nous avons rassemblés dans cet ouvrage.

Il est surprenant que les historiens militaires aient omis jusqu'ici, ou passé trop légèrement sur un article aussi essentiel que celui de l'augmentation successive de nos forces pendant la guerre de la révolution, d'autant qu'elle doit être un objet d'étude et de comparaison, quand il s'agit de calculer, d'après des bases exactes, le nombre de troupes nécessaire à la France pour défendre son territoire et porter la guerre dans celui de l'ennemi. On a trop négligé de faire connaître l'intrinsèque des forces dont on a voulu décrire les effets, et il en résulte que le lecteur ne peut que mal apprécier la facilité et la difficulté, les avantages et les inconvénients des projets et des entreprises, c'est-à-dire la véritable mesure de capacité des ministres et des généraux, ainsi que le mérite de leurs opérations. On sent facilement combien ces documents doivent répandre de jour sur l'histoire de la guerre de la révolution, et concourir aux progrès de la science militaire, puisqu'ils offrent la base d'une tactique entièrement neuve, et d'autant plus essentielle qu'elle seule conduit à former méthodiquement des plans de guerre et de campagne par principe et par règle, et à les établir sur des hypothèses certaines, justifiées par une longue expérience : elle apprend encore à n'avoir que des idées saines sur la stratégie, les lignes d'opération et celles de communication. Dans les recherches sur la force de l'armée, outre que nous l'exposons à toutes les époques importantes, nous avons posé les bases pour la fixer selon les circonstances, et nous sommes entrés dans des détails convenables sur les différents ministres de la guerre, depuis le commencement de la révolution jusqu'au 18 brumaire. Pendant la révolution, les vicissitudes de l'armée française furent continuelles, et il fallait nécessairement les détailler, sans laisser échapper aucun aspect important de ce tableau mouvant. La rapidité avec laquelle nous passerons sur la plupart des ministres de la guerre, est très-raisonnable : il ne convenait de s'arrêter qu'à ceux dont les opérations étaient susceptibles d'une attention particulière, d'après les résultats bons ou mauvais qu'elles avaient produits sur l'armée, et il n'était ni utile, ni instructif de s'étendre sur des hommes insignifiants, qui avaient expédié obscurément les détails de leur département. Le tableau de la guerre de la révolution, jusqu'à la fin de 1794, forme une époque complète, conduisant au moment où les armées françaises, après avoir vaincu celles des puissances coalisées, et conquis une grande étendue de pays, se trouvèrent établies de toutes parts sur le territoire ennemi, c'est-à-dire dans les Provinces-Unies, sur le Rhin, au-delà des Alpes et des Pyrénées. Nous terminerons cette introduction par un coup d'œil sur la guerre de la Vendée, relativement à laquelle les opinions sont si partagées, et la plupart des faits si peu liés entre eux et si obscurcis par les passions, vu les intérêts particuliers, que nous croyons impossible qu'on en donne peut-être jamais une histoire complète et satisfaisante.

La révolution de France avait déjà fixé, dès son origine, l'attention des puissances étrangères; le projet supposé bientôt après aux révolutionnaires les plus exagérés, de vouloir répandre des propagandistes dans toute l'Europe, dut inspirer de vives inquiétudes. En effet, les convulsions d'un grand empire, comme la France, devaient influer essentiellement sur les états voisins : aussi ces considérations, en augmentant les alarmes des divers gouvernements, les rendirent-elles infiniment contraires aux innovations de l'assemblée nationale constituante. La maladresse d'accabler sans nécessité Louis XVI de mauvais traitements et d'outrages, rendit sa cause commune à tous les souverains, même à ceux qui étaient les ennemis naturels de la France. Ils appréhendèrent tous pour eux un sort semblable à celui du roi, s'ils permettaient que leurs peuples connussent et embrassassent les nouvelles opinions. Cependant la malveillance de ces potentats serait sans doute restée encore long-temps inactive, si des décrets inconsidérés de l'assemblée nationale n'eussent attaqué des intérêts étrangers par une violation au moins apparente des traités, en vertu desquels le territoire français avait été agrandi, sous Louis XIV, de l'Alsace et de la Franche-Comté, et, sous Louis XV, de la Lorraine. Ne pas respecter les conditions sous lesquelles ces provinces avaient été cédées, parut aux yeux des publicistes un crime de lèse-droit public.

La nuit du 4 août 1789, l'assemblée nationale abolit sans indemnité les droits féodaux fondés sur la servitude personnelle, et tous les autres furent déclarés rachetables. Le 2 novembre suivant, les biens du clergé furent mis à la disposition de la nation, à la charge de pourvoir aux frais du culte. Les 24 et 25 février, 3, 9, 15 mars, et 3 juillet 1790, virent naître de nouveaux décrets sur l'extinction de la féodalité. Enfin, les 3 juin et 12 juillet produisirent des lois sur la constitution civile du clergé, qui, en rejetant la hiérarchie des pouvoirs ecclésiastiques, défendaient de reconnaître l'autorité d'aucun évêque ou métropolitain dont le siége existait en pays étranger. L'empire d'Allemagne aurait pu, comme les autres états, rester simple spectateur de ces innovations, si quelques princes ecclésiastiques et laïcs de l'empire, qui avaient des terres enclavées dans les provinces d'Alsace, de Franche-Comté et de Lorraine, ne se fussent trouvés dans le cas d'établir des prétentions, à raison de la suppression de leur jurisdiction et de leurs droits féodaux : en conséquence les députés du cercle du Haut-Rhin, assemblés à Francfort, prirent, le 7 janvier 1790, sur les décrets des 4 août et 2 novembre 1789, un *conclusum* portant que l'empereur Léopold II et le corps germanique étaient requis d'accorder protection aux états, à la noblesse et au clergé de l'empire. Tels furent les deux motifs qui déterminèrent l'empereur d'Allemagne à intervenir dans ce différend, en qualité de chef et de protecteur de l'empire. Cependant l'assemblée nationale avait décrété le 28 octobre 1790, que le roi était prié de faire négocier avec les princes d'Allemagne, possesseurs de biens dans les départements du Haut et Bas-Rhin, formés de la ci-devant province d'Alsace, une fixation amiable des indemnités qui leur seraient accordées pour leurs droits seigneuriaux et féodaux abolis, et même l'acquisition de leurs biens, en comprenant dans l'évaluation les droits seigneuriaux et féodaux existants à l'époque de la réunion de l'Alsace au royaume de France, par le traité de Westphalie, en 1648. Comme il n'était question dans le décret du 28 octobre, que de la seule province d'Alsace, et non de la Lorraine et de la Franche-Comté, où les princes allemands avaient aussi des possessions, l'assemblée nationale étendit, le 19 juin 1791, son décret à ces deux provinces, ajoutant qu'on avait toujours eu l'intention de comprendre dans le payement la non-jouissance des droits supprimés sans indemnité, depuis l'époque de la suppression, jusqu'à celle du remboursement effectué.

On pouvait donc très-facilement étouffer dans le principe tous les genres d'aigreur, d'autant que les demandes de la plupart des réclamants se réduisaient à des prétentions surannées, plusieurs fois reproduites depuis la paix de Westphalie, et toujours restées sans effet relativement au domaine suprême, ou supériorité régalienne incontestablement accordée à la France par ce traité : d'ailleurs, la plupart des négociations étaient entamées : il s'agissait donc seulement de régler définitivement la quotité des indemnités, opération qui ne pouvait ni ne devait devenir un sujet de rupture, ni même de mésintelligence durable entre la France et l'Empire. Il en était de même pour le comtat d'Avignon. L'assemblée nationale, en le réunissant à la France, par un décret du 14 septembre 1791, priait le roi de faire ouvrir avec la cour de Rome une négociation pour régler des dédommagements raisonnables avec le pape; mais Pie VI, irrité personnellement par les décrets relatifs aux biens ecclésiastiques et à la constitution du clergé, ne voulut entendre à aucune proposition, et fit une vaine protestation, le 5 novembre 1791. Sans doute que le pontife se crut autorisé à cet éclat par les démarches antérieures de plusieurs souverains, alarmés des résultats de la révolution française. Dès le commencement de 1791, George III, roi d'Angleterre, et Frédéric-Guillaume II, roi de Prusse, avaient fait représenter à l'empereur Léopold combien il importait à tous les souverains de concerter enfin les moyens de tirer le roi de France de l'indécente captivité dans laquelle il gémissait au milieu de sa capitale, et de s'opposer sérieusement aux progrès de la révolution.

Léopold, beau-frère de Louis XVI, déjà fortement indigné des violences et des outrages que le monarque français ne cessait d'essuyer de la part de l'assemblée nationale, partageant l'opinion des rois d'Angleterre et de Prusse, ne perdit pas un moment pour s'assurer du concours des cercles de l'empire, des cantons suisses, des rois d'Espagne, de Sardaigne et de Naples, et posa ainsi les premières bases d'une coalition anti-révolutionnaire, à laquelle il espérait faire accéder les autres potentats de l'Europe. Il s'aboucha ensuite, le 20 mars, avec le comte d'Artois, frère de

Louis XVI, à Mantoue, où l'on prit des mesures qui furent communiquées au roi de France par le comte Alphonse de Durfort. Le roi de Suède, Gustave III, cédant à son caractère chevaleresque, devait fournir quelques troupes, et se mettre à la tête des forces destinées à débarquer sur les côtes de Normandie, en même temps que les Autrichiens devaient se montrer en force sur le Rhin et dans les Pays-Bas ; la cour de Madrid devait faire une diversion par les Pyrénées, et celle de Turin en tenter une par la Savoie et les Alpes. Depuis le mois d'octobre 1790, il était question de faire sortir secrètement de Paris Louis XVI et sa famille, pour venir joindre le marquis de Bouillé dans un camp reconnu près de Montmédy, dès le mois de novembre précédent. La convention de Mantoue décida le départ du monarque la nuit du 20 au 21 juin 1791 ; mais sa malheureuse destinée voulut que le duc de Choiseuil, rempli de zèle et de droiture, et surtout M. Goguelas, exécutassent mal les ordres qui leur avaient été donnés : destinés l'un et l'autre, sur la recommandation expresse de la reine, à assurer la marche du roi entre Sainte Menehould et Varennes, et à l'escorter jusqu'au-delà de cette petite ville, ils s'ennuyèrent d'attendre, quittèrent leur poste, et laissèrent arriver le roi, seul avec sa famille, à Varennes, au milieu de la nuit du 22 au 23 juin, où il fut arrêté, ramené à Paris et emprisonné aux Tuileries par M. de Lafayette. Quoique cet événement dérangeât beaucoup les mesures concertées à Mantoue, l'empereur et le roi de Prusse ne s'en rendirent pas moins à Pilnitz, en Saxe, où ils s'unirent, le 27 août, par un traité : mais les effets de la déclaration de Pilnitz furent annullés par l'acceptation pleine, entière et sans aucune modification, le 14 septembre, de la part du roi, d'une constitution qui abrogeait les anciennes prérogatives du trône et de la noblesse. Cependant cette condescendance de sa part fut perdue pour lui; car la seule faveur qui fut accordée à ce monarque, fut d'être gardé avec un peu moins de rigueur et d'indécence.

Bientôt un grand nombre de mécontents, sortis du royaume, se réunirent dans les Pays-Bas autrichiens et dans l'empire, notamment à Coblentz et dans l'électorat de Trèves, où ils commencèrent à s'armer pour soutenir la cause du roi et de la noblesse, tandis que celui-ci, dominé par la faction qui le tyrannisait, faisait déclarer à l'électeur que, si avant le 15 janvier 1792, il ne faisait pas cesser dans ses états les rassemblements et les dispositions hostiles de la part des Français qui s'y étaient réfugiés, il serait considéré comme ennemi de la France. L'électeur avait répondu le 21 décembre 1791, qu'il allait empêcher tous préparatifs militaires; mais, dans la crainte de voies de fait de la part du gouvernement français contre l'électeur de Trèves, l'empereur, par une lettre datée du même jour, prévenait cet électeur des ordres donnés au feld-maréchal baron de Bender, commandant les troupes autrichiennes dans les Pays-Bas et le duché de Luxembourg, de lui fournir au besoin les secours les plus efficaces.

Quelques jours auparavant, dans une lettre du 3 décembre, l'empereur d'Allemagne avait déclaré au gouvernement de France que la constitution ayant été sanctionnée par le roi, sans aucune exception relative aux princes allemands possessionnés dans le royaume, l'empereur et l'empire germanique n'auraient aucun égard au consentement donné par quelques états de l'empire, d'accepter des indemnités : d'un autre côté, le comte de Cobentzel, vice-chancelier de la cour de Vienne, avait signifié au marquis de Noailles, ambassadeur constitutionnel français, la résolution de Léopold de protéger tous les états de l'empire, et surtout ceux qui étaient lésés, de concert avec les souverains unis, pour la sûreté et l'honneur des couronnes. L'assemblée constituante avait été remplacée, le 30 septembre 1791, par le corps législatif, qui ne tarda pas à manifester des principes encore plus exagérés. Les principaux meneurs de cette nouvelle assemblée détestaient la maison d'Autriche qui, par égard pour la reine de France, pouvait tenter de renverser la révolution : on connaissait aussi combien le prince de Kaunitz, premier ministre de l'empereur, abhorrait les jacobins : il les regardait comme des insectes malfaisants qui, disait-il, *devaient être tués avec de la patience.*

Il n'en fallait pas tant pour exaspérer des hommes passionnés : ils poussèrent la nouvelle législature à demander, le 24 janvier 1792, au roi, de faire expliquer la cour de Vienne sur les ordres donnés au maréchal de Bender, sur l'intention d'intervenir dans nos affaires intérieures, sur ce qu'elle entendait par ces mots dits à M. de Noailles, *les souverains unis de concert pour la sûreté et l'honneur des couronnes*; si elle voulait ou non rester en paix avec la France; enfin, si elle renonçait à tout traité ou convention dirigés contre la souveraineté, l'indépendance et la sûreté de la nation, déclarant à l'empereur qu'à défaut de donner avant le premier mars prochain une pleine et entière satisfaction sur tous ces points, son silence, et même toute réponse évasive de sa part, seraient regardés comme une déclaration de guerre. Le prince de Kaunitz donna, le 17 février, des éclaircissements tendants à justifier les mesures de l'empereur qui, après avoir ordonné de diriger quatre-vingt dix mille hommes vers les Pays-Bas, tomba malade le 27 février, et mourut le premier mars, non sans soupçon de poison. François II, qui lui succéda dans les royaumes de Hongrie et de Bohème et dans ses autres états, fut élu, le 5 juin, empereur d'Allemagne, et couronné le 14 juillet. La mort de Léopold fut suivie de celle du roi de Suède, qui, assassiné dans un bal la nuit du 16 au 17 mars, expira le 29. L'espoir que ces deux morts préviendraient la guerre, provoqua dans cette vue des tentatives de la part de la France ; mais le ministère autrichien répliqua peu favorablement, le 18 mars, aux notes et aux diverses représentations ou demandes du gouvernement français. La cour de Vienne désavouait de nouveau toute intention hostile : l'état respectable de ses forces, notamment dans les Pays-Bas, était une précaution défensive justifiée par la nécessité de réprimer les troubles auxquels étaient exposées les provinces belgiques, par l'exemple de la France et les coupables menées du parti jacobin : ces hommes ne voulant ni se lier les mains, ni renoncer de bonne foi à leurs projets, l'Autriche ne pouvait ni ne devait raisonnablement faire cesser le concert dans lequel elle s'était engagée avec diverses puissances de l'Europe, avant que la France eût fait cesser elle-même les causes qui avaient provoqué cette mesure. Au reste, l'accord entre les puissances n'était plus uniquement personnel au roi de Hongrie, qui ne pouvait s'en retirer sans le consentement des autres cours dont l'union à cet égard continuerait aussi long-temps que la France ne satisferait pas les princes d'Allemagne possessionnés dans son territoire, pour leurs diverses prétentions, et le pape pour le comtat d'Avignon, et ne donnerait pas de garantie suffisante sur les fâcheux effets qui pourraient résulter pour l'Europe de ses affaires intérieures. Cependant le ministère français fit encore diverses tentatives : elles eurent pour résultat une seconde explication du cabinet autrichien, datée du 7 avril. Il pouvait d'autant moins changer, disait-il, les dispositions exposées dans sa note du 18 mars, qu'elles étaient conformes à l'opinion du roi de Prusse sur la situation de la France, et à celle du roi de Hongrie. En effet, dès le 28 février, le comte de Golz, envoyé extraordinaire de Prusse, avait certifié au ministère français la vérité des déclarations de la cour de Vienne, qui renfermaient réellement les principes sur lesquels elle s'était concertée avec celle de Berlin· Le comte de Bischoffswerder, favori et plénipotentiaire de Frédéric-Guillaume, et le comte de Collorédo, ministre de Léopold, avaient effectivement signé, le 7 février 1791, un traité d'alliance perpétuelle et purement défensive, par lequel les secours promis réciproquement par les deux puissances, devaient être fournis au cas où l'une ou l'autre fût attaquée; elles se garantissaient d'ailleurs leurs états et ceux de leurs alliés ; mais elles ne parlèrent ni de la France ni de sa révolution, quoique cette dernière fût bien évidemment l'objet des stipulations ; car on convint, par un arrangement séparé, de faire rendre à la couronne de France ses anciens droits et ses prérogatives, et d'employer à cet effet, l'Autriche cent vingt mille hommes, la Prusse, soixante mille, outre leur contingent dans les forces de l'empire. Dès les premières délibérations de l'assemblée législative, il avait été facile de prévoir combien cette session serait orageuse. Les mesures du pape en faveur du clergé, les protestations, les intrigues de celui-ci et de ses partisans, la conclusion de la paix dans le nord de l'Europe, l'appui accordé aux émigrés par divers potentats, les intentions vindicatives impolitiquement publiées, alarmaient vivement tous ceux qui s'étaient déclarés pour la révolution, et donnaient un très-grand poids au parti démocratique. Des passions opposées qui aveuglaient toutes les factions, un effroi réciproque qui augmentait les haines, occasionnèrent de fausses mesures de part et d'autre. Les puissances étrangères et les émigrés haïssaient indistinctement tout ce qui ne partageait pas leurs vues, leurs espérances, leur ressentiment ; les révolutionnaires enthousiastes confondaient, dans leur méfiance, les amis de l'ordre et de la propriété avec les agents de la contre-révolution.

Dans cette exaltation générale, la raison devait être réduite au silence ; aussi ne fut-elle consultée nulle part, et l'effervescence et le désordre allèrent toujours croissant. Les émigrés continuaient à s'armer vers le Palatinat du Rhin, à Coblentz et dans les Pays-Bas ; les puissances étrangères négociaient entre elles et paraissaient occupées de mesures importantes ; l'autorité du roi de France paraissait devoir s'augmenter, et même renaître par cet ordre de choses ; enfin l'assemblée législative, ayant eu alors des notions quelconques sur la convention de Pilnitz, et peut-être sur les traités entre les cours de Vienne et de Berlin, et sur d'autres négociations du même genre, effrayée de l'approche d'un orage qui augmentait sa terreur et ses périls, s'abandonna à des mesures extrêmes. Les meneurs, craignant de voir renverser leur empire, fondé uniquement sur l'audace, et peut-être d'être écrasés eux-mêmes un peu plus tôt ou un peu plus tard, s'ils donnaient à leurs enne-

mis le temps de s'accroître et de prendre leurs mesures,
résolurent de provoquer la guerre. Ils auraient peut-être
dû la craindre, pouvant y trouver leur perte ; mais, d'un
autre côté, des hostilités leur offraient des chances pour la
retarder et peut-être pour l'empêcher. D'ailleurs, la plus
grande partie d'entre eux, persuadés de l'intérêt du roi à
la faire déclarer, virent le leur à la hâter, afin de la diriger
à leur gré, avec le secours de leurs créatures. En même
temps le général Dumourier, qui leur devait sa place de
ministre, et qui sacrifiait tout à son intérêt et au désir de
jouer un rôle, croyant la guerre favorable à son ambition,
et la préférant à tout autre ordre de choses, la fomentait
de tout son pouvoir. Enfin, les démagogues ne cessaient de
faire courir des bruits contre l'Autriche qui se permettait,
disaient-ils, envers la France une hauteur et des menaces
flétrissantes qu'un peuple conquis trouverait à peine tolé-
rables : elle favorisait sur nos frontières, ajoutaient-ils,
des rassemblements d'émigrés qui, soutenus par ses armes,
ne tarderaient pas à venir saccager nos provinces, si l'on
ne se hâtait de prendre les armes pour prévenir cette injuste agression. En même temps le ministre Dumourier
prodiguait les intrigues, les sophismes, les promesses et
même les menaces, pour persuader au roi qu'il lui était
avantageux d'aller proposer lui-même au corps législatif
de déclarer la guerre à la cour de Vienne ; et le monarque
indécis, entraîné et séduit par son astucieux ministre, et
probablement aussi poussé par la reine, se décida à faire
cette démarche le 20 avril 1792. Elle fut reçue avec transport par l'assemblée qui, se prévalant de l'initiative du roi,
déclara sur-le champ la guerre contre François II : le roi
sanctionna cette loi le même jour, et l'on fit publier le

₂5 avril suivant cette courte proclamation constitution-
nelle : DE LA PART DU ROI DES FRANÇAIS, AU NOM DE
LA NATION, LA GUERRE EST DÉCLARÉE AU ROI DE HON-
GRIE ET DE BOHÊME.

Les cours de Berlin et de Vienne s'étaient montrées également opposées à la révolution française ; cependant il
n'exista jamais de déclaration formelle ou positive de guerre
contre le roi de Prusse : tant était répandue en France
l'opinion d'obtenir le retour de ce prince à des principes
politiques plus conformes à ses véritables intérêts. Il ne
pouvait rester long-temps, disait-on, l'allié de la cour de
Vienne, son ennemie naturelle, et il ne tarderait pas à
apercevoir dans la conduite de la Russie, qui l'avait excité
à s'allier avec l'Autriche contre les Français, le désir
d'éprouver moins de contradictions dans ses nouvelles vues
d'agrandissement en Pologne. Si la cour de Vienne fut
étonnée de la déclaration de guerre du 25 avril, les Français instruits, raisonnables et amis de leur pays, ne le furent pas moins, d'après la conviction où ils étaient de
l'impossibilité où se trouvait la France de faire la guerre
au moment où elle la déclarait. Vainement le ministre de
la guerre, Louis de Narbonne, avait-il assuré dans son
rapport, le 14 décembre 1791, de la possibilité de mettre
en campagne sous un mois cent cinquante mille hommes ;
le roi ne portait, dans une note communiquée à l'assemblée le 11 juillet, qu'à quatre-vingt-dix mille hommes effectifs la totalité des troupes alors disponibles, malgré les
nombreuses levées ordonnées précédemment, mais encore
bien loin d'être organisées à l'époque où la guerre fut
déclarée.

On ne peut plus nier aujourd'hui que Louis XVI avait

des intelligences avec diverses puissances. Il était très-certainement instruit de l'entrevue du comte d'Artois et de l'empereur en Italie, puisqu'il y avait envoyé, pour y assister, un agent secret. Il n'ignorait pas non plus le traité de Pilnitz ; mais on n'a point de preuves matérielles qu'il voulût réellement attirer en France les armées étrangères. Peut-être espérait-il un résultat heureux pour lui des succès qu'elles pourraient obtenir ; cependant il semble que le prix que devait coûter ce résultat l'effrayait toujours. On a beaucoup écrit pour prouver que le roi avait témoigné constamment de l'aversion pour les mesures hostiles. L'annaliste Mallet-Dupan affirme positivement que cette aversion était telle, qu'il voulut avoir la signature de ses ministres, lorsqu'ils décidèrent la guerre, et il ajoute que l'ambition des ministres girondins en fut la seule cause ; mais n'est-on pas fondé à douter des assertions de Mallet-Dupan, relativement à cet avis signé des ministres, par ordre du roi? Dans le temps de cette discussion, on a cru, peut-être avec raison, que le parti qui s'opposait à la guerre, aux jacobins et à l'assemblée, obéissait à l'impulsion de la cour, qui cherchait à mieux tromper le parti contraire. Quoi qu'il en soit, si l'on fit une faute alors, ce ne fut pas d'avoir traité cette question et fait décider la guerre ; mais de l'avoir fait décréter avant de s'être assuré si la France était en état d'attaquer les puissances coalisées, bien décidées à dicter des lois et à ramener l'ancien régime. Le parti qui, dans l'assemblée, voulait la guerre, avait ajouté foi trop légèrement aux rapports de M. de Narbonne ; et, n'étant pont détrompé par M. de Grave, son successeur, ni par M. Dumourier, qui avait la prétention de le diriger, il crut réellement, sur la parole de ce dernier, la France en état de porter sur-le-champ ses armes dans la Belgique, d'en faire la conquête, de s'emparer du Palatinat, et de passer ensuite le Rhin, pour s'établir à la rive droite du fleuve, avant que les armées prussiennes, impériales et autrichiennes pussent s'y opposer. Mais rien n'était prêt, ni sur le point de l'être, et nos ennemis en étaient exactement instruits. En principe, il paraît incontestable que la guerre devait être déclarée; mais il fallait d'abord travailler sans relâche à mettre l'armée française en état de la faire, avant d'oser discuter si on devait ou non l'entreprendre, afin que le jour du décret pour l'affirmative, on eût pu porter nos armes dans la Belgique, le Palatinat et au-delà du Rhin. Pourquoi donc la cour aurait-elle été opposée à cette guerre, comme le prétend Mallet-Dupan? N'excita-t-elle pas au contraire les puissances coalisées à l'entreprendre, et ne devait-elle pas même beaucoup espérer d'une guerre que la France serait obligée de soutenir sans en avoir les moyens, avec des généraux la plupart dévoués au roi, contre les deux puissances de l'Europe regardées alors comme les plus formidables par l'instruction et le nombre de leurs troupes? A l'égard de la tristesse de Louis XVI (1),

---

(1) On pourrait cependant avoir quelques raisons de douter de la facilité du roi à s'attrister sur cet événement, quand on sait, d'après un témoin oculaire et irrécusable, qui fut l'une des personnes chargées par la commune de conduire le monarque au Temple, après la journée du 10 août; qu'arrivé d'abord dans un appartement qu'avait occupé le comte d'Artois, et qui se trouvait encore meublé, il demanda son déjeûner; et, en attendant, il examin-

on veut bien croire qu'elle était réelle; mais il n'en était certainement pas de même de la reine. D'ailleurs on peut assurer qu'il n'arriva jamais au roi de céder à ses ministres, dans les choses même dont ils lui avaient prouvé la nécessité et les avantages pour lui, lorsque ses conseils particuliers, à la tête desquels la voix publique plaçait la reine et madame Elisabeth, lui avaient prescrit de ne rien accorder sans les avoir consultés. Plusieurs fois on a vu le roi, avec un esprit droit et certainement de bonne volonté, témoigner son embarras sur la conviction où il paraissait être de ce que lui disaient ses ministres, rompre le conseil, ne sachant que leur répondre, et ne voulant ni trahir sa conscience ni manquer à sa parole donnée avant l'ouverture de la séance. A l'égard de l'assertion de Mallet-Dupan, que le roi avait exigé que ses ministres signassent leur avis sur la guerre, on peut en affirmer positivement la fausseté. 1° Outre la certitude qu'on en a d'un ministre qui existe encore, madame Rolland et M. Dumourier, également à portée d'être bien instruits, n'en disent rien dans leurs mémoires : le fait était cependant assez important pour n'être pas oublié; il n'y avait d'ailleurs alors au conseil aucun registre des délibérations dans lequel on pût signer. 2° Si le roi n'eût pas été d'accord avec ses conseils particu-

---

avec attention le tableau *du Charlatan*, de Carle Dujardin, et le contempla long-temps en étouffant de rire : assurément, dans la position où il se trouvait alors, il était, ce semble, naturel d'être assez péniblement affecté pour ne pas s'occuper d'un tableau burlesque, s'il n'eût pas espéré que les chances de la guerre le tireraient bientôt de sa fâcheuse situation.

liers sur le décret contre François II, il n'y aurait pas consenti. 3º La cour, à la vérité, dut marquer de la répugnance en public pour cette guerre, mais en être bienaise en réalité; n'était-ce pas en effet le seul moyen de s'assurer de puissants secours au dehors, et beaucoup de partisans au dedans?

À l'avènement de Louis XVI au trône, le royaume était obéré et mal administré dans tous les genres. Cet infortuné monarque, trop jeune et trop peu expérimenté pour réparer seul d'aussi grands maux, fut dès-lors destiné à porter la peine des torts de son aïeul et de ses ministres, quoiqu'il fût uniquement occupé du bonheur de la nation et du désir de bien gouverner. Pour comble de malheur, la mort lui enleva trop tôt le maréchal du Muy, peut-être le seul membre de son conseil assez bien intentionné pour préférer à tout le bien de l'état, et en mesure de combattre la légèreté et l'égoïsme du comte de Maurepas, principal ministre, que l'intrigue plutôt que la raison avait donné au roi dès les premiers jours de son règne, et avant l'arrivée du comte du Muy, à qui il écrivit de son propre mouvement, en montant sur le trône, pour le prier de se charger du département de la guerre, à la place du duc d'Aiguillon qu'il voulait renvoyer. L'entière confiance, ainsi que la rare et sincère amitié dont le feu dauphin, père du roi, avait constamment honoré M. du Muy, donnaient à lui seul l'important privilège de se faire écouter de ce prince, et de lui dire ce qu'il jugeait à propos, sans exciter sa défiance qui était extrême. Ce vertueux ministre, naturellement austère, privé de ces formes agréables, de ces qualités brillantes qui séduisent la multitude, mais compensant ces désavantages par de profondes connaissances administratives, une

fermeté inaltérable, une aversion raisonnée pour les innovations qui ne présentaient pas une grande utilité, le ton,
le maintien et la consistance nécessaires à un ministre, et
qu'aucun de ses successeurs ne manifesta au même degré
que lui ; enfin, le maréchal du Muy, qui avait un caractère
fait exprès pour repousser ou déconcerter l'intrigue, eût
sans doute préservé son jeune souverain de cette foule de
mauvais choix dans tous les genres, que d'obscures et insidieuses cabales lui firent faire plutôt qu'il ne les fit lui-
même. Il confia surtout, à plusieurs reprises, le département de la guerre à des hommes sans esprit et sans talents,
et dont les fautes excitèrent dans l'armée un mécontentement qui ne se manifesta que trop au moment de la révolution (1). La guerre qu'elle amena en 1792, a produit des

(1) Voici les secrétaires d'état de la guerre, pourvus par
Louis XVI, jusqu'au moment où la révolution ne lui laissa
plus la liberté du choix.

Louis-Nicolas-Victor de Félix, comte du Muy, pourvu
en juin 1774, maréchal de France le 24 mars 1775, meurt
le 10 octobre de la même année.

Louis, comte de Saint-Germain, lieutenant-général,
nommé en octobre 1775, se démit le 25 septembre 1777,
après avoir bouleversé son département, et mécontenté
l'armée entière : c'était, au surplus, un excellent militaire.

Alexandre-Éléonor-Marie de Saint-Mauris, prince de
Montbarrey, maréchal-de-camp, directeur de la guerre le
16 janvier 1776, secrétaire-d'état en survivance du comte
de Saint-Germain, le 5 novembre suivant, lui succède immédiatement. Nommé lieutenant-général le 1er mars 1780,
il se démet le 18 décembre de la même année, emportant
la réputation d'un homme de beaucoup d'esprit, mais qui

résultats si importants, si extraordinaires, qu'il convient de donner une juste idée des moyens avec lesquels elle a été commencée; car leur médiocrité même ajoute infiniment

---

s'était plus occupé de son ambition personnelle et de ses plaisirs que de son département.

Philippe-Henry, marquis de Ségur, lieutenant-général, nommé le 23 décembre 1780; maréchal de France, le 13 juin 1783; se démet le 27 août 1787. Il ne fut pas regretté. Il avait fait rendre le 22 mai 1781, le fameux réglement qui excluait de l'admission au service, en qualité d'officier, quiconque ne prouvait pas quatre degrés de noblesse : mesure inconsidérée, rejetée même par le comte de Saint-Germain, et qui, par le mécontentement général qu'elle produisit, fut une des causes de la révolution.

Louis-Marie-Athanase de Loménie, comte de Brienne, lieutenant-général, pourvu en août 1787, provoque le 9 et 23 octobre suivant, deux réglements du roi, établissant un conseil d'administration de la guerre, présidé par le secrétaire d'état de ce département, et composé de huit officiers généraux, dont quatre au moins du grade de lieutenant-général, et d'un rapporteur au moins officier supérieur. M. de Brienne, homme probe, mais au-dessous de sa place, se démet le 30 novembre 1788. On remarque comme une singularité, qu'il n'entra au conseil d'état qu'après le renvoi de son frère, archevêque de Sens et principal ministre.

Pierre-Louis de Chastenet, comte de Puységur, lieutenant-général, le remplace le même jour, et se démet le 12 juillet 1789, sans être entré au conseil d'état.

Victor-François, duc de Broglie, maréchal de France, nommé ministre et secrétaire d'état le 12 juillet 1789, se démet le 16, ainsi que tous ses collègues, pour satisfaire

à la gloire de la nation française, dont l'énergie, le courage et les ressources ne s'étaient jamais développés dans aucune circonstance avec autant d'éclat. Ces moyens consistaient dans un si petit nombre de troupes, qu'il paraît à propos de jeter un coup d'œil sur la progression successive des forces militaires de la France aux diverses époques de la guerre de la révolution.

Depuis 1660 jusqu'en 1789, c'est-à-dire pendant cent vingt-neuf ans, le pied de paix de l'armée française n'avait varié que d'environ quatre-vingt-onze mille hommes; augmentation beaucoup trop faible en raison de celle du territoire fançais sous Louis XIV et Louis XV, et surtout de celle des armées des puissances étrangères, notamment de l'Autriche, de la Prusse et de la Russie, dont les deux dernières étaient à peine comptées dans la balance politique à la mort de Louis XIV, en 1715. La révolution française et la guerre qu'elle produisit, exposèrent l'armée à de fréquentes vicissitudes, dont je me bornerai à rapporter les principales.

Le département de la guerre fut confié, le 3 août 1789,

---

l'assemblée nationale, qui ne voulait pas les souffrir en place. Il ne fit d'autre acte administratif, que de provoquer deux ordonnances portant suppression, l'une du conseil de la guerre, et l'autre de la ridicule punition des coups de plat de sabre, imaginée pour les soldats par le comte de Saint-Germain. Ces ordonnances rendues le 14 juillet 1789, furent contre-signées par M. Laurent de Villedeuil, secrétaire d'état de la maison du roi, parce qu'on n'avait pas eu le temps d'expédier les patentes du maréchal.

au comte de la Tour-du-Pin-Paulin, lieutenant-général (1),
ancien et loyal militaire, rempli d'excellentes intentions;
enfin trop bon citoyen et trop au-dessus du sot amour-

---

(1) Voici la suite des secrétaires d'état ou ministres de la
guerre, jusqu'au 10 août 1792, que Louis XVI fut renversé
du trône.

Jean-Frédéric, comte de la Tour-du-Pin-Paulin, lieutenant-général, nommé le 3 août 1789, se démet le 9 novembre 1790.

N. du Portail, maréchal-de-camp, nommé le 15 novembre 1790, parvient au grade de lieutenant-général, et
se démet le 5 décembre 1791.

Louis-Victor-Théau-Raphaël-Simon, comte de Nar-
bonne-Lara, maréchal-de-camp, pourvu le 6 décembre
1791, renvoyé le 9 mars 1792.

Pierre de Grave, maréchal-de-camp, lui succède le 10
mars 1792, et se démet le 8 mai suivant.

Joseph Servan, maréchal-de-camp, qui le remplace le 9
mai, est congédié le 12 juin par les intrigues de son successeur.

Le lieutenant-général Dumourier, ministre des affaires
étrangères depuis le 15 mars 1792, prend le 12 juin au soir
le département de la guerre, dont il est forcé de se démettre
le 16.

M. Lajard, adjudant-général, nommé le 17 juin, se démet le 22 juillet 1792.

N. d'Abancourt, colonel dans les troupes à cheval,
nommé le 23 juillet, décrété d'accusation par l'assemblée
nationale, le 10 août, arrêté le même jour, et conduit devant la haute-cour, établie à Orléans, massacré le 9 septembre à Versailles, avec les prisonniers amenés d'Orléans.

propre, pour ne pas chercher partout les résultats qui pouvaient l'éclairer. Il ne tarda pas à acquérir la conviction que l'armée, sur le pied où il la trouvait, était insuffisante. Il se flatta d'abord que les états-généraux la feraient augmenter convenablement, sur ses représentations; mais s'étant érigés en assemblée nationale, voulant tout gouverner et craignant tout, notamment les troupes, elle choisit dans son propre sein, le premier octobre 1786, un certain nombre de membres, pour former un comité militaire, encore moins destiné à concourir à la restauration ou constitution de l'armée, qu'à la surveiller, à la diviser, et par conséquent à l'affaiblir. Il fut même question, à diverses époques, de la licencier. La fermentation générale produite par la révolution influa essentiellement sur la plupart des régiments; il en résulta beaucoup de relâchement, d'insubordination, de désordres, même d'excès, de désertion et de congés, les uns légitimes, mais le plus grand nombre abusifs et forcés. Plus le comité militaire de l'assemblée nationale se renouvela, et plus le système révolutionnaire s'y enracina. Ce comité, presque entièrement composé de jeunes gens sans expérience, et par cette raison avides d'influence et d'autorité, rivalisait avec le ministre de la guerre, le contrariait et s'arrogeait même quelquefois ses fonctions. Plus occupés d'intrigues que du bien public, quand les membres du comité, dont plusieurs n'étaient pas même militaires, tâchaient de suppléer à leur ignorance par des lumières étrangères, il leur arriva souvent de se livrer à des intrigants aussi peu instruits, mais qu'ils supposaient plus habiles qu'eux, et de préférer des vues absurdes aux idées les plus raisonnables. Le comte de la Tour-du-Pin pensait que notre état de guerre devait être

au moins de deux cent cinquante mille hommes, dont quarante mille de troupes à cheval, et qu'il fallait calculer
l'état de paix de manière qu'on ne fût pas obligé d'ajouter
à l'infanterie, et surtout à la cavalerie, un trop grand
nombre de nouveaux soldats, quand il s'agirait d'entrer en
campagne ; et cependant *l'armée de ligne*, ainsi qu'on
commença à l'appeler alors, pour la distinguer des gardes
nationales, fut réduite, par le décret de l'assemblée constituante du 18 août 1790, concernant son organisation, à
cent dix mille cinq cent quatre-vingt-seize hommes d'infanterie, à dix mille cent trente-sept d'artillerie et du
génie, à trente mille quarante de troupes à cheval, en
comptant les officiers des deux armes, et à quatre-vingt-
quatorze officiers généraux.

D'après ce décret, l'armée de ligne, proprement dite,
ne pouvait s'élever à plus de cent cinquante mille huit cent
quarante-huit hommes, tant officiers que soldats, ni les
troupes étrangères à la solde de la France, comme Suisses,
Allemands, Italiens, etc., et faisant partie du nombre ci-
dessus, excéder vingt-six mille hommes, sans un nouveau
décret du corps législatif. Convaincu de l'insuffisance de ces
forces, surtout dans les conjonctures politiques où l'on se
trouvait, M. de Latour-du-Pin insista, du moins sur la
nécessité d'une précaution indispensable à la sûreté de l'é-
tat, en supposant qu'on fût obligé d'entrer en guerre; il
demanda qu'au lieu des milices qu'on voulait supprimer, il y
eût toujours cent mille hommes de troupes auxiliaires, prêts
à être incorporés dans l'armée dont l'effectif, au 1er octobre
1790, n'était plus, par suite de la désertion et des désordres de tout genre qui avaient éloigné des drapeaux trente
mille neuf cent trente-six hommes, que de cent vingt-

trois mille neuf cent quatre-vingt-quatre hommes; mais voyant son zèle et ses représentations dédaignés, et qu'on l'abreuvait d'injustices et de dégoût, il donna sa démission en novembre 1790, et fut remplacé par M. Duportail, maréchal-de-camp, militaire d'un grand mérite, ci-devant ingénieur, envoyé à Naples, employé ensuite en Amérique par le général Washington, qui lui accordait toute sa confiance, et aux succès duquel il avait essentiellement contribué. M. Duportail profita d'une influence momentanée pour organiser l'armée, par diverses ordonnances rendues le 1er janvier 1791; mais les cent soixante-quatre mille deux cent soixante-neuf hommes, dont elle devait être composée, n'existaient que sur le papier. Quoique fort bonne, la constitution de M. Duportail présentait un grave inconvénient. C'était la multitude de nouveaux soldats qui devaient entrer dans les troupes des deux armes, au moment où il s'agirait de les mettre au grand complet, c'est-à-dire, sur le pied de guerre. Pour obvier à cet inconvénient, le ministre obtint de l'assemblée constituante, le 28 janvier 1791, un décret qui enjoignait de porter au grand complet trente régiments d'infanterie et vingt régiments de troupes à cheval. Le ministre, jugeant avec raison cette précaution encore insuffisante, ne cessait de stimuler le comité militaire, qui provoqua enfin, de la part de l'assemblée nationale, les mesures suivantes. Le 22 avril, elle décréta une conscription de trois cent mille hommes de gardes nationales, pour être organisés sur-le-champ en compagnies et en bataillons, qu'on assemblerait quand on en aurait besoin. Le 4 juin, un autre décret ordonna la répartition de cent mille soldats auxiliaires sur tous les départements du royaume, pour remplacer les milices ou troupes provin-

ciales abolies le 4 mars précédent. Sur ces cent mille hommes,
vingt cinq mille étaient réservés pour le service de la marine,
et les soixante-quinze mille restants, destinés à celui des
armées de terre, devaient être enrôlés pour trois ans, et
formés sans délai, afin d'être prêts à marcher au premier
ordre ; ce qui était plus facile à prescrire qu'à réaliser. Les
21 juin, 3 juillet et 4 août, l'assemblée nationale rendit
encore trois décrets sur l'augmentation de nos forces. Deux
de ces lois prescrivaient de mettre en activité des bataillons
de volontaires, au nombre de vingt-six mille hommes : savoir, huit mille sur la Somme, dix mille pour la défense
des frontières des Ardennes, de la Meuse et de la Moselle,
et huit mille pour celle du Rhin. Ce décret, du 3 juillet,
enjoignait aux régiments, même à ceux de l'artillerie, qui
n'avaient pas encore reçu l'ordre de se porter au complet,
de l'exécuter sans délai. Enfin, le 22 juillet vit naître un
nouveau décret pour mettre en activité, tant sur les frontières que sur les côtes, soixante-onze mille hommes de
gardes nationales, indépendamment des vingt-six mille,
dont la levée avait été ordonnée peu auparavant. On voulait
avoir dès-lors sur pied deux cent quarante-trois mille
hommes, et trois cent dix mille lorsque l'armée serait
parvenue au complet ; mais on était encore bien loin de
compte, parce qu'on ne fait pas des soldats à coups de
plume, et que le 1er juillet l'effectif ne montait qu'à cent
quarante-six mille hommes, tandis que d'après les augmentations décrétées, il aurait dû être de deux cent treize mille.
Si les soldats manquaient, les généraux abondaient, et on
en refusa un grand nombre, lorsqu'il fut question d'ajouter à ceux qui étaient déjà en activité, quatre lieutenants-
généraux et douze maréchaux-de-camp. Toutes les mesures

successives et partielles prouvent les difficultés qu'on avait eu à surmonter pour amener l'assemblée nationale à souffrir que l'armée offrît une masse imposante, du moins par le nombre ; et peut-être qu'on n'aurait pu réussir à vaincre sa répugnance, sans la considération que nos divisions intestines pouvaient faire naître aux puissances voisines le désir d'en profiter, par une invasion susceptible d'amener le renversement de la révolution, la perte de ses auteurs, et peut-être le partage du territoire français.

Cependant, à cette époque, l'empereur n'avait qu'environ quarante-cinq mille hommes dans les Pays-Bas, dont la fermentation était plutôt comprimée qu'éteinte, et à peu près cinq mille hommes dans le duché de Luxembourg ; mais la cour de Vienne pouvait en peu de temps doubler et tripler ces forces. Quant à la France, elle avait entre Dunkerque et Givet, cinquante-un bataillons et vingt-cinq escadrons, formant un effectif de vingt-cinq mille deux cent quarante-trois hommes, qui, au complet décrété, devaient s'élever à quarante-deux mille cinq cents ; entre Givet et Bitsche, vingt-un bataillons et quarante escadrons, en tout, quinze mille huit cent cinquante-cinq hommes, au lieu de vingt-deux mille cinq cent cinquante ; entre Bitsche et Béfort, vingt-huit bataillons et quarante-trois escadrons, faisant dix-neuf mille cinq cent quatre-vingt-six hommes, qui auraient dû être au nombre de vingt-huit mille trois cent dix. Cet effectif de soixante mille sept cent trente-quatre hommes, qui, au complet, devait être de quatre-vingt-treize mille trois cent soixante, non compris les vingt-six mille hommes de gardes nationales dont nous avons parlé, et une réserve de quinze mille hommes qu'on se proposait d'établir à Senlis, Compiègne et Soissons, aurait porté nos forces réelles, entre Dunkerque et Béfort, à cent trente-quatre mille hommes, indépendamment de ce qu'on aurait pu tirer des autres parties du royaume, où il restait environ soixante mille hommes, tant infanterie que cavalerie. Diverses causes concouraient à la faiblesse de l'armée. Les liens de la discipline militaire étaient relâchés, ou plutôt rompus, au point que plusieurs décrets rendus, en 1790 et 1791, pour la rétablir, n'avaient produit aucun effet : des dissensions et des défiances continuaient à énerver la plupart des régiments. Des révolutionnaires exagérés ou mal intentionnés, fomentaient ces troubles, en excitant les soldats contre les officiers, qu'on suspectait trop généralement de ne pas aimer la révolution; car le plus grand nombre, qui gagnait davantage qu'il ne perdait aux changements qu'elle avait produits, eût embrassé avec ardeur le nouvel ordre de choses, si on ne les en eût pas dégoûtés maladroitement. Des orateurs de tréteaux prononçaient à l'envi de longs discours sur la prétendue nécessité de licencier tous les officiers de l'armée. Répandus avec profusion parmi les soldats, ces discours les portèrent au soulèvement et même aux voies de fait contre leurs officiers, dont deux mille au moins avaient déjà abandonné leur emploi à la fin de 1791. On croira sans peine qu'ils ne songèrent pas à envoyer des recrues à leurs régiments respectifs. Ceux qui étaient encore à leur poste, incertains de leur existence, ou occupés de la conserver, négligèrent aussi de recruter; et comme c'étaient les officiers des différentes armes qui subvenaient à la plus grande partie du recrutement général, son interruption fut entière, et il ne put remplir les vides ordinaires, encore moins ceux produits par des désertions et des congés également nombreux. C'était de la classe d'hommes destinés à former les auxiliaires, qu'on tirait le plus de soldats, et la levée de cette nouvelle espèce de troupes essuya elle-même beaucoup de lenteurs, à raison des moyens préalables d'exécution qui furent nécessaires. Ainsi, le complément des anciennes troupes, la formation des nouvelles, et l'organisation de la gendarmerie concourant simultanément ensemble, se nuisirent respectivement; d'où il résultait que les mesures de l'assemblée nationale étaient si mal prises, qu'elles se détruisaient mutuellement. Le comité militaire du corps législatif, qui succéda le 1ᵉʳ octobre 1791, à l'assemblée constituante, aggrava tous les maux loin d'y remédier. M. Duportail, qui avait des vues sages et méthodiques, fut harcelé, fut dénoncé si indécemment, qu'il voulut absolument quitter le département de la guerre. Sa démission fut acceptée le 5 décembre 1791. Le roi nomma le lendemain pour le remplacer, le comte Louis de Narbonne, maréchal-de-camp. Il était difficile de choisir un ministre plus spirituel et doué de formes plus aimables. Aussi obtint-il d'abord une grande influence sur la majorité du corps législatif.

Soit que le nouveau ministre désirât la guerre, ou qu'il pensât simplement comme son prédécesseur, qu'il fallait se mettre en mesure de la soutenir, il annonça, le 14 décembre 1791, à l'assemblée nationale, qu'il avait engagé le roi à ordonner de rassembler sous un mois cent cinquante mille hommes sur nos frontières, et qu'il se croyait assuré qu'une réunion de forces aussi imposante n'était pas impossible. Malheureusement M. de Narbonne se trompait dans ses calculs. Il dit que trois armées avaient paru nécessaires; l'une sur le Rhin, aux ordres du général Luckner; l'autre sur la Meuse, qui était confiée à M. de Lafayette, et la troisième en Flandres, commandée par M. de Rochambeau. Le lieutenant-général de Choisy, qui s'était distingué dans la guerre des confédérés de Pologne, fut nommé pour commander dans le midi de la France. Les forces de cette partie devaient, au besoin, être partagées en deux armées; l'une pour la frontière des Alpes, et l'autre pour celle des Pyrénées. Le ministre ajouta que, pour accélérer les manœuvres dont il venait d'entretenir le corps législatif, il se disposait à partir pour une tournée vers les Pays-Bas, la Meuse et le Rhin, et finit par solliciter un décret qui autorisât le roi à élever au grade de maréchal de France les généraux Luckner et Rochambeau. L'assemblée déféra à cette demande le 24 décembre. M. de Narbonne, à son retour, parut de nouveau, le 11 janvier 1792, à la barre du corps législatif, auquel il déclara que nonosbtant l'ordre donné à l'armée de se porter au pied de guerre, l'incomplet était tel, qu'on ne pouvait faire aucune disposition certaine; qu'il y avait, à la vérité, depuis Dunkerque jusqu'à Besançon, cent trente-huit mille deux cent soixante hommes; mais que de ce nombre quatre-vingt-trois mille seulement étaient disponibles, le reste étant indispensable au service des garnisons. Qu'en ajoutant à ces troupes les cinquante mille hommes ou environ employés dans le midi, on ne trouvait en totalité que cent trente-trois mille cinq cents hommes, sans compter l'artillerie qui, au complet, n'était que d'un peu de plus de neuf mille hommes, dont quatre mille manquaient à la fin de décembre 1791. Le ministre ajouta que le recrutement des troupes de ligne était devenu presque impossible, depuis que l'appel des volontaires nationaux, qui n'étaient pas au surplus entièrement organisés, portaient vers ce service la classe d'hommes qui fourmissait le plus généralement aux recrues ; qu'il devenait donc indispensable d'y pourvoir sans délai par de bons arrangements. Enfin, comme il ne fallait rien négliger de ce qui pouvait être utile, il fixerait incessamment l'attention de l'assemblée, sur une artillerie volante ou à cheval, dont la création paraissait d'autant plus nécessaire, que nos voisins en avaient, que des essais ordonnés, à cet égard, présentaient des résultats satisfaisants, et qu'il proposerait incessamment l'organisation de ce nouveau corps.

Comme l'assemblée nationale différait de prendre en considération les représentations de M. de Narbonne, relativement aux troupes de ligne, il revint à la charge le 23 janvier, ne dissimula pas qu'il paraissait imprudent de compter uniquement sur les volontaires nationaux pour faire la guerre, parce que, outre qu'ils n'étaient pas encore totalement organisés, ils n'auraient de long-temps ni assez d'instruction, ni assez de discipline pour entrer avec succès en lice contre des troupes manœuvrières ; qu'il paraissait inexplicable que voulant, ou que prévoyant la guerre, on négligeât les moyens de la soutenir ; qu'il fallait donc remplir sans délai le vide existant dans l'armée ; que, d'un autre côté, le bien du service exigeait qu'on mît encore en activité huit lieutenants-généraux, douze maréchaux-de-camp et huit commissaires des guerres. Le 25 janvier, le corps législatif jugea que la meilleure manière de porter promptement l'armée au complet, était d'encourager le recrutement, par l'augmentation du prix des enrôlements volontaires et la diminution des années de service. Quatre jours après, c'est-à-dire le 29 janvier, l'assemblée autorisa l'augmentation demandée en officiers généraux.

Quoique la mesure adoptée le 25 janvier, par le corps

législatif, produisit quelques avantages, la pénurie des troupes était encore telle au commencement de mars, que des brigandages et des soulèvements très-alarmants ayant éclaté à la fois dans plusieurs parties du royaume, on ne put donner des forces convenables aux généraux chargés de réprimer ces troubles. Ceux du département de l'Eure présentaient, aux environs d'Evreux, environ vingt-cinq mille séditieux, la plupart armés, qui pouvaient, par l'appât d'un pillage déja commencé, augmenter journellement leur nombre, et ravager les deux rives de la Seine jusqu'à Paris. Malgré l'imminence du danger, on ne put fournir au général envoyé par le roi pour rétablir l'ordre dans cette partie, que deux compagnies de cavalerie, montant à quatre-vingts hommes, une de chasseurs de cinquante, soixante-dix-neuf gendarmes, et deux cent cinquante hommes de la garde nationale parisienne, commandés par un agent de change. M. de Boisieux, maréchal-de-champ, chargé en même temps d'aller dissiper les attroupements qui avaient massacré le maire d'Etampes, ne fut pas mieux partagé en moyens répressifs. Donner ainsi aux généraux moins des forces que des escortes, c'était trop compter sur leur industrie ou leurs ressources personnelles que la difficulté des circonstances pouvait rendre insuffisantes, et compromettre le salut public. M. de Narbonne qui le sentait, se préparait à stimuler vigoureusement le corps législatif, relativement à la situation de l'armée, lorsqu'il devint suspect au roi, fut renvoyé très-brusquement du ministère, et remplacé, le 10 mars, par le chevalier de Grave, maréchal-de-camp. Son administration, qui cessa le 8 mai, fut encore plus courte et beaucoup plus orageuse que celle de son prédécesseur. Il accéléra, autant qu'il fut en lui, le recrutement de l'ar-

C

mée : il ne la porta pas néanmoins au nombre nécessaire pour fournir des troupes à la moitié des départements qui en demandaient pour maintenir le calme sur leur territoire. Les départements les plus agités étaient alors ceux du midi. Quatre-vingt-dix-neuf bataillons et vingt-un escadrons, dispersés depuis Grenoble jusqu'à Bordeaux, indépendamment de quelques bataillons de volontaires nationaux, occupant divers postes, ne pouvaient maintenir efficacement la tranquillité publique dans cette immense étendue, où le général Choisy, accusé d'aristocratie ne commandait plus. Il avait été remplacé le 21 mars par le général Wittgenstein qui, en butte à la même accusation, fut déplacé le 22 avril. On lui donna, le même jour, pour successeur le général Montesquiou, à qui on fournit un renfort de dix bataillons, tirés de l'armée du Rhin. Ce fut sous le ministère de M. de Grave, qu'un corps de troupes françaises, marchant de Lille sur Tournay, le 28 avril, prit la fuite à la vue des Autrichiens, et massacra le maréchal de-camp Théobald Dillon, son général, en revenant à Lille; qu'une grosse division de nos troupes, se portant le 29 avril, de Valenciennes sur Mons, lâcha pied au premier coup de canon, et regagna Valenciennes dans le plus grand désordre; que le régiment de cavalerie de Royal-Allemand passa le 6 mai en Allemagne avec armes et bagages. Ces deux déroutes, uniquement le fruit de l'indiscipline des troupes, déterminèrent le maréchal de Rochambeau à se démettre du commandement de l'armée du nord, dans lequel il fut remplacé par le maréchal Luckner.

Quoique ces calamités, résultat naturel des conjonctures, ne pussent être imputées à M. de Grave, qui manifesta beaucoup de zèle et d'application, il donna sa démission et fut remplacé le 9 mai par M. Servan, maréchal-de-camp. En peu de temps, le nouveau ministre mit beaucoup d'ordre dans toutes les parties de son administration : aucun détail n'échappait à son activité. Il presse l'organisation des volontaires nationaux, dont on avait ordonné de lever cent quatre-vingts bataillons; il dresse un plan pour former des légions et des compagnies franches destinées à recevoir les déserteurs, les soldats renvoyés des régiments et les étrangers; donne des soins au recrutement des troupes de ligne, dont le non-complet n'est bientôt que de vingt-cinq à trente mille hommes; et, pour contenir les fédérés et les Marseillais armés qui commençaient à affluer à Paris pour y seconder les mauvaises intentions de diverses classes de factieux, propose d'établir à Soissons un camp qui se trouverait également à portée de marcher, selon les circonstances, au secours de la capitale ou de nos frontières. Un décret du 7 juin ordonne la formation de ce camp, mais le général Dumourier qui ambitionnait le département de la guerre, persuade astucieusement au roi que le camp de Soissons cache des intentions à la fois perfides et nuisibles pour lui. Le général Servan est donc renvoyé le 12 juin au soir, et remplacé immédiatement par son accusateur qui, ne pouvant ensuite indiquer à Louis XVI d'autres moyens de sécurité que le même expédient qu'il avait si hautement blâmé de la part de son prédécesseur, est repoussé de manière à ne pouvoir se dispenser de donner sa démission le 16 juin, et de partir peu de jours après, pour aller servir, en qualité de lieutenant-général, dans l'armée du général Luckner. M. Lajard est nommé le 17 juin ministre de la guerre, par l'influence du parti du général Lafayette. Le 27, M. Aubert du Bayet, membre du comité militaire de l'assemblée nationale, fait un rapport romanesque, dans lequel il assure que l'effectif des troupes s'élève à deux cent mille hommes. Cette exagération, qui avait sans doute un but qu'on ignore, n'est combattue par personne, pas même par le ministre, qui donne sa démission le 22 juillet. Il est remplacé le lendemain par M. d'Abancourt, qui n'exerce son emploi que jusqu'au 10 août suivant.

La journée du 10 août 1792 produisit la déchéance et l'emprisonnement de Louis XVI, à l'autorité duquel le corps législatif substitua celle d'un conseil exécutif provisoire, composé de six ministres. Un décret, rendu le 11 août, replaça au département de la guerre le général Servan, alors employé dans l'armée des Alpes, et envoyé à Lyon pour en accélérer l'organisation. Clavière, ministre des finances, le suppléa, par *interim*, jusqu'au 20. Des mœurs pures, toute l'austérité d'un vrai philosophe, unie à la bonté d'une âme sensible, un brûlant amour du bien public, de vastes connaissances sur la guerre et les parties administratives qui s'y rapportent, une activité infatigable et une extrême facilité pour le travail, étaient les principaux traits caractéristiques du général Servan. Lorsqu'il reprit le ministère de la guerre, il trouva les affaires militaires dans une situation peu rassurante. Deux ou trois ministres éphémères qui lui avaient succédé depuis le 12 juin, avaient préparé la ruine de l'empire français, par incapacité ou par esprit de parti. Plus de cent trente mille Prussiens, Autrichiens, Hessois ou émigrés français, rassemblés dans le Brisgaw, l'électorat de Trèves, le duché de Luxembourg et les Pays-Bas, menaçaient ou attaquaient déjà, depuis Huningue jusqu'à Dunkerque, les frontières du royaume, gardées seulement 1° par quarante mille hommes dispersés dans quatre camps entre Landau et Porentruy; 2° dix-sept mille hommes campés en partie à Fontoy, entre Longwy et Thionville, d'où le maréchal Luckner, par une manœuvre au moins timide, les replia derrière Metz; 3° dix-huit mille hommes campés sous Sedan, aux ordres du général Lafayette qui, destitué le 18 août, émigra la nuit du 19, laissant son armée dans une désorganisation totale; 4° enfin dix-huit mille hommes, partagés dans les camps de Maubeuge, Pont-sur-Sambre et Maulde. Ces quatre-vingt-treize mille hommes, fort agités par les circonstances, énervés par quatre années d'indiscipline et de licence, presque dénués de tous moyens pour faire la guerre, commandés par des officiers nouveaux, ou incertains du parti qu'ils embrasseraient, disposés le long du Rhin, de la Moselle, de la Meuse, et derrière nos places du nord jusqu'à la mer, par conséquent la plupart fort éloignés des points d'attaque où leur présence devenait indispensable, étaient cependant les seules forces disponibles qu'on pût opposer aux ennemis. Il paraissait impossible de tirer des renforts du midi dont l'armée qui n'était ni mieux organisée, ni mieux pourvue que les autres, n'excédait guères trente-cinq mille hommes, dispersés depuis Lyon jusqu'à Bayonne. Les préparatifs des rois d'Espagne et de Sardaigne devaient d'ailleurs faire craindre une invasion dans les départements du midi, où s'était manifestée une fermentation très-alarmante. Dans aucune circonstance, l'administration de la guerre n'avait offert autant d'obstacles. La France comptait moins des armées que des simulacres d'armées, sans confiance dans leurs généraux qui

n'en avaient pas eux-mêmes dans les soldats. Pour surcroît
d'embarras, nos forces venaient encore d'être réduites par
le licenciement de treize mille sept cent soixante-dix-neuf
hommes de troupes suisses, à la solde de France, décrété
le 20 août par l'assemblée législative. D'un autre côté, les
malheurs du roi avaient concouru à diminuer l'armée, en
déterminant un grand nombre de militaires de tout grade
et de toute arme à quitter le service. Ils préféraient braver
la sévérité du décret du 10 août, concernant la suspension
du pouvoir exécutif, et qui déclarait traître à la patrie tout
démissionnaire, à rester liés à un ordre de choses qui contrariait les principes des uns et semblait trop incertain aux
autres. Cette loi, impolitique dans les circonstances où elle
fut rendue, engagea beaucoup d'officiers et de soldats,
même des régiments entiers, à s'expatrier pour passer chez
l'ennemi, ou fuir simplement les troubles et les excès qu'ils
prévoyaient. Il fallait sans délai lever un grand nombre de
recrues pour les anciennes troupes, accélérer l'organisation
des nouvelles, se procurer une quantité suffisante d'armes,
de munitions, de chevaux, pour remonter et augmenter
la cavalerie, et faire les transports de divers genres; il fallait des subsistances, malgré la disette, d'autres approvisionnements également rares, et d'autant plus difficiles à
rassembler, que tous les magasins qui n'avaient pas été
livrés aux ennemis, étaient vides, et tous les services dé-
sorganisés. La pénurie des moyens était absolue. Point de
dépôts préparés, point de munitions de guerre ni de bouche,
une trop petite quantité d'artillerie en état de servir, très-
peu d'armes, presque point d'effets de campement, des
hôpitaux et des ambulances à former et à pourvoir de
toutes les fournitures indispensables, enfin des équipages

de vivres à créer, au moment où diverses puissances étrangères avaient fait des préparatifs de tout genre, pour effectuer le démembrement de la France, démembrement qui avait été arrêté entr'elles dans le courant de 1792, et qu'elles se disposaient à consommer sous prétexte de soutenir les intérêts de Louis XVI, dont elles ne se souciaient guères, et ceux des émigrés qu'elles trompaient.

Dans ces pénibles conjonctures, le général Servan ne désespéra point de la chose publique, malgré la commotion inévitable produite par la transition aussi brusque qu'imprévue, de la monarchie au gouvernement républicain décrété par la convention nationale le 21 septembre. Le duc de Brunswick, général des armées ennemies, avait été assez mal conseillé pour publier, les 25 et 27 juillet, deux proclamations dans lesquelles il menaçait des plus rigoureux traitements tout Français qui ne se soumettrait pas aux armes des puissances coalisées. Il n'en fallut pas davantage pour révolter les esprits. Les royalistes, comme les révolutionnaires, indignés de cette arrogance des étrangers, qui n'était pas même encore justifiée par le moindre succès, commencèrent à craindre également leur joug, et si non le partage, du moins un démembrement de la France, exposée alors comme la Pologne, à devenir la proie de ses voisins. La politique astucieuse de la maison d'Autriche, qui se jouait en même temps du roi de Prusse, son allié, et de l'aveugle confiance des émigrés, semblait justifier cette appréhension. Aussi tous les partis, même les plus opposés à la révolution, s'accordaient-ils sur la nécessité de faire les plus grands efforts pour exterminer les Allemands, s'ils pénétraient sur notre territoire. La sagacité du ministre Servan lui fit apercevoir dans cet accord

général les moyens de rendre la guerre entièrement nationale. On pouvait tout espérer de l'enthousiasme français
qu'il s'agissait moins de stimuler que de diriger. Des commissaires envoyés par le conseil exécutif dans les départements, y réussirent facilement. Des particuliers riches
levèrent, armèrent et équipèrent à leurs dépens des volontaires, soit à pied, soit à cheval ; des propriétaires, moins
aisés, se cotisèrent pour en procurer aussi, de même que
des denrées et des vêtements. Cet exemple fut imité dans
les moindres villages, et il n'y en eut presqu'aucun qui
n'envoyât au moins un fantassin. On recrutait en même
temps, au nom de la nation, par toute la France, dont
les principales villes fournirent un grand nombre de bataillons et d'escadrons. Une prodigieuse quantité d'hommes,
même des pères de famille, prirent les armes, soit par patriotisme, soit pour se soustraire aux excès d'une classe de
révolutionnaires exagérés, auxquels on donnait dès-lors le
surnom de terroristes. Il y avait loin, à la vérité, de ces
volontaires, dont on n'a jamais su le nombre, à des soldats
disciplinés ; d'ailleurs, ils ne purent arriver que successivement ; mais ceux qui joignirent à temps les armées, suppléèrent au défaut d'instruction militaire par une valeur
indomptable, et, réunis aux débris des troupes de ligne,
ils aidèrent à chasser du territoire français les armées coalisées, qui avaient percé la frontière de la Meuse, et pénétré en Champagne jusqu'aux portes de Châlons, avec l'espoir d'arriver facilement à Paris. Si elles y fussent parvenues, leurs pertes eussent, sans doute, été encore plus
grandes ; car, en même temps que le gouvernement
à qui cette possibilité n'était pas échappée, songeait à
s'assurer les moyens de gagner sûrement la rive droite

de la Loire, il prenait des mesures pour porter sur les flancs et les derrières des Allemands, de nombreux rassemblements armés pour leur couper les communications et la retraite; mais la maladresse de leur conduite et de leurs projets, contribua autant que le courage national à accélérer leur départ. D'un autre côté, on enleva au roi de Sardaigne la Savoie et le comté de Nice. Le ministre Servan fut incontestablement une des principales causes de ces succès d'abord inespérés, et qu'il rendit certains en créant rapidement de puissants moyens de défense et d'attaque; résultat qu'on ne pouvait atteindre que par de sages mesures, secondées par une grande activité. Mais le travail excessif auquel le général Servan s'était livré, altéra sa santé au point qu'il fut réduit à écrire à la convention nationale qu'il était indispensable qu'elle lui nommât sans délai un successeur. Après une administration de quarante-cinq jours, il fut remplacé le 4 octobre, dans le ministère de la guerre, par M. Pache, Suisse d'origine, successivement gouverneur du fils du maréchal de Castries, secrétaire de ce ministre, et commissaire de la marine : il était employé à Toulon lorsqu'il fut choisi pour administrer la guerre. Le nombre des commis qui, sous le ministère de M. Servan, était de quatre-vingt-dix, secondés de quarante auxiliaires seulement, fut tout-à-coup porté à douze cents, pris pour la plupart dans la classe des *sans-culottes*, et dont un grand nombre savait à peine tenir une plume (1). L'admi-

_____

(1) Il chassa un valet de chambre de bonne mine, qui annonçait chez lui comme chez ses prédécesseurs, et remplissait ses fonctions avec honnêteté et intelligence, pour donner sa place à un grand vilain crasseux, déguenillé

nistration de la guerre ne tarda pas à devenir un véritable
chaos. Les commissaires des guerres, les fournisseurs, les
comptables de tout genre, se livraient aux plus grands désordres ; et comme aucune branche du service ne marchait
au milieu de ce gaspillage, de cette confusion, de toutes
parts il s'élevait des plaintes que le général Dumourier
poussait encore beaucoup plus loin que les autres généraux. Chacune de ses lettres à la convention était un factum
contre Pache. Les membres de la l'assemblée étaient d'abord
fort divisés à ce sujet : les uns criaient à la stupidité, les
autres à la perfidie. Ceux-ci prétendaient que Pache était
le tartuffe de la révolution, et que, d'accord avec le maréchal de Castries, son ancien maître, il voulait tout détruire pour ramener la royauté. Porté au ministère de la
guerre par l'influence que Rolland, son ami, avait sur le
parti des Girondins, il le paya de la plus noire ingrati-
tude : Rolland n'eut point de plus implacable ennemi. Soit
que les fautes de ce ministre eussent réellement provoqué
la diminution de nos forces, soit qu'il fallût l'attribuer en
grande partie à la retraite d'une multitude de citoyens qui
n'avaient marché aux frontières que pour repousser les
Allemands, l'effectif de la totalité des armées n'excédait
pas cent soixante mille hommes, qu'on augmenta de
soixante-cinq mille, provenant de bataillons de volontaires
restés dans les départements, et qu'on envoya aux fron-

---

comme le ministre qu'il tutoyait et qui le lui rendait. Ce
valet de chambre n'était pas moins familier avec tout le
monde, même avec les généraux, par ordre de son maître.
Ce fut chez lui, et dans ses bureaux, que le grossier usage
du tutoiement commença.

tières. Cependant, le général Servan avait laissé environ deux cent vingt mille hommes sous les armes, partagés en neuf armées, savoir : 1° du Nord ou Belgique ; 2° des Ardennes, ou de la Meuse, ou du centre ; 3° de la Moselle ; 4° des Vosges ou du Rhin ; 5° des Alpes ; 6° du Var ou d'Italie ; 7° des Pyrénées ; 8° des côtes ; 9° de l'intérieur.

Le 25 janvier 1793, Dubois de Crancé, membre de la convention nationale, fit, au nom du comité de défense générale, un rapport dans lequel il avança que, le 2 décembre 1792, les forces autrichiennes, prussiennes et hessoises, en présence de nos armées, consistaient seulement en cent vingt-cinq mille hommes, à cause des pertes qu'elles avaient essuyées dans la campagne précédente ; mais qu'elles allaient être considérablement renforcées, et qu'en y ajoutant ce que le corps germanique, le roi de Sardaigne, même l'Espagne, la Hollande et l'Angleterre pourraient nous opposer, il en résulterait une masse si forte, qu'il fallait, pour lui résister, au moins deux cent soixante-huit mille hommes d'infanterie, cinquante-trois mille de cavalerie, onze mille huit cents d'artillerie, en tout trois cent trente-deux mille huit cents hommes ; qu'avec cent neuf régiments d'infanterie de ligne, et quatre cent quarante-un bataillons de volontaires que tenait en activité la république, il existait suffisamment de cadres pour recevoir les augmentations qu'il était à propos d'y ajouter, afin de porter la totalité de nos forces à cinq cent deux mille huit cents hommes. La convention nationale décréta que ce nombre serait entretenu, mais elle ne détermina pas le mode de cette nouvelle levée. Au reste, le rapport de Dubois de Crancé qui paraît exagéré à quelques égards, avait sans doute moins pour objet de fournir des résultats exacts, que de donner, tant aux puissances étrangères qu'à la nation française elle-même, une grande idée de ses forces. La convention décréta aussi le 25 janvier, que le nombre et la répartition des armées seraient réglés par le conseil exécutif. Celui-ci résolut d'employer toute son influence pour obtenir de la convention nationale une grande levée de troupes; mais, au moment où cette levée fut ordonnée, le ministre Pache n'était plus chargé du département de la guerre. Le 2 février, la convention, alarmée de la multiplicité et de l'énormité des fautes qu'on lui reprochait, décréta qu'il cesserait immédiatement ses fonctions, ce qui ne l'empêcha pas d'être élu, peu après, par le crédit de sa faction, maire de Paris (1). Le 4 février, le lieutenant-général Beurnonville, qui s'était distingué dans la campagne de 1792, fut nommé ministre de la guerre. Il ne négligea rien pour rétablir l'ordre dans son département et dans les armées où l'ensemble était absolument détruit par les extrêmes abus de l'administration précédente et par les levées successives qui formaient des troupes isolées d'inégales forces. Mais le général Beurnonville resta en place à peine assez de temps pour reconnaître les maux multipliés auxquels il fallait remédier. On proposa divers plans de constitution ; celui du conventionnel Dubois de

(1) Une de ses premières opérations fut de faire planter des pommes de terre dans un carré du jardin des Tuileries, sous prétexte d'assurer des subsistances au peuple de Paris, qui commençait à mourir de faim, et à qui cette récolte, même supposée abondante, n'aurait pas fourni par tête la moitié d'une pomme de terre.

Crancé prévalut. Il consistait à former toute l'infanterie en demi-brigades, composées chacune d'un bataillon des anciennes troupes de ligne, et de deux bataillons de volontaires, levés depuis la révolution. Le 21 février, la convention rendit un décret analogue, en conséquence duquel cet arrangement commença à s'exécuter partiellement; mais on le suspendit dans la suite, sur la demande des comités de salut public et de la guerre : ils prétendirent qu'il était impolitique de vouloir refondre l'armée, au moment où les ennemis environnaient la France de toutes parts. Enfin, le 24 février, la convention décréta que tous les Français, depuis l'âge de dix-huit ans jusqu'à l'âge de quarante ans accomplis, non mariés, ou veufs sans enfants, étaient mis en réquisition permanente, jusqu'à l'époque du complément d'un recrutement effectif de trois cent mille hommes, habillés, équipés et armés, qui se réuniraient, dans le plus court délai possible, aux armées de la république, et seraient répartis entre les départements, en raison de leur population et du nombre d'hommes qu'ils auraient déjà fournis. Un article subséquent, ajouté le 25 février, invitait les départements à fournir le plus de volontaires qu'ils pourraient, en sus de leur contingent. Un dernier article défendait d'accorder des permissions quelconques aux défenseurs de la patrie (car c'est ainsi qu'on désignait les soldats) de quitter leurs drapeaux. Le décret du 24 février mit à portée de connaître enfin au juste la population de la France; car, pour répartir plus équitablement la levée de trois cent mille hommes sur les quatre-vingt-deux départements composant la république à son origine, le ministère demanda à chaque administration départementale l'état de la popu-

lation de son territoire, dressé avec la plus grande exactitude, par district, ou canton et municipalité, et il résulta de la récapitulation que, sans compter la Corse, les
Colonies, ainsi que les deux nouveaux départements du
Mont-Blanc, ci-devant la Savoie, réunis le 27 novembre 1792, et les Alpes-Maritimes, ci-devant le comté
de Nice, réuni le 4 février 1793 (1), il y avait en France
vingt-sept millions cent quatre-vingt mille âmes. La levée
s'effectua avec facilité et promptitude, et devint, par les
renforts successifs qu'elle procura aux armées françaises,
la véritable cause de la supériorité qu'elles ne tardèrent
pas à prendre sur celles des puissances étrangères, quoique
formidables; car la coalition consistait dans l'Autriche,
la Prusse, l'Empire, le roi de Sardaigne, l'Angleterre,
la Hollande, l'Espagne, les Deux-Siciles et l'Etat ecclésiastique. Au reste, les forces de la république, portées à
six cent mille hommes, n'excédaient pas essentiellement
le calcul qui a démontré depuis long-temps qu'un état,
surtout passagèrement, et sans trop énerver sa population,
peut entretenir vingt mille hommes de troupes par million
d'habitants. Les pertes qui accompagnèrent ou suivirent
les fautes et les intrigues du général Dumourier dans la

---

(1) Le 23 mars 1793, la convention nationale décréta
encore la réunion du département du Mont-Terrible, formé
de la principauté de Porentruy et de quelques autres
parties des états de l'évêque de Bâle. On y ajouta successivement le territoire de Mulhausen et la principauté de
Montbéliard. Ce département se trouvant encore trop
petit malgré ces augmentations, on le réunit dans la suite
à celui du Haut-Rhin.

Belgique, en mars 1793, furent plus apparentes que réelles ou dangereuses; car elles portèrent particulièrement sur des équipages ou des attirails de guerre, plus faciles à remplacer que les hommes; et si les armées françaises du nord éprouvèrent du découragement, d'un autre côté elles se trouvèrent peu affaiblies, quant au nombre, après la défection de M. Dumourier, qui fit arrêter, le 2 avril, dans son quartier à Saint-Amand, quatre commissaires de la convention nationale, envoyés pour l'engager à se rendre à Paris. Le ministre Beurnonville, qui les avait accompagnés pour prendre le commandement de l'armée, fut aussi arrêté, et M. Dumourier l'envoya avec eux à Tournay, où on les livra aux Autrichiens.

Le 4 avril, la convention nationale nomma ministre de la guerre, Jean-Baptiste-Noël Bouchotte, alors commandant temporaire à Cambray : il entra en fonctions le 10 avril. Aucun ministre n'a été plus tourmenté que celui-ci. Il est vrai que sous aucun ministère, on ne vit des abus aussi multipliés et aussi scandaleux. Ceux que le général Beurnonville avait détruits ou n'avait eu que le temps de comprimer, reparurent avec plus de force qu'auparavant. Tous les papiers publics de cette époque constatent que, dans plusieurs séances de la convention, le ministre Bouchotte fut accusé d'ineptie, de perfidie, d'atrocité, et de n'être que l'écho et l'instrument des clubs et des plus vils factieux. Une lettre que lui écrivit le comité de salut public dans le courant de mai, suffit pour prouver l'extrême inconsidération avec laquelle on le traitait. Le comité avait ordonné d'envoyer de Paris, dans les départements de la droite de la Loire qui s'étaient soulevés, une troupe de gendarmes nationaux, après leur avoir fourni des chevaux. Le ministre crut devoir s'assurer si l'intention du comité était aussi qu'on leur fournît des selles; et cette singulière question lui attira la réponse suivante que le fameux Danton écrivit de sa main et fit signer à deux de ses collègues chargés de la correspondance.

*Les représentants du peuple composant le comité de salut public, au ministre de la guerre et à ses adjoints.*

### LIBERTÉ, ÉGALITÉ, FRATERNITÉ.

Allez-vous faire f.....; que le diable vous confonde, s'il vous faut des ordres pour donner des selles, quand il vous a été enjoint de fournir des chevaux! Faut-il aussi des ordres pour que vous donniez des brides?

*Signé* DANTON, ROBERT LINDET, CAMBON, fils aîné.

Le style de ce billet est un échantillon curieux du ton de liberté fraternelle avec laquelle la plupart des affaires se traitaient alors. Au reste, le ministre Bouchotte supportait avec un stoïcisme inaltérable les désagréments les plus marqués. Ce fut lui qui tira de la classe du peuple, et même des boutiques d'artisans, un grand nombre de généraux qui, n'ayant jamais servi, et ignorant les premiers éléments du métier, donnèrent les plus fortes preuves d'impéritie, et tentèrent, sans le faire, un apprentissage qui coûta la vie à une immensité de braves soldats (1), par—

(1) Une lettre adressée au comité du salut public le 16 frimaire de l'an 2, par Philippeaux, commissaire de

ticulièrement dans la Vendée, où une guerre civile avait
éclaté à l'improviste au mois de mars. Elle donna lieu à
un recrutement particulier dans les départements voisins,

---

la convention dans l'Ouest, contient des détails curieux sur
ces choix. On remarqua surtout, au nombre de ces généraux de nouvelle fabrique, un charlatan que tout Paris
avait vu vendre, sur le pont-neuf, des pierres à détacher
et une poudre pour empoisonner les rats. On y vit aussi un
garçon orfévre et un tailleur de la section de la halle-aux-
bleds, appelé *Zée-Pférdt*, c'est-à-dire, *cheval marin*.
On ignore s'il était bon tailleur; mais on sait qu'il se
montra mauvais général. Quelques personnes, trompées
par la ressemblance du nom, crurent ou du moins impri-
mèrent que c'était le docteur Saiffer qui avait fait une in-
fidélité à Esculape en faveur de Mars; mais, tandis que le
médecin continuait d'ordonner à ses malades des clystères
et des pillules qui prolongèrent peut-être leur vie, l'ignorance du tailleur, devenu guerrier, abrégea les jours d'un
grand nombre de soldats. Enfin, on compta encore parmi
les adeptes militaires du choix du ministre Bouchotte, un
de ces crieurs de la foire S. Germain, qui invitaient le public, avec une voix de Stentor, à voir les animaux rares;
et comme celui dont il s'agit vantait surtout le *grand Tarlata*, qui n'était, dit-on, qu'un âne sans queue et sans
oreilles, on le surnomma, dans la prison du Luxembourg,
où il finit par être confiné et reconnu, le *grand général
Tarlata*. Son nom était Duret. Ce scélérat souillé de
crimes, et qui se vantait lui-même d'avoir fait périr plus
de six mille personnes à Lyon et aux environs, était adjudant-général de l'armée révolutionnaire. Il finit par être
envoyé à l'échafaud, quoiqu'il promît à tout le monde sa
protection auprès du ministre Bouchotte. Plusieurs autres

et même dans ceux que traverse le chemin de Paris
qui fournit douze mille hommes pour cette guerre,
qu'on aurait pu empêcher de s'étendre sur la rive

---

généraux de cette trempe ne tardèrent pas à rentrer dans
leur profonde obscurité primitive. Les employés civils du
ministère, tels que adjoints, secrétaires, agents quelconques et fournisseurs, n'étaient pas mieux choisis. Dans
un volume intitulé : *Procès instruit et jugé au tribunal
révolutionnaire, contre Hébert et consorts; Paris, de
l'imprimerie du tribunal révolutionnaire, l'an deuxième
de la république*; on voit que, sur vingt accusés, tous bien
connus pour être les plus factieux des Cordeliers, il s'en
trouva huit attachés personnellement au ministre Bouchotte,
et sans doute que les autres tenaient à ce ministre par des
liens moins apparents, mais non moins réels; comme, par
exemple, Hébert, dit le père Duchène, dont il avait payé
chèrement la protection. Les huit accusés dont on vient de
parler, étaient : 1° Ronsin, d'abord mauvais poète, et que
le ministre Bouchotte avait fait son adjoint, et envoyé dans
la Vendée en qualité de *général ministre*; 2° Vincent, pri-
mitivement clerc de procureur, puis intrigant durant les
premières années de la révolution, enfin, secrétaire général du département de la guerre; 3° Deffieux, marchand
de vin, et chargé de missions politiques par le ministre;
4° Ancart, coupeur de gants avant la révolution (probablement depuis coupeur de bourses), et garde-magasin
général pour les poudres, armes et équipements; 5° Le-
clerc, avant la révolution commissaire à terrier et archi-
viste de l'évêché de Beauvais, enfin, chef de la seconde
division des bureaux de la guerre; 6° Bourgeois, avant la
révolution menuisier, depuis ingénieur, et membre d'un
des comités de vérification du département de la guerre;

gauche de la Loire, si les insurgés eussent été plus
habiles, et si la levée de trois cent mille hommes n'avait
fourni au gouvernement assez de troupes pour contenir à
la fois les Vendéens et soutenir la difficile campagne de
1793, pendant laquelle le territoire français fut entamé
sur plusieurs points, d'où on finit par repousser l'ennemi;
mais, comme on avait trop peu de cavalerie, la convention
nationale ordonna, le 27 juin, la levée de trente mille
hommes, pour compléter et renforcer cette arme. Un
autre décret du 8 octobre suivant, prescrivit de lever encore, pour le même objet, quarante mille hommes et
quarante mille chevaux. L'infériorité en nombre et en
qualité des troupes à cheval nécessitait cette augmentation; mais aucune mesure ne produisit plus de sensation
que le décret rendu le 23 août, sur le rapport de M. Bar-
rère, membre du comité de salut public, pour mettre en
réquisition civique et permanente, pour le service des
armées, tous les Français non mariés ou veufs sans enfants,
sans distinction et sans pouvoir se faire remplacer, jusqu'à
ce que les ennemis fussent chassés du territoire de la
république; ce qui ne tarda pas, quand le recrutement de
trois cent mille hommes eut joint en totalité les armées.

---

7° Mazuel, successivement cordonnier, dessinateur pour
la broderie, chef du premier escadron de l'armée révolutionnaire, commandant temporaire à Beauvais, et aide-de-
camp du ministre Bouchotte; 8° Laboureau, d'abord
étudiant en médecine, puis maître de dessin et de paysage,
enfin, premier commis du conseil de santé établi au
bureau de la guerre.

Ainsi, il suppléa à tout, et fut la principale cause du salut de la France. Il y eut une époque, sous le ministère de Bouchotte, où l'on se plut à compter jusqu'à quatorze armées; savoir : 1° l'armée du nord, réunie à celle de la Belgique et à une partie de celle des Ardennes; 2° l'armée des Ardennes, composée d'une portion de l'armée du centre; 3° l'armée de Sambre-et-Meuse, formée de l'aile droite du nord, de l'armée des Ardennes et de l'aile gauche de la Moselle; 4° l'armée de la Moselle, composée de l'armée du centre, et réunie ensuite à celle du Rhin; 5° l'armée du Rhin; 6° l'armée des Alpes; 7° l'armée d'Italie; 8° l'armée des Pyrénées occidentales; 9° l'armée des Pyrénées orientales (ces quatre dernières composées d'une partie de l'armée du midi); 10° l'armée de l'ouest ou de la Vendée, formée de l'armée des côtes de la Rochelle; 11° l'armée des côtes de Brest et de Cherbourg réunies, qui, bientôt séparées, formèrent, 12° l'armée des côtes de Brest, 13° l'armée des côtes de Cherbourg; 14° l'armée de l'intérieur, indépendante de l'armée révolutionnaire, que ses excès firent bientôt licencier. Mais plusieurs de ces armées n'étaient que des corps peu nombreux qui ne tardèrent pas à être fondus dans de plus considérables. Au reste, la quantité des armées n'augmentait pas réellement celle des troupes : d'ailleurs, dans une guerre aussi vive et aussi sanglante, la consommation des hommes était immense, et l'effectif de chaque corps variait d'un instant à l'autre. A l'époque du 3 septembre 1793 (13 frimaire an 2), on prétendait que la république avait sur pied environ huit cents bataillons, à onze cents hommes chacun; ce qui aurait formé huit cent quatre-vingt mille hommes d'infanterie seulement;

mais des états moins incertains que cette vague appréciation, et dressés depuis, ne portent la totalité des forces de la France qu'à six cent vingt-huit mille six cent soixante-dix hommes effectifs. Ce nombre, encore très-considérable, prouve l'activité qu'on avait mise, depuis l'ouverture de la campagne, au recrutement des anciennes troupes, et à en organiser de nouvelles, puisqu'au mois de février 1793 on ne comptait au plus sous les armes que deux cent vingt-huit mille six cent quarante-quatre hommes.

Malgré les pertes de la guerre, le nombre des soldats français augmentait sans cesse, et on assura que, pendant la campagne de l'an 2, la république avait eu sous les armes plus d'un million d'hommes effectifs. Ces troupes s'aguerrissaient en même temps qu'il se formait d'excellents généraux ; et ces deux résultats concoururent à faire triompher enfin la France de l'Europe entière coalisée contre elle. Mais la guerre épuisait à la fois les finances et les denrées. On se flatta que si on parvenait à régulariser davantage l'organisation des troupes, les abus et la consommation des comestibles diminueraient. En conséquence, un décret rendu le 1er avril 1794 ( 22 germinal an 2 ), sur le rapport et la demande de M. Carnot, membre du comité de salut public, supprima le conseil exécutif, et remplaça les six ministres par douze commissions dont les chefs ne furent que les instruments passifs de la volonté du comité de salut public qui les choisissait et les renvoyait à son gré, sans l'intervention de la convention nationale, laquelle avait élu et destitué les ministres depuis le 10 août 1792. Le 18 avril 1794 ( 29 germinal an 2 ), l'adjudant-général Pille succéda au ministre Bouchotte,

avec le titre de commissaire de l'organisation et des mouvements des armées de terre. Dans un rapport fait à la
convention nationale, au nom du comité de salut public
et militaire, le 6 février 1795 (18 pluviôse an 3), par
Dubois de Crancé, il assure que la France a eu sous les
armes, la campagne précédente, près de onze cent mille
hommes; savoir : plus de douze cents bataillons, cinq
cents escadrons, et soixante mille hommes d'artillerie. Il
ajoute que les désordres résultants de l'irrégularité de la
constitution militaire occasionnaient un gaspillage annuel
de plus de deux cents millions, et une espèce d'anarchie à
laquelle on ne remédierait qu'en rappelant, sans aucune
restriction, toutes les armes à l'organisation simple et
uniforme d'embrigadement, ordonnée par les décrets des
21 février 1793, et 8 janvier 1794 (19 nivôse an 2), et
qu'il convenait donc qu'on exécutât cette opération le premier avril 1795 suivant (20 germinal) pour tout délai.

De septembre 1794 à avril 1795 (de vendémiaire à germinal an 3), c'est-à-dire dans le laps d'environ sept mois,
le nombre des hommes présents tomba de sept cent quarante-neuf mille cinq cent quarante-cinq, à cinq cent
quatre-vint-quatorze mille deux cent vingt-sept, et celui
des effectifs, d'un million cent soixante-neuf mille cent
quarante-quatre, à un million quarante-trois mille cent
quarante-quatre. Cette différence ou perte d'à-peu-près
cent cinquante mille hommes, dans un délai aussi court,
prouve combien la guerre en dévorait; mais les campagnes
les plus meurtrières furent, sans contredit, celles de la
Vendée, où trois ou quatre armées républicaines furent
successivement englouties, notamment dix-huit mille
hommes levés à Paris et aux environs; douze mille, tirés

de l'armée du nord, qu'on y fit marcher en mai 1793, outre les troupes qui y étaient déjà, et la garnison de Mayence, forte d'environ seize mille hommes qui périrent en très-peu de temps. C'est ce que le membre du comité de salut public, Saint-Just, appelait froidement un chancre que la politique prescrivait d'entretenir. Au reste, les efforts de la France n'avaient pas été perdus, et sa prépondérance s'était consolidée. Le 9 février 1795 (21 pluviôse an 3), le grand duc de Toscane avait signé à Paris la paix avec la république ; le roi de Prusse la conclut aussi à Bâle le 5 avril (16 germinal an 3); les Provinces-Unies des Pays-Bas en usèrent de même à Paris, le 16 mai (27 floréal an 3); et le lendemain, 17 mai, la Prusse signa encore à Bâle, avec la France, un traité pour la neutralité d'une partie de l'Empire, désignée par une ligne de démarcation. L'Espagne, qui négociait aussi à Bâle, y conclut sa paix le 22 juillet (4 thermidor an 3); enfin, le 1er octobre (9 vendémiaire an 4), on décréta la réunion de la Belgique, du Luxembourg, du pays de Liége, de la Flandre hollandaise, de Maëstricht et de Vanloo, avec leurs dépendances, au territoire français, et leur organisation en neuf départements fut consommée.

Cependant la constitution décrétée le 22 août (6 fructidor an 3), acceptée le 23 septembre (1er vendémiaire an 4), et qui porte le nom de la dernière année, fut mise en vigueur par l'établissement du conseil des anciens, de celui des cinq cents et du directoire exécutif, installé le 5 novembre 1793 (13 brumaire an 4). Les ministres furent rétablis, conformément à la nouvelle constitution. Le directoire confia, le 5 novembre (14 brumaire an 4), le département de la guerre au général de division Aubert du Bayet, qui le quitta le 7 février 1796 (18 pluviôse an 4), pour passer à l'ambassade de Constantinople. M. Pétiet, commissaire-ordonnateur des guerres, et membre du conseil des anciens, le remplaça le lendemain 8 février. Le nombre des hommes présents aux drapeaux n'était plus à cette époque que de quatre cent vingt-deux mille cent cinq, et celui de l'effectif, de six cent quatre-vingt-douze mille cinq cent vingt-huit. M. Pétiet administra le département de la guerre jusqu'au 17 juillet 1797 (29 messidor an 5); et le général de division Lazare Hoche ayant refusé de le remplacer, le directoire lui donna pour successeur, le 24 juillet 1797 (6 thermidor an 5), le général de division Barthélemy-Louis-Joseph Schérer. Sous ce ministre, qui ne manquait ni de connaissances ni de talents, quoi qu'on ait dit, l'état des armées déclina par une foule d'abus dont les causes sont étrangères à mon sujet. Les succès de Buonaparte en Italie; la paix signée à Paris, le 15 mai 1796 (26 floréal an 4), entre la république française et le roi de Sardaigne; l'alliance offensive et défensive qu'elle conclut à Saint-Ildephonse, le 19 août 1796 (2 fructidor an 4), avec l'Espagne; plusieurs princes d'Allemagne et d'Italie, qui avaient déjà, ou voulaient poser les armes; le roi de Naples, qui les posa lui-même, en vertu du traité signé à Paris le 10 octobre 1796 (19 vendémiaire an 5); les conférences qui s'ouvrirent dans cette capitale, le 24 octobre suivant (4 brumaire), entre le lord Malmesbury, plénipotentiaire d'Angleterre et le gouvernement français; le désarmement du pape, et la cession d'Avignon à la France, décidés par le traité conclu à Tolentino, le 19 février 1797 (1er ventôse an 5); l'alliance offensive et défensive signée à Turin avec le roi de

Sardaigne, le 7 avril (18 germinal an 3); de nouvelles conférences à Lille, le 6 juillet (18 messidor an 5), entre la France et l'Angleterre, quoique rompues le 18 septembre (2ᵉ jour complémentaire an 5); les préliminaires de paix convenus à Leoben, le 18 avril (29 germinal an 5), entre Buonaparte et les plénipotentiaires autrichiens; le traité définitif de Campo-Formio, signé entre les mêmes, le 17 octobre (26 vendémiaire an 6); la paix de la France avec le Portugal, réglée à Paris le 10 août (23 thermidor an 6); enfin, le congrès de Rastadt, ouvert le 9 décembre (19 frimaire an 6) : tout semblait promettre à la république, outre une augmentation considérable de territoire, une paix générale; mais la politique envahissante du directoire lui fit provoquer, le 26 avril 1798 (7 floréal an 6), la réunion de la république de Genève, sous le nom du département du Léman, à la république française; bientôt il convoita l'île de Malthe et l'Égypte, au risque d'alarmer de nouveau l'Europe, et de brouiller la France avec la Porte-Ottomane. Sa conduite, à la fois astucieuse, impolitique et maladroite, les intrigues de l'Angleterre et de la Russie qui voulaient former contre la France une nouvelle coalition; l'insulte faite à Vienne (par une populace soudoyée par les agents politiques de ces puissances, et, à ce qu'on croit, par le ministère autrichien lui-même, alors vendu à ces deux cours), le 13 avril 1798 (22 germinal an 6), au général Bernadotte, ambassadeur de la république; la déclaration de guerre faite par le gouvernement français au roi de Naples et de Sardaigne, le 6 décembre (13 frimaire an 7), et à l'empereur, ainsi qu'au grand-duc de Toscane, le 12 mars 1799 (22 ventôse an 7); la rupture du congrès de Rastadt par le ministère impérial, le 8 avril (19 germinal an 7); enfin, le massacre des plénipotentiaires français à leur départ de Rastadt, le 28 avril (9 floréal an 7), furent, sinon les causes motrices de cette reprise d'armes, du moins celles qui contribuèrent à la rendre si animée. On avait fait en même temps à Toulon et à Civita-Vecchia les préparatifs des expéditions de Malthe et d'Egypte. Buonaparte, choisi pour les commander, était parti de Toulon le 19 mai 1798 (30 floréal an 6), avec une grande partie des forces destinées à ces entreprises, auxquelles on employa trente-deux mille trois cent soixante-quinze hommes, l'élite de nos armées. Alors, la scène change, et devient brusquement aussi contraire à la France qu'elle lui avait été favorable. A l'instant même où tout annonçait une nouvelle guerre, encore plus désastreuse que celle qu'on s'était flatté de voir finir, l'enthousiasme de la nation, source des victoires précédentes, se trouvait fort amorti par l'impéritie et les fautes du directoire qui n'avait inspiré ni estime ni confiance. Il fallait cependant beaucoup de troupes; et, comme on ne pouvait espérer qu'elles se complétassent de bon gré, on chercha à y suppléer par un moyen forcé : le 21 août 1798 (4 fructidor an 6), sur la motion du général Jourdan, alors membre du conseil des cinq-cents, cette section du corps législatif adopte la mesure de déclarer soldat tout Français sans exception, lorsque la patrie est en danger, et, hors de ce cas, d'appeler à sa défense une quantité indéterminée de citoyens, depuis l'âge de vingt ans accomplis, jusqu'à celui de vingt-cinq ans révolus, par la voie de la conscription militaire, quand le nombre des enrôlés volontaires ne suffirait pas; que la conscription

comprenait tous les Français, sauf ceux qui se trouveraient mariés avant le 12 janvier 1798 (23 nivôse an 6),
ou veufs avec des enfants; enfin, que les conscrits étaient
divisés en cinq classes, comprenant chacune les conscrits
d'une année. Ce mode d'enrôlement fut approuvé, le 5 septembre 1798 (19 fructidor), par le conseil des anciens,
et mis à exécution immédiatement après. Il existait contre
la France une nouvelle ligue formée de l'Angleterre, de
la Russie, de l'Empereur, d'une partie de l'Empire, des
rois de Naples et de Portugal, de la Turquie, des états
barbaresques, et une armée russe était en marche pour
joindre les Autrichiens. Les Français passent le Rhin et
entrent dans l'Empire le 1er mars 1799 (11 ventôse an 7).
Ils sont battus en Allemagne sous les ordres du général
Jourdan, de même qu'en Italie, sous ceux du général
Schérer qui, pour aller les commander, avait quitté, le
26 février 1799 (8 ventôse an 7), le département de la
guerre, où il fut remplacé le même jour par le général
Milet-Mureau. Il résulte du compte rendu de celui-ci,
qu'il tenta d'améliorer l'administration, et prépara des
ressources qui furent ultérieurement utiles à l'époque de
leur maturité. Des revers au-delà des Alpes et du Rhin,
l'extrême affaiblissement des armées françaises, le mécontentement public, tout prescrit au directoire de choisir
un ministre de la guerre capable de remédier à d'aussi
grands maux. Il jette les yeux sur le général Bernadotte
qui, frappé des mauvaises mesures du gouvernement français, sur lesquelles il s'était expliqué franchement, avait
refusé le commandement de l'armée d'Italie. Nommé au
département de la guerre à la place de M. Milet-Mureau, le
2 juillet 1799 (14 messidor an 7), il trouva que les armées,

françaises ne consistaient plus qu'en quatre cent quarante-neuf mille huit cent quarante-quatre hommes, dont deux cent quatre-vingt-dix-huit mille quatre cent soixante-trois seulement étaient disponibles, en en retranchant toutefois environ soixante mille pour les garnisons sur le Rhin et en Italie. D'où il résulte qu'il ne restait guères que deux cent mille combattants. C'était évidemment trop peu sur une ligne d'opérations qui s'étendait du Texel à Naples, en longeant le Rhin jusqu'au mont Saint-Gothard, la chaîne des Alpes jusqu'à Gènes, et se dirigeant ensuite par Ancône et Rome. Il fallait en outre des forces pour contenir les départements de l'ouest de la France, où la fermentation durait toujours et augmentait même en raison des embarras visibles du gouvernement. Le service des subsistances et des hôpitaux militaires se trouvait dans la crise la plus alarmante, faute de denrées, de matières, de fournitures, et surtout d'argent. On manquait de même de souliers et d'étoffes pour les troupes, de chevaux de remonte pour la cavalerie. Les approvisionnements de petites armes, comme fusils, sabres et pistolets, ainsi que ceux d'artillerie pour les places et les armées, étaient insuffisants. Il importait d'opposer sans délai à tous ces maux des remèdes efficaces, et le général Bernadotte les trouva dans son activité, sa fermeté et les ressources de son esprit fécond en expédients. Il accéléra le rassemblement de la conscription, fit joindre leurs corps à un grand nombre de soldats rentrés et dispersés en France, tira des dépôts tout ce qui était en état de servir, et bientôt la république compta sous les armes trois cent quatre-vingt-deux mille hommes, non compris, 1° l'armée d'Egypte, forte de trente-deux mille trois cent cin-

quante-sept hommes ; 2° quarante-un mille neuf cent cinquante-huit malades aux hôpitaux ; treize mille trois cent
vingt - deux prisonniers qui , ajoutés aux forces précédentes , offraient une masse de quatre cent soixante-neuf
mille cinq cent quatre-vingt-un hommes : ils ne parurent
pas suffisans. Le 12 août 1799 ( 25 thermidor an 7 ), le
conseil des cinq-cents rendit , sur l'organisation de l'armée,
et le conseil des anciens approuva , le 9 septembre suivant
( 23 fructidor), un décret qui fixait les troupes de terre
à cinq cent soixante-six mille quatre cent vingt hommes.
Mais cette augmentation de troupes, qui n'était point
encore levée, ne présentait qu'une ressource à venir : le
général Bernadotte n'avait donc pas pu en faire usage dans
ses arrangements. Dès les premiers jours de septembre
( fructidor ), le plan de campagne était réglé et transmis
aux généraux, les armées suffisamment renforcées pour
résister à l'ennemi, même pour agir offensivement, et tous
les services assurés.

Des opérations aussi salutaires excitèrent l'inquiétude
et la jalousie de quelques membres du directoire, qui songeaient sans doute déjà à changer la forme du gouvernement, pour leur avantage personnel. La malveillance dont
ils étaient l'objet, les talents et le caractère du général
Bernadotte leur faisaient ombrage : ils affectèrent de le
croire dangereux pour l'ordre de choses existant, oubliè-
rent, ou feignirent d'oublier qu'à lui seul appartenait le
mérite d'avoir préparé le succès des armées françaises
pendant cette campagne, et lui ôtèrent le département de
la guerre, le 15 septembre 1799 ( 29 fructidor an 7 ).
Ainsi donc, le général Bernadotte est renvoyé par une
obscure intrigue, après un ministère de soixante-quinze

jours, au moment où il devait le moins s'y attendre, et où, par ses soins, les armées françaises vont rentrer dans le chemin de la victoire. L'administration militaire du général Servan et celle du général Bernadotte, les plus courtes qu'offrent les fastes de la révolution, et même ceux de la monarchie, ont été semblables par les obstacles qu'il a fallu surmonter, également créatrices, et à la fois les plus utiles et les plus éclatantes, puisque le salut de la France en fut le résultat.

Le 16 septembre 1799 ( 30 fructidor an 7 ), le directoire nomma ministre de la guerre, à la place du général Bernadotte, Edmond-Louis-Alexis Dubois de Crancé, général de division, ci-devant membre de l'assemblée nationale et de la convention. Quoiqu'il ne négligeât rien pour suivre les traces de son prédécesseur, il ne put ajouter essentielle=ment à la force de l'armée française qui, pendant l'an 8 ( du 23 septembre 1799, au 22 septembre 1800), n'excéda pas en Europe quatre cent soixante dix mille hommes, avec lesquels on réussit néanmoins à résister avec avantage aux efforts des armées coalisées. On assure que Dubois de Crancé voulait former un conseil d'officiers généraux pour discuter provisoirement les mesures relatives à son administration; mais qu'il n'eut pas le temps de réaliser cette prudente mesure. Buonaparte arrivé d'Égypte à Paris, le 16 oc=tobre 1799 ( 24 vendémiaire an 8 ), devint la ressource de ceux qui ne pouvaient voir le salut de l'empire français dans le directoire et les deux conseils, des anciens et des cinq cents. Les journées des 9 et 10 novembre ( 18 et 19 bru-maire an 8 ), portèrent Buonaparte à la tête du gouver-nement, et renversèrent à la fois la constitution du 22 août 1795 ( 5 fructidor an 3 ), le directoire exécutif et le

ministre Dubois de Crancé qui fut remplacé le 11 novembre 1799 ( 20 brumaire an 8 ), par le général de division Alexandre Berthier. La nouvelle constitution décrétée
le 15 décembre suivant ( 22 frimaire ), confirma à Buonaparte l'emploi de chef du gouvernement, sous le titre de
premier consul. Afin de pousser la guerre avec vigueur, il
rendit, le 8 mars 1800 ( 17 ventôse an 8 ), un arrêté
créant une armée de réserve de soixante mille hommes,
dont la moitié fournie par la conscription, pour être
commandée par Buonaparte en personne. Il fit publier, le
même jour 8 mars, une proclamation pour rappeler à leurs
drapeaux, avant le 5 avril ( 15 germinal ), tous les soldats
qui, ayant obtenu leur congé, étaient encore en état de
servir, et pour sommer les jeunes gens de la réquisition et
de la conscription de se rendre pareillement à leur poste;
et, s'ils n'étaient attachés à aucun corps, de venir à Dijon,
quartier-général de l'armée de réserve, où ils seraient armés
et habillés. On invitait aussi tous les Français de bonne
volonté, d'arriver, de leur côté, à Dijon, pour partager,
avec le premier consul, les périls et la gloire de la campagne. Le général Berthier, destiné à commander en Italie,
remit le ministère de la guerre le 2 avril ( 12 germinal ), à
M. Carnot, ci-devant membre de la convention nationale,
du comité de salut public et du directoire qui l'avait pros-
crit le 4 septembre 1797 ( 18 fructidor an 5 ) : il ne
garda le département de la guerre que jusqu'au 8 octobre 1800 ( 16 vendemiaire an 9 ), que le général Berthier
en reprit l'administration.

Durant l'an 9 ( du 23 septembre 1800 au 22 septembre 1801 ), la France tint en activité quatre cent quatorze mille sept cent trente-deux hommes. Les victoires

du général Moreau en Allemagne, et celle de Marengo, remportée au-delà des Alpes par Buonaparte en personne, le 14 juin (25 prairial), forcèrent la cour de Vienne à des armistices rompus ensuite. La reprise des hostilités lui ayant occasionné de nouvelles défaites, elle consentit enfin à une paix séparée avec la France, signée définitivement à Lunéville, entre cette puissance, l'empereur et le corps germanique, le 9 février 1801 (20 pluviôse an 9); traité qui étendit jusqu'au Rhin le territoire français, du côté de l'Empire. Cette acquisition forma quatre départements. Le roi de Naples conclut aussi la paix à Florence, le 28 mars suivant (7 germinal), avec la république française qui s'accommoda pareillement, le 24 août (6 fructidor), avec l'électeur palatin, et le 29 septembre (7 vendemiaire an 10), avec le Portugal. Les préliminaires de la paix furent signés à Londres, entre la France et l'Angleterre, le premier octobre (9 vendémiaire), entre cette première puissance et la Russie, à Paris, le 8 octobre suivant (16 vendémiaire), et avec la Porte-Ottomane, aussi à Paris, le 9 octobre (17 vendémiaire); enfin, le traité définitif avec la Grande-Bretagne fut signé à Amiens le 25 mars 1802 (4 germinal an 10); ce qui termina la guerre de la révolution, déclarée le 20 avril 1792. Le 11 septembre 1802 (24 fructidor an 10), le Piémont, partagé en six départements, fut réuni à la France qui se trouva alors divisée en cent six arrondissements de cette espèce, sans comprendre la Corse qui en forma deux, et les colonies d'Asie, d'Afrique et d'Amérique, qui comptent pour douze. En l'an 10, l'armée française consista en trois cent vingt-sept mille cent cinquante-un hommes d'infanterie, et soixante-douze mille cinq cent soixante-quatre de troupes à cheval, la gendarmerie nationale comprise; en tout trois cent quatre-vingt-dix-neuf mille sept cent quinze hommes, sans compter quinze mille vétérans. En 1803, le département de la guerre fut partagé en deux parties : l'une, uniquement relative aux troupes, l'autre purement administrative. Le 18 mai 1804 ( 24 floréal an 10 ), l'empire fut déféré à Buonaparte, sous le nom de Napoléon I<sup>er</sup>. Le 17 mars 1805 ( 26 ventôse an 13 ), un statut constitutionnel de la consulte d'état de la république italienne ou cisalpine, déclare Napoléon roi d'Italie. Il est difficile, depuis cette époque, de déterminer précisément le nombre de troupes que la France eut sur pied. A la fin de 1804, et au commencement de 1805, c'est-à-dire en l'an 13, l'armée consistait en quatre cent quatorze mille cent vingt-cinq hommes, non compris l'état-major général. Ce n'était pas trop pour garnir les côtes et les frontières de France, et occuper divers points, depuis le Texel jusqu'à l'extrémité du royaume de Naples; mais, ce n'était pas assez pour soutenir une guerre dans la même étendue. Lorsque la guerre recommença en Allemagne, en octobre 1806, l'armée française dut être augmentée de cent cinquante mille hommes ; l'expérience de la dernière guerre, ayant prouvé qu'avec environ cinq cent mille hommes effectifs, cet empire pouvait lutter avantageusement contre l'Europe entière.

L'histoire d'une guerre est incomplète, quand elle n'apprend rien sur les frontières de la puissance qui l'a soutenue; car c'est leur situation, plus ou moins avantageuse, qui retarde ou facilite les opérations dont le plan a dû être réglé d'après des connaissances positives à cet égard. Depuis 1668 jusqu'en 1792, les frontières de France avaient été un sujet presque continuel de discussions, de reconnaissances et d'écrits indépendants de ceux que le maréchal de Vauban et d'autres ingénieurs avaient rédigés sur chaque place de guerre. Les mémoires composés par M. Chamlay, lieutenant-général des armées de Louis XIV, pour l'usage de ce monarque et de ses généraux, forment plusieurs volumes. Ceux que M. de Bourcet, aussi lieutenant-général, composa depuis sur la seule frontière des Alpes, sont encore plus considérables ; et si on y joignait ce qui a été dit, avant et depuis ce dernier, sur les autres frontières du royaume, il en résulterait presqu'une bibliothèque dont la plus grande partie était devenue inutile, quand la guerre de la révolution commença. Dans des mémoires plus récents que ceux dont on vient de parler, on avait élagué successivement ce que les circonstances avaient rendu inutile, et profité des bonnes idées suggérées à divers militaires instruits, soit par l'examen même du pays, soit par l'étude réfléchie des diverses campagnes des règnes de Louis XIV et de Louis XV, pendant lesquelles quelques parties de nos frontières avaient été le théâtre de la guerre ; enfin, par de nouveaux travaux substitués aux anciens, le gouvernement français possédait, en 1792, les résultats nécessaires pour compléter son système de défensive et d'offensive à l'exception des frontières, de la Franche-Comté et des Pyrénées, sur lesquelles on n'avait encore que des matériaux imparfaits, et qu'on avait négligé de compléter, à cause de l'étroite union qui existait entre la France, la Suisse et l'Espagne. La principale force d'une frontière consiste dans les obstacles naturels ou artificiels que l'ennemi rencontre dans son attaque. Les obstacles naturels sont de grandes rivières, des forêts, des montagnes, des défilés, etc. La fertilité ou la stérilité d'un pays, ainsi que son genre de culture, entrent aussi pour beaucoup dans le nombre des facilités ou des difficultés d'un projet militaire. Les obstacles artificiels consistent dans des places de guerre ou forteresses, d'autres fortifications quelconques, pour fermer des passages et des inondations. La force relative d'une frontière dépend de la distance des places de guerre où existent les magasins de l'armée destinée à la défendre, ainsi que de l'éloignement où l'ennemi peut former les siens ; ce qui établit pour les deux partis, la longueur ou l'étendue de la ligne de communication ou d'opération ; et, suivant qu'elle est plus ou moins longue, les opérations devienent plus ou moins difficiles. La France a toujours obtenu, de la proximité de ses dépôts, une supériorité qui s'accroissait encore par la longueur de la ligne des Autrichiens, qui se tirait de Vienne ou de la Bohême, sur le Bas ou le Haut-Rhin. C'est un axiôme, qu'à force et à mérite égal entre les armées et les généraux, ceux qui opèrent sur la ligne la plus courte, doivent, par cette seule raison, avoir à la longue tout l'avantage : plus rapprochés de leurs magasins, ils peuvent entrer les premiers en campagne, agir avec plus d'activité, de vigueur, et plus long-temps que ceux dont la ligne d'opération est plus étendue.

Au commencement du règne de Louis XVI, comme sous Louis XIV et Louis XV, la France ne pouvait être attaquée, depuis Dunkerque jusqu'à la Suisse, que par l'Autriche et des armées allemandes ou du Nord, soudoyées par l'Angleterre et par les Provinces-Unies des Pays-Bas ; puissance qui mettait un grand poids dans la balance, moins par ses forces réelles que par ses finances, ses places sur la Meuse et sa proximité du théâtre de la guerre, en supposant qu'il fût circonscrit entre la mer et la Moselle. Ces considérations entrèrent sans doute pour beaucoup dans les efforts du gouvernement français pour détacher des intérêts de ses ennemis naturels, surtout de l'Angleterre, la république; objet que M. le duc de la Vauguyon, ambassadeur du roi à La Haye, avait rempli habilement dès 1780, quoiqu'on n'en fût pas encore venu à une alliance formelle dont diverses circonstances retardèrent la conclusion jusqu'en 1785. Cet ordre de choses subsista seulement jusqu'à la révolution de 1787, qui rapprocha les Provinces-Unies de l'Angleterre; mais sans rompre positivement l'alliance avec la France. De toutes les puissances, supposées ennemies de cette couronne, l'Autriche était la seule qui la pût attaquer en Flandre, sur la Meuse, la Moselle et le Rhin, avec le moins de désavantage; encore ne pouvait-elle remédier à celui de l'énorme étendue de sa ligne de communication, qu'il fallait admettre partie de Vienne, et qui se trouvait d'ailleurs coupée par plusieurs états indépendants, des chaînes de montagnes, des défilés et des chemins très-difficiles pour de simples voyageurs, et à plus forte raison pour des transports militaires. Soit que l'Autriche voulût attaquer la Flandre française, la frontière de la Meuse, ou celle de la Moselle, il fallait que ses troupes prissent la route du Mein, pour se diriger de là sur les points d'attaque déterminés; mais, dans toutes ces suppositions, le meilleur parti que les Français pussent prendre, consistait à occuper de bonnes positions sur l'une ou l'autre rive du Mein, en avant de Mayence, pour rejeter leurs ennemis sur Coblentz et même sur Cologne; ou bien à s'avancer vers Wurtzbourg, pour leur fermer entièrement la route du Rhin; ou enfin, à leur laisser atteindre le fleuve à Coblentz ou au-dessous, et à remonter ensuite le Mein, pour leur couper la communication avec la Bohême et l'Autriche. Quoique nos anciennes frontières fussent assez généralement redoutables, les places de guerre qui en faisaient la principale force en 1792, étaient négligées depuis un grand nombre d'années par économie, et, d'après la supposition qu'il était invraisemblable qu'aucune guerre les exposât de long-temps à être assiégées ; mais on avait poussé trop loin l'imprévoyance. Les coalisés ne surent pas se prévaloir de cette faute, et furent d'ailleurs effrayés du temps et des dépenses que devaient exiger un grand nombre de siéges : ils cherchèrent moins à forcer qu'à surprendre des passages pour pénétrer en France ; ils portèrent leurs efforts tantôt sur un point, tantôt sur un autre, et mirent si peu d'ensemble et de suite dans leurs projets, qu'il est tout simple qu'ils aient fini avec désavantage cette guerre, dans laquelle les Français déployèrent, au surplus, une énergie et un enthousiasme extraordinaires. On pouvait diviser la frontière de la France en cinq sections. La première, depuis Dunkerque jusqu'à Charlemont et Givet ; la seconde, depuis Charlemont et Givet, ou même l'embouchure de la Sambre, jusqu'à la rive gauche de la Sarre ; la troisième, depuis la rive droite de la Sarre, jusques au-delà de Huningue et de Bâle ; la quatrième, depuis la rive gauche du Rhône, au-dessous de Genève, jusqu'à Antibes et à l'embouchure du Var dans la Méditerranée, ou l'étendue connue sous le nom des Alpes ; la cinquième, depuis Collioure et le Port-Vendre, jusqu'à Andaye, ou l'étendue comprise entre la mer Méditerranée et l'Océan. On n'avait ordonné ni reconnaissance ni travail depuis Huningue jusqu'à la rive droite du Rhône, au-dessous de Genève, parce qu'on croyait la Franche-Comté, qui remplit à peu de chose près tout cet espace, suffisamment couverte par le territoire des Suisses et celui de leurs alliés, avec lesquels la France avait une alliance très-solide. Le Frickthal, ou pays renfermant les quatre villes forestières sur le Haut-Rhin, permettait cependant aux Autrichiens d'entrer en Franche-Comté ou en Haute-Alsace.

La frontière, depuis Dunkerque jusqu'à Charlemont et Givet, est hérissée d'une multitude de places de guerres et de postes, surtout de Valenciennes à Dunkerque; et, comme elle forme des saillants dans quelques parties, une armée ennemie ne pouvait tenter d'y pénétrer, sans avoir sur son front et sur ses flancs des forteresses qui entravaient ses opérations. Deux corps français, d'environ quarante mille hommes chacun, l'un posté sur la Sambre, vers Charleroi, et l'autre, aux environs de Condé, pouvaient faire échouer toutes les entreprises de l'ennemi que la moindre fausse démarche exposait d'ailleurs aux plus grands dangers. Dans la guerre de la succession d'Espagne, la victoire de Romillies, remportée le 23 mai 1706, par les alliés, leur permit d'agir offensivement contre le territoire de France; cependant sept années de succès ne purent les faire avancer au-delà de Landrecies, à dix lieues de la frontière des Pays-Bas; et il ne fallut que l'échec de Denain, qu'ils éprouvèrent le 24 juillet 1712, pour obliger le prince Eugène de Savoye à lever le siége de Landrecies, et lui faire perdre en peu de temps toutes les conquêtes acquises par tant de sang et de trésors. La partie de la frontière, depuis Charlemont et Givet, et même l'embouchure de la Sambre, jusqu'à la rive gauche de la Sarre, à l'opposite de Mertzig, comprenant une

portion du cours de la Meuse, de la Moselle et de la
Sarre, était la plus faible, c'est-à-dire, la moins hérissée
de places fortes. On regardait surtout comme très-difficile
la défense de la Meuse, à cause de la multitude de gués
qu'elle offre, et parce que les forteresses construites sur cette
rivière n'étaient, à l'exception de Charlemont, ni bonnes,
ni même bien situées; mais, d'un autre côté, cette frontière était protégée naturellement par la stérilité et l'âpreté
des pays voisins, et desquels il fallait que l'ennemi partît
pour former sa ligne d'attaque. C'est incontestablement la
principale raison qui a fait échouer les différentes tentatives
formées de ce côté contre la France, à quoi il faut ajouter
la difficulté de faire arriver par terre, sur la Meuse, la
Moselle et la Sarre, les approvisionnements qu'une armée
ennemie, destinée à opérer dans cette partie, ne pouvait
tirer que des Pays-Bas ou plutôt du Rhin; d'autant que
l'entre-deux de ce fleuve et de la Meuse ne peut fournir
que de très-médiocres ressources. Il avait toujours résulté
de cet inconvénient, que la ligne de communication des
ennemis se trouvant trop longue, lorsqu'ils étaient
parvenus près de la frontière du royaume, sur la Moselle
ou la Sarre, ils n'avaient jamais pu y opérer avantageusement, comme il était arrivé notamment au duc de Lorraine,
Charles V, contre le maréchal de Créqui, en 1677, et au
duc de Marlborough, contre le maréchal de Villars,
en 1705. Les mêmes obstacles qu'ont dû éprouver les armées ennemies dans cette direction, ne permettaient pas
aux Français de porter eux-mêmes, en la suivant, une
guerre offensive sur le Rhin; mais ce n'étaient pas des motifs suffisants pour négliger cette frontière au point où
elle l'était en 1792. En septembre 1790, après la journée

de Nancy, M. de Bouillé, chargé du commandement de l'armée de l'Ouest, dans une étendue qui comprenait depuis l'extrémité méridionale de l'ancienne province de la Franche-Comté, ou limites du département de l'Ain, ci-devant la Bresse, jusqu'à Charlemont et Philippeville, avait été obligé de dresser un plan de défense pour cette énorme étendue; précaution d'autant plus nécessaire, que dès-lors les puissances étrangères semblaient nous menacer d'une guerre prochaine. L'ennemi partant de Trèves et de Luxembourg, supposés les points d'appui de sa ligne offensive, pouvait attaquer cette partie de notre frontière sur quatre points : 1° par Longwi et Montmédy, pour être maître, en prenant ces places, de la Meuse, depuis Sédan, à l'embouchure de la Chiers, jusqu'à Verdun, où, dans une étendue de quinze lieues, on ne trouve pas une seule place, et entrer dans le cœur du royaume; 2° assiéger Sédan, Mézières, et peut-être Rocroi, après avoir pris Longwi et Montmédy, seulement la première de ces places, et en bloquant la seconde, pour entrer en Champagne, ayant sa ligne d'attaque, toujours partant de Trèves et de Luxembourg, soutenue par Longwi, Montmédy, Sédan, couverte par la Chiers, la Sémois, et les Ardennes du côté de la Basse-Meuse; 3° pénétrer par les sources de la Chiers et de la Ornne, sur la rive gauche de la Moselle, pour attaquer Thionville et même Metz, si cette place n'était pas couverte par une armée considérable; et, maître de ces places et de Verdun, faire un établissement solide en Champagne, s'emparer de la Lorraine et de plusieurs de nos provinces; 4° se porter entre la Moselle et la Sarre, et attaquer celle des places de Thionville ou de Metz, qui ne serait pas protégée par l'armée française.

Thionville pris eût nécessairement fait tomber Sarre-Louis. Alors, les ennemis, maîtres de ces deux places, auraient eu à leur disposition le revers des Vosges qui, leur donnant la facilité d'entrer en Alsace et en Lorraine, les rendait maîtres d'un pays riche et abondant, et du cours de deux rivières navigables, qui leur offraient de grands moyens pour leurs subsistances. S'ils réussissaient seulement sur la Sarre, la conquête de Sarre-Louis leur procurait beaucoup d'avantages pour attaquer l'Alsace, et pour pénétrer entre les Vosges et la Sarre. Quel qu'eût été le point de ceux qu'on a indiqués, sur lequel se fût dirigée l'armée ennemie, supposée de quatre-vingt-dix à cent mille hommes, elle aurait eu, du côté de Worms et de Spire, entre le Rhin et les montagnes, un corps d'observation, pour tenir en échec l'Alsace, si on n'eût préféré de le porter vers Neustadt et Lurckheim, sur les débouchés des montagnes, pour remplir le même objet, et en même temps couvrir la communication de la grande armée avec le Rhin et la Moselle; agissant d'ailleurs de concert avec cette armée qui eût opéré sur la Sarre et sur la Moselle, afin de s'emparer des débouchés de Keiserlautern, et de couper la communication des Français avec la Basse-Alsace. Les ennemis pouvaient encore tenir un corps sur la Basse-Meuse, pour couvrir les subsistances qu'ils auraient tirées de cette partie, pousser des détachements de l'autre côté de la Meuse, et tenir en échec les places françaises. de cette frontière. L'armée ennemie ne pouvait guère agir avec plus de soixante mille hommes; mais elle eût conservé la facilité, soit qu'elle opérât par la droite ou par la gauche, de se réunir avec ses corps détachés, qui l'auraient secondée dans tous les cas. C'était de la Basse-Meuse, de

Maestricht, Liége et Namur, par les chemins qui conduisent de ces places à Luxembourg, que l'ennemi pouvait tirer ses subsistances, ainsi que du Rhin par la Moselle, où Trèves eût été son entrepôt; ce qui eût mis à sa disposition toutes les provinces entre la Meuse et le Rhin, et celles qui avoisinent ce fleuve.

Notre frontière d'Alsace, depuis la rive droite de la Sarre jusqu'au-delà de Huningue et de Bâle, était, en 1792, comme elle l'est encore aujourd'hui, couverte par le Rhin sur lequel sont Huningue, Neuf-Brisack, Strasbourg, le fort Louis ou le fort Vauban, du nom de son constructeur; sur la gauche, à l'extrêmité de la Basse-Alsace, par Landau, et plus loin encore, sur la gauche, par Bitsche, places très-fortes, ou du moins susceptibles d'être rendues telles. En arrière de Strasbourg, on trouve la chaîne de montagnes appelées les Vosges, qui séparent l'Alsace de la Lorraine et de la Franche-Comté, et la distance de ces montagnes au fleuve est de trois à cinq lieues. Une armée bien postée près de Strasbourg, sur la droite ou la gauche de cette place, c'est-à-dire vers la Haute ou la Basse-Alsace, couverte par le Rhin et les places qui le bordent, et favorisée par celles qui se trouvent dans les terres, et qui sont Befort, Schelestadt et Hagueneau, pouvait facilement empêcher l'ennemi de passer le fleuve et de faire aucun siége; et, à moins de se rendre maître de toutes les places, ce qui était inadmissible, il ne pouvait ni séparer son armée, ni prendre des quartiers d'hiver en Alsace qu'il lui aurait été tout au plus possible de traverser pour tenter, en Franche-Comté ou en Lorraine, des invasions qui n'auraient pas été sans danger pour ceux qui les auraient entreprises. On crut donc que la France n'avait rien à craindre de ce côté, et qu'elle devait désirer au contraire que l'ennemi vînt s'enfermer lui-même entre le Rhin, les places de guerre et les montagnes, parce qu'alors un général, médiocrement habile, les aurait entièrement détruits. L'Autriche était la seule puissance qui pût attaquer la France vers le Haut-Rhin, avec le moins de désavantage; encore devait-elle en éprouver de très-grands. Le principal était, comme nous avons déjà eu occasion de le dire, l'extrême étendue de la ligne de communication entre Vienne et le Rhin, et par conséquent la difficulté, la lenteur et la cherté des transports, laquelle, réunie aux dépenses primitives des approvisionnemens, exige des frais susceptibles d'épuiser les finances de la nation la plus opulente. D'ailleurs, on trouve sur la rive droite du Rhin, à des distances plus ou moins rapprochées, mais dont la plus grande est d'environ quinze lieues, la chaîne de montagnes appelée la Forêt-Noire, et qui s'étend depuis la Suisse jusqu'au Mein, dans la direction de Heidelberd sur le Necker. Le territoire compris entre le Rhin et les montagnes appartenait à divers souverains qui, soutenus par la France, pouvaient l'aider à déranger les projets de l'Autriche. D'ailleurs, la Forêt-Noire et le pays au-delà offraient une foule de positions où une poignée d'hommes pouvait arrêter les plus nombreuses armées. Quoique, depuis Louis XII, les Français eussent soutenu de fréquentes guerres sur le Haut-Rhin contre l'Autriche et l'Empire, on n'avait encore aucune base définitivement arrêtée sur la défense de cette partie du fleuve, lorsque les prétentions de l'empereur Josph II, à la charge de la Hollande, firent appréhender au gouvernement français une guerre contre ce monarque, et d'avoir à préserver l'Alsace de l'effort de ses armées. Elles pouvaient tenter de pénétrer par la Basse comme par la Haute-Alsace ; et, dans cette dernière hypothèse, il importait de connaître l'influence que les villes forestières pouvaient avoir sur la défensive de la Haute-Alsace, et même de la Franche-Comté.

Quoique depuis Charles VIII jusqu'à Louis XIV inclusivement, la France eût porté souvent les armes en Italie ; que la frontière des Alpes eût été menacée et même entamée plusieurs fois par l'ennemi ; que, durant la guerre de 1688, les Français se fussent vus réduits à rester sur la défensive devant le duc de Savoie Victor-Amédée, secondé d'un corps auxiliaire autrichien ; on n'avait pas songé à calculer un plan défensif régulier pour couvrir le royaume du côté des Alpes : aussi, lorsque, durant la guerre de la succession d'Espagne, en 1707, le duc de Savoie pénétra par le comté de Nice, et vint assiéger Toulon, Louis XIV et surtout le maréchal de Tessé, qui commandait son armée, se trouvèrent dans le plus grand embarras, particulièrement lorsqu'après la levée du siége, les ennemis, retournant par où ils étaient venus, allèrent par Pignerol attaquer Suze dont ils se rendirent les maîtres. Pendant cette campagne entière, le roi chercha partout des lumières sur les meilleurs moyens à prendre pour arrêter les ennemis ; il tira même de sa retraite le maréchal de Catinat, pour le consulter, et en obtint de fort bons résultats, mais qui n'offraient point un plan complet, tel que celui dont on avait besoin. Le roi donna, en 1709, le commandement de l'armée de Provence, Dauphiné et Savoie, au maréchal de Berwick. Ce général, d'un esprit droit, et qui ne voulait rien donner au hasard, sentit la nécessité d'étudier le pays et ce qu'il permettait aux ennemis d'entreprendre. Il avait pris pour point central Briançon ; et, afin d'assurer ses communications sur la droite du Var, avait établi un camp à Tournoux, dans la vallée de Barcelonette, et, pour sa gauche, un autre au fort Barreaux. Dans cette situation, il pouvait parcourir rapidement sa ligne de défense des bords du Rhône à Nice, et porter des secours partout où il était nécessaire, à l'aide de ces trois camps principaux et de l'emplacement de ces différents postes intermédiaires. Il résulta enfin des observations de M. de Berwick un système méthodique de guerre défensive qui ne laissa rien à désirer, et dont l'expérience de plusieurs campagnes démontra les avantages. Depuis ce général, on fit, surtout pendant et après la guerre de 1744, beaucoup de reconnaissances et de mémoires sur les Alpes, notamment M. de Bourcet, mort lieutenant-général ; mais ces écrits assez volumineux, loin d'offrir des vues nouvelles ou meilleures que celles du maréchal de Berwick, ne contiènent que des détails, à la vérité intéressants sur les localités, et propres à diriger les mouvements et les campements d'une armée, mais non à en régler les opérations en grand, c'est-à-dire à former des plans de guerre ou de campagne. Pour défendre l'étendue de cette frontière, il faut se former l'idée d'une ligne dont la droite est à Antibes, le centre à Briançon, et la gauche au haut du Rhône, près de la Cluse. D'Antibes, la ligne remonte le long du Var, qu'elle laisse à droite, de là vient à Barcelonnette, au camp de Tournoux, de là, par le col de Vars à Briançon, passant par Guillestre et Saint-Crépin, le long de la Durance, ou par la vallée de Quieras et le col des Hayes. De Briançon, la ligne suit

le val du Monestier, tombe par le col du Galibier à Val-
doire; de là à Villars-Gondrin, couverte par la Valoirette
et l'Arc; puis, laissant l'Arc à sa droite, elle suit cette rivière jusqu'à son embouchure dans l'Isère, d'où l'on gagne
Montmélian et Chambéry, laissant les montagnes des Bauges
à droite, puis l'on gagne par derrière la rivière de Leisse,
le lac de Bourget, qu'on laisse à droite pour tomber à
Chana, d'où, laissant aussi le Rhône à droite, l'on gagne
Seissel et le fort de la Cluse. Une guerre offensive en Italie
présentait de grandes difficultés pour la France, lorsqu'elle
n'avait pas dans son parti le roi de Sardaigne, qu'on avait
surnommé le *Portier des Alpes;* et il fallait commencer
par se rendre maître des passages de ces montagnes, pré-
liminaire auquel on a employé quelquefois plus d'une
campagne pendant le long règne de Louis XIV : il n'en-
treprit qu'une grande guerre en Italie, depuis 1701 jusqu'en 1706 inclusivement. Il y en eut deux sous Louis XV,
l'une qui commença en 1733, et finit en 1735, dans laquelle le roi de Sardaigne s'unit avec la France et l'Espagne contre la cour de Vienne. Dans celle de 1744, il
fit cause commune avec celle-ci contre ces deux autres
puissances. Aucune de ces guerres ne fut conduite d'après
un plan bien arrêté, et, quoiqu'elles offrent plusieurs opérations partielles bien combinées, ce ne sont que des
lambeaux desquels on peut, tout au plus, tirer quelques
conclusions, mais non former un ensemble d'offensive.
On était d'ailleurs assez généralement convaincu que l'I-
talie était le tombeau des armées françaises qui, par une
fatalité dont on n'approfondissait pas la cause, ne pouvaient, disait-on, y obtenir des succès durables. On n'a-
vait pas réfléchi que nos revers provenaient moins de

cette prétendue fatalité, que des mauvaises mesures, soit administratives, soit militaires, et surtout de la longueur de notre ligne de communication; et que les succès des Autrichiens étaient dus spécialement au peu d'étendue de la leur, qui leur permettait d'envoyer en Italie, bien plus promptement et plus facilement que la France, des renforts de troupes et des approvisionnements dans tous les genres. Telle était la principale cause qui leur rendait la guerre d'Italie bien plus aisée et bien plus avantageuse qu'aux Français et à l'Espagne. Lorsque la première de ces puissances voulait porter la guerre en Italie, et qu'elle avait contre elle le roi de Sardaigne, il fallait, comme on l'a dit, commencer par forcer les Alpes : il résultait de cette nécessité un mélange d'offensive et de défensive. La disposition, la nature et l'étendue de la frontière que la France avait à garder contre le roi de Sardaigne, obligeaient nécessairement à une espèce de défensive aussi désavantageuse que pénible. Il fallait étendre ses attentions depuis l'embouchure du Var jusqu'aux Hautes-Alpes, ce qui fait près de soixante lieues : dans cet intervalle, plusieurs parties exigeaient de la vigilance et des précautions; ces parties étant éloignées les unes des autres, et de plus, séparées par des montagnes fréquentes, élevées, et dont la traversée est longue. Le roi de Sardaigne, au contraire, si le sort favorisait les armes de ses alliés et les siennes, touchait, de Turin (1), tous les débouchés par lesquels il

---

(1) M. de Feuquières dit que le Piémont est un bassin autour de la moitié duquel s'élèvent les Alpes : celui qui est dans le bassin n'a pas plus de chemin à faire pour en sortir et pour passer en deçà d'un côté du bassin que de l'autre :

pouvait nous inquiéter; et ce prince pouvait à son gré nous obliger à des marches et contre-marches continuelles, en nous montrant à la fois plusieurs têtes le long de notre frontière; manœuvre qu'il pouvait faire avec peu de monde, et au moyen de laquelle il pouvait dérober les mouvements du gros de son armée. C'était ainsi qu'en avait usé le roi Victor-Amédée en 1707 : après avoir tenu le maréchal de Tessé dans une agitation et dans une incertitude continuelles pendant deux mois, ce prince était parvenu à fixer l'opinion du général français pour le côté des Hautes-Alpes. Le maréchal, pour remplir l'objet auquel il s'était déterminé, avait négligé sa droite pour garantir sa gauche. Les Piémontais et les Allemands passèrent en conséquence le Bas-Var, et se portèrent, sans obstacle, aux portes de Toulon : le vent avait heureusement retardé l'arrivée de la grosse artillerie que les vaisseaux anglais apportaient, et M. de Tessé était arrivé assez à temps pour faire lever le siége de Toulon. On ne pouvait pas agir offensivement avec succès contre le Piémont. dans tous les passages qui sont depuis le val d'Aost, ou les Hautes-Alpes, jusqu'à la rive gauche de la source du Pô, qui est au Mont-Viso. Le roi de Sardaigne avait, au débouché de tous ces passages sur lui, des places et des forts qui, situés à l'entrée de la plaine, de son côté, en fermaient absolument l'accès. Il n'y avait que la partie qui est entre Exilles et Fenestrelles, qui fût accessible à l'entreprise de pénétrer brusquement en Piémont; mais la cour de Turin en avait si

---

au lieu que le général chargé de la défensive de ce côté-ci, doit porter son attention sur tout le demi-rond que forment les montagnes.

bien reconnu la conséquence, qu'elle avait multiplié, autant qu'elle avait pu, les obstacles que l'art avait pu joindre
à ceux de la nature. L'effet de ces obstacles s'étendait
jusqu'à la gauche du Mont-Viso, par les communications
intérieures, fréquentes et aisées qui se versent respectivement dans toutes les vallées qui sont entre la vallée de
Pragellas et le Mont-Viso, en-dedans du Piémont. Il
fallait donc, pour pénétrer en Piémont, suivre la route
qu'avait frayée le prince de Conti en 1734. Il avait non-
seulement vaincu et détruit tout ce qui s'opposait à ses
progrès, mais ses opérations nous avaient découvert de
nouveaux débouchés qui pouvaient rendre inutiles les efforts et les précautions des Piémontais jusqu'à Côni,
place assez avancée dans la plaine pour nous laisser un
établissement aisé entre la montagne et elle.

Quoique depuis 1635 jusqu'en 1697, la France eût
soutenu différentes guerres contre l'Espagne dans les Pyrénées ou en Catalogne; que pendant la guerre de la Succession, les Français et les Espagnols eussent fait plusieurs
campagnes en Catalogne contre l'archiduc Charles, qui
disputait la couronne à Philippe V, et que les Français
eussent même attaqué celui-ci, en 1719, en Biscaye et
en Catalogne, la France n'avait, en 1792, que des résultats incomplets et peu certains sur les meilleurs moyens
de conduire une guerre soit offensive, soit défensive,
contre l'Espagne. La frontière des Pyrénées, considérée
depuis Bayonne sur l'Océan, jusqu'à Colioure, sur la Méditerranée, présentait un front de plus de cent lieues.
La chaîne de montagnes dont elle est formée, est également suivie dans sa base et son élévation; mais l'épaisseur
n'en est pas égale dans ce qui forme le pendant du côté

de France et d'Espagne. Celle de France est adoucie dans les deux extrémités, c'est-à-dire par le côté de Bayonne et par celui du Roussillon, ce qui forme, en quelque sorte, deux rentrants sur l'Espagne, et présente constamment deux débouchés sur elle, hors dans la partie de l'Ampurdan sur le Roussillon, où la frontière respective est d'un égal accès. Tout ce qui forme d'ailleurs le centre de cette frontière, c'est-à-dire depuis la partie de Saint-Jean-Pied-de-Port, vis-à-vis de Jacca, en Espagne, jusqu'au Mont-Louis en Roussillon, vis-à-vis de Puicerda, est respectivement inattaquable par l'épaisseur des montagnes, du côté des deux royaumes, et surtout dans la partie de l'Espagne; et c'est aussi sur ces principes que les deux puissances ont établi leur défense, et qu'elles n'ont porté en conséquence leur attention réciproque que sur ces deux points de la gauche et de la droite de la frontière. C'était donc à ces deux points que l'attaque et la défense se réduisaient réciproquement. La partie de défense de la droite, relativement à la France, était établie sur la place de Bayonne, ayant devant elle le fort d'Andaye et de Socoa, et sur la gauche, Saint-Jean-Pied-de-Port et Navarreins. En passant de ce point à la gauche de la frontière, dans la partie du Roussillon, la France avait pour barrière les places de Mont-Louis, de Ville-Franche, Pratz-de-Mollo, Fort-des-Bains, Bellegarde, Port-Vendre, Colioure, Fort-Elme, en avant de la place, et Port-Vendre; en seconde ligne, Perpignan et Salces. En admettant que l'Espagne était dans l'intention d'exercer des actes hostiles envers la France, elle avait donc deux points à choisir pour porter la guerre sur nos frontières, celui de Bayonne et celui du Roussillon. Sur la partie du premier point, elle avait trois débouchés, celui de Fontarabie, directement sur Bayonne, en passant la Bidassoa; celui de Pampelune, sur Saint-Jean-Pied-de-Port, par Roncevaux, et celui de Jacca, sur Navarreins, par Oleron, ces deux derniers se dirigeant ensuite sur Bayonne. Si elle portait la guerre sur le Roussillon, elle avait deux points d'attaque, l'un sur Mont-Louis, en débouchant par Puicerda, et l'autre sur Collioure et sur Bellegarde, en partant de Roses et de Figuières. Elle pouvait aussi, avec des forces plus considérables, porter la guerre tout-à-la-fois sur les deux points de Bayonne et du Roussillon; mais ses magasins sur la frontière étaient mal ou point approvisionnés. On vivait au jour la journée dans les places de guerre de l'Espagne. L'extraction du bétail français une fois empêchée sur toute la frontière, les armées espagnoles qui s'y trouvaient, couraient bientôt le risque d'être exposées à toutes les horreurs de la famine. Cependant, par une cédule du conseil pour trouver des volontaires, il était ordonné aux prêtres de faire revivre les temps de Pierre l'Hermite et de Saint-Bernard : ils prêchaient en chaire et dans le confessionnal une nouvelle croisade; mais ce zèle apostolique n'ayant pas eu tout le succès qu'on en attendait, on fut obligé d'avoir recours à la *Quinta*, c'est-à-dire à prendre un homme sur cinq. Mais le peuple, amolli depuis bien des années par une longue paix, craignait de se mesurer avec les Français qu'il regardait comme les anciens flibustiers qui firent tant de mal aux Espagnols dans le Nouveau-Monde.

Ce fut aussi à cette époque qu'éclata, dans les départements de l'ouest de la France, cette guerre désastreuse dont on croit nécessaire de tracer ici une légère esquisse, afin de compléter le tableau de la guerre de la révolution. D'après les rapports des représentants Philippeaux, Auguis, Choudieu, etc., des généraux Biron, Westermann, Tuncq, etc., qui furent la plupart victimes, il est impossible de se dissimuler que la guerre de la Vendée, qui coûta à la république au moins cent mille soldats, cinq cents millions, et la dévastation complète de plusieurs départements, était liée à cette foule de conspirations qui désolèrent la France, et y firent périr tant de monde. Les chefs de la faction désorganisatrice et leurs agents employaient l'art perfide d'exagérer les petits succès pour masquer les grands désastres ; et ceux-ci étaient multipliés pour prolonger une guerre qui enrichissait des hommes corrompus, empressés de pomper l'or au milieu du désordre, ou de conserver le plus long-temps possible des traitements considérables et les emplois ou l'autorité dont ils étaient revêtus. Quoique toutes ces scènes d'horreur et les hommes qui en étaient les acteurs paraissent avoir été déguisés ou imparfaitement connus, cependant on tire quelques lumières du projet d'un rapport qui devait être fait à la convention nationale par un membre bien intentionné du comité de sûreté générale, quelque temps avant le 9 thermidor, mais que la crainte de faire échouer cette journée, en démasquant prématurément Robespierre et ses infâmes complices, empêcha de prononcer. Ce rapport est fondé sur des pièces authentiques qui ne permettent pas de douter que Robespierre, Saint-Just et les autres membres du comité de salut public dévoués à cette faction, le ministre de la guerre, le général-ministre Ronsin, le comédien Grammont, et cette foule d'ineptes généraux qui parurent alors sur la scène, n'eussent été les moteurs,

les agents, ou les instruments des troubles de l'Ouest.
Quoi qu'il en soit, on ne serait peut-être jamais parvenu
à détruire l'insurrection royaliste dans cette partie de la
France, après lui avoir laissé prendre un certain accrois-
sement, comme on le fit, si les chefs des insurgés avaient
eu plus de talents et d'union, et surtout s'ils s'étaient vus
soutenus par des troupes étrangères, protégés par des vaisseaux, et animés par la présence d'un prince français. Les
forces de ce parti ont, à la vérité, toujours été difficiles
à calculer : à l'époque de son entreprise contre Saumur,
le 13 juin 1793, on avait vu trente mille hommes sous
les armes; dans le même temps, seize districts étaient en
pleine révolte; la ligne armée était de quarante lieues
carrées; les républicains estimaient le nombre des royalistes
combattants à cent cinquante mille; M. de Vauban, dans
ses mémoires, l'apprécie à plus de deux cent cinquante
mille hommes armés ou prêts à prendre les armes. Dès
l'instant où les chefs projetaient une expédition, les ailes
des moulins à vents servaient de signal; on se rassemblait,
et, l'entreprise finie, chacun cachait ses armes et retour-
nait à son champ : ainsi, les troupes qui accouraient pour
combattre des bataillons rebelles, ne trouvaient plus que
des cultivateurs épars et paisibles. Il est donc bien difficile, en général, de rien connaître de positif sur cette
partie de la révolution française; cependant, quand on a
parcouru attentivement ce théâtre, aussi singulier que désastreux; quand on a examiné et étudié les habitants, les
terreins et les localités où se sont formés et développés les
premiers mécontentements, les associations, les insurrections, où se sont passées les différentes actions; quand on
a interrogé et écouté ce qu'il en reste d'acteurs et de spec-

tateurs, on est plus autorisé à donner sur les Vendéens
et les Chouans qui les remplacèrent, sinon des vérités
mathématiques, au moins des conjectures et des notions
qui peuvent équivaloir à certaines vérités historiques.

En parcourant les départements de l'Ouest, qui furent
le théâtre de la guerre civile, depuis son commencement
en mars 1793, on voit régner sur la longue existence des
Vendéens, leur désintéressement, leur prétendu héroïsme,
des préjugés infiniment difficiles à combattre, parce que
deux espèces d'hommes sont intéressés à les maintenir :
ceux d'entre les aggresseurs qui ont montré, pendant la
première guerre, les plus fortes frayeurs, et parmi les
officiers vendéens, ceux qui ont su calculer que le temps
et les vengeances d'un gouvernement inexorable, ont couvert d'un voile épais les brigandages des Vendéens, tandis
que les brigandages modérés des Chouans se trouvent totalement à découvert par la pacification, qui les a presque
immédiatement suivis. La guerre, même dans la Vendée,
était si peu connue, qu'au moyen des rapports exagérés
qu'on faisait dans le temps, et que leur auteur lui-même
appelait, dit-on, des *carmagnoles*, c'est-à-dire, des mensonges, on ne pouvait fixer son imagination sur aucun pays
déterminé. En traversant le théâtre de cette guerre, on
voit que ce qu'on a dû regarder comme pays ennemi,
contenait environ trois cents lieues carrées, dont on brûla
toutes les habitations. Cet espace fait partie des trois départements de la Vendée, de la Loire-Inférieure et des
Deux Sèvres ; et on peut le considérer comme la quatre-
vingtième partie de la France. On sait que tout un pays
ne se révolte pas à la fois ; on nomme encore aujourd'hui
les divers bourgs, les garde-chasses, les contrebandiers,

qui furent ou le théâtre ou les moteurs des insurrections partielles, par lesquelles on préluda long-temps à l'insurrection générale, c'est-à-dire à cette époque où le gouvernement, irrité de la résistance de ces bandes d'insurgés, voulut que l'on traitât tout le pays en ennemi, et força tout ce qui était en état de marcher à fuir son domicile, et à errer sous la protection de ceux qui portaient les armes. Il ne fut plus question de soumettre, mais bien d'exterminer trois cent mille habitants, de tout âge et de tout sexe, que l'on suppose qui existaient alors dans ces trois cents lieues carrées de pays. Tout était censé faire partie de l'insurrection, à l'exception de quelques fonctionnaires publics, et de quelques acquéreurs de domaines nationaux, qui, pour se soustraire aux suites du premier soulèvement, s'étaient réfugiés dans les départements non insurgés. Pour mettre à exécution le projet d'exterminer les révoltés, on assembla de toutes parts des gardes nationales; et, soit pour s'opposer à la contagion royaliste, soit pour rassurer les départements voisins, soit pour cerner l'ennemi dans un pays ouvert de tous côtés, on plaça ces forces sur un trois-quarts de cercle de trente à quarante lieues de rayon, et de cent vingt de circuit, de Nantes à Angers, et au Pont-de-Cé, à Poitiers, à Niort, à la Rochelle. Là, cent cinquante généraux, qui ne se connaissaient pas, et qui n'entendaient rien pour la plupart à leur besogne, obéissaient à des représentants du peuple non moins ignorants, dont ils se disputaient la faveur; mais obéissaient encore davantage à des corps administratifs, à des sociétés populaires, à des comités révolutionnaires, etc.; et commandaient sur ce long développement à deux cent mille citoyens érigés en soldats, dont les uns avaient dix

fois plus de solde que les autres , et dont le plus grand
nombre était fort mécontent de sa destination. Le pays
insurgé interceptait toutes les communications nécessaires
à la défense des côtes; on ne pouvait plus aller de Brest
à Rochefort, qu'en passant par Tours et Poitiers. Les insurgés occupant depuis la mer , 1° la route de Nantes, par
Palluau , aux Sables d'Olonne; 2° de Nantes , par Mon-
taigu , à Fontenay-le-Comte et à la Rochelle; 3° d'Angers,
par Chollet , aux Sables d'Olonne; 4° de Saumur, par
Thouars et Parthenay , à la Rochelle et Rochefort, etc.
Les détails incohérents des campagnes de la guerre de la
Vendée, donnés par plusieurs écrivains , ne peuvent s'expliquer que par le dessein qu'on devait avoir alors, de res-
serrer de plus en plus la ligne circonscrivante occupée par
les troupes républicaines. On voulait s'assurer une communication plus courte; on formait des plans d'attaques générales; on avançait sur toute la ligne; chaque fois on
réussissait sur quelques points; mais l'ennemi, en se repliant dans le centre du terrein qu'il occupait, s'y trouvait
plus rassemblé ; et plus la pointe faite par la partie victorieuse de l'armée républicaine était avancée dans le pays ,
plus la déroute était complète le lendemain. On fit venir de
Mayence des troupes qui arrivèrent en poste; elles avaient
une réputation qui devait changer la face des choses , si
l'on avait eu la sagesse de suivre un autre système de
guerre ; mais, loin de le changer, on forma, avec ces braves
soldats , une avant-garde à chacun des corps , déjà très-
effrayés de cette armée. Aussi, peu de temps après, aurait-
on eu bien de la peine à retrouver quelques débris de ces
troupes tirées de Mayence. Des hommes qui n'avaient d'autres idées sur la bravoure du soldat , que par les déclamations

qu'ils avaient lues ou entendues, condamnaient les autres à
exécuter des absurdités. Le dégoût, l'humiliation, l'injustice,
sans cesse répandus sur des citoyens qu'on aurait dû ménager, concoururent à renforcer les ennemis armés du gouvernement, de ceux auxquels il restait assez de courage
pour prendre un parti extrême. Ainsi, tandis que les
troupes de nouvelles levées désertaient à l'intérieur, et se
joignaient aux insurgés, l'armée diminuait chaque jour par
des meurtres partiels, mais continuels ; car les soldats ne
voulant pas se borner à la faible portion du pillage légal
qu'on avait établi, se hâtaient, à l'envi, d'arriver les premiers, et en petit nombre, dans les maisons écartées où quelquefois les paysans les assommaient; quelquefois une seconde
bande égorgeait la première, pour lui enlever son butin. Ces
brigandages, ce vertige de boucherie, paraissent aujourd'hui
inconcevables. Quant aux actions de guerre, en vain par-
courez-vous les endroits que l'on donne comme le théâtre
de tant de meurtres inutiles, de tant de batailles dont la
renommée n'était pas destinée à l'histoire; on ne peut
souvent lier ces actions à aucun nom de lieu, n'ayant eu
dans le temps de désignation que par leur date que chaque
parti prenait dans son calendrier. Un lieu cependant passe
encore pour fameux, dans le souvenir de ceux qui ont fait
cette guerre : c'est l'endroit appelé les *Quatre Chemins*,
qui n'est autre chose, au milieu de la campagne de la
Vendée, que le point d'insurrection des deux routes d'Angers aux Sables d'Olonne et de la Rochelle à Nantes. Ce
point coupe totalement ces routes, et une place forte y
couvrirait le pays contre un voisin qui aurait des armées ;
mais, dans la guerre de la Vendée, il semble qu'une imprudente gageure seule a pu exposer les troupes de la

république, dix ou douze fois, à être surprises dans cette position, où l'on arrive de toute part, et où, raconte-t-on, la république perdit cinquante mille hommes. Quoique les personnes sensées doivent être éloignées de croire légèrement à toutes ces pertes, trop de gens étant alors intéressés à accréditer des exagérations pour couvrir leur lâcheté dans les précédentes occasions, ou pour excuser actuellement leurs terreurs paniques et leur pusillanimité; on ne peut douter que les massacres n'aient été très-nombreux aux Quatre Chemins. Il serait inutile de chercher une suite à tant d'événements. On voit les Vendéens passer la Loire pour se faire exterminer sur sa rive droite. Cette émigration de tant de monde, de tout âge et de tout sexe, était-elle une invasion? Etait-elle une fuite? On ne peut guère, sans examen, adopter sur cela les opinions reçues; l'incendie qui succéda à cette émigration, fut une barbarie non-seulement inutile, mais funeste; elle motiva la longue résistance des faibles restes de ce parti, sous des chefs d'abord inconnus. Tout le monde se souvient encore du mot de Charette, en apprenant les excès de la convention ou de ses membres, envoyés en qualité de commissaires dans la Vendée : *Ceci me donne une armée de soixante mille hommes.*

On chercherait vainement une cause uniforme à des troubles que tant de causes secondaires ont successivement dénaturés; il n'est pas suffisant, sans doute, de citer la loi de la levée des trois cent mille hommes, et celle des suspects, qui furent alors l'occasion des premiers soulèvements, comme dans les derniers temps, la loi sur la conscription et celle sur les ôtages, furent le prétexte et l'époque de la chouanerie; car on pourrait demander pourquoi, dans le mécontentement général, c'est sur ce point seul de la république, qu'il se présenta alors un parti de l'opposition armé, et pourquoi ce pays, si dépeuplé aujourd'hui, se préparait encore à la résistance ? On croirait pouvoir en trouver la cause dans la topographie du pays, et dans la distribution de ses habitants, sous le rapport économique. Quoi qu'il en soit, dans les départements où l'insurrection prit naissance, le peuple des campagnes était plongé dans une ignorance profonde; la sphère de ses connaissances se bornait à la culture de la terre, et aux pratiques d'une religion dont, sous le règne de Charles IX et de Louis XIII, ils avaient déjà payé la conservation par des flots de sang. Façonnés au joug devenu très-doux, des nobles et des prêtres, ces cultivateurs paisibles ne connurent la révolution, dès son principe, que par les rapports plus ou moins mensongers qu'on leur en fit. Plus leur simplicité était grande, plus ceux qui avaient intérêt de les tromper parvinrent facilement à leur but. La noblesse, qui vivait au milieu d'eux, leur fit entendre que des sujets rebelles, des régicides, voulaient précipiter le monarque de son trône; les curés annoncèrent que l'ancienne religion du royaume, le culte du vrai Dieu, penchait vers sa chute, que des impies voulaient l'anéantir : ainsi, dès la fin de la session de l'assemblée constituante, il existait déjà, dans ces malheureuses contrées, un foyer d'insurrection. Ce noyau ne tarda pas à se grossir; une partie des nobles, vexés d'ailleurs par leurs vassaux, se jetèrent dans les départements insurgés; leur nombre fut augmenté par beaucoup de prêtres, qui vinrent donner ou recevoir la mort, dans un pays où ils étaient révérés comme des martyrs; il fut encore accru par des jeunes gens qui, forcés par les lois de la convention d'a-

bandonner leurs foyers, se joignirent à ceux qui voulaient
l'anéantir. Telle fut la cause, la naissance et les premiers
moyens de la guerre de la Vendée : mais cette guerre funeste aurait été bientôt terminée, si les meneurs qui dirigeaient alors la convention, n'avaient cru important d'alimenter les troubles , et si ce n'eût pas été après leur volonté
et leurs faux calculs , que les plaines de la Vendée furent
jonchées de cadavres des soldats fidèles à la république. Si
les hommes entre les mains desquels résidait toute l'autorité
à cette époque , avaient voulu étouffer cette guerre dans
son principe, ils auraient d'abord adopté des plans militaires bien plus convenables ; et, au lieu de faire passer dans
la Vendée des bataillons levés dans Paris et ailleurs, et
composés de jeunes gens qu'ils voulaient faire exterminer,
au lieu de mettre presque toujours à leur tête des généraux
aussi ignorants qu'inexpérimentés , ils auraient choisi des
troupes aguerries et des chefs habiles, mais surtout probes
et humains. Au surplus, dans une pareille circonstance,
la voie des armes était la dernière à employer ; et ces hommes barbares ne savaient-ils pas qu'une partie considérable
des agriculteurs insurgés ne demandait pas mieux que de
mettre bas les armes, à des conditions raisonnables ? En
adoptant ce parti, dicté par la sagesse et la raison, la
Vendée n'aurait plus été le gouffre dans lequel on voulait
engloutir une partie de la population, les prêtres, les
nobles , les riches , les artistes , les savants , toute la jeunesse qui avait reçu quelque éducation, ou qui avait
quelques talents en partage ; enfin, tout ce qui pouvait
être le plus contraire au gouvernement révolutionnaire. Ce
qui servit encore les fondateurs de ce gouvernement monstrueux , ce furent les mesures générales si révoltantes

telles que l'appel de trois cent mille hommes , depuis dix-
huit jusqu'à quarante ans ; mesure nécessaire , mais à
laquelle on ajouta , peut-être à dessein , des formes trop
acerbes; la mise hors de la loi de tout homme accusé d'avoir
pris part à un mouvement contre-révolutionnaire quelconque ; le bannissement à perpétuité de tout émigré ; la con-
fiscation de tous ses biens présents et à venir; d'autre
part , les ordres aux troupes envoyées dans la Vendée , de
n'avoir nul égard pour l'âge et le sexe , nul respect du
droit de la nature et des gens. Armés ou désarmés , hommes
et femmes , jeunes et vieux , tous étaient immolés sans ré-
mission ; meubles , maisons , châteaux , chaumières , moissons , forêts , bestiaux , tout était la proie des flammes ; et
tous ces actes , d'une barbarie incompréhensible , étaient
complétés à Nantes par les noyages inventées et exécutées
sous la direction de Carrier qui , avant de marcher à
l'échafaud , soutint à ses juges qu'il n'avait fait qu'exécuter
ponctuellement les ordres du comité de salut public et de
sûreté générale. Cependant cette guerre si désastreuse avait
paru un moment éteinte ; les chefs des insurgés avaient
posé les armes; on avait fait avec eux un traité de paix :
mais cette apparence de pacification ne fut pas de longue
durée ; et , quoique les causes qui avaient alimenté cette
guerre ne subsistassent plus , l'or de l'Angleterre était venu
de nouveau arracher à leur tranquillité les malheureux
habitants de l'Ouest , non pas , comme tâchaient de le faire
croire les ministres de la Grande Bretagne à ces hommes
trop crédules , pour leur donner un roi de la maison de
Bourbon , mais pour alimenter un chancre politique , et
miner insensiblement la France par des guerres intestines.
La déroute complète de dix-huit mille insurgés , rassemblés

par les chefs des Vendéens, après l'action d'Auray, en juin 1795 ( prairial an 3 ); la défaite à Quiberon, le 21 juillet 1795 (3 thermidor an 3 ), des émigrés réunis aux Vendéens; la manière infâme dont on accuse les Anglais de s'être comportés dans cette occasion, quoique peut-être injustement, au moins à en croire M. de Vauban, dans ses mémoires, la mort de Charette et de Stofflet, et la dispersion de leurs troupes, qui se trouvèrent alors sans chefs, avaient ramené à la culture de la terre et à la douceur de la vie privée des campagnards, qui s'apercevaient enfin que la désolation de leurs contrées et la mort étaient les seuls fruits qu'ils pussent recueillir de leur insurrection : d'un autre côté, le général Hoche présentait franchement l'olivier de la paix : il fut accepté de même.

Un assez long-temps s'écoula donc sans que l'on entendît parler dans ces contrées de mouvements insurrectionnels; mais, pour le malheur de la France et la honte de l'humanité, de nouveaux désastres vinrent encore accabler ce pays. Le corps législatif venait de porter les lois si terribles et si injustes des ôtages et de l'emprunt forcé : elles servirent de prétexte aux malveillants, aux partisans du régime monarchique pour répandre une consternation générale. Le ministère anglais profita de cette circonstance pour rallumer les haines et les passions; les bandes royales se formèrent de nouveau; elles se grossirent d'une foule de mécontents ou d'hommes qui craignaient le retour des temps désastreux de la terreur : les départements de l'Ouest et de la Vendée devinrent le point central de la réunion; des chefs distingués débarquèrent d'Angleterre, munis de pleins pouvoirs de Louis XVIII. M. de Frotté, maréchal-de-camp, commandant au nom du roi, était à

leur tête; il avait sous lui MM. de Sainte-Maur, d'Anti-
champ, Chatillon, Bourmont, etc. Leurs efforts se diri-
gèrent surtout contre la levée de la conscription; leur cri
de guerre était : *point d'anarchie ou la mort.* De toutes
parts ils prenaient des mesures de sûreté et de garantie;
ils faisaient des emprunts forcés partiels Ils s'emparaient
d'ôtages choisis parmi les parents des représentants, des
acquéreurs des domaines nationaux, ou des partisans du
régime républicain; ils arrêtaient les voitures publiques et
en enlevaient les fonds qui pouvaient appartenir à la république.

Des forces envoyées partout à propos éteignirent l'incendie sur plusieurs points, l'arrêtèrent dans d'autres, mais ne
le détruisirent entièrement nulle part; enfin Bonaparte prit
les rênes du gouvernement, et ne tarda pas à pacifier entièrement la Vendée où le général Hédouville avait déjà commencé des négociations avec succès. Cependant, comme la
fermentation durait encore, le premier consul fit marcher
soixante mille hommes contre les départements où le feu
commençait à se rallumer. Retranchés dans les montagnes et
les forêts, ne possédant aucune place importante, obéissant
assez mal à des chefs peu d'accord entr'eux, attendant vainement des secours de l'Angleterre qui ne leur en envoyait
que pour les faire prendre ou tuer, trop long-temps trompés par l'espérance de voir arriver un prince français à la
tête des émigrés réfugiés en Angleterre, de trente mille
Anglais, d'autant de Russes, les agriculteurs enrôlés par
les Chouans ne tardèrent pas à déserter; ils forcèrent les
différents chefs à traiter de leur paix particulière, et à déposer leurs armes. Enfin, le curé Bernier, l'un des directeurs des insurgés, sur lesquels il avait la plus grande in-

fluence, opéra le désarmement de tous ceux qu'il dirigeait, et dès-lors la tranquillité fut entièrement rétablie dans ces départements où les malheureux habitants étaient depuis si long-temps victimes de l'ambition des uns, du fanatisme des autres, de l'égoïsme de tous. Les chefs des royalistes ayant levé l'étendard de la révolte dans la Vendée à peu près à l'époque où le général Dumourier le levait dans les Pays-Bas, ils avaient tout à espérer de la vigueur et de la rapidité de leurs mouvements, dans un moment où les coalisés remportaient des avantages éclatants sur le général Dampierre et ses successeurs dans le Nord, et sur le général Custines, à la rive gauche du Rhin, et où, après la prise de Condé, de Valenciennes, du Quesnoy, de Landrecies, ils se trouvaient aux portes de Guise, de Saint-Quentin, de Péronne, etc. Mais ces chefs, sans doute encore timides, semblent avoir mérité le reproche de s'être bornés mal à propos, dès les commencements, à multiplier les attaques partielles, au lieu de venir en masse passer la Loire à Tours, pour se porter sur Paris, en se décidant à une guerre d'invasion. Ce plan leur aurait d'autant mieux réussi alors, qu'après la défaite du général Leigonier à Cholet, les royalistes comptaient cinquante mille hommes sous leurs bannières, et que leur nombre se serait nécessairement doublé en marchant sur la capitale. Un peu plus tard, après la bataille de Saumur et la prise d'Angers, l'occasion était plus favorable et plus sûre pour venir décider du sort de la France dans Paris; mais il est probable que les chefs vendéens manquèrent de vues militaires, ou craignirent la cessation trop prompte de leur pouvoir, et que des courtisans, accourant avec les princes, ne les éloignassent des récompenses et des places qu'ils avaient si bien méritées. Quelle que fût la cause cependant de ces fautes irréparables, il est certain qu'il ne se présenta plus d'occasions aussi avantageuses pour eux. Bientôt après les armées françaises furent victorieuses sur tous les points des frontières de la république ; et si les troubles de la Vendée ne furent pas plutôt étouffés, on le dut à l'entêtement des principaux meneurs qui se trouvaient à la tête du gouvernement et à leurs agents qui, mus sans doute par leur propre intérêt, s'obstinèrent à tenir continuellement disséminées les forces républicaines, faute dont les Vendéens surent profiter, en portant successivement, par des mouvements rapides, des masses de troupes là où elles pouvaient être employées avec plus de succès. Ce qui démontre ces vérités, c'est que, dès l'instant où les républicains voulurent suivre l'opinion du représentant Choudieu, de réunir leurs forces, afin d'écraser l'hydre d'un seul coup, ils s'assurèrent la supériorité. Aussi, le royaliste Bonchamp, l'un des plus habiles chefs des Vendéens, disait-il alors : *Nos ennemis ont enfin appris le secret de la victoire, puisqu'ils forment des masses pour nous accabler.* Il en parlait en homme clairvoyant, qui avait mis lui-même en pratique, autant qu'il l'avait pu, les vrais principes de l'art de la guerre : principes, au reste, que les Vendéens ne connurent pas assez, et que leurs adversaires méconnurent trop long-temps pour l'intérêt de la France.

Le public accueillera sans doute avec bienveillance un ouvrage qui a pour objet de réunir dans un petit nombre de volumes le tableau de la gloire militaire de la nation française. Notre projet, en traçant le tableau de cette guerre, a été de présenter les événements tels qu'ils ont été reproduits par les généraux eux-mêmes. Nous avons

TOME I.　　　　　　　　　　　　　　　G

pensé que cette précieuse collection de ce qui a été dit de
mémorable par ceux qui ont fait tant de choses dignes de
mémoire, pourrait servir un jour de base à une histoire
complète et raisonnée des guerres de la révolution, et que
ce serait concourir au perfectionnement de l'histoire nationale que de rassembler les premiers éléments de ce grand
ouvrage, en même temps que nous mériterions quelque
reconnaissance de la part de cette classe nombreuse de
Français, avide et curieuse d'un sujet qui intéresse la
nation en général, et un grand nombre d'individus en particulier, puisqu'ils y trouveront des titres de gloire.

Un ouvrage historique quelconque n'a de mérite qu'en
raison de la pureté des sources où on a puisé : les moins
incertaines sont sans contredit les pièces officielles ou originales. Toutes concourent à prouver que la campagne de
1792 et partie de la suivante, sont un tissu d'intrigues mêlées d'opérations militaires, souvent sans aucune liaison entr'elles, ou mal calculées : mais la situation de nos frontières
et de nos armées, et la manière peu habile dont on les employa fréquemment, ajoutent beaucoup à la gloire de la
nation française qui, avec des généraux d'abord sans expérience et sans réputation, avec une armée à la fois nouvelle et énervée par l'indiscipline, déploya une énergie, un
courage et des ressources qui ne s'étaient jamais manifestés
dans aucune circonstance avec autant d'éclat : aussi a-t-on
vu la France triompher de l'Europe entière liguée contre
elle.

Quant aux sources où nous avons puisé pour composer cette
ample collection, nous pouvons assurer qu'elles sont dignes
de confiance. Les sommaires placés en tête des bulletins ou
rapports publiés par les généraux, sont un simple extrait

de mémoires fort étendus, rédigés dans le temps même par un officier-général connu, que sa position mettait en mesure de voir les pièces originales ou officielles, même les plus secrètes. Nous avons consulté aussi beaucoup de mémoires fournis par les généraux et les commissaires de la convention nationale auprès des armées, de même que leurs rapports imprimés; mais comme on sait qu'ils étaient souvent dictés par des vues ou des intérêts particuliers, on n'en a adopté le contenu que quand il était confirmé d'ailleurs. Enfin, nous croyons que l'ensemble de notre travail présente et présentera une base solide et une réunion de détails précieux, pour faciliter un jour la rédaction d'un ouvrage détaillé et complet sur la guerre de la révolution; qu'en attendant il offre un supplément nécessaire à toutes les histoires de la révolution publiées jusqu'à ce jour, dans lesquelles la partie militaire est totalement omise, ou traitée trop superficiellement et avec inexactitude.

Personne n'ignore qu'au moment où la guerre fut déclarée en 1792, et même depuis, la France était violemment agitée par des factions qui tentèrent toutes de se culbuter pour s'emparer de l'autorité et de la direction des affaires auxquelles ces intérêts particuliers, toujours inconciliables entr'eux, nuisaient essentiellement. C'est par cette raison que les choses furent alors presque toujours présentées sous de faux aspects, et qu'il est si difficile d'arracher la vérité aux passions. Il s'agissait donc de fixer, de rassembler les idées éparses dans une foule de comptes rendus, de rapports, de journaux, d'apologies, de relations, de mémoires trop souvent infidèles, soit qu'ils eussent été dictés par l'ignorance, la mauvaise foi et l'esprit de parti, intéressés à peindre les faits sous le jour qui pouvait être momentanément ou ultérieurement favorable à des vues personnelles. C'est ce qui rend si longue et si pénible la recherche de la vérité, surtout pendant les premières années de la guerre de la révolution, indépendamment de la difficulté de mettre en ordre l'immensité des évènements militaires, et de leur donner de la liaison et de l'ensemble. Il faudrait d'ailleurs s'imposer la loi de la plus sincère impartialité pour rétablir la vérité, en même temps qu'on aurait à se préserver de l'inconvénient d'offrir au lecteur un journal sec, aride et minutieux, de dispositions ou de combats particuliers qui ont eu leur utilité dans la masse des détails, mais dont le développement total occupe toujours trop de place, produit l'ennui sans l'instruction, et doit par conséquent disparaître comme les lignes de crayon d'un plan mis au net.

Au moment où la convention nationale se forma, en septembre 1792, la France se trouvait dans une situation très-critique. Les ennemis, déjà entrés dans plusieurs provinces, pouvaient arriver incessamment aux portes de la capitale ; les principales puissances de l'Europe désiraient sinon la destruction totale, du moins l'affaiblissement de la France que leurs armées cernaient de toutes parts au dehors, tandis qu'elle était déchirée au dedans par des factions et des troubles qui dégénérèrent bientôt en guerre civile. Un grand nombre de bons citoyens craignaient que la patrie ne succombât et ne subît le sort de la Pologne. Bientôt la face des choses change. On manquait d'armes, et la république devient un vaste arsenal. On n'avait point d'étoffes pour vêtir les troupes, et la plupart des villes se transforment en ateliers d'habillement. On s'aperçoit qu'on va éprouver la disette de poudre, et sur-le-champ on se trouve dans une atmosphère de salpêtre. Les armées étaient trop peu nombreuses, et le décret du 23 août 1793, produit un million de soldats, à l'aspect desquels les légions ennemies partout vaincues, fuyent épouvantées; enfin le sol français est non-seulement reconquis, mais on l'étend jusqu'au Rhin et au-delà des Alpes.

On observera que dans la convention nationale, un décret de déclaration de guerre n'occasionna jamais une minute de discussion; que c'est même au moment où nos armées étaient repoussées de la Belgique, que la convention décréta la réunion de ces importantes provinces; que cette conduite qui, dans d'autres circonstances, eût été téméraire, était alors commandée par la nécessité; que si, dans ces moments difficiles, la convention eût manqué de vigueur ou paru redouter le nombre des ennemis, il était à craindre que la nation entière ne partageât la pusillanimité de ses représentants, et, jugeant le péril plus grand que nos ressources, retombât dans l'abattement: on ne peut s'empêcher de convenir qu'en montrant beaucoup de confiance dans les forces et le patriotisme du peuple, on finit par lui persuader que ses moyens étaient supérieurs aux dangers qui le menaçaient, et que cette opinion a été la source de l'énergie qu'il déploya dans la guerre de la révolution.

Toutes les pièces rassemblées dans cette collection sont autant de titres de gloire, non-seulement pour l'armée française en général, mais pour chacun de ses chefs, chacun de ses officiers, chacun de ses soldats. Combien de braves dont le nom est inscrit sur ces tables immortelles! C'est-là que, rentrés dans leurs foyers, couverts d'impérissables lauriers, ils retrouveront, avec un juste orgueil, leur nom gravé sur le tableau de la gloire, de la main même de

G *

ceux qui furent les témoins de leurs exploits, qui parta-gèrent leurs dangers, qui vainquirent avec eux. Ils sentiront encore une fois battre leur cœur d'enthousiasme à la lec-ture de ces proclamations qui furent toujours pour eux les préludes de la victoire ; de ces proclamations toujours inspirées par l'amour de la patrie, et qui enfantèrent la gloire nationale. Quel Français ne serait fier de puiser dans ces immortelles archives de l'honneur, des titres à la reconnaissance de ses concitoyens ? Quel est celui de ses enfants qui, appelé à son tour à veiller à la défense de la patrie, n'aimera à trouver dans son père un modèle à imiter ?

C'est du sein de nos armées que partirent ces glorieuses proclamations qui nous consolèrent tant de fois de la honte de nos fureurs intestines. Modèles d'éloquence militaire, elles transmettront à nos derniers neveux le souvenir du triomphe de nos armes.

Ne sont-ils pas des brevets de gloire durable ces rapports où sont racontés avec l'austère gravité d'un soldat qui fit consister plus d'une fois sa gloire à ne pas dire tout ce qu'il avait fait, les triomphes de la France aux prises avec l'Europe entière ? ces bulletins où se montrent avec tant d'éclat les prodiges du courage français ; ces bulletins qui, rédigés dans l'ivresse de la victoire, sont autant de batailles en récit, où respire toute l'ardeur des combattants, et où vivront éternellement des triomphes que les revers ne pourront faire oublier ?

Un ouvrage qui a pour objet de les réunir tous dans un petit nombre de volumes, de rassembler dans un cadre étroit cette immense collection, dispersée dans tant d'ou-vrages divers que la réunion en deviendrait impossible, est une de ces entreprises qui devront leur succès à l'intérêt qu'elles sont faites pour inspirer à tous les Français.

Dans tous les temps, la gloire des armes leur fut plus chère qu'à tout autre peuple. Grande et vagabonde au milieu des Gaulois, la France étend sur l'Europe son vaste bouclier, envoie ses enfants aux dernières extrémités de l'Asie, porter la gloire de son nom, planter ses drapeaux sur les hautes citadelles, et franchir les rochers du Capitole. Triomphante au milieu des Huns, des Goths, des Visigoths et des Alains, elle voit les vastes flots d'une génération toute entière venir se briser contre son large bouclier. Vaincue par les Francs, elle soumet la victoire à ses mœurs, à ses usages, à ses coutumes; épouse d'un peuple libre et généreux, elle repousse de son sein tous ceux que leur barbarie rend indignes de son alliance; immortelle comme sa gloire, elle étend sur les siècles un sceptre respecté; debout au milieu des générations, son trône rayonne de splendeur. C'est de là, qu'assise sur des trophées, elle promène ses regards satisfaits sur un peuple noble et vaillant; c'est de là qu'elle voit arriver à ses pieds les hommages du monde entier, et que, revêtue de la pourpre consulaire, elle adopte, dans leur ruine, les débris de la grandeur romaine. Armée des vengeances de l'Europe envahie, elle refoule loin d'elle les nombreux bataillons de ses ennemis; luttant contre l'ignorance qui étend autour d'elle de vastes ténèbres, elle lance au milieu de l'obscurité les premiers rayons de la civilisation renaissante; filles adoptives de son trône, les Muses viennent en chœur s'asseoir à ses côtés; et les arts, rangés sous sa tutelle, reconnaissent ses bienfaits par de nombreux chefs-d'œuvres. Mais, fatiguée des combats qu'elle vient de livrer à la barbarie qui rugit plus nombreuse autour d'elle, elle semble un moment disparaître pour se soustraire au honteux spectacle du crime aux prises avec le crime, du sang armé contre le sang, et de son sceptre brisé en éclats par de coupables enfants. Saisie de tant d'horreurs, elle s'enveloppe dans son manteau royal, et attend, pour reparaître, que le trône orphelin, et attaqué de toutes parts par des armées étrangères, appèle sa présence.

Oh ! combien le véritable amour de la patrie élève ceux qu'il enflamme au-dessus des mouvements de la vanité ou des tourments de l'envie ! Aucune gloire, si elle est nationale, aucune action mémorable, si c'est un Français qu'elle honore, ne peut échapper à leur hommage. Le souvenir de Fontenoy, tout éloigné qu'est déjà ce beau jour, fait encore tressaillir leur cœur; leur admiration a dès-long-temps consacré l'héroïque dévouement de d'Assas; ils applaudissent aux généreux efforts d'un Français qui, le dernier, défendit l'indépendance de la Pologne (1); ils savent, ils proclament les noms de tous les officiers dont la bravoure, dans la guerre d'Amérique, emporta les retranchements de la Grenade, et dicta la capitulation d'Yorck-Town (2). S'associant ainsi à tous les succès, honorant tous les genres de talents, célébrant toutes les vertus, il ne peut leur être permis de voir d'un œil indifférent une gloire plus récente encore: Valmy, qui sauva la France d'une conquête; Fleurus, qui la rendit conqué-

---

(1) M. le marquis de Vioménil.

(2) Le comte d'Estaing, le vicomte de Noailles, le marquis de Saint-Simon, le comte Charles de Damas, le maréchal Berthier, le général Mathieu Dumas.

rante à son tour ; au pied des Pyrénées, Dugommier combattant en grand capitaine et mourant en héros; les vaisseaux de la Hollande, pris au milieu des glaces, par les hussards français ; nos grenadiers élevant des trophées sur ces rochers de la Suisse que n'avaient osé franchir, ni le voyageur le plus curieux, ni le chasseur le plus intrépide; les lauriers de l'Italie et les palmes de l'Egypte ; en Allemagne, sous Moreau, dans le royaume de Naples, sous le général Macdonald, des retraites savantes et plus glorieuses peut-être que des victoires ; les Thermopyles de Diernstern, où trois mille Français se dévouèrent pour arrêter trente mille hommes, combattirent et furent vainqueurs ; Austerlitz, Jéna, Wagram, mémorables journées dues à la supériorité de nos vieilles bandes ; Bautzen et Lutzen, dont tout l'honneur appartient à l'heureuse audace d'une milice à peine exercée. Tant d'exploits, tant d'actions célèbres, tant de triomphes éclatants, en élevant l'âme des Français, les rendent fiers d'être nés dans un pays qui a produit de tels hommes et remporté de pareilles victoires. Remplis des souvenirs du passé, sensibles à tout l'éclat d'une gloire nouvelle, admirateurs des guerriers qui ont illustré la France, pleins de confiance dans ceux qui la défendraient aujourd'hui, ils conservent avec un noble orgueil le sentiment d'une force que rien ne peut arrêter, et l'espoir d'une grandeur que tout peut encore lui rendre. Pour obtenir de semblables succès, il fallut des efforts puissants et des moyens jusqu'alors inconnus. Au moment où la révolution éclata, un changement se fit dans l'art militaire. La tactique allemande ne voyait dans ses soldats que des machines soumises à une obéissance passive ; la tactique française y vit des hommes intelligents, courageux, capables de dévouement, et passionnés pour la gloire. Pressés par la coalition de l'Europe entière, les Français levèrent des armées formidables, et conçurent des plans aussi vastes qu'audacieux. Les premiers, ils osèrent, bravant une barrière impuissante, poursuivre leurs succès, en laissant derrière eux une ligne de places fortes occupées par l'ennemi; les premiers, ils donnèrent à leurs armées, ces grandes masses de cent trente à cent cinquante mille hommes, une souplesse, une mobilité, qui leur permirent d'exécuter les mouvements les plus opposés, de se concentrer ou de s'étendre avec une égale rapidité. Malheureusement, le théâtre de la guerre s'aggrandit avec les combinaisons de ceux qui la dirigeaient, et à proportion des forces dont ils pouvaient disposer. Le soldat ne connut plus ni saison rigoureuse, ni position inexpugnable. L'art avait aplani les obstacles, il abrégea les distances. Les armées exécutèrent leurs mouvements et combinèrent leurs attaques sur une ligne immense, dont la pensée pouvait seule saisir l'étendue. Les forteresses tombèrent par des coups de canon tirés à quatre-vingt lieues de leurs remparts. On ne se battit plus, comme autrefois, pour la prise d'une place, ou la déroute d'un corps, mais pour l'envahissement d'un état ou pour la défaite totale d'une armée. Bientôt un seul combat décida du sort d'une province, une victoire donna ou ravit des empires. L'humanité gémit, mais l'art de vaincre fit ainsi de funestes progrès, et l'on peut dire que quiconque, simple officier ou général, n'a pas pris part à ces combats de géants, auxquels l'Europe a servi d'arène depuis quinze ou vingt ans, est aussi étranger à la science militaire dans son état actuel, que l'auraient été les Suisses de Louis XI, ou les Lansquenets de François I<sup>er</sup> à la manière de combattre des mousquetaires de Louis XIV.

L'ouvrage que nous publions contient, sur cet art nouveau, mais terrible, qui prépare, dispute et fixe la victoire, des leçons prises dans la pratique des camps. Les militaires y trouveront les résultats de vingt - cinq années de combats livrés sous tous les climats, dans toutes les contrées de l'Europe, sur la cime des montagnes, au milieu des forêts, dans les plaines, aux bords dès fleuves profonds, par les peuples les plus différents de mœurs, de coutumes et de caractère, et sous des généraux qui eurent, la plupart, des vues, des talents et des succès divers. Ils sauront le cas où le courage peut donner beaucoup à la fortune et ceux où la prudence défend de rien lui laisser; ils connaîtront ces plans que le génie conçoit loin du tumulte des armes, et ces résolutions soudaines que leur inspirent, au milieu de l'action, la disposition des lieux et les chances variées du combat. C'est sur les champs de batailles de Marengo, de Hohenlinden, d'Iena, d'Essling, de Wagram, de Bautzen, de Lutzen et de Leipsick, qu'ils se trouveront encore une fois transportés; c'est là qu'à l'école des plus grands capitaines de notre âge, ils pourront suivre leurs dispositions et leurs manœuvres, qu'ils pourront apprécier leurs fautes ou leur habileté, qu'ils seront les témoins de leurs victoires ou de leurs désastres.

Ce vaste tableau de la gloire militaire de la France est divisé par années ou campagnes. Les tables placées à la fin de chaque volume, donnent une idée exacte de son contenu. Dressées avec le plus grand soin, elles aident en outre à trouver facilement les faits particuliers. La table chronologique des principaux événements militaires et politiques de la guerre de la révolution, qui sera placée à la fin du dernier volume, les présentera réunis dans leur ordre naturel, puisqu'ils y seront énoncés par date de jour, de mois et d'année, de manière qu'on pourra voir d'un coup d'œil ce qui s'est passé de remarquable le même jour dans toutes les armées françaises. Une dernière table enfin donnera la liste alphabétique de toutes les personnes mentionnées dans l'ouvrage.

# MONUMENT
## A LA GLOIRE NATIONALE.

### ASSEMBLÉE LÉGISLATIVE.

*Séance du vendredi 20 avril 1792.*

#### Déclaration de guerre à l'Autriche.

LE roi entre accompagné de tous ses ministres. Tous les membres sont debout et découverts. Le roi va prendre la place assignée par le réglement. Il s'assied. Les députés s'assèyent. Les ministres restent debout autour du roi.

*Le roi.* Je viens au milieu de l'assemblée nationale, pour l'entretenir d'un des objets les plus importants dont elle puisse s'occuper. Mon ministre des affaires étrangères va vous lire le rapport qu'il a fait à mon conseil sur notre situation politique.

Le ministre des affaires étrangères fait lecture de ce rapport.

*Rapport fait au conseil, le 18 avril 1792, l'an 4 de la liberté.*

Sire, lorsque vous avez juré de maintenir la constitution qui a assuré votre couronne, lorsque votre cœur s'est sincèrement réuni à la volonté d'une grande nation libre et souveraine, vous êtes devenu l'objet de la haine des ennemis de la liberté. L'orgueil et la tyrannie ont agité toutes les cours; aucun lien naturel, aucun traité n'a pu arrêter leur injustice. Vos anciens alliés vous ont effacé du rang des despotes; mais les Français vous ont élevé à la dignité glorieuse et solide de chef suprême d'une nation régénérée. Vos devoirs sont tracés par la loi que vous avez acceptée, et vous les remplirez tous. La nation française est calomniée; sa souveraineté est méconnue; des émigrés rebelles trouvent un asile chez nos voisins; ils s'assemblent sur nos frontières; ils menacent ouvertement de pénétrer dans leur patrie, d'y porter le fer et la flamme. Leur rage serait impuissante, ou peut-être elle aurait déjà fait place au repentir, s'ils n'avaient pas trouvé l'appui d'une puissance qui a brisé tous ses liens avec nous dès qu'elle a vu que notre régénération changerait la forme de notre alliance avec elle, la rendrait nécessairement plus égale.

Depuis 1756, l'Autriche avait abusé d'un traité d'alliance que la France avait toujours trop respecté. Ce traité avait épuisé depuis cette époque notre sang et nos trésors dans des guerres injustes que l'ambition suscitait, et qui se terminaient par des traités dictés par une politique tortueuse et mensongère, qui laissait toujours subsister des moyens d'exciter de nouvelles guerres. Depuis cette fatale époque de 1756, la France s'avilissait au point de jouer un rôle subalterne dans les sanglantes tragédies du despotisme : elle était asservie à l'ambition toujours inquiète, toujours agissante de la maison d'Autriche, à qui elle avait sacrifié ses alliances naturelles.

Dès que la maison d'Autriche a vu dans notre constitution que la France ne pourrait plus être le servile instrument de son ambition, elle a juré la destruction de cet œuvre de la raison ; elle a oublié tous les services que la France lui avait rendus ; enfin ne pouvant plus dominer la nation française, elle est devenue son ennemie implacable.

La mort de Joseph II semblait présager plus de tranquillité de la part de son successeur Léopold, qui, ayant appelé la philosophie dans son gouvernement de Toscane, paraissait ne devoir s'occuper que de réparer les calamités que l'ambition démesurée de son prédécesseur avait attirées sur ses états. Léopold n'a fait que paraître sur le trône impérial ; et cependant c'est lui qui a cherché à exciter sans cesse contre nous toutes les puissances de l'Europe. C'est lui qui a tracé dans les conférences de Padoue, de Reichenbach, de la Haye et de Pilnitz, les projets les plus funestes contre nous ; projets qu'il a couverts, sire, du prétexte avilissant d'une fausse compassion pour votre majesté, pendant que vous déclariez à tout l'univers que vous étiez libre ; pendant que vous déclariez que vous aviez accepté franchement et que vous soutiendriez de tout votre pouvoir la constitution.

C'est alors que, calomniant la nation dont vous

êtes le représentant héréditaire, et vous faisant l'outrage de feindre de ne pas croire à votre liberté et à
la pureté de vos intentions, ce prince employait
tous les ressorts d'une politique sombre et astucieuse, pour grossir le nombre des ennemis de la
France, sous les prétextes les moins faits pour autoriser une ligue aussi menaçante. C'est Léopold
qui, lié depuis long-temps avec la Russie, pour
partager les dépouilles de la Pologne et de la Turquie, a détaché de notre alliance ce roi du nord,
dont l'inquiète activité n'a pu être arrêtée que par
la mort, au moment où il allait devenir l'instrument de la fureur de la maison d'Autriche.

C'est Léopold qui a animé contre la France le
successeur de l'immortel Frédéric, contre lequel,
par une fidélité à des traités imprudents, nous avions,
depuis près de quarante ans, défendu la maison
d'Autriche. C'est Léopold qui s'est déclaré le chef
d'une ligue qui tend au renversement de notre constitution. C'est lui qui, dans des pièces officielles que
l'Europe jugera, invite une partie de la nation française à s'armer contre l'autre, cherchant à réunir
sur la France les horreurs de la guerre civile aux
calamités de la guerre extérieure.

Tels sont les attentats de l'empereur Léopold
contre une nation généreuse, qui, même depuis sa
régénération, respectait ses traités, quelque désa-
vantageux et quelque funestes qu'ils lui fussent.

Il est nécessaire de rapporter à votre majesté une

note officielle, du 18 février, du prince de Kaunitz, parce que cette note est la première pièce de
négociation entre l'empereur Léopold et votre majesté.

C'est dans cette note officielle du 18 février surtout que ses projets hostiles sont à découvert. Cette
note, qui est une véritable déclaration de guerre,
mérite un examen réfléchi. Le prince de Kaunitz,
qui est l'organe de son maître, commence par dire
« que jamais intention partiale et pacifique n'a été
plus clairement énoncée et constatée que celle de
S. M. I., dans l'affaire des rassemblements au pays
de Trèves. » A la vérité, la cour de Vienne avait
alors fait sortir des Pays-Bas les émigrés armés, de
peur que le ressentiment des Français ne les portât
à entrer dans les provinces belgiques où s'étaient
faits les premiers rassemblements, où les rebelles
tiènent encore un état-major d'officiers-généraux en
uniforme et avec la cocarde blanche, à la cour
même de Bruxelles, où, contre les capitulations
et cartels, on recevait et on reçoit encore journellement des bandes nombreuses, et même des corps
entiers avec armes bagages, officiers, drapeaux et
caisse militaire; donnant ainsi une injuste protection à la désertion a plus criminelle, accompagnée
de vol et de trahison. Dans le même temps, la cour
de Vienne, sur la demande irrégulière de l'évêque
de Bâle, établissai une garnison dans le pays de
Porentruy, pour s'ouvrir une entrée facile dans le

département du Doubs, violant, par l'établissement de cette garnison, le territoire du canton de
Bâle, violant les traités qui mettent le pays de Porentruy sous la garantie de ce canton et de la France.

Dans le même temps, la cour de Vienne augmentait considérablement ses garnisons dans le Brisgaw. Dans le même temps, la cour de Vienne donnait des ordres au maréchal de Bender de se porter
avec ses troupes dans l'électorat de Trèves, au cas
où les Français s'y porteraient pour dissiper les rassemblements de leurs rebelles émigrés. A la vérité,
la cour de Vienne semblait prescrire à l'électeur de
Trèves de ne plus tolérer ces rassemblements : à la
vérité aussi, ce prince ecclésiastique semblait, pour
un moment, dans l'intention de dissiper ces attroupements ; mais tout cela n'était qu'illusoire : on
cherchait à abuser votre ministre à Trèves par des
mensonges, et à l'intimider par des outrages. Les
attroupements ont commencé à Coblentz en plus
grand nombre; leurs magasins sont restés dans le
même état, et la France n'a vu, dans toute cette
affaire, qu'un jeu perfide, des menaces et de la
violence.

M. de Kaunitz ajoute « que a nature et le but
légitime des propositions de concert faites par l'empereur au mois de juillet 1791, aussi bien que la
modération et l'intention amicae de celle qu'il fit
au mois de novembre suivant, mont pu échapper à
la connaissance du gouvernemnt français. » Cet

aveu du prince de Kaunitz confirme les desseins hostiles de la cour de Vienne : il prouve qu'au mépris
de son alliance, il provoquait les autres puissances
de l'Europe à former contre la France une ligue
offensive, qui n'est que suspendue par la lettre circulaire du prince de Kaunitz, du 12 novembre.

M. de Kaunits dit ensuite « que toute l'Europe
est convaincue avec l'empereur que ces *gens* notés
par la dénomination du parti *jacobin*, voulant exciter la nation d'abord à des armements et puis à sa
rupture avec l'empereur, après avoir fait servir des
rassemblements dans les états de Trèves de prétextes au premier, cherchent maintenant d'amener
des prétextes de guerre par les explications qu'ils
ont provoquées avec sa majesté impériale d'une manière astucieuse, et accompagnées de circonstances
calculées visiblement à rendre difficile à ce prince
de concilier dans ses réponses les intentions pacifiques et amicales qui l'animent, avec le sentiment
de sa dignité blessée et de son repos compromis par
les fruits de leur manœuvre. »

Cette phrase obscure contient une fausseté, une
injure. Ce que M. de Kaunitz désigne par des *gens*,
c'est l'assemblée, c'est la nation entière exprimant
son vœu par ses représentants ; ce n'est point un club
qui a demandé des explications catégoriques ; et
on voit, dans la distinction que fait le ministre autrichien, le projet perfide de représenter la France
comme en proie à des factions qui ôtent tout moyen

de négocier avec elle. Le reste de cette note est une explosion de son humeur contre ce qu'il nomme le parti des Jacobins, qu'il qualifie de *secte pernicieuse.*

La mort de l'empereur Léopold, aurait dû amener d'autres principes de négociations; mais le système de la maison d'Autriche est toujours le même, et le changement des princes qui gouvernent n'y apporte aucune variation.

Le roi de Bohême et de Hongrie, sollicité de répondre catégoriquement pour faire cesser les inquiétudes des deux nations et pour opérer la tranquillité de l'Europe, a fait connaître ses dernières résolutions à votre majesté, par une dernière note du prince de Kaunitz, datée du 18 mars.

Comme cette note est l'*ultimatum* de la cour de Vienne, comme elle est encore plus provocante que toutes les autres pièces de cette négociation, elle mérite aussi un examen réfléchi. Le premier mot de cette note est une injure artificieuse : *Le gouvernement français ayant demandé des éclaircissements catégoriques, etc. etc.* Sire, il n'est donc plus question du roi des Français? M. de Kaunitz vous sépare de la nation pour faire croire que vous n'êtes pas libre, que vous n'êtes pour rien dans les négociations, et que vous n'y prenez aucun intérêt. L'honneur de votre majesté est engagé à démentir cette perfide insinuation.

M. de Kaunitz dit ensuite : « Mais à plus forte

raison convenait-il à la dignité de grandes puissances de réfuter avec franchise, et de ne point traiter d'*insinuations confidentielles* qui puissent être
dissimulées dans la réponse des imputations et des
interprétations auxquelles se trouvaient mêlés les
mots de *paix* ou de *guerre*, et accompagnés de
provocations de tout genre. »

Certainement, le ministre des affaires étrangères
doit regréter d'avoir placé dans une telle négociation des insinuations confidentielles, mais il ne
pouvait pas imaginer que le prince de Kaunitz aurait la perfidie de les tronquer et de les dénatu-
rer, pour en abuser. Et si la négociation reprenait
une tournure pacifique, la première démarche de
votre majesté serait de demander au roi de Bohême
et de Hongrie la punition d'un premier ministre infidèle, qui, par des abus de confiance, s'est efforcé
d'aliéner le cœur de ce jeune monarque, et de rendre
irréconciliables deux nations faites pour s'estimer.

Le prince de Kaunitz parle ensuite « de la justice des motifs sur lesquels se fondent les explications données par ordre de feu l'empereur; » et il
ajoute, « que le roi de Hongrie adopte complètement sur ce point les sentiments de son père. » Il
dit ensuite, « qu'on ne connaît point d'armement
et de mesures dans les états autrichiens qui puissent
être qualifiés de préparatifs de guerre. »

Le contraire est prouvé, le concert des puissances
est connu, les armées autrichiennes s'assemblent,

les places fortes s'élèvent, les camps sont tracés, les généraux et les armées sont désignés, et le prince de Kaunitz oppose à tant de faits une dénégation dénuée de toute vraisemblance. C'est à nous qu'il dit « que les troubles des Pays-Bas sont suscités par les exemples de la France et par les coupables menées des Jacobins. » Comme si les troubles des Pays-Bas n'avaient pas précédé la révolution française ! comme s'il avait pu oublier que l'assemblée constituante avait refusé de prendre aucune part à ces troubles !

M. de Kaunitz ajoute : « Quant au concert dans lequel sa majesté impériale s'est engagée avec les plus respectables puissances de l'Europe, le roi de Hongrie et de Bohême ne saurait anticiper sur leurs opinions et sur leur détermination commune ; mais toutefois il ne croit point qu'elles jugeront convenable ou possible de faire cesser ce concert avant que la France ne fasse cesser les motifs graves qui en ont provoqué ou nécessité l'ouverture. » Voilà donc le roi de Bohême et de Hongrie accédant à la ligue formée par son père contre la France, déclarant que cette ligue doit durer jusqu'à ce que nous ayons soumis notre constitution à son jugement et à sa révision ! le voilà donc avouant un traité qui rompt formellement celui de 1756 !

« Mais, dussent leurs desseins et leurs artifices prévaloir, sa majesté se flatte que du moins la partie saine et principale de la nation envisagera alors, comme une perspective consolante d'appui, l'existence d'un concert dont les vues sont dignes de sa confiance et de la crise la plus importante qui ait jamais affecté les intérêts communs de l'Europe. » On ne dissimule pas même, dans ces perfides expressions, le projet d'armer les citoyens : c'est ainsi que ce ministre octogénaire lance au milieu de nous, d'une main débile, le tison de la guerre civile.

Non, sire , les Français ne se désuniront pas lorsque la France sera en danger. Beaucoup d'émigrés quitteront les étendards criminels qu'ils ont suivis , rougiront de leurs erreurs, et viendront les expier en combattant pour la patrie. Votre majesté donnera l'exemple du civisme en ressentant les injures qui sont faites à la nation.

Lorsque vous m'avez chargé du ministère des affaires étrangères, j'ai dû remplir la confiance de la nation et la vôtre, en employant en votre nom le langage énergique de la raison et de la vérité. Le ministre de Vienne, se voyant trop pressé par une négociation pleine de franchise, s'est renfermé en lui-même, et s'est référé à cette note du 18 mars, dont je viens de vous présenter l'analyse : cette note est une véritable déclaration de guerre. Les hostilités n'en sont que la conséquence; car l'état de guerre ne consiste pas seulement dans les coups de canon, mais dans les provocations, les préparatifs et les insultes.

Sire, de cet exposé, il résulte, 1° que le traité

de 1756 est rompu par le fait de la maison d'Autriche ; 2° que le concert entre les puissances, provoqué par l'empereur Léopold au mois de juillet 1791, confirmé par le roi de Hongrie et de Bohême, d'après la note du prince de Kaunitz, du 18 mars 1792, qui est l'*ultimatum* des négociations, étant dirigé contre la France, est un acte d'hostilité formel ; 3° qu'ayant mandé, par ordre de votre majesté, *qu'elle se regarderait décidément comme en état de guerre, si le retour du courrier n'apportait pas une déclaration prompte et franche en réponse aux deux dépêches des* 19 *et* 27 *mars,* cet *ultimatum*, qui n'y répond point, équivaut à une déclaration de guerre ; 4° que dès ce moment il faut ordonner à M. de Noailles de revenir en France sans prendre congé, et cesser toute correspondance avec la cour de Vienne.

Après toutes les réflexions qu'entraîne une détermination aussi importante, dans laquelle il s'agit de peser de l'équité la plus rigoureuse d'un côté, de ne pas soutenir et venger la souveraineté méconnue de la nation française, de l'autre, les calamités que peut entraîner la guerre :

Considérant que les circonstances impérieuses où nous nous trouvons, et qui deviènent de jour en jour plus instantes par l'approche de différents corps de troupes autrichiennes qui s'assemblent de toutes parts sur nos frontières, nous ont amenés au point de prendre un parti décisif.

Le 29 novembre, députation de l'assemblée nationale au roi, pour l'inviter à prendre les mesures les plus fermes, pour mettre fin aux attroupements et enrôlements qui se faisaient sur les frontières, et pour exiger une réparation en faveur des citoyens français qui avaient reçu des outrages.

Le 14 decembre, le roi témoigne à l'assemblée nationale la confiance qu'il avait encore à cette époque dans les bonnes dispositions de l'empereur, en ajoutant qu'il prenait en même temps les mesures militaires les plus propres à faire respecter ses déclarations; et que si elles n'étaient point écoutées, il ne lui resterait qu'à proposer la guerre. C'est alors que l'assemblée nationale décrète le développement des forces qui garnissent les frontières de l'empire.

Le 14 janvier, l'assemblée nationale invite le roi à demander à l'empereur, au nom de la nation française, des explications claires et précises sur ses dispositions; elle fixe le terme du 10 février pour les réponses, et à défaut de réponse, *ce procédé de l'empereur sera envisagé par la nation comme une rupture du traité de 1756, et comme une hostilité.*

Le 25 janvier, l'assemblée nationale donne un décret en cinq articles, dont le troisième prolonge le terme fatal donné à l'empereur, jusqu'au 1er mars, et ajoute que *son silence, ainsi que toutes ré-*

ponses évasives ou dilatoires seront regardées comme une déclaration de guerre ;

Considérant que l'honneur du roi des Français et sa bonne foi sont perfidement attaqués par l'affectation marquée de le séparer de la nation, dans la note officielle du 18 mars, qui répond *au gouvernement français*, au lieu de répondre *au roi des Français;*

Considérant que, depuis l'époque de la régénération, la nation française est provoquée par la cour de Vienne et ses agents de la manière la plus intolérable; qu'elle a continuellement essuyé des outrages en la personne de M. Duveyrier, envoyé par le roi, et retenu indignement en état d'arrestation; dans celle d'un grand nombre de citoyens français outragés ou emprisonnés dans les différentes provinces de la domination autrichienne, par haine pour notre constitution, pour notre uniforme national et pour les couleurs distinctives de notre liberté;

Considérant que dans toute la constitution il ne se trouve aucun article qui autorise le roi à déclarer que la nation est en état de guerre, qu'au contraire, dans l'article 2, section 1re du chapitre 3: *De l'exercice du pouvoir législatif*, il est dit ce qui suit : « La guerre ne peut être décidée que par un décret du corps législatif, rendu sur la proposition formelle et nécessaire du roi, et sanctionné par lui. » Qu'ainsi ce n'est pas un conseil que le roi peut demander, mais une proposition formelle qu'il doit nécessairement faire à l'assemblée nationale;

Considérant enfin que le vœu prononcé de la nation française est de ne souffrir aucun outrage ni altération dans la constitution qu'elle s'est donnée; que le roi, par le serment qu'il a fait de maintenir cette constitution, est devenu dépositaire de la dignité et de la sûreté de la nation française;

Je conclus à ce que, forte de la justice de ces motifs et de l'énergie du peuple français et de ses représentants, sa majesté, accompagnée de ses ministres, se rende à l'assemblée nationale pour lui proposer la guerre contre l'Autriche.

*Le roi.* Vous venez d'entendre le rapport qui a été fait à mon conseil. Les conclusions y ont été adoptées unanimement. J'en ai moi-même adopté la détermination. Elle est conforme au vœu plusieurs fois exprimé de l'assemblée nationale et à celui qui m'a été adressé par plusieurs citoyens de divers départements. J'ai dû épuiser tons les moyens de maintenir la paix : maintenant je viens, aux termes de la constitution, vous proposer formellement la guerre contre le roi de Hongrie et de Bohême.

Dans la même journée, l'assemblée législative rendit le décret suivant:

L'assemblée nationale, délibérant sur la proposition formelle du roi, considérant que la cour de Vienne, au mépris des traités, n'a cessé d'accorder une protection ouverte aux Français rebelles, qu'elle a provoqué et formé un concert avec plusieurs puissances de l'Europe contre l'indépendance et la sûreté de la nation française;

Que François I$^{er}$, roi de Hongrie et de Bohême, a, par ses notes des 18 mars et 7 avril dernier, refusé à renoncer à ce concert;

Que malgré la proposition qui lui a été faite par la note du 11 mars 1792, de réduire, de part et d'autre, à l'état de paix, les troupes sur les frontières, il a continué et augmenté des préparatifs hostiles;

Qu'il a formellement attenté à la souveraineté de la nation française, en déclarant vouloir soutenir les prétentions des princes allemands possessionnés en France, auxquels la nation française n'a cessé d'offrir des indemnités;

Qu'il a cherché à diviser les citoyens français, et à les armer les uns contre les autres, en offrant aux mécontents un appui dans le concert des puissances;

Considérant enfin que ce refus de répondre aux dernières dépêches du roi des Français ne laisse plus d'espoir d'obtenir, par la voie d'une négociation amicale, le redressement de ces différents griefs, et équivaut à une déclaration de guerre;

Décrète qu'il y a urgence.

L'assemblée nationale déclare que la nation française, fidèle aux principes consacrés par sa constitution *de n'entreprendre aucune guerre dans la vue de faire des conquêtes, et de n'employer jamais ses forces contre la liberté d'aucun peuple*, ne prend les armes que pour la défense de sa liberté et de son indépendance ; que la guerre qu'elle est obligée de soutenir, n'est point une guerre de nation à nation, mais la juste défense d'un peuple libre contre l'injuste aggression d'un roi ;

Que les Français ne confondront jamais leurs frères avec leurs véritables ennemis ; qu'ils ne négligeront rien pour adoucir le fléau de la guerre, pour ménager et conserver les propriétés, et pour faire retomber sur ceux-là seuls qui se ligueront contre sa liberté, tous les malheurs inséparables de la guerre ;

Qu'elle adopte d'avance tous les étrangers qui, abjurant la cause de ses ennemis, viendront se ranger sous ses drapeaux et consacrer leurs efforts à la défense de la liberté ; qu'elle favorisera même, par tous les moyens qui sont en son pouvoir, leur établissement en France ;

Délibérant sur la proposition formelle du roi, et après avoir décrété l'urgence, décrète la guerre contre le roi de Hongrie et de Bohême.

Un de MM. les secrétaires fait l'appel de vingt-quatre commissaires chargés de porter sur-le-champ le décret à la sanction du roi.

*Message de l'assemblée nationale au roi, par une députation de vingt-quatre membres, à onze heures du soir du 20 avril, pour présenter le décret de la guerre à sa sanction.*

M. Crestin, député du département de la Haute-Saône, portant la parole.

« Sire, l'assemblée nationale a cru devoir s'empresser de prendre une détermination sur la proposition que vous lui avez faite de déclarer la guerre au roi de Bohême et de Hongrie. Elle nous charge de présenter son décret à la sanction de votre majesté. Il est conforme au vœu que vous lui avez manifesté. Il est le résultat de la sollicitude vive et constante des représentans élus et du représentant héréditaire de la nation pour le maintien de sa dignité, de sa liberté et de sa constitution. »

### Réponse du roi.

« Je vais prendre le décret de l'assemblée nationale en grande considération. Les plus grands intérêts de la nation y sont attachés. »

Vienne, 7 juillet 1792.

### Contre-déclaration de la cour de Vienne.

L'évènement n'a que trop justifié ce que la cour de Vienne avait prévu; et les factieux qui gouver-

nent actuellement la France, après avoir mis la nation sous les armes, et l'avoir excitée à une rupture
avec le feu empereur, sous le prétexte ridicule de
rassemblements dans l'électorat de Trèves, ont encore trouvé, pour mettre leur détestable projet à
exécution, un prétexte non moins absurde dans les
réponses qu'ils ont forcé S. M. I. de leur faire. En
vain la cour de Vienne s'est-elle, par une conduite
franche et loyale, par des réponses claires et précises
à toutes les demandes illégales qui lui ont été faites
successivement, efforcée de les détourner de leurs
vues hostiles, ils n'en ont pas moins allégué, pour
justifier la guerre qu'ils vièrent de déclarer au nom
du roi très-chrétien et de la nation, à S. M. le roi de
Hongrie et de Bohême, ces mêmes efforts de la
cour de Vienne pour prévenir une rupture.

Le premier de ces motifs est la protection publique accordée aux émigrés français. Lorsqu'on al-
légua cette protection pour donner un prétexte aux
préparatifs que faisait la France au mois de décembre
dernier, on ne désignait alors comme ennemis que
quelques états de l'empire et les émigrés armés :
loin d'attribuer les démarches de ces derniers à la
cour de Vienne, le gouvernement de France lui
avait adressé des remercîments que sa conduite lui
avait mérités. Les hostilités qui les ont suivis de si
près, offrent un contraste si frappant qu'elle se croit
dispensée de toutes réflexions à cet égard.

La cour de Vienne a fait tous ses efforts pour

engager les autres princes d'Allemagne, voisins de
la France, à tenir une pareille conduite. Ces procédés devaient faire suspendre tous préparatifs me-
naçants de la part de cette puissance. Il lui fallait un
autre prétexte pour les continuer : elle ne tarda pas
à le trouver dans une ligue entre l'empereur mon
prédécesseur et plusieurs autres puissances, dont
le but était de maintenir la tranquillité publique et
l'honneur des couronnes.

Toute l'Europe connaît les circonstances qui ont
donné lieu à cette alliance : le monde entier sait que
les violences exercées contre S. M. très-chrétienne,
suivies de l'emprisonnement de ce monarque, furent
les seules causes de ce concert. Personne n'ignore
enfin que dès qu'on fut à peu près assuré que le roi
avait recouvré le degré de liberté, de pouvoir et de
sûreté personnelle nécessaires pour donner une sanction légale aux lois constitutionnelles d'un état monarchique, cette ligue, grâces aux représentations
de la cour de Vienne, devint passive et dut rester
telle, à moins que la France, par les désordres et les
excès où se sont portés ses habitants, ne l'eût forcée
à adopter d'autres mesures. La modération des puissances égalait donc l'équité de leurs principes. Les
notions les plus simples de la nature d'un état
monarchique, les autorisaient à se coaliser pour
secourir le roi de France, et préserver d'une ruine
totale un gouvernement dont la base, reconnue
inviolable par la nouvelle constitution, ne pou-

vait être ébranlée que par une insurrection manifeste.

D'un autre côté, ces puissances furent obligées,
pour leur propre sûreté, de s'opposer à l'introduction d'un principe d'anarchie, pour la propagation
duquel on employait les moyens les plus dangereux
et les plus perfides. Bref, le maintien de la tranquillité publique exigeait leur union éventuelle,
en cas que l'une d'entr'elles fût attaquée. La cour
de Vienne, attentive avec raison aux préparatifs hostiles de la France, et craignant qu'elle ne réalisât
ses menaces d'invasion, jugea à propos de lui rappeler l'existence de ce concert, et de l'inviter à ne
pas provoquer tous les princes confédérés, en agissant hostilement contre quelques-uns d'entr'eux.

Rien n'est donc plus évidemment injuste, que le
reproche que fait la nation française aux puissances
les plus considérables de l'Europe, d'avoir, par leur
coalition, porté atteinte à sa sûreté et à son indépendance. Ces puissances ne craindront cependant
pas de rendre publics les motifs de cette ligue,
quoique la déclaration de la cour de Vienne eût dû
lever toute équivoque à cet égard.

Il suffira de jeter les yeux sur cette pièce pour se
convaincre qu'il ne dépendait que des hommes qui
gouvernent actuellement la France, de faire cesser
ce concert, en respectant la tranquillité et les droits
des autres puissances, et en protégeant la forme du
gouvernement monarchique que la France avait

adopté, contre les partisans de l'anarchie. Toute mésintelligence eût dès lors cessé, si la France avait adopté de pareils procédés, et la cour de Vienne aurait donné des preuves de sa modération, au lieu d'être réduite à justifier les mesures qu'elle a prises.

Sur l'invitation du ministère de France, les prétentions des princes d'Allemagne possessionnés en Alsace avaient été supprimées dans la déclaration. L'impossibilité où se trouva le souverain de l'Autriche de remplir, comme empereur, les devoirs que cette dignité lui imposait, ne prouve pas qu'il eût dessein de s'opposer à ce qu'on employât des voies de conciliation qui n'étaient ni insuffisantes, ni incompatibles avec la constitution de l'empire germanique, sur des objets qui ne concernaient pas directement l'Autriche. C'est cependant de cette conduite irréprochable qu'on tire aujourd'hui les motifs de la guerre injuste qu'on vient de lui déclarer, quoique son souverain n'eût pas pris plus de part à cette affaire qu'aucun autre membre du corps germanique.

D'un autre côté, tandis que la France accompagnait ses questions d'armements formidables, la cour de Vienne, pour prouver sa bonne foi, s'est abstenue de faire suivre ses déclarations de préparatifs considérables, comme semblaient l'exiger ceux de cette nation. Lorsque cette dernière rassemblait cent cinquante mille hommes sur les frontières des Pays-Bas et de l'Allemagne, la cour de Vienne n'aug-

menta pas ses forces dans ses provinces belgiques
d'un seul bataillon, et les renforts qu'elle y a envoyés depuis 1790 n'ont pas en général excédé trois
à quatre mille hommes : elle a borné toutes ses mesures à augmenter de quatre mille hommes ses
troupes dans l'Autriche antérieure, ce qui portait
leur nombre à dix mille hommes. Ce ne fut donc
que le 14 avril qu'elle se disposa à y en envoyer
davantage, lorsque l'interprétation offensive que la
France fit des déclarations pacifiques de la cour de
Vienne, et les événements qui ne tardèrent pas à en
être la suite, ne purent plus permettre de douter
des projets hostiles.

La proposition de désarmer réciproquement, faite
par l'ambassadeur de France à Vienne le 11 de
Mars, à une époque où la France seule avait armé,
la demande de renoncer au concert des autres puissances, au moment où la position de ce royaume
donnait des inquiétudes qui croissaient de jour en
jour, ne pouvaient être considérées que comme les
préliminaires des hostilités qui ont commencé presque aussitôt que l'ambassadeur eut délivré la déclaration de guerre.

Ainsi tous les griefs non prouvés que contient
cette déclaration, portent l'empreinte de la mauvaise foi; et, pour surcroît d'injustice, la cour de
Vienne a vu s'évanouir l'espérance de voir la raison,
l'honneur et l'équité qui distinguent la saine partie
de la nation, triompher de la rage des factieux, et

de tirer aucun fruit des peines qu'elle s'était données pour dissiper les injustes préjugés élevés sur la nature du concert.

Les sujets de plaintes allégués contre la cour de Vienne, loin de fournir la plus légère apparence de motifs pour l'attaquer, sont évidemment des preuves de l'injuste aggression des factieux qui gouvernent la France.

Ces hommes pervers, qui ont mis en usage toutes sortes de moyens pour fomenter et protéger la révolte dans les Pays-Bas Autrichiens, blâment sans pudeur la cour de Vienne qui a refusé sa protection aux Français émigrés, et empêché qu'on ne favorisât nulle part leurs entreprises. Leurs propres aveux et les mesures publiques qu'ils ont prises depuis l'attaque, prouvent qu'ils plaçaient toute leur confiance dans ces vils procédés tendants à corrompre la fidélité des troupes autrichiennes.

Ce sont eux qui ont semé la mésintelligence entre la France et l'empire germanique, en portant atteinte aux droits dont jouissaient plusieurs princes allemands, droits fondés sur des traités solennels, et qu'une possession de plus d'un siècle semblait devoir leur assurer. Ils opposent à la force obligatoire de ces traités, leur incompatibilité prétendue avec les lois nouvelles que l'une des parties contractantes vient de se donner, lois fondées sur un principe qui annulle tous les traités. Le décret du 14 janvier, par lequel l'assemblée nationale s'est constituée juge et partie dans cette affaire, n'est qu'une atteinte de plus portée par elle aux droits des nations.

Comment ceux qui s'occupent depuis six mois de préparatifs de guerre, dirigés contre les frontières des Pays-Bas Autrichiens et de l'Allemagne, peuvent-ils se plaindre des précautions modérées prises par la cour de Vienne pour la sûreté de ses provinces situées à plus de deux cents lieues du centre de ses possessions?

Ils prétendent que l'établissement d'un concert dont le premier but était de sauver le souverain légitime de la France, est une insulte faite à la souveraineté du peuple français, tandis qu'ils lancent eux-mêmes les invectives les plus atroces contre tous les souverains de l'Europe. Enfin, ils disputent à toutes les couronnes le droit de se mêler de leur nouvelle constitution, quand ils s'efforcent de renverser tous les gouvernements, en déployant sur l'Europe entière l'étendard de l'insurrection.

Le roi d'Hongrie et de Bohême se croit donc autorisé à réclamer le secours de toutes les puissances de l'Europe, dans une cause où l'honneur et la sûreté de tous les gouvernements sont compromis, et à traduire devant le tribunal de l'univers et de la postérité les auteurs d'une attaque aussi injuste. Puissent tous les maux, suites inévitables de cette guerre, retomber sur eux!

Il n'y avait que sept jours que le décret l'assemblée législative était sanctionné par le roi, que déjà les Français et les Autrichiens en étoient venus aux mains. Le 30 avril, à huit heures du soir, le gouvernement français reçut de Valenciennes les nouvelles suivantes :

La guerre ayant été déclarée au roi de Hongrie, le ministère français avait jugé convenable de faire entrer dans les Pays-Bas différents corps de troupes; l'un, composant une avant-garde d'environ dix mille hommes, aux ordres de M. le lieutenant-général de Biron, devait se présenter devant Mons pour essayer les dispositions des soldats autrichiens et des habitants du pays. Un corps de cavalerie de dix escadrons, commandé par M. Théobald Dillon, maréchal-de-camp, avait ordre de se porter en même temps sur Tournay. M. Carl devait se porter, avec un détachement de douze cents hommes, sur Furnes. L'objet de tous ces mouvements était de diviser les forces de l'ennemi. Valenciennes était le lieu du rassemblement des troupes que M. le maréchal de Rochambeau devait tirer des garnisons, afin de soutenir en seconde ligne le corps de M. Biron.

La malheureuse catastrophe arrivée à M. Dillon ayant fait rentrer son corps de cavalerie à Lille, a rompu l'ensemble de ces dispositions.

M. de Biron, parti de Valenciennes le 28 au matin, s'est emparé le soir de Quiévrain, a délogé successivement tous les Autrichiens des postes qu'ils occupaient entre Quiévrain et Mons, et est arrivé le soir du 29 à quelque distance de cette ville. Alors il a découvert sur les hauteurs l'armée autrichienne, qui avait pris une position avantageuse, et qui paraissait bien plus considérable qu'on n'avait dû l'attendre. Ces circonstances lui ont fait juger que l'ennemi avait été prévenu assez à temps pour prendre des mesures défensives. Néanmoins, M. de Biron a passé la nuit du 29 au 30 en présence de l'ennemi. Il ne manqua pas le soir même de prévenir M. de Rochambeau de sa situation. Son armée semblait être dans les meilleures dispositions possibles. Tout-à-coup il fut informé qu'une partie du régiment de la Reine s'était retiré; il se met seul à sa poursuite; il le ramène, et trouve à son retour son armée dans une très-grande agitation. Ces fuyards avaient répandu, en partant, que le général était passé chez l'ennemi. Le désordre que cette fausse nouvelle avait généralement jeté dans l'armée, n'échappa pas aux troupes autrichiennes : elles attaquèrent, et quoique M. de Biron ne pût parvenir à rétablir entièrement l'ordre, il fit sa retraite avec tant d'intelligence et de fermeté, que, poursuivi pendant plus de quatre lieues, il fut impossible à l'ennemi de l'entamer. Alors il résolut de reprendre la position qu'il avait la veille au-dessus de Quiévrain : déjà ce poste était occupé de nouveau par les Autrichiens. A l'aide d'un seul bataillon, le général en chassa les hullans et s'y établit : pour le garder, il lui fallait un renfort; il courut lui-même chercher un second bataillon et deux pièces de canon; mais alors, soit que des méprises occasionnées par des nuages de pous-

sière, et qui avaient déterminé quelques-uns de nos
corps à tirer les uns sur les autres, tandis que des
partis de hullans les fusillaient en tout sens; soit
que le reste de l'armée qui avait été placé dans les
bois pour y reprendre haleine, se trouvait épuisé
par la fatigue et par la faim, il fut impossible au
général de réussir dans son projet : alors toutes nos
troupes se replièrent sur Valenciennes.

On ne peut dire encore combien nous avons
perdu de monde; il est cependant probable que la
perte des ennemis a été plus considérable que la
nôtre. Le second bataillon des volontaires nationaux
de Paris et les hussards d'Esterhazi ont particulièrement été funestes aux hullans. Ces deux corps, par
leur ardeur, leur fermeté, leur courage, et surtout
leur discipline, ont donné à notre armée un grand
exemple, qui, s'il avait pu être suivi par le reste
de nos troupes, et notamment par le 5e et le 6e régiment de dragons, aurait assuré le succès de l'expédition. On a sauvé la plus grande partie des équipages et de l'artillerie.

M. le maréchal de Rochambeau, pour assurer la
rentrée, s'était avancé avec trois régiments sur les
hauteurs du moulin et sous le canon de la place. Il
y était encore à huit heures du soir, tirant sur quelques partis isolés d'Autrichiens, qui rôdaient dans
la plaine. M. de Biron n'est revenu à Valenciennes
qu'après le dernier de ses soldats. Il s'est transporté
à la municipalité, pour assurer que la ville ne cou-

rait aucun danger. Il y a reçu les témoignages de l'estime et de l'affection des citoyens et des soldats.

Aussitôt que le ministre de la guerre eut reçu cette fâcheuse nouvelle, il se rendit à l'assemblée législative pour lui donner lecture des dépêches que les généraux lui avaient adressées.

*Le ministre de la guerre.* Un détachement de la garnison de Lille en est sorti le 28 au soir, pour se porter vers Tournay. Ce détachement a rencontré les ennemis environ à trois lieues hors de la ville ; et voici la triste issue du combat, tel que le compte en est rendu dans la lettre de M. Chaumont, adjudant général, à M. Rochambeau.

*Copie de la lettre de M. Chaumont, adjudant général, datée de Lille, le 27 avril 1792, à onze heures du matin.*

Les troupes de M. Dillon chassées dans Lille, dans la déroute la plus horrible, la moitié des hommes et des chevaux morts et blessés sur la route, de fatigue et de coups. M. Daumont monte à cheval pour rassembler ce qui reste des seconds bataillons et la garde nationale, pour empêcher que l'ennemi ne poursuive jusque sur la place d'armes ; on crie à la trahison ; je suis victime de ces indignes calomnies.

*Pour copie, le maréchal* ROCHAMBEAU.

Le rapport verbal d'un officier envoyé à M. Rochambeau, évalue la perte de 260 à 300 hommes tués ou blessés. Tel est le fâcheux événement que les ennemis de la constitution ne manqueront pas d'exagérer : cependant, il est du nombre de ceux auxquels nous devons nous attendre ; car la guerre n'est qu'une suite de revers et de succès ; et c'est dans les moments de revers où le courage doit le plus se développer : mais il est des malheurs qu'on peut prévoir, dont le danger est éminent, et dont les conséquences seraient de désorganiser la force, si l'assemblée, par les mesures les plus fermes, ne se hâtait d'y remédier.

Il paraît que M. Théobald Dillon, maréchal de camp, qui s'était jusqu'à ce moment montré aussi zélé pour le service qu'attaché au maintien de la constitution, a trouvé la mort près de la ville qui devait protéger sa retraite, et qu'il a péri de la main des hommes pour lesquels et avec lesquels il venait de combattre. (L'Assemblée frémit d'indignation.) Ce cruel événement m'est connu par la note de l'adjudant général que j'avais envoyé auprès de M. le maréchal Rochambeau, et par la lettre de M. Daumont à ce général, dont voici les copies.

Paris, 30 avril 1792.

J'adresse au ministre de la guerrre la copie d'une lettre que M. le maréchal de Rochambeau a reçue de M. Daumont, aujourd'hui à une heure du matin, au momment de mon départ, ses dépêches fermées.

Cette lettre a été apportée par un officier du régiment des chasseurs de Languedoc, qui a eu les plus grandes peines à sortir de Lille, et qui a ajouté verbalement que M. Théobald Dillon, maréchal de camp, avait été massacré dans une grange où l'insurrection, manifestée pendant la déroute des troupes, l'avait forcé de se sauver; que M. Chaumont, son aide de camp, frère de l'adjudant général; que M. Berthois, officier du génie, un curé et quelques chasseurs tyroliens, avaient été pendus à Lille; (L'indignation de l'assemblé est manifestée par un mouvement plus violent que le premier.) qu'au moment de son départ l'insurrection était encore très-forte.

Les plus grands éloges sont donnés aux chasseurs, ci-devant Languedoc, tant pendant l'affaire que pendant l'insurrection.

*L'adjudant général de l'armée.*

*Copie de la lettre de M. Daumont à M. le maréchal Rochambeau, reçue à Valenciennes, le 30 avril, à une heure du matin.*

M. le maréchal, M. Chaumont vous a déjà rendu compte de l'événement malheureux de ce matin; tout est ici dans la fermentation la plus cruelle; je fais tous mes efforts pour rétablir le calme, puissé-je être assez heureux pour y réussir! M. Berthois est mort. Nous n'avons pas encore l'aperçu net de la perte réelle, tant en hommes qu'en chevaux. Les bataillons et escadrons sont si fatigués, qu'il est impossible qu'ils partent demain, ni après peut-être, pour vous rejoindre. Envoyez-moi, M. le maréchal, des ordres qui puissent fixer ma conduite. Si mes forces et mes lumières égalaient mon patrio-tisme, je pourrais peut-être etre utile; mais mal-heureusement le zèle ne suffit pas dans un pareil moment. Je suis avec respect, etc.

J'apprends que Dillon est mort.

Pour copie conforme à la lettre qui m'a été com-muniquée par M. le maréchal Rochambeau.

*Signé*, ALEX. BERTHIER.


De tels excès d'atrocités priveraient la nation de l'usage de tous ses moyens militaires, si l'assemblée nationale ne se hâtait de mettre sous la sauve-garde de la loi, de la manière la plus formelle, les géné-raux et officiers qui commandent les troupes; si dès cet instant elle n'instituait auprès des armées des moyens de justice plus prompts que les jurys tels qu'ils sont établis; si, par une loi que la circons-tance de la guerre exige, la peine de mort n'était pas appliquée à toute insubordination, de quelque manière qu'elle se manifeste; car le salut de la patrie tient à la discipline la plus exacte : que cette peine soit prononcée contre tout citoyen qui, dans une ville de guerre ou autre poste militaire, sans y être autorisé par aucune voie légale, usera de voies de fait contre les généraux et autres officiers employés, et que dans cette circonstance l'application de la peine au délit soit faite par les juges militaires.

S'il est une seule nation dans le monde où le nom de liberté ait été connu, et où de telles lois n'aient pas existé, cherchons d'autres moyens. Mais, si la plus grande rigueur dans les lois militaires s'est toujours montrée au sein des nations les plus libres ; si c'est même au sein des nations les plus libres que cette rigueur est nécessaire, je crois que nous ne devons plus hésiter ; n'attendons pas que le malheur renouvèle ces terribles leçons ; et ne croyons pas, dans ces moments de danger, pouvoir faire plus pour conserver notre liberté naissante, que n'ont fait les peuples qui ont les premiers appris aux hommes que les mots *gouvernement* et *liberté* n'étaient point opposés, et qu'il appartenait au génie de les unir pour le bonheur public.

Cependant l'armée s'était repliée sur Valenciennes ; les vivres qui lui étaient destinés n'étaient point arrivés à temps ; un des bataillons des gardes nationales, commandé pour l'attaque, avait manqué d'armes et de munitions. Toutes ces circonstances réunies avaient excité une fermentation alarmante. C'est dans cet état de choses que les municipaux de la ville de Valenciennes écrivirent la lettre suivante :

Valenciennes, 30 avril 1792.

« Nous ne pouvons vous rendre la position cri-

tique et alarmante où se trouve notre ville. L'armée
a dû subitement se replier sous nos murs, et prendre logement et nourriture chez nos concitoyens,
se trouvant tellement harassée de fatigue, qu'il lui
fut impossible de se rendre au camp d'observation
à une lieue de la ville du côté de l'intérieur : notre
courage, notre dévouement à la chose publique
nous a soutenus dans ce moment de crise ; il est des
faits que nous ne pouvons vous dissimuler ; c'est
que les vivres et les munitions ne se trouvaient pas
à leur destination, c'est que les bataillons des gardes
nationaux soldés, destinés à attaquer, se trouvaient
sans fusils, au moins la plus grande partie sans être
en état. Il devient de la plus grande importance que
notre armée soit promptement refortifiée ; qu'il soit
donné, dans la partie des vivres et subsistances
militaires, les ordres les plus précis pour que le
service s'en fasse avec la plus entière exactitude.
Valenciennes étant la première ville frontière, il
importe qu'elle soit soutenue et environnée d'une
force imposante. Nous n'osons entrer dans le détail
de tous les faits qu'on nous rapporte, les dires, les
mécontentements de l'armée, tant des troupes de
ligne que des gardes nationaux volontaires, privés
de nourriture pendant deux ou trois jours, et les
défiances qui en sont résultées, les murmures que
nous entendons de toute part, exigeraient une
grande étendue, et nous ne pouvons apprécier la
vérité de tout cela. Nous vous conjurons, Mes-

sieurs, de vouloir bien envisager si ce ne serait pas
le moment de décréter et exécuter l'envoi des commissaires civils de l'assemblée nationale, pour se
concerter plus particulièrement avec les chefs de
l'armée, et pour s'assurer des troupes.

Vous voudrez bien, Messieurs, excuser le désordre de notre lettre et la précipitation avec laquelle
nous vous l'adressons, de concert avec les membres
composant le directoire du district, qui sont encore
ici assemblés avec nous, et qui ont également résisté
aux fatigues et aux assauts de cette journée. »

*Les membres, officiers municipaux et mem-*
*bres du directoire du district de Valenciennes.*

Les évènements de Lille et de Mons avaient jeté la consternation dans tous les esprits : pour relever les courages
abattus, le gouvernement publia la proclamation suivante :

### Sur les événements de Lille et de Mons.

Paris, 2 mai 1792.

Français, vous vouliez la guerre, et vous aviez
raison. Vous vous seriez flattés vainement sans cela,
d'établir entre vous et les despotes étrangers, les
rapports qui conviènent à une nation libre ; sans
cela vous ne pouviez leur donner une idée juste et
de vos dispositions irrévocables, et du généreux
enthousiasme qui vous anime, et des forces nouvelles que le doux nom de patrie, admis enfin dans
votre langue, communique à chacun de vous ; sans

cela les espérances de vos ennemis, alimentées de vos propres divisions, soudoyées de vos propres richesses, encouragées par votre indulgence ou par vos fautes, auraient continué de vous fatiguer, de vous épuiser, peut-être de vous rabaisser à vos propres yeux pendant une longue suite d'années; et le règne des lois, affaibli par les outrages de nos voisins, combattu dans l'intérieur par toutes les résistances ouvertes ou cachées de l'intérêt et de l'orgueil, n'aurait pu s'établir qu'après la lutte la plus pénible, et peut-être que pour une race nouvelle.

Vous avez voulu la guerre, vous l'aurez; mais vous ne la devrez pas à la sage prévoyance des esprits pénétrants, aux vœux des bons citoyens; *vous la devrez aux fausses espéranoes dont les événements actuels repaissent vos ennemis.*

Rendez donc grâces à ces deux échecs qui vous assurent cette guerre si désirable, sans laquelle l'avenir ne vous montrait dans le lointain le ciel pur de la liberté, qu'à travers les orages de l'anarchie.

Ils ne parlent plus aujourd'hui de paix, ceux qui la trouvaient hier si indispensable, ceux dont la sollicitude hypocrite gémissait sur les trésors de l'Etat prodigués, sur son existence compromise; ceux enfin qui ne rougissaient pas d'invoquer, en faveur de l'Autriche, les lois de la morale, dont ils voyaient une violation manifeste dans le juste ressentiment que vous ont inspiré les hauteurs d'une famille insolente. Ils ne viendront plus ces courriers qu'on vous annonçait de Bruxelles et de Vienne, et qui devaient offrir de nouveaux traités à la nation. On ne sollicitera plus la *médiation* du roi d'Angleterre, pour vous enlever du moins une partie de vos victoires.

Non, le sort des armes décidera de votre sort; c'est surtout maintenant qu'il est tout entier dans nos mains. Français, rendez grâces au génie de la révolution, à cette providence particulière qui veille sur votre destinée, à ce concours admirable de circonstances qui a formé votre sagesse de l'imprudence de vos adversaires, et couvert vos erreurs de leurs fautes multipliées.

Sans doute vous sentirez aujourd'hui que l'union, la concorde, le respect pour les lois, la déférence pour leurs organes ou leurs agents, peuvent seuls conserver l'intégrité de vos forces, et vous fournir les moyens de les déployer.

L'armée sentira que sans discipline, sans accord, sans obéissance aux chefs, les corps les plus redoutables sont balayés comme la poussière devant leurs ennemis; que les soupçons vagues de trahison sont l'arme la plus redoutable des traîtres; que des exécutions atroces dénotent encore plus de lâcheté que de fureur.

Le peuple ne se laissera plus agiter en tout sens par ces forcenés démagogues, qui, d'une main vénale et souillée, viènent dans les sociétés patriotiques secouer le flambeau de la discorde et flétrir de leurs impostures les incorruptibles et sages gardiens de la liberté.

Enfin, ces sociétés, aujourd'hui plus nécessaires que jamais à son maintien, sentiront qu'elles en deviendraient le fléau par leurs dissensions cruelles, et feront elles-même justice de ces coupables agitateurs, les plus dangereux et les plus vils de nos ennemis.

Réunis sous les mêmes étendards, ralliés autour de vos saintes lois, Français! vous serez invincibles : vos revers même l'attestent. Ce ne sont pas les Autrichiens qui vous ont vaincus; c'est vous qui vous êtes livrés à leurs coups, sans défense; c'est vous qui leur avez donné le signal d'une trompeuse victoire. Français! vous la leur ferez, sans doute, payer cher. Songez que vous n'êtes pas seulement les dépositaires de notre propre bonheur, de celui de vos enfants; mais que vous défendez la cause de l'humanité toute entière, de toutes les races futures. Le passage de l'homme sur la terre est si court! mais il vit dans le passé par le sentiment des vertus et des belles actions dont la mémoire lui est transmise : il s'associe à l'avenir par les travaux utiles, par les grands exemples qu'il laisse après lui, et les bénédictions des âges éternisent en quelque sorte sa fugitive existence.

Une lettre du général Biron, communiquée le même jour à l'assemblée législative par le ministre de la guerre, acheva de rendre le calme aux esprits agités. Cette lettre donne un détail très-circonstancié de l'affaire, telle qu'elle s'est passée.

Le ministre de la guerre :

M. LE PRÉSIDENT,

Il est enfin arrivé ce matin une dépêche de Valenciennes. Les pertes que nous avons faites sont moins considérables qu'on l'avait d'abord annoncé à l'assemblée, quoique le désordre ait été très-grand. Voici la lettre de M. de Biron, datée de Valenciennes, du 2 mai :

J'ai l'honneur de vous rendre compte qu'en conséquence des ordres que vous m'aviez adressés de la part du roi, j'ai été occuper le 28 avril Quiévrechain, près Quiévrain, avec la division dont je joins ici l'état. Je me suis emparé le 29 du village de Quiévrain, sans obstacle; j'y ai laissé un bataillon de gardes nationales, et j'ai marché vers Mons sur trois colonnes; celle à droite passant par Quiévrechain, et devant me joindre vers Ornu; celle de gauche passant par Crépin, et devant se rallier à moi vers Ornu. Je suis arrivé jusqu'à Boussu sans rien rencontrer, que quelques voyageurs, qui m'ont annoncé un grand mouvement de troupes autrichiennes. L'avant-garde des husssards a été fusillée et chargée par des houlans et des chasseurs tyroliens, dans le bout du village de Boussu; quelques hussards ont été tués; et M. Cassanove, lieutenant-colonel du régiment d'hussards, ayant eu son cheval tué, a été pris. J'ai dispersé les houlans par quelques coups de canon, et j'ai continué à marcher. J'en ai trouvé un corps plus considérable en avant de la barrière d'Ornn, appuyé par un corps de chasseurs qui m'a long-temps fusillé, et que j'ai fait taire à coups de canon. J'ai pu voir clairement que les hauteurs en avant de Mons étaient occupées par un corps de troupes fort considérable, et que celle de Berteaumont, par laquelle je devais attaquer Mons, me paraissait retranchée et garnie de batteries.

Cette position, du plus grand avantage, est très-facile à défendre par des troupes fraîches contre des troupes fatiguées; et ne trouvant pas dans les miennes, exténuées par la chaleur, toute la force indispensable pour une pareille attaque, je crus devoir les laisser reposer, et attendre quelques nouvelles positives de Mons, que j'avais droit d'espérer. L'ennemi, que je pouvais juger beaucoup plus nombreux que moi, faisait des manœuvres qui annonçaient l'intention de tourner ma droite : je m'occupai de la garder et de la rendre très-forte par beaucoup de détachements avantageusement postés. Je pris une position, et M. Berthier, adjudant-général, jugea, comme moi, que celle des Autrichiens était inattaquable; que je ne pouvais le risquer, sans compromettre entièrement tout le corps qui était à mes ordres. Mais il pensa comme moi, que je pouvais attendre sans danger des nouvelles du corps français dirigé sur Tournai. Vers cinq heures du soir, les ennemis attaquèrent un poste de ma droite au village de Vannes, gardé par quatre compagnies de grenadiers et un piquet de cavalerie. M. Gigault, capitaine au 49° régiment d'infanterie, manœuvra avec tant d'intelligence et de fermeté, qu'il repoussa vigoureusement les Autrichiens avec perte de dix ou douze hommes, et n'eut lui qu'un seul blessé. Quelques-uns de mes postes fusillaient continuellement avec les chasseurs tyroliens; je ne perdais personne; de temps en temps je leur tuais du monde à coups de canon. Je reçus alors information par M. le maréchal Rochambeau de la défaite du corps français envoyé vers Tournai, et je pensai me retirer sur-le-champ. Je ne pus exécuter ce dessein, les troupes étant épuisées de fatigues et de besoins.

On n'avait pu empêcher les soldats harrassés par la chaleur, de jeter presque tout leur pain. Les chevaux de troupes et d'artillerie n'avaient point de fourrage. Je n'avais pas été joint par le détachement de l'hôpital ambulant qui m'avait été destiné : je voyais les dangers incalculables d'une retraite de nuit, tentée par des troupes épuisées devant des troupes fraîches. Je me déterminai donc à donner quelques heures de repos aux miennes, et à chercher les moyens de faire manger les hommes et les chevaux. Vers les dix heures du soir, je vis les 5° et 6° régiments de dragons monter à cheval sans que j'en eusse donné l'ordre, et se porter avec précipitation vers la gauche du camp, où ils se mirent en bataille et immédiatement en colonne; j'arrivai à toutes jambes pour demander ce qui occasionnait un mouvement si bizarre, et je fus emmené par cette colonne que je cherchais à arrêter, et qui s'en allait au grand trot, en criant : *Nous sommes trahis!* je fis plus d'une lieue avec elle sans parvenir à m'en faire obéir. J'y réussis enfin ; je la reformai dans une plaine entre Boussu et Ornn ; je lui fis honte de cette honteuse démarche ; et à trente ou quarante dragons près, je ramenai le reste au camp. M. Dampierre avait contenu la plus grande partie de son régiment (le 5e de dragons). Les fuyards arrivèrent jusqu'à Valenciennes, en criant toujours qu'ils avaient été trahis, et que j'avais déserté à Mons. Je n'ai pu pénétrer le criminel mystère de cette alarme ; j'ai su seulement, sans savoir qui, que l'on avait fait monter les dragons à cheval, en répandant qu'un gros corps de cavalerie était dans le camp. Le 30, au point du jour, je commençai ma retraite, et je donnai le commandement de mon arrière-garde à M. Rochambeau ; maréchal-de-camp, et à M. Froissy, colonel au 3e régiment de hussards, sous ses ordres.

Je ne puis donner trop d'éloges à la conduite ferme et intelligente de M. Rochambeau, et je trouve quelque consolation à déclarer publiquement que je lui dois, ainsi qu'à M. de Froissy, le bonheur d'avoir fait ma retraite jusqu'à Quiévrain, sans avoir été entamé le moins du monde. J'arrivai à Quiévrain avec la tête de l'arrière-garde, et j'y trouvai M. Fleu-

ry, maréchal-de-camp, que M. le maréchal Rochambeau y avait envoyé au-devant de moi ; je l'y laissai,
et fus mener l'armée à son ancien camp de Quiévrechain : elle n'y était pas encore toute entière,
que le bataillon de gardes nationales qui gardait
Quiévrain, en fut dépossédé par les hullans, qui
vinrent tirer des coups de pistolets jusque sur le
front du camp. Les troupes commencèrent alors,
dans le plus grand désordre, une fusillade qui n'a-
vait point d'objet, les hullans s'étant promptement
retirés, mais qui fut très-difficile à arrêter.

M. Fleury fit marcher le 68ᵉ régiment pour s'emparer de Quiévrain; mais, malgré l'intrépidité de ce
général, dont le cheval fut tué, criblé de coups de
fusil, et qui fut blessé lui-même, il ne put y parvenir. Le désordre augmentait dans la ligne, et le
soldat, hors d'état de combattre, voulait retourner à
Valenciennes. Je crus que le seul moyen de ne pas
perdre le camp était d'attaquer Quiévrain une seconde fois, et de le garder à quelque prix que ce
fût. J'y menai moi-même le 49ᵉ régiment d'infanterie, qui, après des prodiges de valeur, se rendit
maître de Quiévrain et en chassa les ennemis; mais
il lui fallait du secours pour s'y maintenir. J'avais
droit alors de croire que je pourrais conserver le
camp et que nous n'aurions pas la douleur de l'a-
bandonner à l'ennemi, et je me hâtai d'aller chercher deux bataillons d'infanterie pour les mener à
Quiévrain; mais je les trouvai tellement épuisés de

fatigue, qu'il me fut impossible de les ramener, et je retournai rechercher à Quiévrain le brave 49ᵉ régiment avec lequel je rentrai après toute l'armée. On pouvait craindre à Valenciennes ce qui était arrivé à Lille. J'ai cru devoir employer le reste de mes forces pour éviter de si grands malheurs, et ne pas devoir me dérober à la justice ou à la fureur du peuple ou du soldat, dont toute la colère se portait sur les officiers-généraux.

Je fus seul droit à l'hôtel-de-ville, me réunir aux corps administratifs, pour maintenir l'ordre, ce que l'on pouvait difficilement espérer. Je reçus des marques d'estime consolantes des habitants; et, quoique avec beaucoup de peine je fus encore écouté par le soldat. Il était d'une extrême importance de déblayer Valenciennes de la quantité de troupes qui s'y étaient réfugiées, dont quelques-unes ne voulaient pas sortir. Nous y avons réussi et tout est tranquille. Les ennemis ont perdu, par les coups de fusil, plus de monde que nous; mais nous en avons perdu morts de faim et de fatigue.

J'ai appris en rentrant que M. le maréchal de Rochambeau s'était porté, avec quelques escadrons, sur les hauteurs de Sainte-Sauve, près Valenciennes, pour favoriser notre retraite, et qu'il avait établi son quartier-général à Sainte-Sauve. J'ai été y prendre ses ordres; il m'a chargé du déblayement de Valenciennes, et n'a pas désapprouvé ce que j'avais fait pour le commencer.

Le camp a été pillé par les hullans; nos effets de campement perdus et nos équipages. J'entrerai sous peu de jours dans de plus grands détails; je resterai près de M. Rochambeau tant qu'il me jugera utile; je n'ai rien à me reprocher; je ne crois pas que personne attaque ma conduite; si elle excitait le plus léger soupçon d'un tort, je demanderais avec instance d'être jugé par une cour martiale, et dans tous les cas, je ne puis plus continuer à servir que comme soldat, tant que ma patrie sera en danger.

J'aurai l'honneur de vous donner de plus grands détails sur nos pertes que je ne connais pas encore bien. Je dois observer que j'ai trouvé le pays entièrement déclaré contre nous, pas un patriote ne nous a donné de nouvelles, pas un ne nous a joints; pas un déserteur ne nous est arrivé : nos malheurs ne doivent pas m'empêcher de rendre justice à la valeur et à l'intelligence de M. Beauharnais, dont l'infatigable activité m'a été fort utile; je dois rendre aussi les comptes les plus avantageux de MM. Froissac et Pontavice, adjudants-généraux, ainsi que de MM. Preissa et Levasseur, mes aides-de-camps; ce dernier est blessé d'un coup de feu à la jambe. M. Dubuch, officier d'artillerie, de la plus grande distinction, a été légèrement blessé au bras.

Je ne connais point de bataillon de grenadiers plus brave, plus ferme, plus soumis aux ordres qu'on lui donne, que le 2ᵉ du département de Paris.

Je désirerais avoir mis plus d'ordre dans le compte que je vous rends, mais je suis épuisé de fatigues et de chagrins, et c'est tout ce que je peux.

MM. Chartres et Montpensier ont marché avec moi comme volontaires, et ont essuyé, pour la première fois, beaucoup de coups de fusils de la manière la plus brillante et la plus tranquille.

*Signé*, le lieutenant-général BIRON.

Le ministre de la guerre, après avoir achevé la lecture de cette lettre, ajoute :

Maintenant, M. le président, j'observerai combien il est important que les revers que nous venons d'éprouver tournent à l'avantage de l'armée. Puissent ces revers être les seuls qui fassent sentir à tous les citoyens qu'il n'existe pas une armée sans discipline, et qu'il n'existera jamais de discipline là où les officiers pourront être impunément insultés, où la méfiance, les soupçons et les calomnies viendront les assaillir sans cesse ! Je renouvèle ma demande sur les lois militaires, et sur la protection que la loi doit accorder aux généraux, même dans les évènements les plus désastreux, contre les fureurs et les égarements d'une portion du peuple.

Lorsque, sur le vœu de la nation, sur des motifs de plaintes qui, chaque jour, excitaient davantage son ressentiment, le roi se décida à proposer la guerre, toute l'assemblée se leva, et montra, par

son unanimité, combien elle était forte pour soutenir la liberté.

La guerre une fois déclarée, le premier plan de
campagne était nécessairement lié aux rapports politiques. Le ministre des affaires étrangères porta au
conseil des projets d'instruction pour les généraux.
On ne traita point la question de guerre offensive
ou défensive; car en y réfléchissant, il paraît évident qu'une guerre, dont le théâtre est déployé sur
une grande frontière, doit toujours être en même
temps l'une et l'autre, suivant les localités et suivant les circonstances. Plusieurs motifs développés
dans le rapport du ministre des affaires étrangères,
devaient déterminer à entrer en Brabant. Ces motifs
étaient :

1° Pour éloigner la guerre d'une frontière qui
n'est qu'à cinquante lieues de Paris.

2° Pour prévenir le rassemblement des forces
ennemies, et agir avant qu'elles fussent augmen-
tées en nombre, avant qu'elles eussent leurs approvisionnements et leurs préparatifs de campagne.

Ce qu'il y aurait de plus fâcheux dans le mauvais
succès de cette opération, c'est qu'elle produisît
le découragement; mais ce ne serait encore qu'un
sentiment momentané, et bientôt la nation repre-
nant toute son énergie, sentirait qu'un premier
échec peut nous affliger, mais non pas influer sur
les destinées d'un peuple libre.

3° Pour seconder l'ardeur de nos troupes qui ne demandent qu'à attaquer.

4° Enfin, pour profiter des dispositions du pays, que différents rapports, et une opinion répandue parmi les citoyens les plus patriotes, faisaient croire disposé à nous seconder, et à éloigner de nos frontières les troupes qui nous ont forcés à des armements si considérables.

Ce fut principalement d'après des espérances fondées sur des relations locales et individuelles dans le Brabant, que les ministres adoptèrent à l'unanimité au conseil, le projet d'instruction pour les généraux. En effet, quoique nos troupes manquassent encore de quelques objets qui devaient leur arriver, et qu'elles ont maintenant, on pouvait penser que des mouvements de quelques lieues pour se transporter d'une ville dans une autre, n'exigeaient pas tout l'ensemble des préparatifs de campagne; on pouvait penser aussi que le manque de discipline qui, pour une guerre en règle, serait la perte d'une armée, n'était pas un obstacle qui dût nous arrêter; car, dans la supposition du mécontentement des habitants, la discipline qui aurait été la plus exacte se serait nécessairement relâchée. La même réflexion s'appliquait au peu d'instruction des troupes et au peu d'expérience d'une partie des généraux, puisqu'il n'était pas question d'une guerre méthodique. Les opérations proposées par le ministre des affaires étrangères étaient aussi dictées par les rapports politiques, pour l'armée de M. Luckner, et elles ne portaient nécessairement que sur la défensive, puisque cette partie de la frontière avoisine des états avec lesquels nous ne sommes pas en guerre.

M. Lafayette, dont nous n'avons encore aucune nouvelle, a dû conduire une partie de son armée sur Givet; et ses mouvements pour attaquer Namur étaient concertés avec ceux de M. Rochambeau. Les dispositions des habitants sont entrées aussi pour beaucoup dans les espérances de succès.

M. Dillon, dans le détachement duquel on a mis le même désordre que dans celui de M. Biron, et par les mêmes moyens dont l'horrible succès l'a rendu la malheureuse victime, M. Dillon n'avait dû faire sur Tournai qu'une fausse attaque; il ne devait point avoir d'infanterie, et ses instructions portaient de ne point se compromettre. Il a été vraisemblablement forcé de s'en écarter, en prenant des bataillons qui ne prévoyaient pas le danger de leur zèle inconsidéré, ou qui peut-être étaient excités par ces mêmes hommes apostés par l'ennemi pour crier à la trahison, et jeter le détachement dans le plus grand désordre.

Le lecteur sera sans doute curieux de voir de quelle manière les généraux autrichiens de leur côté rendirent compte de la même affaire. Voilà le rapport du général comte d'Happoncourt au maréchal de Bender, daté de Tournay, le 29 avril.

Ayant été informé que l'ennemi, après avoir fait

replier nos avant-postes placés à Marquin, avait passé vers les 6 heures du matin nos frontières d'au-delà d'une demie-lieue, et avançait à grands pas, j'ai envoyé à sa rencontre un bataillon de Clerfayt, deux divisions de d'Alton, et une division du régiment de ligne, infanterie, avec deux divisions de Latour, chevaux-légers.

La colonne ennemie, plus nombreuse en cavalerie qu'en infanterie, et venant de Lille, était au nombre d'au-delà de trois mille hommes.

Le colonel baron de Vogelsang, de Clerfayt, avec le major de Retz du régiment d'Alton, qui commandait notre infanterie, et le colonel Pfortzheim avec le lieutenant-colonel de Roe, à la tête de la cavalerie, précédés par les chasseurs, se rapprochèrent de l'ennemi, et, ayant conduit leur troupe de manière à le prendre en flanc, ils se trouvèrent dans une position très-avantageuse. Les nôtres tirèrent aux environs douze coups de canon; et l'armée ennemie, avant que notre infanterie ait pu faire une seule décharge, et avant que la cavalerie ait été assez avancée pour l'atteindre, prit la fuite. On la poursuivit dans le plus grand ordre et tambour battant jusqu'aux frontières. Les Français abandonnèrent dans leur retraite ou plutôt dans leur fuite, beaucoup de bagages, des provisions, des fourrages, différents attirails de guerre et quatre pièces de canon. On trouva sur le champ qu'ils avaient abandonné deux dragons et plusieurs chevaux de tués, et une quarantaine de leurs soldats de différents régiments ont été faits prisonniers.

Nous n'avons eu ni tués, ni blessés, ni égarés, et les trois chasseurs qui, tout au commencement, ont été faits prisonniers par les dragons ennemis, et que, par leur retraite précipitée, ils ont été obligés d'abandonner, sont revenus sous leur drapeau.

Tout le bagage, les attirails de guerre, le pain, les fourrages et environ dix chevaux ont été distribués aux soldats et aux paysans.

J'entre dans ce moment-ci en ville avec la troupe; et tout est parfaitement tranquille.

Je ne saurais assez me louer de l'ordre et de la prudence avec laquelle les officiers, tant de l'état major que les autres, et en général toute la troupe ont exécuté les manœuvres et opérations; et leur contenance et conduite font honneur aux troupes autrichiennes.

Les paysans, ainsi que les habitants de la ville, ont témoigné à notre entrée leur joie et allégresse, en criant : *Vivent les troupes autrichiennes*!

Je suis bien charmé de pouvoir annoncer au commandant général une affaire dont le succès a répondu à mon attente.

Pendant que ceci se passait du côté de Tournay, le corps d'armée, venu de Valenciennes, entra par Quiévrain et marcha sur Boussu, d'où notre piquet de chasseurs se replia en combattant vers Jemmappe, village derrière lequel le général Beaulieu avait

posté la droite des troupes avec lesquelles il était
sorti de Mons à la rencontre de l'ennemi.

### Rapport du lieutenant-général baron de Beau-lieu à Monsieur le maréchal de Bender, du 29 avril.

Aujourd'hui 29, vers les 6 heures du matin,
l'ennemi venant de Quiévrain et de Quiévrechain,
se présenta d'abord en plusieurs colonnes, tant
d'infanterie que de cavalerie, et s'étendit en forme
de demi-lune autour de mon front. Je n'avais qu'environ dix-huit cents hommes d'infanterie, et quatorze à quinze cents hommes de cavalerie, avec dix
pièces de canon, la plupart de trois livres de balle,
ainsi j'étais fort inférieur en nombre à l'ennemi,
mais la position de mon front me rassurait, et surtout la bonne volonté que me témoignèrent MM.
les officiers et les soldats.

Les Français commencèrent leur attaque sur
Boussu; on les laissa faire : je fis retirer mes postes
avancés, trop éloigné pour les soutenir; d'ailleurs,
le terrain ne vaut pas celui que j'occupe. Après que
toutes les dispositions furent faites, j'attendis tranquillement l'ennemi; mais il n'arriva point; car,
lorsqu'il eut dépassé Boussu, et qu'il voulut se former pour avancer, nos braves chasseurs de le Loup
l'arrêtèrent partout où il voulait avancer. Ces chasseurs s'étaient glissés dans le village de Quaregnon,

qui présente un ravin le long de mon front avec des maisons et des broussailles, et les troupes françaises eurent beau tirer plus de quatre-vingts coups de canon pour les déloger, rien ne put leur faire quitter leur poste. Toute cette affaire s'est passée entre le village de Quaregnon et Jemmappe à notre droite, et Frameries devant notre gauche.

Les ennemis n'ayant pu percer de ce côté là, essayèrent alors de tourner vers notre gauche, qui n'est qu'une plaine avec un petit bois justement placé dans le coin de l'équerre de notre front. Ils se présentèrent sur cette gauche en foule ; mais, ayant aperçu la cavalerie que j'avais placée sur ce flanc, il se bornèrent à faire quelques manœuvres à plus de trois mille pas de distance de nous, et ils se retirèrent enfin invisiblement vers Boussu et vers le bois de Boussu, où cependant ils restèrent en vue. Je n'ai pas voulu les poursuivre parce que més forces n'étaient pas suffisantes pour entreprendre cette poursuite.

Nos chasseurs tuèrent vingt ennemis sur la place, entre autres deux canonniers. Le cheval d'un lieu-tenant-colonel des hussards français fut tué, et le lieutenant colonel fut blessé et fait prisonnier, et vraisemblablent plusieurs blessés.

Les Français étaient au nombre de onze, douze ou treize mille hommes : on verra maintenant qu'ils ont été partout les agresseurs.

L'ennemi qui n'avait pas poussé plus loin ce jour

là, se remit en mouvement le 30, à la pointe du jour, pour attaquer M. Beaulieu, tandis que celui-ci, qui venait d'être renforcé de deux bataillons, avait fait avancer de son côté une partie de troupes. Il s'engagea un combat de courte durée, dont les circonstances les plus essentielles se trouvent énoncées dans le rapport ci-joint de ce brave général, et qui se termine par la déroute du corps français, qui, dès les onze heures du matin, avait déjà repassé nos frontières pour se replier sur Valenciennes.

*Rapport du lieutenant-général de Beaulieu, au maréchal baron de Bender, en date du 30 avril, du moulin à vent de Boussu.*

JE vous envoie mon adjudant Reichel, témoin des événements d'aujourd'hui 30 avril. Le matin, à trois heures, l'ennemi attaqua la droite de mon corps d'armée au village de Jemmappe. Le capitaine des chasseurs Thierri m'avertit en même temps que l'ennemi marchait aussi vers Frameries, où ce capitaine était avec ses chasseurs. Je me rendis donc d'abord au flanc de ma gauche, et je vis en effet une forte colonne française : plusieurs pelotons de cavalerie la précédaient. Je pris mon parti au même moment : il m'était arrivé un secours de deux bataillons Sztaray, de deux canons de six livres et de deux obusiers. Je formai donc d'abord le flanc dont j'ai

parlé hier, qui regardait Frameriès, des grenadiers
de Briey, du bataillon colonel, à la tête desquels
était le major de Sztaray, de trois escadrons de
Cobourg, à la tête desquels était le colonel Fischer,
et de trois escadrons d'hulans, à la tête desquels
étaient les majors de Kirner et de Wodziezk : environ deux cents chevaliers français étaient venus
aussi se placer à quelque distance de nous; en
outre j'avais pris un obusier et une pièce de six
livres de réserve; avec cela je marchai subitement à
la colonne française: cette colonne se replia d'abord;
j'ordonnai alors au capitaine des chasseurs Thierri
de quitter Frameries, d'avancer et de forcer le
village de Paturage, où il y avait une quantité d'infanterie française, et où je le soutiendrais; ce qu'il
fit. A mesure que mon aile gauche se portait vers le
village de Paturage, les Français qui, ayant remar-
qué que je les prenais par-là en flanc et au dos,
tandis qu'ils tiraient encore leur canon de Quaregnon sur ma droite, qui était à Jemmappe, firent
partir d'abord tout leur canon à un nombre très-
considérable (car ils voulaient prendre Mons); ils
firent prendre l'avance à cette artillerie, tandis que je
continuai de marcher à eux, et le capitaine Thierri
avançant toujours dans le village, et poussant devant
lui, avec ses chasseurs; tout ce qui s'y trouvait
enfin de Français se sauva.

Je formai alors une avant-garde pour les poursuivre, dont je donnai le commandement au colonel

Fischer, et je les suivis avec un bataillon des grenadiers de Briey, deux divisions de Murray et avec
un nombre considérable de cavalerie ; je fis avancer
en même temps quelques troupes que j'avais dans ma
position à Jemmappe et aux Houllières pour me mettre assez en force et pour ne pas laisser perdre mes
avantages ; je pris trois pièces de canon des ennemis
et plusieurs prisonniers : l'armée française commandée par M. de Biron prit la fuite. Cinq canons
français de quatre livres sont ici auprès de moi,
beaucoup de prisonniers, et nous pouvons avoir tué
plus de deux cent cinquante Français. Ma troupe
est animée, prête à marcher partout où je la conduirai, avec un courage étonnant, et je ne puis
assez louer les officiers et soldats que j'ai eus sous
mes ordres en cette journée.

Dans la séance du lendemain (vendredi 4 mai 1792), le
ministre des affaires étrangères fit connaître à l'assemblée
l'état des mouvements de l'armée : ce rapport est nécessaire
pour l'intelligence des opérations militaires qui se prépa-
raient. C'est une espèce de résumé des instructions que les
généraux avaient reçues, et de la manière dont elles étaient
exécutées.

La guerre a été déclarée le 20 avril dernier, à
l'époque où les négociations ont été rompues de la
manière la plus positive par la cour de Vienne.
L'honneur de la France exigeait cette déclaration,
et la nation entière l'a approuvée. Dès-lors le conseil du roi a cru pouvoir diminuer les calamités de

la guerre, en accélérant l'attaque des provinces ouvertes, où l'amour de la liberté pouvait nous donner des frères. Nous pouvions, en quinze jours,
mettre soixante lieues entre notre pays et le théâtre
de la guerre : dès-lors il n'y avait pas un moment à
perdre. Les points d'attaque étaient peu éloignés,
et la retraite facile, en cas de non succès : en cas
de succès, au contraire, nous trouvions chez l'ennemi tous les approvisionnements nécessaires. Le
conseil ne s'est point dissimulé l'insubordination
produite dans la troupe par la méfiance des soldats
et l'inexpérience dans les officiers de remplacement ;
mais il a compté sur le courage des Français, qui
doit triompher de tous les obstacles. Les premiers
échecs ne diminuent point cette opinion ; les fautes
qu'ils ont faites et les suites qu'elles ont eues, servi-
ront de leçon. Il y a des crimes commis dont les
punitions serviraient d'exemple : c'est ainsi que nous
tirerons parti de nos revers. Si nous sommes forcés
d'abandonner un plan rapide, nous espérons que le
plan méthodique que nous y substituerons, ne re-
tardera que de peu de temps nos succès. La constance doit être la première des vertus d'un peuple
libre. Il est important d'entrer dans des détails sur
la conduite du conseil, attaqué dans un journal imprimé à Valenciennes. On a publié que le conseil
avait donné directement des ordres à des officiers
généraux, sans en instruire M. le maréchal Rochambeau ; et, depuis cette époque, ce général ne com-

munique plus qu'avec le roi. Je vais rendre compte à l'assemblée du plan du conseil.

Le maréchal Luckner a eu ordre de s'emparer de sa droite des dangereux défilés de Porentruy, qui ouvraient une entrée facile dans plusieurs de nos départements, dégagés de places fortes, et par sa gauche, de former sur la Sarre un camp de huit mille hommes, commandé par M. Kellermann, pour tenir en échec Luxembourg, tourner sur cette ville importante les inquiétudes des Autrichiens, et les empêcher de se dégarnir dans cette partie pour aller renforcer les Pays-Bas. M. Lafayette a eu ordre d'assembler à Longwy un corps de six mille hommes de la partie de son armée qui avoisine Metz, et de se porter sur Arlon, pour menacer aussi Luxembourg, et couper la communication entre Namur et cette ville.

M. Lafayette a eu ordre de rassembler au plutôt le reste de son armée, et de se porter sur Givet, d'où il partirait le 1ᵉʳ ou le 2 de mai au plus tard pour attaquer Namur, et s'il l'emportait, comme cela était probable, en supposant qu'il y eût une insurrection dans le pays, de prendre une position avantageuse sur la Meuse. M. Rochambeau avait ordre de confier à M. Biron une avant-garde de dix mille hommes pour se porter rapidement sur Mons; et, en cas de succès, marcher avec la même rapidité sur Bruxelles, où il devait se trouver, par le calcul des marches, à l'époque de l'attaque de Namur; ces deux villes se trouvant sur la même ligne. La consternation qu'aurait produite sa marche aurait assuré le succès de Namur, et aurait mis M. Lafayette dans le cas de ne plus trouver d'obstacle dans ses opérations ultérieures. M. Rochambeau a reçu copie des ordres de M. Biron et de ceux de M. Daumont, commandant à Lille. Ceux-ci ont été envoyés directement. Ceux de M. Elbecq, commandant à Dunkerque, ont passé par M. le maréchal Rochambeau. On a pris cette précaution pour accélérer l'expédition, et pour qu'il n'y eût pas de temps perdu.

Les ordres donnés à M. Daumont ont été de rassembler neuf ou dix escadrons de cavalerie ou de dragons, et de les faire marcher en avant sur le territoire autrichien, le même jour que M. Biron occuperait le camp de Quiévrain. L'objet de la marche de cette troupe était d'attirer l'attention de l'ennemi, et de lui faire croire que c'était un des points de débouché de l'armée française, afin que la nombreuse garnison de Tournai ne marchât point au secours de Mons. On avait exprès décidé que ce détachement serait entièrement composé de cavalerie, et ne se compromettrait pas. Sa retraite devait être plus légère, en cas que la garnison de Tournai marchât contre lui, lorsqu'il serait débarrassé de l'infanterie et de l'artillerie qui pourraient embarrasser sa retraite.

M. Elbecq avait ordre de porter un corps de douze

cents hommes sur Furnes, pour inspirer la même terreur au gouvernement de Bruxelles et la même perplexité aux généraux autrichiens. Son mouvement avait en outre un autre objet; c'était de sonder les dispositions de l'ennemi dans plusieurs provinces à la fois, et d'étendre partout celles de l'insurrection qui étaient apparentes, d'après divers détails dont on ne doutait pas.

Tout ce plan, ainsi concerté, a été exécuté avec la plus grande exactitude par les différents généraux. M. Rochambeau lui-même, quoiqu'entièrement opposé à ce plan, en a arrangé tous les détails avec un zèle très-louable; et c'est un mérite de plus pour ce général. Je ne vous retracerai point les détails des revers qui ont accompagné l'exécution de ce plan dans la seule armée du Nord. Ils sont affligeants, mais ils ne peuvent point décourager quatre millions d'hommes libres armés pour la défense de leur patrie.

Le ministre de la guerre vous a demandé 1° une loi qui écarte des officiers généraux l'opprobre et la mort; 2° que des commissaires soient nommés pour vérifier les crimes commis à Lille, et les traits de lâcheté dont les soldats auraient pu se rendre coupables devant Mons et Tournai. Il est aussi nécessaire de lever soixante mille hommes de volontaires nationaux, pour remplacer ceux qui sont aujourd'hui dans l'armée : on ferait camper ces troupes dans l'intérieur du royaume pour les discipliner et les instruire dans la tactique. Nous voyons avec une grande joie que les gardes nationales ont déployé les plus grandes vertus guerrières, et que la liberté ne peut périr avec de tels défenseurs. Mais, dans ce moment d'orage, il est surtout nécessaire de ramener la confiance et la paix : c'est le but des sociétés patriotiques, dont le zèle intrépide a fondé notre liberté. Il serait douloureux que les tribunes de ces sociétés, au lieu d'encourager les défenseurs de la patrie, devinssent les foyers des soupçons, des délations sans preuves, et souvent des calomnies. L'assemblée nationale jugera, dans sa prudence, qu'elle doit s'occuper essentiellement de cet objet important. Il me reste à vous annoncer que le roi a cru devoir accorder la demande de M. Rochambeau, en lui accordant un congé illimité pour soigner sa santé. Le maréchal Luckner va le remplacer; et bientôt on jugera de tous les avantages que doivent nous donner son activité et ses talents supérieurs.

L'avis de ce général est pour la guerre offensive. Voici ce qu'il écrivait le 24 avril :

« Je ne doute pas, Monsieur, que M. Grave ne concoure, ainsi que vous, à la justice de mes demandes, à la nécessité d'y satisfaire, et de quitter ce rôle défensif, aussi ruineux que peu assorti au caractère du Français et aux vrais intérêts nationaux. »

Telle est l'autorité qui a déterminé les plans du conseil du Roi.

M. Dumourier lit alors la copie d'une lettre écrite au roi par M. Rochambeau, en date du 29 avril. En voici la substance :

S I R E ,

« Je suis fâché d'annoncer à votre majesté le peu de succès des avant-gardes que j'ai été forcé, par ordre de ses ministres, et l'instruction qui l'accompagnait, délibérée unanimement au conseil, de faire marcher, dès le 29 de ce mois, dans le territoire du roi de Hongrie. La différence des deux instructions ci-jointes, l'une du 17 avril, que j'avais reçue avant mon départ, et apportée avec moi ; l'autre du 22, qui m'est venue ici trente-six heures après mon arrivée, prouvera à votre majesté toute la précipitation et le décousu de cette mesure. Je n'ai pu qu'obéir à des ordres absolus, et j'ai du moins le mérite, ainsi que ceux qui m'ont secondé, comme votre majesté le verra dans le détail de mon journal, d'avoir franchi tous les obstacles que cette ouverture de campagne, quinze jours plutôt qu'elle n'avait été réglée, présentait dans tous les détails de l'administration.

(Ici M. Rochambeau rend compte au roi de l'exécution des ordres directs et instructions envoyées par ses ministres aux chefs des trois corps qui devaient agir : il raconte les faits et les évènements qui ont été le résultat des opérations de MM. Dillon et

Biron, n'ayant pas eu de nouvelles de M. Elbecq, envoyé à Furnes.)

M. Dumourier, pour preuve que les ordres ont été adressés à M. Rochambeau, lit une note ainsi conçue !

« Au reçu de la présente, M. Rochambeau fera passer les instructions ci-jointes, et rassembler les troupes. »

M. Dumourier continue :

« Je garde la minute des lettres ministérielles, plus pressantes les unes que les autres, de celles particulièrement du ministre des affaires étrangères : elles prouveront que mes représentations n'ont pas été écoutées, et que, quelques nouvelles que j'aie pu donner sur ce que je ne voyais aucune disposition de la part des troupes à passer de notre côté, on a cru de préférence devoir ajouter foi aux lettres qui leur ont été distribuées. M. Biron, qui depuis deux jours est en présence, n'a vu encore aucun émigrant ni déserteur brabançon.

Il résulte, Sire, de toutes ces mesures échouées, que si vos ministres, et celui des affaires étrangères particulièrement, veulent jouer toutes les pièces de l'échiquier, et que je ne doive rester qu'une pièce passive, contrarié et obligé de jouer tous les coups d'une partie dont votre majesté m'a donné la conduite, je supplie votre majesté d'accepter ma démission, et de me permettre d'aller continuer les remèdes et le soin de ma santé, et de rester dans les environs de cette ville, d'où je puisse, au premier instant d'une place menacée, aller me jeter dedans, et en défendre les palissades jusqu'à la mort, contre les ennemis de l'Etat.

» Je suis, etc. »

Le ministre lit la seconde lettre de M. Rochambeau. Elle est ainsi conçue :

SIRE,

« Je prie votre majesté de vouloir bien faire imprimer la lettre que j'ai eu l'honneur de lui écrire ; je crois cette publicité indispensable pour le service de l'Etat et de votre majesté qui sont inséparables. Je suis, etc. »

Dans le *post-scriptum* de cette lettre, M. Rochambeau rend compte de la retraite de M. Biron, et des moyens qu'il a pris pour la protéger. Il ajoute . « Je n'ai rien vu de pareil à ce que je vois, et j'espère que votre majesté me dispensera de le voir long-temps. Toutes ces scènes feront perdre la confiance : on ne parle plus que de trahison. Quant à la discipline, il n'en est plus question dans ce moment de crise. A la vérité, la troupe a eu beaucoup à souffrir ; mais je dois laisser à Biron le récit de ces malheureux détails. J'ai perdu, Sire, par ce complot infernal, la confiance de l'armée : votre majesté sait si j'ai mérité de la perdre ; tous les généraux qui sont ici sont dans le même cas. »

ROCHAMBEAU.

Le général Lafayette adressait en même temps au gouvernement la lettre suivante :

## Au ministre de la guerre.

Givet, 2 mai 1792, l'an 4 de la liberté.

Depuis mon départ de Metz, Monsieur, vous avez recu mes demandes ; je vous dois un compte général de mes mouvements. Les nouvelles instructions du conseil m'arrivèrent par l'aide-de-camp de M. Dumourier, le 24 au soir : ce changement de lieu et d'époque nécessita des efforts d'autant plus difficiles, que nous manquions de beaucoup de moyens, et qu'il fallait transporter à cinquante-six lieues ceux que nous avions. Le 25 fut employé à tenir prêtes trente-huit pièces de canon, qui, grâces à l'activité de M. Rissau, le furent dans vingt-quatre heures. Pendant ce temps, on réunit les chevaux indispensables, pour lesquels le zèle des corps administratifs, de la municipalité et des citoyens de la ville et des environs, suppléèrent à nos besoins : nous nous procurâmes également des souliers et autres objets nécessaires.

Le 26, je fis partir, sous les ordres de M. Narbonne, maréchal de camp, l'artillerie, avec trois compagnies et demie du régiment d'Auxonne, deux compagnies et demie des volontaires de la Moselle ; le 9ᵉ bataillon d'infanterie légère, les secondes compagnies de grenadiers des 17ᵉ et 71ᵉ régiments,

auxquelles se joignirent à Damvilliers celle du 99ᵉ
et celle du second bataillon des Ardennes ; le 3ᵉ
régiment de chasseurs à cheval partit aussi par une
plus longue route ; le 2ᵉ régiment de hussards à
Mouzon, le 2ᵉ de dragons à Verdun, et le 12ᵉ à
Stenay ; le 55 ᵉd'infanterie à Montmédy, et successivement toutes les troupes les moins éloignées
de Givet, reçurent ordre de s'y rendre avec célérité. Vous m'aviez mandé, Monsieur, d'être le 30 à
Givet ; et la crainte de manquer à ce rendez-vous,
sur lequel M. le maréchal de Rochambeau avait calculé ses mouvements, m'y fit porter par des marches forcées. Il paraîtra extraordinaire que le convoi
d'artillerie, et les troupes aux ordres de M. Narbonne, aient fait une route de cinquante-six lieues,
souvent mauvaise, sur laquelle on n'avait pas eu le
temps de prévoir leur passage, et par une chaleur
excessive, dans le court espace de cinq jours.

Il fallait la réunion de tous les moyens personnels de cet officier général, du zèle de ses coopéra-
teurs, et de l'ardeur des troupes, pour avoir pu arriver le 30. Le reste des troupes a été également
exact au rendez-vous, et leurs fatigues ainsi que
leurs privations n'ont paru affliger que moi. Il en est
de même de notre situation au camp de Rancennes,
où nous manquons de beaucoup d'objets nécessaires, et où personne ne se plaint. Le 29 au matin,
nos patrouilles ont poussé celles des ennemis. Le
50, M. Lallemand, colonel, avec le 11ᵐᵉ régiment

des chasseurs à cheval, s'est porté à Bouvines, à moitié chemin de Namur, où deux ou trois hussards autrichiens ont été tués et quatre pris. Le premier mai, M. Gouvion, maréchal de camp, a pris poste à Bouvines, avec une avant-garde de trois mille hommes.

La veille au soir, j'avais appris que M. le maréchal Rochambeau, que M. Dillon et M. Biron se repliaient. J'ai reçu depuis une lettre de M. Biron, m'annonçant sa rentrée à Valenciennes, et celle où vous m'apprenez les atrocités commises à Lille. L'infâme conduite qu'on a tenue envers les prisonniers de guerre, exige une vengeance exemplaire : ce n'est pas l'ennemi qui la demande, c'est l'armée française. L'indignation que nous avons tous éprouvée m'autorise à dire que de braves soldats répugneraient trop à combattre, si le sort de leurs ennemis vaincus devait être livré à de lâches cannibales. D'après les nouvelles de l'armée du Nord, j'ai attendu au camp de Rancennes les objets d'indispensable nécessité dont nous manquons encore, soit pour faire mouvoir les troupes, soit pour leur conservation. Mon avant-garde est toujours à Bouvines.

M. Delaunoy, que j'ai l'avantage d'avoir à la tête de mon état-major, la partie de cet état-major qui a rejoint l'armée, et M. Peliat, commissaire principal, m'ont rendu les plus grands services dans le travail précipité que les instructions arrivées le 24 ont nécessité, non-seulement pour le corps que je

commande en personne, mais pour la totalité de
mon armée. Les citoyens se sont partout empressés
à seconder l'ardeur des troupes.

Cependant le gouvernement général des Pays-Bas publiait de son côté une proclamation en forme de manifeste.
Elle était ainsi conçue :

*Marie-Christine, etc. Albert-Casimir, etc. lieu-
tenants, gouverneurs et capitaines-généraux
des Pays-Bas, etc.*

Les factieux qui depuis quatre ans déchirent le
royaume de France, viènent de porter le roi très-
chrétien à sanctionner une déclaration de guerre
contre sa majesté apostolique notre très-honoré sei-
gneur et neveu : les premières hostilités semblent
se diriger contre ces provinces ; et les ennemis de
tout ordre et de tout pouvoir, qui méditent une
agression si injuste, fondent leur espoir sur l'esprit
de parti qui s'est malheureusement propagé pendant les derniers troubles.

Nous allons employer tous nos soins à la défense
des provinces dont le gouvernement nous est confié, nous reposant avec confiance dans la protection
du dieu des armées, qui se plaît à répandre les
effets merveilleux de sa toute-puissance sur ceux
qu'anime un saint respect pour ses lois et pour les
autorités constituées par lui sur la terre pour le
gouvernement des sociétés humaines.

Nous nous flattons qu'un même esprit animera toutes les classes de citoyens, pour les faire veiller au maintien de la tranquillité interne et à la conservation des propriétés, tandis que nous porterons sur la frontière une partie des troupes de sa majesté couvertes de gloire et couronnées par la victoire sous les deux derniers règnes, en attendant que le concert établi entre plusieurs grandes puissances viène opposer une digue au torrent des sinistres desseins qui menacent de bouleverser l'Europe.

Nous devons aux fidèles sujets de S. M. de les informer de tout ce que nous avons fait depuis un an, pour conserver la paix avec la France, et de les avertir de la somme incalculable de calamités, dont l'ennemi se propose de propager le fléau, sous le voile séducteur des biens d'une liberté chimérique qu'une secte impie de novateurs, se disant philosophes, présente au vulgaire crédule, comme un résultat infaillible de leurs plans insensés. Ce n'est point aux princes de la terre qu'ils veulent faire la guerre, c'est à la religion de nos pères, au régime social, au bonheur et aux consolations qui en sont les fruits. Ayant plongé, par l'effet même de leurs absurdes systèmes, leur patrie dans tous les maux de l'anarchie; jaloux de la félicité des peuples qui jouissent encore des biens de l'ordre social, ils ont enfanté, pour le soutenir, le projet cruel de leur faire partager le même délire, de leur inoculer leurs erreurs, et avec elles tous les fléaux qui désolent aujourd'hui le royaume de France.

Depuis un an ils n'ont cherché que des prétextes à l'agression qu'ils méditaient; ayant chassé du sein de la France, à force de persécutions, tous les citoyens attachés à la religion de l'état et aux prérogatives consacrées jusque-là par la loi fondamentale du royaume, ils ont voulu les priver, sur la terre entière, des douceurs de l'hospitalité que les hommes se doivent entr'eux : nous avons employé tous nos soins à ne pas donner lieu aux plus légers prétextes de mécontentement, ne voulant nous immiscer en aucune manière dans ce qui concerne le régime politique des états voisins; nous avons empêché qu'il ne se tramât, même qu'il ne s'écrivît rien dans ces provinces contre la constitution qui venait d'être donnée au royaume de France; et, pour prix de notre attention à maintenir les lois du bon voisinage, on a recueilli sur nos frontières une horde vagabonde de factieux, méditant les plus noirs complots; on a disséminé dans ces provinces les plus pernicieux écrits contre la religion, contre l'autorité constitutionnelle du souverain : ces écrits n'étaient que la divulgation de discours tenus au milieu des sociétés autorisées, où on a érigé plus d'une fois en vertus les plus exécrables forfaits pour flatter les passions criminelles de ceux qu'on se proposait d'attacher à un système qui fera, dans l'histoire de ce siècle, la honte de la génération présente : toutes nos représentations ont été vaines; et, tandis que nous accueillions ici avec la plus grande attention les réclamations qui nous venaient sur des armements qui n'existaient pas, sur de prétendues vexations exercées contre des Français, on s'est porté à des excès très-multipliés contre des sujets de S. M. et sur son territoire; et nous n'avons jamais obtenu sur tant d'objets de plaintes, que des promesses de satisfaction dont aucune n'a été suivie du moindre effet; et, lorsque de notre côté nous avons fait exercer une surveillance devenue nécessaire sur les émissaires qu'on se vantait de détacher dans le sein de ces provinces pour les exciter au soulèvement et à tous les genres de désordre, on s'est recrié sur ces précautions, comme s'il s'était agi d'attentats redoublés contre la sûreté et la liberté des voyageurs français; et cependant, d'un autre côté, on applaudissait aux mesures que nous prescrivions pour gêner et restreindre les rassemblements des malheureux gentilshommes français émigrés du royaume, pour les réduire aux termes les plus stricts de la plus simple hospitalité, pour prévenir jusqu'à la possibilité qu'ils ne s'armassent, ou ne se formassent en corps militaires.

Ces mesures, dont aujourd'hui la France semble avoir perdu le souvenir, étaient citées aux princes de l'empire, comme un modèle de direction à suivre dans leurs états, et dont l'exigence despotique des agents du gouvernement français témoignait vouloir bien se contenter.

Nous nous abstiendrions de relever tous les malheurs sous lesquels gémit la France; nous laisserions au temps le soin de lever le voile des prestiges qu'une foule d'écrivains insidieux s'appliquent à perpétuer par leurs dangereux écrits, si, au moment de l'agression qu'on médite contre ces provinces, on ne se préparait à y repandre le poison d'une illusion séduisante sur les prétendus avantages du nouveau régime français, afin de le faire goûter à la partie du public qu'on parviendrait à égarer; mais il faut que les peuples confiés à notre gouvernement soient prévenus et instruits que le royaume de France gémit, sous le nom de la liberté, dans le plus honteux esclavage de tous les vices, de toutes les passions les plus effrénées, et d'une anarchie sans exemple; qu'il n'existe plus ni droits ni propriétés; que la religion sainte que nous professons y est ouvertement foulée aux pieds; que les autels sont profanés, leurs vrais ministres dépouillés, maltraités, persécutés jusque dans les asiles qu'ils ont choisis chez l'étranger, et remplacés par des intrus sans mission dans la hiérarchie de l'église; qu'on a été jusqu'à dépouiller les pasteurs du peuple des vêtements distinctifs qui devaient les faire reconnaître de leurs ouailles; que dans un code monstrueux on a exalté des droits dont l'homme social ne peut pas jouir, et auxquels il renonce tacitement pour son

bonheur, en naissant dans des associations civili-
sées; que sous ces droits chimériques on a entre-
pris d'écraser, renverser et confondre les véritables
droits, transmis sous la protection des lois fonda-
mentales du royaume, de génération en génération,
aux classes les plus révérées, auxquelles, sous tous
les rapports, la société française avait le plus d'obligation; qu'on a substitué le mot de propriété à la
chose, en dépouillant les propriétaires les plus so-
lennellement investis par le temps, par les lois, par
une constante possession, cent fois renouvelée et
reconnue par les vrais représentants de la nation; et
tout cela sous les couleurs trompeuses d'une égalité
de droits chimérique, nulle dans le fait, détruite
à l'instant même où elle pourrait exister, par cette
variété dont le créateur imprime le caractère aux
hommes dès le moment de leur naissance, en les
partageant d'une manière très-inégale en facultés
morales, dont la disproportion a toujours réglé,
réglera toujours l'ascendant du génie, de la force, de
la patience, de l'industrie, de l'économie, sur les
qualités opposées, avec tous les avantages qui peuvent en devenir le prix légitime et se transmettre
comme toute autre propriété.

Enfin, il faut que les fidèles sujets de S. M. sa-
chent que, tandis qu'on s'attache à exalter la prétendue gloire et prospérité du royaume de France,
naguères le plus florissant état de l'Europe, il n'y a
plus ni commerce, ni circulation de numéraire et de

denrées, ni force publique, ni justice, ni police,
et que les persécuteurs philosophiques de tout ce
qui n'est pas de leur secte, ne connaissent de bornes
dans les excès auxquels ils excitent le peuple, que
la satiété du crime. Et qui pourrait après cela être
assez aveugle ou insensé, pour donner la moindre
confiance aux promesses et aux assurances insidieuses
que font ces tyrans aux peuples qu'ils cherchent à
subjuguer, de respecter leurs propriétés, leur religion, leurs droits, leurs privilèges, leurs constitu-
tions, eux qui, depuis qu'ils ont envahi l'autorité et
la force publique en France, foulent aux pieds avec
une impudence et une audace inouies jusqu'à nos
jours, les traités publics les plus solennels, tous les
droits divins et humains, et tout ce qu'il y a de plus
sacré sur la terre; eux qui, dès l'instant qu'ils se seraient rendus maîtres d'une province, ne tarderaient
pas de s'emparer, comme ils l'ont fait chez eux, des
possessions du clergé et de la noblesse, et des for-
tunes de tous les citoyens?

Encore un fois, n'ayant jamais voulu ni cru pouvoir nous mêler du régime interne d'aucun état voisin, nous ne serions point entrés dans ces détails
affligeants sur des objets qui sont étrangers au gouvernement qui nous est confié; mais les écrits et les
émissaires français, et les actes même de la nouvelle législation de la France, tendent à généraliser
un système novateur bon ou mauvais pour le peuple
français, décidément pernicieux pour celui que

nous gouvernons, en ce qu'il est subversif de toute l'organisation politique tracée par une constitution qui lui est chère, que le souverain a promis de maintenir, et sur laquelle a reposé pendant des siècles le bonheur de la Belgique. Notre devoir était de prémunir le peuple sur les dangers imminents dont il est menacé : nous venons de lui exposer des vérités saillantes pour tous les esprits ; elles seront reconnues par tous les bons citoyens ; ils s'empresseront sans doute de faire tout ce qui est en eux, pour entretenir la paix et la tranquillité publique dans l'intérieur ; et nous ne pourrons que regarder et faire traiter comme ennemis de l'état tous ceux qui oseraient la troubler.

Fait à Bruxelles, le 29 avril 1792.

*Etaient signés*, MARIE, ALBERT. *Plus bas contresigné*, baron DE FELTZ.

Il parut aussi une proclamation du général Bender : elle n'était que confirmative de la précédente.

On a vu que le général Biron avait rendu un compte avantageux de la bonne conduite sur le champ de bataille du deuxième bataillon des gardes nationales de Paris. Le directoire du département écrivit à ce sujet au commandant de la garde parisienne la lettre qu'on va lire :

Paris, 5 mai 1792, l'an 4 de la liberté.

Le directoire du département, Monsieur, instruit par la lettre de M. de Biron, de la conduite du second bataillon des gardes nationales de Paris, a cru devoir adresser aux braves défenseurs de la patrie, l'hommage de la reconnaissance publique. Ce qui distingue leur courage et leur conduite, c'est le sentiment qui réunit tous les soldats citoyens de la garde nationale, soutien de la constitution. Armés par la loi, leur premier devoir est de lui obéir, et leur gloire s'accroît de leur respect pour elle. Ce courage que rien ne fatigue et n'effraie ; cette discipline exacte dont ils ont trouvé l'exemple au milieu de leurs camarades, ils l'ont porté dans les champs du combat, et la gloire en est la récompense. Nous avons pensé que nous leur devions, au nom du département, un témoignage éclatant de l'estime de tous les citoyens, et nous vous prions d'en faire part à toute la garde nationale.

Voici la lettre qu'il adressa en même temps aux officiers et volontaires du second bataillon de la garde nationale du département de Paris, en activité sur les frontières.

BRAVES CONCITOYENS,

Le compte rendu par M. de Biron nous a appris la conduite que vous avez tenue dans le combat du 29 du mois dernier : grâce à votre fermeté et à votre subordination, sans laquelle il n'est point de véritable valeur, nos adversaires ont trouvé un terme à leurs succès. Magistrats choisis par le peuple, nous lui servons d'organes pour vous adresser le tribut de reconnaissance et d'éloges qui vous est dû. Vous avez opposé aux ennemis de la liberté nationale cette intrépidité que vous opposiez aux intrigues des malveillants, et qui a assuré parmi nous la paix et la tranquillité. Vous avez couvert le bataillon des gardes nationales du département de Paris d'une gloire qui ne périra plus. Votre récompense sera l'estime et l'attachement de tous ceux à qui la patrie est chère ; et s'il est doux pour vous de les mériter, il est aussi doux pour nous de vous en donner un témoignage public, et d'y joindre l'expression du sentiment que nous inspire votre patriotisme.

Le général Lafayette qui avait fait faire au corps d'armée sous ses ordres le mouvement dont il a rendu compte au ministre de la guerre dans sa lettre imprimée, page 63, lui adressa la proclamation qu'on va lire, pendant qu'elle était en marche pour aller prendre position.

Le 1<sup>er</sup> mai 1792.

OLDATS DE LA PATRIE,

Le corps législatif et le roi ont, au nom du peuple français, déclaré la guerre.... Puisque la patrie, par les organes constitutionnels de sa volonté, nous appèle à sa défense, quel citoyen peut lui refuser son bras ?

Au moment où les premiers nous remplissons ce serment, qui fut, par la nation armée, prononcé sur l'autel de la fédération, je viens vous exposer mes intentions et vous rappeler mes principes.

Convaincu par l'expérience d'une vie dévouée à

la liberté, qu'elle ne se conserve que parmi les citoyens soumis aux lois, comme elle ne se défend
qu'avec des troupes subordonnées, j'ai servi le
peuple sans le flatter; et, dans ma constante lutte
contre la licence et l'anarchie, j'ai mérité l'honorable haine de tous les ambitieux, de toutes les
factions. Aujourd'hui que l'armée attend de moi,
non une pernicieuse complaisance, mais une discipline inflexible, c'est en remplissant rigoureuse-
ment ce devoir, que je justifierai l'affection qu'elle
m'accorde et l'estime qu'elle me doit.

Mais, lorsque je soumets des hommes libres à
l'impérieuse volonté d'un chef, il faut que nous
sentions tous, général, officiers, soldats, que dans
cette guerre, devenue un combat à mort entre nos
principes et les prétentions des despotes, il s'agit
des droits de chaque citoyen et du salut de tous;
il s'agit de la constitution que nous avons jurée,
de la cause sacrée de la liberté et de l'égalité; il
s'agit enfin de la souveraineté nationale sur laquelle
on ne pourrait transiger avec quelque combinaison
de forces et de dangers que ce pût être, sans trahir
non seulement le peuple français, mais l'humanité
entière.

Soldats de la liberté, il ne suffit pas, pour les
mériter, d'être braves. Soyez patients, infatiga-
bles : votre général doit prévoir, ordonner; et vous,
obéir. Soyez généreux, respectez l'ennemi désarmé:
des troupes qui feraient toujours quartier et n'en

récevraient jamais, seraient invincibles. Soyez désintéressés ; que l'idée honteuse du pillage ne viène jamais souiller la noblesse de nos motifs ; soyez humains, faites partout admirer nos sentiments et bénir nos lois ; soyez enfin, comme votre général, décidés à voir triompher la liberté, ou à ne pas lui survivre.

Soldats de la constitution, ne craignez pas qu'elle cesse de veiller pour vous quand vous combattez pour elle ; ne craignez pas, quand vous allez défendre la patrie, que les dissensions intestines troublent vos foyers ; sans doute le corps législatif et le roi s'uniront intimement dans cet instant décisif pour assurer l'empire de la loi. Les personnes et les propriétés seront respectées, la liberté civile et religieuse ne sera pas profanée, le citoyen paisible sera protégé, quelles que soient ses opinions ; le coupable puni, quel que soit son prétexte ; tous les partis seront dissipés, et la constitution dominera seule et sur les rebelles qui l'attaquent à force ouverte, et sur les traîtres qui, en la dénaturant par leurs viles passions, semblent avoir juré de la faire craindre au dedans, et méconnaître au dehors.

Oui, nous aurons ce prix de nos travaux et de notre sang : attestons-en avec confiance et les représentants élus du peuple, qui ont juré de ne pas plus transiger avec les devoirs de la constitution, que nous avec les dangers ; et son représentant héréditaire, ce roi citoyen, dont la constitution a inébranlablement fondé le trône ; et tous les autres dépositaires des autorités que la constitution a déléguées, tous sentiront que l'usage de cette autorité est un devoir pour ceux que la constitution en a revêtus, comme l'obéissance pour ceux qu'elle y a soumis, et qu'on transgresse les lois en ne faisant pas ce qu'elles prescrivent, comme en faisant ce qu'elles défendent. Attestons-en ces gardes nationales que la constitution naissante trouva réunies pour l'établir, que la constitution en péril trouvera toujours prêtes à la défendre, et dont le patriotisme rend bien glorieuses les calomnies qu'on partage avec elles.

Quant à nous, munis des armes que la liberté a consacrées, et de la déclaration des droits, marchons à l'ennemi. LAFAYETTE.

De leur côté, les membres de l'assemblée législative, qui avaient pris le titre de représentants du peuple français, adressaient cette autre proclamation aux citoyens armés pour la défense de la patrie.

Le sort de notre liberté, celui peut-être de la liberté du monde, est dans vos mains. Nous ne vous parlerons pas de notre confiance : elle est sans bornes, comme votre courage. Nous n'avons pas provoqué la guerre ; et quand le roi nous a proposé de venger enfin la dignité nationale outragée, nous résistions depuis long-temps au vœu exprimé par l'indignation générale des Français. Un peuple bon et libre prend les armes avec regret; mais il ne les prend point en vain : elles triomphent ou se brisent dans ses mains. Les tourments et la honte d'une éternelle servitude ne puniraient pas assez une nation qui laisserait échapper sa liberté après l'avoir conquise.

Et quel objet mérita plus d'exciter votre courage? Le temps est passé où les guerriers français, instruments dociles des volontés d'un seul, ne s'armaient que pour défendre les intérêts, les caprices ou les passions des rois. Aujourd'hui, c'est vous-mêmes, ce sont vos enfants, ce sont vos droits que vous défendez. Il faut vaincre, ou retourner sous l'empire de la gabelle, des aides, de la taille, de la dîme, de la milice, de la corvée, des priviléges féodaux, des emprisonnements arbitraires, de tous les genres d'impôts, d'oppression et de servitude. Votre bonheur particulier, le bonheur de tous ceux qui vous sont chers, est ainsi étroitement lié avec le salut de la patrie.

Mais on est indigne de la défendre sans la réunion des vertus au courage. Ces hommes que nous combattons aujourd'hui sont nos frères; demain, peut-être, ils seront nos amis. Intrépides dans les combats, fermes dans les revers, modestes après la victoire, généreux envers les prisonniers : tels sont les peuples libres. Et cependant des crimes ont été commis! Les lois puniront, dans leur juste sévérité, tous les outrages envers le droit des gens et le droit sacré de la nature. Des récompenses, au contraire, attendent les guerriers fidèles ; leurs noms obtiendront à jamais la reconnaissance et les hommages de tous les amis de la liberté ; et, s'ils meurent en combattant, leurs enfants seront les enfants de la patrie.

Quant à nous, inébranlables au milieu de tous les orages politiques, nous veillerons sur tous les complots, sur tous les ennemis de l'empire. Le monde verra si nous sommes les représentants d'un grand peuple, ou les sujets timides de quelques rois de l'Europe. Nous avons juré de ne capituler ni avec l'orgueil, ni avec la tyrannie ; nous tiendrons notre serment : *La mort, la mort ou la victoire, et l'égalité.*

Mais pour assurer la victoire, il faut que la discipline règle tous les mouvements du courage, et que jamais la défiance ne les suspende ou les égare. Point de triomphe sans l'obéissance absolue du soldat à l'officier, de l'officier au général, sans leur union constante et fraternelle. Les ennemis de la patrie savent bien que vous repousseriez avec horreur celui qui voudrait ébranler votre zèle civique, votre inaltérable fidélité ; mais c'est dans vos vertus même qu'ils cherchent les moyens de vous séduire. En affectant de partager votre patriotisme, ils mêlent à son expression, soit dans leurs discours, soit dans leurs écrits, l'insinuation adroite d'un sentiment, qui n'est d'abord qu'une inquiétude légère, et qui finit par être une défiance coupable. Ils ne vous parlent que de trahison et de perfidie. Observez attentivement ceux qui tiendront ce langage, et bientôt vous verrez qu'ils ne sont peut-être, de quelque nom qu'ils se couvrent, que les émissaires ou les écrivains soudoyés des ennemis de la liberté française.

Guerriers, voyez le 2ᵉ bataillon de Paris, le 6ᵈ régiment de chasseurs, ci-devant Languedoc, le 3ᵉ régiment de hussards, ci-devant Esterhazy, le 49ᵉ régiment d'infanterie, ci-devant Vintimille; car c'est parmi vous-mêmes que nous aimons à vous trouver des modèles; ils ont su se confier et obéir, et ils ont bien mérité de la patrie.

Sur ces entrefaites, le général Beauharnais obtenait un léger avantage sur l'ennemi. Voici comment il en rend compte au ministre de la guerre.

Jusqu'au 6 mai on s'est occupé à rassembler les troupes dans les cantonnements derrière la Ronelle, entre Valenciennes et le Quesnoy. Elles sont couvertes d'un cordon de hussards, dragons et chasseurs à cheval, avec de l'infanterie, aux ordres de M. Louis Noailles, qui protège tous les cantonnements, depuis la hauteur de Sainte-Sauve jusqu'à celle de Sebourg.

On a pris quelques hullans dans les fortes patrouilles qu'on fait sur eux, quand ils cherchent a nous approcher. Les tentes ayant été abandonnées au dernier camp, on en fait venir de Lille pour les remplacer : elles sont arrivées en partie. On ne tardera pas à faire camper les troupes, dont les esprits, qui avaient été égarés par des propos perfides et les plus noires calomnies, commencent à se remettre, et à reprendre toute la confiance qu'elles n'auraient jamais dû perdre une minute pour des généraux qui sont toujours à leur tête dans les postes les plus avancés et les plus près de l'ennemi.

Le 2 mai, dans l'après-midi, le poste avancé de Bétigny, près de Maubeuge, a été forcé de se replier sur cette ville. M. Tourville, colonel du 18e régiment d'infanterie, a envoyé le 3 mai, à sept heures du matin, à la poursuite des ennemis, qui étaient composés de hullans et de chasseurs, un détachement qui en a tué environ vingt, et en a fait un prisonnier, le reste s'est sauvé.

M. d'Harville, lieutenant-général, commande le camp retranché.

Des nouvelles postérieures indiquent que la perte de l'ennemi est plus considérable.

*Signé* ALEXANDRE BEAUHARNAIS.

Le maréchal de Rochambeau, qu'on accusait de n'avoir pas secondé de tous ses efforts le général Biron dans son entreprise sur Quiévrain, et de n'avoir pas couvert sa retraite, adressa à l'assemblée législative la lettre suivante :

« Je n'ai point refusé de correspondre avec le ministre pour l'exécution du plan d'ouverture de campagne qu'il s'était tracé; j'ai écrit plusieurs lettres au ministre des affaires étrangères; j'ai correspondu plusieurs fois aussi avec le ministre de la guerre. Mes lettres sont datées depuis le 24 du mois dernier jusqu'au 4 du courant inclusivement; j'en garde copie, ainsi que des réponses que j'ai reçues.

Le ministre a dit que j'avais été instruit de l'expédition qui avait été commandée à M. Biron. Il fallait bien que je le fusse pour lui remettre les forces qui m'étaient confiées, et que l'on mettait à sa disposition; mais je n'en ai été instruit que pour la transmission des forces qui m'était ordonnée.

On me reproche de n'être pas allé jusqu'à Quiévrain pour couvrir la retraite de M. Biron. Cette marche n'était pas prévue par le ministère, elle ne m'avait point été tracée; on n'avait laissé à ma disposition que trois régiments qui devaient arriver à Valenciennes pendant l'expédition de M. Biron. Je m'en suis servi avec huit pièces de canon que j'avais fait sortir de la place, et je me suis porté à la hauteur de Sainte-Sauve.

J'observe que le plan de l'expédition de M. Biron était publié dans toutes les feuilles qui inondent la capitale, avant que j'en fusse informé officiellement.

Il paraît que M. Luckner passera au commandement de l'armée du nord. Cet officier joint à beaucoup d'activité une vaste expérience; il a donné, dans la guerre d'Hanovre, des preuves de l'une et de l'autre. Son système d'opération est la guerre offensive. Moi, je crois que le système des camps retranchés serait le meilleur; mais ce système n'est pas celui du ministère.

J'ai cinquante ans de service. Mes travaux et l'âge m'ont laissé des infirmités; mes forces ne suffiraient plus aux détails de mon commandement; je le quitte, je ne cesserai cependant pas de me livrer au soutien de la constitution, etc.

A peine le génétal Biron fut-il instruit de l'intention qu'avait manifestée M. de Rochambeau de quitter le commandement de son armée, qu'il écrivit en ces termes au ministre de la guerre.

Mon honneur m'oblige à vous déclarer positivement que l'armée du Nord doit être considérée comme perdue, si M. le maréchal Rochambeau l'abandonne; qu'un très-grand nombre d'officiers distingués, ceux qui servent le plus utilement, sont invariablement déterminés à quitter l'armée, et qu'alors elle sera dans un tel état, qu'on peut la regarder comme détruite, si elle est attaquée. Je puis m'y faire tuer comme soldat; mais je puis moins qu'un autre me charger de l'extravagante responsabilité d'un commandement d'*intérim*, pendant lequel les plus désastreux événements doivent se passer. Je finirai la campagne sous les ordres de M. Rochambeau. J'ai fort à cœur de lui prouver encore une fois, que la manière dont mes généraux me traitent, n'influe nullement sur celle dont je sers, et qu'il s'est trompé en annonçant que nous avions perdu tous deux la confiance des troupes.

*Le lieutenant-général* Biron.

Le maréchal Luckner n'imagine pas de meilleur moyen d'animer ses troupes au combat, que de mettre à l'ordre du jour l'échec éprouvé par les Français devant Mons; il trouve un gage assuré de succès dans le besoin que vont éprouver les troupes de venger cet affront.

Voilà sa proclamation.

5 mai.

Le maréchel Luckner apprend à son armée et aux citoyens qui ont pris les armes pour la défense de la liberté, que deux détachements de l'armée du Nord ont été repoussés, l'un près de Mons, l'autre près de Tournay. — Le nombre des morts est d'environ cent cinquante hommes.

Le maréchal Luckner sait que ce défaut de succès ne peut qu'animer le courage des Français; il sait qu'ils sont dignes d'être libres, capables de lutter contre les revers; et que, par la constance et l'opiniâtreté qui distinguent les hommes généreux qui combattent pour leurs droits, ils sauront bien arracher la victoire aux soldats mercenaires de nos ennemis.

Quant à lui, son devoir, comme général et comme citoyen, est d'employer son expérience et son autorité pour instruire tous ceux qu'il commande des austères devoirs par lesquels seuls la victoire peut être achetée, de les guider dans leur instruction, de les habituer aux pénibles travaux de la guerre, et de leur apprendre à tous que ce n'est qu'en soumettant l'énergie qui les anime à la direction de leurs chefs, qu'ils pourront prendre et conserver l'ascendant qui appartient aux soldats de la liberté.

Luckner, *maréchal de France,*
*command. l'armée du Rhin.*

Chaque général rendait un compte détaillé de ses opérations. On voit le plan de campagne des armées françaises se développer successivement. Déjà l'armée sous les ordres du général Lafayette avait pris position. Voici de quelle manière ce général en instruisait le ministre de la guerre.

Givet, 6 mai.

Mes dépêches du 4 mai vous ont instruit, Monsieur, des marches du corps d'armée que vous avez dirigé sur Givet. Depuis cette époque, des nouvelles de Flandres, des pays étrangers, ma propre situation et vos lettres, m'ont confirmé dans l'intention de prendre position à Rancennes, et de n'avoir sur le territoire autrichien que des avant-gardes, dont l'une s'étend sur la rivière d'Alais, du côté de Luxembourg; l'autre, plus nombreuse, est encore à Bouvines. Une partie est en avant; elle tâche de se procurer des fourrages, qui sont extrêmement rares. J'ai visité moi-même cette partie du pays, et partout on a paru content de la conduite de mes troupes. Mais tout ce que l'on vous a dit sur les ressonrces que nous trouverions, a été singulièrement exagéré. Vous savez, Monsieur, que nous avons manqué de bien des objets nécessaires, et que nous sommes loin de les avoir complétés ; vous en avez le détail. Mais je dois ici rendre une justice publique au zèle avec lequel les troupes ont supporté des souffrances inattendues.

La deuxième division de mes troupes est cantonnée autour du Dun, en attendant qu'on ait réuni les moyens de campement et de transport. Le corps aux ordres de M. Riffe, près Longwy, a eu également beaucoup à souffrir : le poste était trop important à occuper, pour ne pas s'y exposer à toutes les privations. LAFAYETTE.

Une affaire avait eu lieu quatre jours auparavant sous les murs de Maubeuge.

Mercredi 2 mai, quatre cents houlans se présentèrent pour attaquer le poste de Bretigny, à une lieue de Maubeuge. Ce poste n'était composé que de trente hommes qui se sont repliés sur Maubeuge, en se battant toujours. Ils ont perdu trois hommes. Les houlans se répandent, pillent, mettent le feu aux chaumières. On voyait la flamme des remparts. On fit sortir le 3ᵉ régiment d'infanterie. On ne vit plus de houlans. Le lendemain quelques-uns reparurent : on fit sortir deux compagnies de chasseurs à pied, de trente hommes chacune, commandées par M. Peïcheux, lieutenant-colonel. Les soixante chasseurs, serrés, se forment en bataillon quarré. Ils avaient à faire à quatre cents houlans : il fallait avoir recours à un stratagème. Les chasseurs prènent tout-à-coup la fuite. Les hullans s'élancent sur eux; et nos chasseurs les laissent avancer, s'arrêtent subitement, se reforment et chargent l'ennemi. Les hullans veulent fuir; mais on les avait attirés dans les broussailles d'un bois, où ils restent embarrassés. Soixante furent enterrés sur-le-champ de bataille, et un seul fait prisonnier. On a pris vingt chevaux, avec des montres, des pistolets, des lances. Chaque chasseur a rapporté une veste ou un bonnet de hullan. Ces trophées sont suspendus aux murs de leurs quartiers.

M. Servan, ministre de la guerre, se rendit le 10 mai à la barre de l'assemblée nationale, et s'exprima en ces termes:

Appelé par le roi au ministère de la guerre, j'ai cru que, dans les circonstances actuelles, chacun devait se montrer dans le poste le plus pénible. J'ai accepté des fonctions dans lesquelles j'espère être encouragé par les représentants de la nation, et surtout par le roi et ses ministres. Je n'en sortirai que lorsque je serai convaincu que les forces ne suffisent pas à une constante volonté de faire le bien.

Je dois donner connaissance à l'assemblée nationale de l'arrivée de M. le maréchal Luckner. Ce général patriote, embrasé du désir ardent de défendre la patrie partout où elle est attaquée, n'a

pas hésité de quitter momentanément une armée
bien disciplinée, où il (est adoré, et des départements où il réunit toutes les confiances, pour voler
où le roi et les dangers l'appellent. Mais il a représenté qu'il croyait qu'il existait une mesure plus importante que celle de lui faire prendre le commandement de l'armée de Flandres. Cette mesure est
d'aller à Valenciennes ramener l'ordre et la confiance, et de faire tous ses efforts pour engager, s'il
le peut, le maréchal Rochambeau à accepter le
commandement, pour inviter aussi les officiers à
rester à leur poste, et pour rétablir entre les chefs
et les soldats cette confiance mutuelle qui est la
première force des armées; enfin, il a demandé à
servir comme aide de camp du maréchal Rochambeau. Lorsque l'union sera parfaitement rétablie, il
ira reprendre le commandement de son armée, qui
a donné tant de preuves de patriotisme par sa subordination et sa confiance dans son général. Les ministres du roi ont proposé à sa majesté d'adopter
cette mesure grande et magnanime; ils l'ont proposée avec d'autant plus d'empressement, qu'elle
sera une heureuse occasion de prouver combien ils
ont été étrangers à toutes les personnalités, de faire
voir qu'ils ne sont animés que du désir d'opérer le
salut public, et d'effacer les traces de toutes les
dissensions particulières quand il s'agit du bien
général; et ils n'ont pas douté que le bien général
ne fût dans la réunion de tous ceux qui ont les

moyens de bien servir la patrie...... M. le maréchal Luckner a en même temps demandé au roi d'être accompagné par M. Valence, comme aide de camp. Je dois ajouter que M. Luckner, parlant ce matin au roi, a dit que son armée était comme des *moutons* : c'est son expression, tant il est sûr de chacun des militaires qui la composent.

La défection de l'armée devant Mons tenait à des causes secrètes qu'il importait de connaître. L'assemblée législative avait chargé son comité militaire de lui présenter un rapport sur ce sujet. Voici de quelle manière le général Mathieu Dumas exposa les faits, et le projet de décret qu'il soumit à l'approbation de l'assemblée.

En décrétant la guerre, en confiant au sort des armes la destinée de cet empire, vous avez voulu assurer à jamais la liberté, le repos, l'honneur et l'indépendance de la nation française. Eh bien! nous n'obtiendrons ces avantages que par une obéissance dans les combats, aussi inébranlable que notre résolution de combattre. En vain chaque citoyen animé du patriotisme et du courage nécessaires pour faire triompher la cause de son pays, volerait-il aux frontières; en vain de nombreuses légions, de nouvelles armées sont-elles prêtes à suivre les premières.

Les combats ne sont plus individuels, et cet art terrible, soumis aux calculs, aux méditations les plus profondes, ce sont les efforts du courage. Non, ce n'est plus seulement au plus brave, c'est au soldat le plus obéissant que demeure la victoire. Depuis que les succès sont attachés aux talents des chefs ; depuis que le mélange et l'emploi des différentes armes a tellement compliqué la science de la guerre, qu'on ne doit pas espérer de commettre impunément une faute ; ce n'est pas sans doute à l'armée française qu'il faut rappeler que cette science fit la gloire de ses armes, et donna à l'Europe moderne, dans cette belle campagne, entre *Turenne* et *Montécuculli*, un modèle qui efface tous ceux de l'antiquité, et dans laquelle la plus grande élévation du génie servit encore l'humanité, au milieu des horreurs de la guerre ; car plus la confiance, dans les talents du général est établie, plus l'obéissance des troupes est sûre, et moins il faut répandre de sang, parce qu'alors seulement la discipline supplée au nombre.

C'est ainsi que se sont formées ces armées célèbres ; c'est ainsi que le grand Frédéric a reculé les limites de la science de la guerre, en perfectionnant ses éléments ; mais c'est dans les corps particuliers qu'il faut chercher le succès de cet ensemble imposant. Un régiment n'est propre à agir avec succès, qu'autant qu'il est mû par un même esprit, et que chacun de ceux qui le composent ne s'occupe pas uniquement de sa gloire individuelle, mais de la gloire du corps entier auquel il appartient.

C'est l'esprit de corps qui, dangereux dans toutes

les autres institutions sociales, exalte ici les
âmes et produit les effets qui commandent l'admiration. Voyez ce qu'il a produit dans *Auvergne*,
*Navarre*, et plusieurs autres de nos régiments,
parmi nos grenadiers ces Caciques de l'honneur
et de l'intrépidité française. On ne peut atteindre à leur gloire que par cette confiance qui
unit étroitement tous ceux qui combattent ensemble
et qui se rapporte à celui qui leur commande. Mais,
pour jouir de cette confiance, il ne faut pas fermer
les yeux sur les torts des soldats, tolérer la licence
et les excès : ce n'est pas ainsi qu'on l'obtient; elle
est inséparable de l'estime; le soldat, au milieu
même de ses torts, est un juge rigoureux; il ne
pardonne pas sa propre honte, et comme il méprise
sa faiblesse, il n'accorde sa confiance qu'à celui
qu'il a vu, dans toutes les occasions, réunir la
sévérité et la justice. Vos comités réunis ont reconnu la force de ces principes, dont une épreuve
journalière avait fait pour l'armée une véritable religion. Ces principes étaient entretenus dans les
corps par les conseils de l'âge et de l'expérience,
après la secousse inévitable d'une grande révolution; lorsque tant de causes diverses ont agi pour
exciter la méfiance et relâcher les liens de la discipline.

Lorsqu'un grand nombre de militaires ont été
remplacés presqu'à la fois, il faut par des mesures
importantes rappeler et raffermir ces mêmes prin-

cipes; et c'est à vous qu'il appartient de le faire
en donnant au chef suprême de l'armée tous les
moyens de déployer la sévérité et la justice qu'exigent les circonstances. Organes avec lui de la volonté nationale, vous seuls pouvez donner à ces
mesures cette énergie qui ne laisse aucuns prétextes
à l'hésitation, et qui commande impérieusement
l'obéissance. Vos comités réunis, auxquels vous avez
renvoyé l'examen du compte rendu par le ministre,
des faits qui se sont passés au corps de troupes,
commandé par le lieutenant-général de Biron, ont
reconnu que l'abandon du poste de bataille confié
aux 5ᵉ et 6ᵉ régiments de dragons était la première
cause du désordre de ce corps de troupes pendant
sa retraite sur Quiévrain et Valenciennes, et que
cette première désobéissance, de quelque manière
qu'elle ait été provoquée, avait rendue impossible
l'exécution des ordres et des bonnes dispositions du
général. Le lieutenant-général de Biron s'exprime
ainsi dans le compte officiel qu'il a rendu au ministre, et qui vous a été communiqué :

« Vers les six heures du soir, je vis les 5ᵉ et 6ᵉ
régiments de dragons monter à cheval sans qué j'en
eusse donné l'ordre, et se porter avec précipitation
sur la gauche du camp, où ils se mirent en bataille,
et immédiatement après en colonne. J'arrivai à toutes
jambes pour demander ce qui occasionnait un mouvement si bizarre, et je fus emmené par cette colonne que je cherchais à arrêter, et qui s'en allait

au grand trot, en criant : *Nous sommes trahis*. Je fis plus d'une lieue avec elle sans parvenir à m'en faire obéir; j'y réussis enfin : je la reformai dans une plaine entre Boussu et Ornn. Je lui fis honte de cette honteuse démarche, et à trente ou quarante dragons près, je ramenai le reste au camp. M. Dampierre avait contenu la plus grande partie de son régiment (le 5ᵉ de dragons). Les fuyards arrivèrent jusqu'à Valenciennes, en criant toujours qu'ils avaient été trahis, et que j'avais déserté Mons. Je n'ai pu pénétrer le criminel mystère de cette alarme; j'ai su seulement, sans savoir qui, qu'on avait fait monter les dragons à cheval, en répandant qu'un gros corps de cavalerie était dans le camp.»

Toutes les relations, toutes les pièces officielles confirment ce rapport : il en résulte qu'au premier déploiement d'une ligne française devant l'ennemi, dans un ordre de bataille bien formé, après des dispositions détaillées et complètes, des troupes ont quitté leur poste sans ordre, ne l'ont pas repris au premier commandement qui leur en a été fait par leur général, et par cette désobéissance ont rendu vaines toutes les mesures qu'il avait prises, et compromis le sort de l'armée.

L'examen légal de cette affaire qualifiera les délits, et fera connaître la bonne ou mauvaise conduite des officiers, sous-officiers et soldats des 5ᵉ et 6ᵉ régiments de dragons; ainsi la fermeté du colonel Dampierre et de ceux qui auront suivi son exemple, éclatera d'autant plus, que l'information sera plus rigoureuse. Vos comités ont pensé qu'il appartient seulement au corps législatif, en exprimant son indignation, d'arrêter et de prévenir, par une mesure extraordinaire, un désordre qui mettrait en danger la sûreté nationale, en menaçant de dissolution la force publique mise en action.

Pour la défense de l'état, vous devez un grand exemple à l'armée; tous nos braves soldats, soldats-chefs ou soldats subordonnés, l'attendent. Que dis-je? ils ont droit de l'exiger, ils le réclament; et je prends ici pour l'orateur de tous les citoyens armés qui n'ont pas fait un vain serment, en dévouant leur sang à la patrie, le brave grenadier du 74ᵉ régiment: entendez sa plainte sublime et l'accent du désespoir de l'honneur (je recueille ce trait dans une relation authentique de l'adjudant-général Beauharnais): ce grenadier, grièvement blessé, l'appèle et lui dit: « Mon officier, achevez-moi, que je ne voie pas la honte de cette journée; mon officier, vous voyez que je meurs à côté de mon fusil, et avec le regret de ne plus le porter. » Ce brave homme est maintenant à l'hôpital de Valenciennes. Je demande qu'il soit recommandé par l'assemblée aux maréchaux Rochambeau et Luckner.

Je n'ajouterai rien au cri de justice, à cette réclamation du salut public : nous serions responsables de tous les maux que nous aurions pu et que nous n'aurions pas empêchés; et, c'est pour satisfaire à

tous nos devoirs que vos comités réunis vous proposent le projet de décret suivant :

L'assemblée nationale, considérant qu'elle doit au salut public et à l'honneur national, au juste ressentiment de l'armée, de veiller à ce que la punition de ceux qui ont abandonné la cause de la liberté à l'affaire de Mons, et désobéi aux ordres du général de Biron, soit prompte et éclatante ; voulant, au nom de la nation, que les généraux soient toujours et promptement obéis ; considérant cette entière obéissance comme la sauvegarde de la liberté et de la constitution ; voulant que la tache de cette défection demeure aux traîtres seuls, dont la lâche désobéissance a porté le désordre dans les rangs des soldats fidèles ; voulant, par cet acte de justice, consoler ceux-ci d'un revers que leur courage va réparer ; après avoir entendu le rapport de ses comités militaire, diplomatique et de législation réunis, décrète qu'il y a urgence.

L'assemblée, après avoir décrété l'urgence, décrète ce qui suit :

Art. 1er. Le pouvoir exécutif donnera des ordres pour qu'il soit assemblé, dans tel lieu que le général de l'armée du Nord désignera, une cour martiale, devant laquelle seront traduits les officiers, sous-officiers et dragons des 5e et 6e régiments, prévenus d'avoir abandonné le poste qui leur avait été confié dans l'ordre de bataille du corps de troupes commandé par le lieutenant-général de Biron.

2. Immédiatement après la publication du présent décret, le général de l'armée fera sommer les 5ᵉ et 6ᵉ régiments de dragons de déclarer et de faire connaître les officiers et sous-officiers ou dragons qui, soit en prononçant le cri de trahison, soit en excitant leurs compagnons à la défection, se seraient les premiers rendus coupables d'avoir quitté le poste de bataille.

3. Dans le cas où les deux régiments de dragons, ne déclarant pas les coupables dans le délai prescrit par le général, se trouveraient par-là chargés collectivement du crime de l'abandon du poste devant l'ennemi, le pouvoir exécutif donnera les ordres nécessaires pour que ces deux régiments soient cassés, sans préjudice toutefois de l'information et poursuite qui pourront résulter des comptes déjà rendus et des dénonciations qui sont ou qui pourraient être faites contre les prévenus, comme aussi de l'examen et justification légale et authentique de la conduite des officiers, sous-officiers et dragons qui auront fait leur devoir.

4. Si, en conséquence des articles ci-dessus, il y a lieu à casser les 5ᵉ et 6ᵉ régiments de dragons, les guidons des deux régiments seront déchirés et brûlés à la tête du camp, et les numéros qui marquent leur rang dans l'armée resteront à jamais vacants.

Le ministre de la justice rendra compte, de huitaine en huitaine, des poursuites qui ont dû être faites par les accusateurs publics, en vertu de l'art.

3 du tit. 3 du Code pénal, contre ceux qui, par leurs discours, imprimés ou affichés, auraient pu porter les soldats de l'armée du Nord aux désordres et à l'insubordination dont ils se sont rendus coupables.

Pendant que l'assemblée législative prenait des mesures, pour que les troupes qui n'avaient pas fait leur devoir devant Mons, fussent traduites devant une cour martiale, le lieutenant-général Custine s'emparait des gorges de Porentrüy. Attaquées le 29 avril, il en était maître à huit heures du matin de la même journée.

Dans la nuit, l'évêque, qui savait sans doute la marche des troupes, s'était sauvé avec les soldats autrichiens qui le gardent. Tous les habitants des villages, hommes, femmes, enfants, sont accourus au passage, et criaient : *Vive la nation française ! Il y a long-temps que nous désirons être Français ; soyez les bien-venus.* Les femmes prenaient les cocardes des chapeaux de nos soldats, et les pressaient contre leur sein. Les hommes pensaient à l'utile ; ils faisaient arriver des tonneaux de vin, du pain, de la viande. Le peuple marchait mêlé aux soldats. Cette invasion fut une fête. Vers le soir, on parla de tentes pour se coucher. Les habitants ne le voulurent pas ; ils offrirent aux Français logements et nourriture. Le seul point de contestation fut de savoir qui en aurait le plus. M. de Custine loue la modération des soldats. Partout même prudence, même fraternité; pas un coup de fusil de tiré.

Le maréchal de Rochambeau, sur un autre point, travail-lait à rétablir la discipline dans l'armée sous son comman-dement, dont le moral était fortement ébranlé depuis la dé-fection devant Mons. Il témoignait sa satisfaction aux troupes rentrées dans Valenciennes, sur leur retour à la discipline, par l'ordre du jour suivant :

M. le maréchal Rochambeau, voyant tous les jours par lui-même et par le compte des officiers-généraux de jour, et par les soins continuels de M. Noailles, qui commande le cordon qui couvre tous les can-tonnements de l'armée, combien les patrouilles et leur service continuel de correspondance entre elles sont faits avec exactitude et intelligence, témoigne toute sa satisfaction aux régiments de hussards, de chasseurs, de dragons, à l'infanterie et à l'artillerie qui la composent.

M. le maréchal espère que lorsque l'armée sera réunie et campée, elle suivra avec zèle ce même genre de service qui garantit de toute surprise, et qui, mettant à portée de juger de loin la force de son ennemi, donne le temps de lui préparer la plus vigoureuse résistance. C'est par le résultat de tous ces détails, et l'observation de la plus exacte disci-pline, que les armées des peuples libres ont été in-vincibles : le despotisme et l'anarchie ont toujours été au contraire la suite de l'indiscipline et de la désorganisation des armées.

## *Lettre de M. Rochambeau à l'assemblée nationale.*

Valenciennes, 8 mai 1792.

M. le président, sans adopter l'exactitude du compte de mes dépêches au roi, que, d'après les papiers publics, le ministre des affaires étrangères a rendu à l'assemblée nationale, je crois devoir faire observer principalement à l'assemblée, qu'il n'a pas fait mention de ma troisième dépêche, qui me paraît la plus importante, puisqu'il y est question du plan de campagne que j'avais formé, et dont on a pris l'inverse exactement. J'ignore le motif de cette réticence.

Il m'accuse d'avoir cessé de correspondre avec les ministres du roi. Ce fait est de toute fausseté. J'ai écrit à M. Dumourier les 24 et 26 avril, et à M. Grave les 24, 25, 26 et 29 du même mois, ainsi que les 3, 4, 6 et 7 du courant.

Ma première lettre au roi était accompagnée d'une dépêche au ministre de la guerre, que j'ai renvoyé au contenu de celle que j'écrivais à sa majesté, pour expédier plus vite M. Berthier.

La seconde était incluse dans une dépêche adressée par M. Biron au ministre, sur son affaire malheureuse.

La troisième était accompagnée d'un détail envoyé par M. d'Elbecq, de son cantonnement de

Dunkerque, sur l'expédition de Furnes. Je conserve toutes les pièces de ces correspondances ministérielles, et de celles qui ont été adressées directement, par le ministre des affaires étrangères, à MM. Biron et Lafayette, dont nous avons dû nous donner respectivement connaissance, et dont je donnerai communication lorsque j'en serai requis légalement.

Le ministre des affaires étrangères dit que j'ai eu connaissance des ordres et instructions de M. Biron. Il fallait bien que j'en fusse instruit, pour lui fournir tous les moyens qui y étaient désignés, et sur lesquels il me rend la justice de dire que je n'ai rien épargné; mais ces ordres et instructions ne lui ont pas été moins adressés par le ministre, quoique sous mon enveloppe, avec injonction à moi de les lui remettre.

L'infanterie et le canon, qui ont été accordés à M. Dillon, sur ses plus vives instances, n'avaient d'autre objet que d'assurer la retraite de sa cavalerie, en cas qu'elle fût repoussée; et cette mesure n'a sûrement pas été infructueuse, quoiqu'elle n'ait pas été prévue par le conseil. Je pense que j'aurais été fort blâmé, si je n'avais pas adhéré à cette réquisition.

On me reproche de ne m'être pas porté jusqu'à Quiévrain, pour protéger M. Biron dans sa retraite. On oublie que, par les ordres du conseil, j'avais tout donné à ce général, et qu'il ne me restait ici,

au premier avis de cette retraite, que trois régiments de troupes à cheval, dont deux venaient d'arriver de l'intérieur, et un seul régiment d'infanterie,
avec lequel nous nous portâmes, avec la plus grande
activité, jusqu'au-delà d'Henin, à plus de moitié
chemin de Quiévrain, sous la protection de huit
pièces de canon que je fis sortir de la ville, et que
je plaçai sur les hauteurs de Sainte-Sauve. Tout le
monde convient que c'est ce mouvement qui arrêta
la poursuite de l'ennemi, et qu'il ne put pas être
fait avec plus de rapidité.

On a dit que le corps de M. Biron avait manqué
de tout. Il avait pour quatre jours de pain, et est
rentré le troisième jour. Un convoi de quatre autres
jours a été deux fois, tant à Quiévrain qu'au-delà
de cette ville, et n'a pu être distribué, puisque le
corps de M. Biron ne s'est pas arrêté pour le recevoir. Les bœufs ont toujours suivi l'armée, et sont
rentrés de Quiévrain avec elle.

L'hôpital ambulant, c'est-à-dire ce que l'on avait
imaginé ici pour le suppléer, a été jusqu'au-delà de
Quiévrain; mais les blessés ont préféré revenir à
Valenciennes pour être pansés.

Je ne demanderai pas justice à l'assemblée nationale de quelques folliculaires infâmes qui ont osé
convertir en trahison la démarche la plus humaine
et la plus populaire que j'aie faite avant l'expédition
officielle de la déclaration de guerre, pour éviter
tous les malheurs et les vexations respectives d'un

territoire entremêlé, tel qu'est celui de cette frontière. Cette démarche a paru avoir l'approbation
unanime du conseil et du public.

Les opérations de M. Biron, et leurs dates, ont
été annoncées publiquement par tous les papiers
venant de Paris, presque en même temps que je re-
cevais les ordres du conseil, dans le secret duquel
je n'étais assurément pas.

Il me reste actuellement à désirer l'exécution la
plus prompte de la mesure déclarée par M. Dumourier, au nom du conseil du roi, de me remplacer
ici par M. Luckner. Ce général a toujours voté pour
la guerre offensive; il y est très-propre : il a encore
toute l'activité et toute la vigueur qu'il a conservées
depuis trente ans qu'a été terminée la guerre d'Hanovre, où il a servi avec distinction.

Pour moi, je n'ai cessé de voter pour me donner
le temps, dans les camps retranchés ou de défensive, de former les troupes, tant de ligne que nationales, à un métier que la grande majorité d'elles
ne connaissait point encore, et d'attendre là une
occasion sûre, ou au moins bien vraisemblable, de
porter des coups offensifs à l'ennemi. Cette opinion
ne me paraît pas être celle du conseil. Rien ne peut
donc être mieux vu que de donner à Luckner le
commandement de la guerre offensive qu'il a dessein
d'entreprendre.

Quant à moi, avec un corps usé par cinquante
ans d'activité sans relâche dans les deux mondes,

accablé d'infirmités, je remets entre les mains du roi mon commandement, dont je ne suis plus en état de supporter la responsabilité.

Je ne cesserai de faire, chaque jour de ma vie, les vœux les plus ardents pour l'état et le roi, qui sont inséparables, et le maintien de la constitution du royaume.

*Le commandant général de l'armée du Nord, le maréchal* ROCHAMBEAU.

L'ordre du jour du maréchal Luckner eut les meilleurs résultats. Douze jours ne s'étaient pas écoulés depuis la malheureuse défection devant Mons, que déjà on écrivait de Valenciennes.

L'armée reprend tous les jours l'état dans lequel on aurait désiré qu'elle n'eût jamais cessé d'être; la discipline se rétablit avec des progrès très-sensibles; le découragement n'existe plus. La haine des ennemis de la liberté, et le désir d'attaquer les Autrichiens, tels sont maintenant les seuls sentiments qui animent nos soldats. Une compagnie de grenadiers qui occupait un de nos postes avancés, n'était pas d'une parfaite tenue, et avait donné quelques légères marques de négligence; le général de Biron qui était de jour, et qui faisait une tournée, a traité cette compagnie avec une grande sévérité; il n'y a pas eu un seul raisonneur, on ne s'est pas permis le moindre murmure.

Le 9, dans la nuit, les ennemis qui s'étaient réunis au camp de Leuse, ont décampé pour se porter sur Mons. Tous les rapports, soit des espions, soit des hommes envoyés en avant pour éclairer les mouvements de l'ennemi, se réunissent en ce point, que le nombre des troupes autrichiennes n'est pas de plus de quatorze mille hommes. On ne voit plus de hullans à Quiévrain pendant le jour : il en vient seulement à dix heures du soir une soixantaine qui se retirent le lendemain dès l'aurore.

La retraite de l'ennemi sur Mons et sur Tournai, confirme les espérances qu'on avait légitimement fondées sur les dispositions intérieures des Pays-Bas. Il paraît qu'on a besoin de contenir l'agitation qui se développe, et que les traitements que les généraux font éprouver aux citoyens, doivent augmenter encore. On ne laisse pas trois personnes marcher et causer ensemble dans les rues de Mons et de Tournai, et à sept heures du soir, quiconque se montre hors de chez soi, est conduit au corps-de-garde. Comptons beaucoup sur notre courage, mais comptons aussi sur la haine de l'oppression, et sur la maladresse des oppresseurs.

On attend ici Luckner, et il y sera bien reçu. On verra cependant avec peine la retraite de M. Rochambeau; mais tout le monde sent combien il aurait été cruel de lui refuser un congé dans l'état où il se trouve. Sa santé devient de jour en jour plus délabrée, et il désire impatiemment la liberté de suivre les remèdes dont il a besoin, et de se livrer à un repos qui lui est absolument nécessaire. Il faut avouer aussi que l'humeur guerrière et l'*entreprenance* connue de son successeur sont bien quelque chose aux yeux d'une armée qui préférera toujours marcher à l'ennemi, à être enfermée dans un camp. Le citoyen lui-même témoignait quelque humeur de voir les hullans se répandre librement sur notre territoire, jusqu'à près de deux lieues en deçà des frontières. L'ennemi se replie à la vérité; mais un grand nombre de villages français ont été mis à contribution et ne sont pas rassurés sur le retour des hullans.

On vous a bien cruellement trompés, en vous disant si légèrement qu'on désespérait des citoyens brabançons et des soldats autrichiens. Vous vous montrez, on vous bat, et vous voulez que les citoyens se déclarent pour vous quand vous fuyez, et que les soldats passent de votre côté quand ils sont en rase campagne! Observez donc la discipline; soyez aussi dociles que vous êtes braves, et devenez victorieux : allez en avant, déployez toutes vos forces, et vous aurez plus de peine à compter vos frères que vos ennemis.

M. Servan, ministre de la guerre, paraît le 4 mai à la barre de l'assemblée législative, et fait connaître en ces termes l'état des choses.

L'assemblée nationale a décrété que je lui rendrais compte des nouvelles officielles que j'ai pu recevoir relativement aux régiments qui ont déserté, afin de décréter d'accusation les officiers de ces régiments, et récompenser les officiers et soldats qui sont restés fidèles. Quelqu'affligeantes que soient ces nouvelles, on doit s'en consoler, en pensant que ce ne sont que des traîtres qui ont déserté : c'est peut-être un bonheur auquel il fallait s'attendre; car rien n'est plus heureux pour les troupes, que de les voir se purger des immondices qu'il pourrait y avoir. Loin de nous décourager par la perte de ces forces apparentes, les amis de la liberté doivent se roidir contre les obstacles et prendre un nouveau courage. Nous sommes tous voués à défendre la patrie, et chacun de nous est déterminé à périr sur la brèche. Voici ce qui m'a été écrit sur la désertion du 4ᵉ régiment de hussards, ci-devant de Berchigny. Il a passé la Sarre au gué au-dessous de Pittersbourg; il en est revenu douze. Le colonel avait dit au régiment que le général venait de partir avec l'état-major de l'armée : ainsi, vous voyez que les soldats sont toujours trompés. Le projet est formé d'entrelacer les troupes de ligne par compagnie avec les gardes nationaux, afin de fusiller ceux-ci; c'est ce qui résulte du rapport d'un des hussards qui sont revenus : on leur a donné à chacun 6 liv. On dit aussi qu'une grande partie du premier régiment d'hussards est désertée, ainsi que le régiment de Royal-Allemand. On annonce aussi qu'il doit se faire, dans le Brisgaw, un rassemblement de quatre-vingt mille hommes : on ne peut ajouter foi à des bruits aussi exagérés; mais il certain qu'il existe un grand complot. On a assuré les déserteurs qu'avant six semaines ils seraient établis dans l'intérieur d'une manière avantageuse. Sur la nouvelle de la désertion du régiment d'hussards, un grand nombre de gardes nationaux de Strasbourg se sont présentés : cent cinquante hommes sont déja partis pour se rendre au camp. Les administrateurs s'occupent à prendre des renseignements sur les propriétés que ces officiers ont laissées en France. Le colonel de Saxe possède à Haguenau plusieurs biens, dont ils viènent d'ordonner le séquestre.

D'après ces lettres, vous prescrirez sans doute les peines qui doivent être infligées, non-seulement aux officiers qui sont passés chez l'étranger, mais même, j'ose le dire, à ceux qui ont eu l'infamie de donner leur démission au moment de l'attaque. Il est aussi nécessaire de doubler la somme qui a été accordée aux officiers pour leurs équipages, ou de la faire payer en numéraire; rien n'est plus important, et je tiens du maréchal Luckner que beaucoup d'officiers sont encore à pied : l'un d'eux, quoique blessé, n'a pu se procurer un cheval pour se rendre au camp de Newkirch. A Strasbourg, l'aristocratie est si détestable, je veux dire l'aristocratie financière, que les maîtres de poste même ne veulent recevoir que de l'argent; les représentations multipliées que je reçois me forcent de proposer à l'assemblée une mesure générale qui peut concilier le bien-être des officiers et l'intérêt du trésor public, c'est de leur fournir en nature la viande, le riz et les rations de fourrage, et de leur donner 5o liv. en numéraire, non pas, comme le porte le décret, du moment où ils auront le pied sur le territoire ennemi, mais dès à présent, car ils ne peuvent rien se procurer dans les camps avec du papier.

Dans la même séance, on donne lecture de la lettre suivante du maréchal Luckner, adressée au président de l'assemblée.

### M. LE PRESIDENT,

J'ai reçu avec une respectueuse reconnaissance votre lettre et l'honorable décret par lequel l'assemblée nationale a daigné approuver mes procédés et récompenser mes bonnes intentions.

Tout mon sang payerait à peine les témoignages d'affection et de confiance dont m'honore une nation bienfaisante et généreuse.

J'aurais désiré me dérober un instant aux soins qu'exigent nos préparatifs, pour offrir de vive voix mon hommage à l'assemblée; je vous prie de m'excuser auprès d'elle.

Je dispose tout avec le ministre, pour accélérer mon départ. Je presse l'expédition des vivres, les remontes des recrues, l'équipage des officiers.

Je suis avec respect, etc.

*Signé*, LUCKNER.

Il est plaisant aujourd'hui que les partis animés d'un seul et même sentiment sont réunis autour du trône d'un prince qui les a tous réconciliés entr'eux, de lire les détails qu'on publiait alors sur les tentatives qui avaient été faites pour encourager à la désertion les soldats de l'armée républicaine. Voilà ce qu'on écrivait de Thionville, à ce sujet, le 12 mai 1792.

M. Plunket pourra vous faire voir le détail que je lui ai fait à la hâte d'une partie des manœuvres que l'on a employées pour séduire les braves hussards de Berchigny ; j'ai une connaissance exacte de tous les moyens de séduction qui ont été mis en usage. Depuis trois jours on les faisait boire tant qu'ils voulaient ; le quatrième, on les a fait monter à cheval, et marcher à travers les terres labourées et les prairies, la plupart marécageuses. Environ sur les trois heures après midi, on leur a fait faire halte. Là il s'est trouvé du vin pour les hommes, et de l'avoine pour les chevaux. Les uns ont débridé ; les autres, qui avaient de la défiance, n'ont pas voulu. D'ailleurs, ils se voyaient à la face de l'ennemi, et apercevaient des signaux qui étaient des mouchoirs blancs.

On les a pérorés long-temps ; on leur a tout promis de la part de nos princes fugitifs ou rebelles, de celle de MM. Breteuil, Bouillé et le prince Lambesc, surtout de rentrer en France, où ils auraient la liberté de piller à leur aise, sous huit jours. On leur a étalé de l'or et de l'argent ; on leur montrait

de l'autre côté du pain, des jambons et de l'eau-de-
vie. Malgré toutes ces offres, il s'est élevé parmi eux
une division et des murmures. On leur a fait ôter
leurs cocardes ; on l'a arrachée à ceux qui ne voulaient pas. Le colonel a tué un hussard. L'infâme
Demberlin, qui avait ourdi cette infernale trame,
en a tué deux. M. Popowiths, qui avait empêché
ses hussards de débrider, et refusé l'avoine, cria à
ses hussards : A cheval, mes amis, nous sommes
trahis ; il est temps. Ils sont *cinq officiers* qui ont
fait dans la minute la même chose : alors ils ont tiré
le sabre et lâché des coups de pistolet, et se sont
réunis par groupes.

Ils n'avaient qu'un étendard du côté des braves et
fidèles : il s'est détaché un maréchal-des-logis qui a
été arracher le second des mains de l'infidèle, qu'un
coup de sabre lui a fait lâcher ; alors ils ont fui, et
rentré en France à toute bride. Ils ont eu la présence
d'esprit et le courage d'enlever aux traîtres la caisse
du régiment et une partie des équipages du colonel,
et les trois femmes qui étaient dans la voiture : ils
ont ramené le tout.

Ce spectacle, charmant pour les patriotes, en
même temps qu'effrayant pour les traîtres, a fait
pâlir et trembler visiblement les colonels et lieutenants colonels, quoiqu'écumant de rage. Les fuyards
ont entraîné comme malgré lui un vieux capitaine
qui avait logé chez moi à l'un des passages de cette
troupe ; on lui a vu couler des larmes. Enfin, tous

ces braves et fidèles sujets de la nation sont rentrés le 8 au soir, le 9, le 10 et le 11, de sorte qu'aujourd'hui 12, ils sont partis pour Metz au nombre de plus de quatre cents; le troisième étendard est échappé; il a été pris aux fuyards, et est à Longwy.

Tous ces braves gens ont été fêtés et caressés par tous les habitants : c'était à qui en logerait. Je les ai complimentés dans deux de nos séances; j'ai embrassé de tout mon cœur soldats et officiers; j'ai logé deux soldats que j'ai fait manger avec ma famille et moi : nous leur avons donné une pique, surmontée du bonnet de la liberté, et ornée de rubans tricolores. Nous avons pris les armes pour porter la pique et la couronne chez le commandant. Aujourd'hui, ils sont partis avec la pique et la couronne civique à leur tête, précédés de la musique d'un bataillon de volontaires, escortés d'une foule innombrable de citoyens et gens de campagne, qui les ont conduits jusque hors de la ville. C'était certainement un spectacle attendrissant. Quand tous les régiments seront ainsi purgés de tous les traîtres et faux frères, l'on ne verra plus fuir nos soldats abusés et trompés, et ce sera alors que l'on pourra chanter : *Ça ira, ça ira.*

Il serait à désirer que les cinq officiers fidèles qui nous ont ramené ces braves gens, occupassent les premières places du régiment. Le vœu des hussards serait d'avoir pour colonel M. Binder, homme intelligent et très-capable. M. Popowiths, de second lieutenant, doit passer au grade de capitaine; les autres, à proportion de leurs talents; les équipages du colonel partagés aux hussards, et à chacun d'eux en outre une gratification; voilà ma motion.

Il existait très-certainement des hommes dont le projet était de jeter la mésintelligence entre les chefs et les soldats, et de désorganiser l'armée. Le maréchal Luckner, prévenu des complots de ces dangereux agitateurs, fit circuler l'adresse suivante :

J'apprends qu'il se répand des bruits calomnieux et insultants : on parle de factions qui se doivent former ici; on se sert de ce prétexte pour ajouter encore à la désorganisation de l'armée; on inquiète ainsi les gens bien intentionnés, mais crédules ou faibles. Je déclare que je regarderai comme une injure personnelle de pareils bruits. Ceux qui les répandent, devraient savoir que je ne connais qu'un parti : c'est la gloire de la France et le maintien de la constitution. Voilà mon but, voilà le serment que j'ai fait; *et moi je tiens mes serments.* Les véritables factieux sont ceux qui inspirent des inquiétudes propres à affaiblir davantage cette armée, et qui veulent, à quelque prix que ce soit, rendre impossible le succès de nos armes. Mes yeux sont ouverts; je poursuivrai les agitateurs de toute espèce. On craint le rétablissement de la discipline, le retour de la confiance; on veut mettre en défiance réciproque les officiers et les soldats, quand on devrait

employer tous les moyens de les attacher les uns
aux autres : là sont les factieux, et je n'en veux
point. Que les généraux et les chefs surveillent
l'exactitude de leurs subordonnés, les besoins des
soldats et l'exécution stricte de leurs devoirs; que
les officiers s'instruisent, commandent et se fassent
obéir; que les soldats soient disciplinés et confiants :
voilà les soins que chacun doit avoir, selon le poste
où il est placé; le reste m'appartient, sous les ordres du roi. Il faut finir de se créer des fantômes
pour les combattre, et bien sentir que personne ne
croit à la validité des prétextes qu'on donne pour
quitter une position difficile; moi surtout qui pense
que la cause qu'on défendait il y a un mois, n'est
pas moins bonne, parce que des défiances excitées à
Mons et à Tournai, par les plus coupables motifs,
l'ont rendue plus périlleuse, et qui sais à quel point
les bruits que l'on répand sont perfides et dénués de
fondement.

Occupons-nous réciproquement de nos intérêts
communs; servons la patrie, surmontons tous les
obstacles, de quelque espèce qu'ils soient, montrons cette constance, cette noble fermeté digne
des hommes qui veulent être libres, qui savent respecter leurs serments et défendre les principes qu'ils
ont adoptés. C'est ainsi que nous aurons parcouru
avec honneur la carrière que nous avons ouverte
devant nous, et que nous mériterons des regrets ou
des triomphes.               *Le maréchal* LUCKNER.

L'armée française eut, à quelques jours de là, un engagement avec l'armée autrichienne. Voici de quelle manière les maréchaux Luckner et de Rochambeau rendirent compte de cette affaire au ministre de la guerre.

Le 17 mai, avant la pointe du jour, les patrouilles du poste avancé de Bavai sont rentrées en rendant compte qu'elles n'avaient rien vu. Peu après un corps de troupes autrichiennes, estimé deux ou trois mille hommes, a paru, sortant du bois de Sarthe, qui est devant la ville, et s'avançant sur trois colonnes, dont l'une coupait le chemin de Maubeuge, et l'autre celui de Valenciennes. Bientôt le canon a été mis en batterie devant la ville, qui a arboré le pavillon. Le détachement de quatre-vingts hommes qui s'y trouvait, s'est bravement conduit, et a tué quelques hommes à l'ennemi ; mais, suivant le rapport de la municipalité, il ne s'est pas conformé aux ordres qu'il avait de ne pas se considérer comme garnison, de n'occuper que l'extérieur de la ville, et de se replier devant des forces supérieures. Au lieu de se retirer, il s'est compromis, et a été fait prisonier. Un officier et vingt-trois hussards, qui en faisaient partie, se sont conduits avec intelligence ; ls ne se sont repliés qu'après que la ville a été occupée ; ils ont attendu, à Bouvigny, l'infanterie ; mais, voyant qu'elle ne venait pas, ils se sont retirés par le Quesnoy sur Jalin.

Aussitôt que nous avons été avertis de l'attaque, M. Noailes a reçu ordre de marcher en avant-garde

avec trois escadrons du 3ᵉ régiment de hussards ;
trois du premier régiment de chasseurs, deux du 5ᵉ,
deux compagnies de grenadiers et deux pièces de
canon. M. le maréchal Luckner s'est lui-même
rendu à cette avant-garde ; M. Rochambeau s'est
ensuite mis en marche avec les premiers bataillons
des 5ᵉ, 24ᵉ et 25ᵉ régiments d'infanterie, un escadron du 17ᵉ régiment de cavalerie, quatre pièces
de canon et deux obusiers. Il a pris une position en
avant de Jalin, tandis que l'avant-garde s'avançait.
Tout était disposé pour attaquer de vive force l'ennemi dans la place ; mais M. Luckner a fait dire
que l'avant-garde y était entrée à onze heures, c'est-
à-dire deux heures après la retraite de l'ennemi. Les
Autrichiens étaient entrés dans la ville au nombre
de deux mille cinq cents, avec quatre pièces de
canon et deux obusiers. On ne peut donner trop
d'éloges à la marche de l'avant-garde. L'ennemi a
voulu piller Bavai ; mais les officiers ont retenu les
soldats avec la plus grande sévérité. Ils se sont repliés avec la plus grande diligence derrière la forêt
de Sarthe ; ils ont emmené avec eux six voitures de
fourrage et deux charriots de blessés. Le maréchal
Rochambeau a ramené ses troupes à leurs postes,
après avoir laissé à Bavai un détachement, qui sera
renforcé en cas de besoin.

Pendant que l'armée du Nord avait l'avantage sur les
Autrichiens, le général Montesquiou allait prendre le com-

mandement de l'armée des Alpes, chargée d'agir contre la Savoie. Arrivé à Nîmes, voici la lettre qu'il adressa, le 6 mai 1792, à M. Clavière, qui fut peu de temps après ministre des finances.

Je n'ai fait que traverser Lyon, et n'en peux rien dire.

Je peux vous parler avec plus de connaissance de Marseille et de l'armée marseillaise. Au lieu d'écouter plus long-temps les sottises dont je suis rebattu à leur sujet depuis six mois, j'ai tout simplement été les voir. Je suis descendu à la municipalité. J'avais ouï dire qu'elle était composée d'incendiaires. J'ai trouvé, au lieu de cela, un maire qui ressemble à un ancien Romain, qui en a les mœurs, qui en a le langage, qui jouit d'une confiance et d'une considération générale. J'ai vu autour de lui des officiers municipaux, avec qui j'ai causé depuis, et qui m'ont paru pleins d'esprit, de sens et de patriotisme. Ces messieurs m'ont reçu avec une grande honnêteté, et ont bien voulu m'accompagner à la société des amis de la constitution. J'y ai trouvé une assemblée très-nombreuse. J'ai témoigné en peu de mots aux Marseillais mes sentiments d'estime et de confiance; j'en ai réclamé de pareils de leur part, comme le seul moyen de combattre avec succès les ennemis du dedans et du dehors. J'ai été couvert d'applaudissements. Une discussion fort raisonnable a eu lieu ensuite. Je n'ai jamais vu d'assemblée nombreuse où il régnât plus de décence, et où la raison eût plus de facilité à se faire écouter.

Le lendemain de mon arrivée, j'ai vu la garde nationale, qui m'a forcé d'accepter une garde d'honneur. Nos plus beaux bataillons de Paris ne sont pas mieux tenus, mieux exercés, mieux disciplinés. Dans leur dernière expédition, il s'était glissé parmi leurs canonniers des gens suspects qui avaient commis quelques excès; on venait d'en faire une justice éclatante. L'ordre, la décence et la subordination se faisaient remarquer dans cette troupe, au milieu d'une immense population et d'un mouvement prodigieux. Telle est cette armée marseillaise qu'on appèle à Paris les brigands. J'avais ouï dire qu'ils avaient à leur tête un fou, nommé Saint-Hilaire, qui prétendait disputer le pas aux maréchaux de France. J'ai vu au lieu de ce portrait, un militaire de soixante et quelques années, avec une de ces figures qui commandent la confiance, considéré généralement, et donnant à mon grade des marques de respect dont son âge aurait pu le dispenser. Enfin, monsieur, de tout ce qu'on m'avait dit, je n'ai trouvé de vrai que le zèle patriotique, l'amour de la liberté et l'énergie des sentiments. La conduite franche et simple que j'ai tenue avec eux, peut-être l'avantage que j'ai d'être vétéran de l'armée constitutionnelle, m'ont donné tout de suite des titres à leur bienveillance.

Le tourbillon des trente-six heures que j'ai passées

à Marseille n'était pas très-propre aux observations calmes qu'il faudrait avoir faites pour répondre à toutes les questions. Mais je crois fermement que, si le gouvernement inspire une juste confiance, si ses agents sont bien patriotes, Marseille est un rempart de la monarchie française; je ne répondrais pas cependant à quel excès le sentiment contraire pourrait le porter. Et tel est, du plus au moins, l'état de tout le royaume : à Marseille seulement les physionomies sont plus prononcées qu'ailleurs.

J'aurais voulu, monsieur, vous donner des détails plus intéressants; j'espère, du moins, que vous trouverez, dans ceux que je vous donne, de quoi tranquilliser un ministère dont le patriotisme n'est pas équivoque.

Il est difficile de concilier la vivacité des sentiments exprimés dans cette lettre avec la lenteur que les volontaires du département de la Gironde reprochaient au général d'apporter à la formation de son corps d'armée. Voici la lettre qu'ils lui écrivaient à ce sujet, et la réponse du général.

*Lettre écrite par les officiers, sous-officiers et soldats du 3ᵉ bataillon du département de la Gironde, à M. Montesquiou, général de l'armée du Midi.*

Libourne, 10 mai.

Notre général,

Sept mois se sont écoulés depuis notre rassem-

blement, et nous ne sommes encore qu'à cinq lieues
de nos foyers. L'assiduité et le zèle que nous avons
mis à notre instruction nous faisaient espérer qu'on
ne nous oublierait pas, lorsque nos frères d'Angou-
lême nos voisins sont devant l'ennemi. Craint-on de
trouver en nous des soldats amollis dans les plaines
d'une grande cité? Ah! on ne nous connaît pas, on
ignore que nous n'avons pas eu de peine à nous plier
aux privations et à la sobriété du soldat.

Nous réserverait-on pour faire un service de ca-
serne dans l'intérieur de l'empire? Certes, nous pré-
sumons assez bien de nous pour croire qu'on n'aura
pas à se repentir de nous présenter à l'ennemi. On
nous a tant dit que nous approchions de la perfec-
tion de la troupe de ligne, que nous en croyons
quelque chose. A peine avions-nous travaillé deux
mois, qu'on nous distinguait des autres bataillons
du département. Il nous a été aisé d'obtenir cette
supériorité, puisque nous avons été armés les premiers.

Nous soupirons après l'instant de nous voir employés. Il dépend de vous, notre général, de faire
cesser notre nullité. Si vous voulez bien nous réclamer du ministre, ou pour votre armée, ou pour celle
qui va se former à Lyon; nous vous garantissons que
vous n'aurez pas de soldats mieux disciplinés, plus
prompts à voler à vos ordres, ni plus fermes devant
l'ennemi.

( Ici suivent trois cent vingt-une signatures.)

*Réponse à la lettre ci-dessus, par M. Montesquiou, général de l'armée du Midi.*

Grenoble, 21 mai.

Je reçois, messieurs, la lettre que vous m'avez fait l'honneur de m'écrire le 10 de ce mois. Cette lettre est un modèle des plus nobles sentiments. Je ne sais qu'une manière d'y répondre, c'est de vous appeler sur la frontière. J'adresse en conséquence dès-aujourd'hui au commissaire-ordonnateur de votre division un ordre pour vous mettre en marche sur Lyon. Dès que vous y serez arrivés, vous en recevrez un autre pour vous rendre au camp. Je serai enchanté de faire connaissance avec de braves et excellens citoyens tels que vous.

Le maréchal Luckner, qui ne s'était rendu à l'armée du Nord que pour se concerter avec le maréchal de Rochambeau, ne tarda pas à revenir prendre le commandement de l'armée du Rhin : son retour fut annoncé à l'armée par la note suivante, distribuée le 16 mai 1792.

Le chef de l'état-major de l'armée du Rhin s'empresse de prévenir les corps qui la composent, qu'une lettre de M. le maréchal Luckner lui apprend que ce général est rendu aux vœux de ses soldats. Il conserve le commandement de l'armée du Rhin, et ne diffère un moment son retour que pour rendre à la patrie un service important, en allant se concerter avec M. le maréchal de Rochambeau, en unissant son influence à celle de ce général, pour rétablir la discipline et l'ordre dans l'armée du Nord.

Les vrais amis du maréchal Luckner, ses soldats, apprendront avec joie qu'il a reçu un témoignage éclatant de satisfaction de l'assemblée nationale ; qu'il a été remercié par elle au nom de la patrie, du zèle, de la loyauté, du dévouement avec lesquels il la sert.

Le chef de l'état-major félicite ses camarades d'un événement trop glorieux pour leur général, pour ne pas rejaillir sur son armée, et il y trouve un motif de plus d'espérer que le peu d'instants qui vont s'écouler d'ici au retour de M. le maréchal Luckner, seront consacrés aux progrès de la discipline, de l'instruction, au développement de toutes les vertus militaires, qui seules peuvent rendre l'armée du Rhin digne de combattre sous un tel chef pour la cause de la liberté.

*Par ordre du lieutenant-général* LAMORLIERE.
*Le maréchal-de-camp, chef de l'état-major de l'armée du Rhin.*

*Signé*, VICTOR-BROGLIE.

Tandis que l'armée du Rhin se réjouissait du retour de son général, on recevait de Valenciennes, le 21 mai, les détails suivans :

M. Lafayette est arrivé le 19 à midi, et les différents corps militaires et gardes nationales ont été lui faire visite.

M. le maréchal Rochambeau abandonne décidément le commandement de l'armée du Nord, en raison de sa santé, que les vœux et les instances de la nation n'ont pu rétablir.

M. de Biron, qui était parti le 18 avec quelques compagnies de grenadiers, du côté de Saint-Amand et Orchies, en est revenu le lendemain au matin, après avoir bien battu ces environs et n'y avoir rien trouvé ; mais il y avait à peine une heure, le 19, que M. de Biron était retourné avec ses troupes, que les postes de Rumegies et Maulde furent attaqués par au moins deux mille hommes. Le premier fut obligé de se retirer sur Saméon, et les ennemis étant maîtres du village entrèrent chez le curé constitutionnel, où ils massacrèrent la servante. Un jeune homme qui sonnait le tocsin, a été percé de vingt coups de baïonnettes. Ils ont pris cinq chevaux au maire et pillé sa maison.

Du côté de Maulde, la troupe de Saint-Amand s'y est transportée avec les canons, a repoussé l'ennemi avec grande perte des leurs. On a mis bas deux maisons sur Bleharins, dans lesquelles se cachait l'ennemi.

M. Charles Lameth, maréchal-de-camp, est parti d'ici le 19 au soir, et aussitôt son arrivée à Saint-Amand, il s'est avancé avec son détachement, vers les postes des frontières. Une compagnie de chasseurs ou volontaires existante à Raimes (village à une lieue de Valenciennes) depuis la révolution, était sous les armes lorsque ledit détachement passait à Raimes. La patrie paraissait en danger; les citoyens composant cette compagnie, presque tous jeunes gens pleins d'ardeur et de patriotisme, exercés, armés et en uniforme, ont témoigné désirer avec empressement d'être employés, et de marcher avec ce détachement. M. le maire de Raimes, accompagné des officiers, a été demander cette grâce au commandant dudit détachement, qui a répondu, « qu'il n'était pas possible de se refuser à un dévouement aussi généreux, et qu'il acceptait leur offre avec un grand plaisir. » Les officiers de cette compagnie ayant alors demandé leur poste pour marcher. M. le commandant l'a marqué à la suite ou avec le bataillon de Paris, et ces braves citoyens-soldats ont pris leur rang et sont partis.

Royal-Allemand et Berchigny rentrent par gros détachements. Le brave Rousselot vient d'être fait officier.

M. Luckner prend le commandement de l'armée.

Dans le même temps, le maréchal Luckner adressait les circulaires suivantes à l'armée et aux citoyens.

### Aux citoyens.

Il m'est revenu plusieurs difficultés sur l'avancement de MM. les officiers. Dans un ordre déjà donné aujourd'hui, j'ai demandé aux commandants des régiments, la situation pour les emplois vacants, et leurs propositions pour les remplacements; mais, afin d'éviter toute espèce de mal-entendu, je dois prévenir qu'aux termes de la loi je ne puis autoriser qu'à recevoir les officiers et sous-officiers, dont les décrets assurent la promotion à des sous-lieutenances ou à d'autres emplois, soit de capitaines ou d'officiers supérieurs; mais les places réservées aux citoyens actifs ne peuvent être données que par ordre du roi. Je permets cependant que ceux qui sont reçus restent à leurs emplois jusqu'à la réponse du ministre; et, quant aux citoyens actifs arrivés avec des brevets ou lettres du ministre, dont les emplois se sont trouvés occupés mal à propos, je demanderai qu'ils soient placés dans d'autres régiments, et j'espère que cette proposition ne souffrira aucune difficulté.

### A l'armée.

Mes efforts ayant été inutiles pour empêcher que M. le maréchal Rochambeau ne profitât pas d'un congé, que sa santé paraît lui rendre indispensable, j'annonce à l'armée qu'il commandait, que je partage les regrets qu'elle doit éprouver, et que je ferai ce que je pourrai pour suppléer ce général, dont depuis long-temps j'honorais et j'estimais les talents. Je dois aux troupes dont je vais prendre le commandement, de leur parler avec franchise sur mon caractère, ma volonté inébranlable et mes espérances. Je leur rappèle à regret des malheurs dont elles ne

doivent se souvenir que pour les éviter ; accoutumé
à la discipline, puisque j'ai passé par tous les grades,
rien ne me fera faiblir sur les moyens de la rétablir; je veux qu'elle soit conforme aux réglements
militaires, et je me flatte que les soldats sentiront
qu'elle seule, assurant leur force, leur présagera la
victoire. Je m'adresse avec confiance aux généraux,
aux officiers supérieurs et particuliers ; je leur demande, au nom de la patrie (que sans doute ils veulent faire triompher), une surveillance continuelle,
une inébranlable fermeté pour l'exécution de tous
les ordres qu'ils recevront ou qu'ils croiront devoir
donner, pour que le soldat, tant pour son service
que son instruction et sa police intérieure, se conforme à tous ses devoirs.

Si ( ce que je ne puis croire ) ils trouvaient, en
exécutant cet ordre, des résistances, ou même des
dangers, je leur annonce qu'ils peuvent compter
sur moi comme sur eux-mêmes, que je sacrifierai
plus volontiers encore ma vie au devoir de faire respecter les officiers qui parlent au nom de la loi, que
dans les hasards des combats. Le soldat trouvera en
moi un ami, un vieux camarade prêt à aller au-devant de tous ses besoins, à servir tous ses intérêts
avec plus de zèle que les siens propres, mais aussi
un chef sévère et rigide, qui veut la gloire de la
France et le maintien de sa liberté, et par conséquent tous les moyens de l'assurer ; le premier, c'est
la discipline, et tous les vrais soldats désirent dans

le fond de leur cœur qu'elle soit parfaitement rétablie.

Forcé de parler des malheurs qui ont précédé mon
arrivée, je répéterai dans cet ordre ce que j'ai dit
au camp : *Soldats, bonne contenance, confiance
et subordination.*

Comptons les uns sur les autres, et nous obtiendrons cette gloire militaire, objet de nos travaux,
plus désirable encore, quand elle doit assurer la liberté d'un grand peuple. Confiance surtout, car
vous ne devez pas oublier avec quelle adresse les
ennemis de la constitution se sont servis des plus
infâmes calomnies, *du cri affreux de trahison,*
non-seulement pour empêcher les braves soldats de
se rallier à la voix de leurs généraux, mais encore
pour entraîner à des crimes dont l'idée seule fait
frémir, et qui feraient la honte d'une nation toute
entière, si les coupables n'étaient pas connus et sévèrement punis.

Des officiers généraux vont être très-incessamment
attachés aux différents régiments et bataillons de volontaires, et me répondront de leur instruction, de
leur discipline, et seront chargés en même temps
de constater tous les besoins des bataillons. Ils feront à cet effet une revue des corps qui seront sous
leurs ordres ; mais, pour ne pas perdre un moment
pour le remplacement des officiers de tous grades, je
prie messieurs les commandants des régiments de
m'envoyer sans délai un état circonstancié des em-

plois vacants et des sujets qu'ils proposent pour les remplir.

Il est un autre objet qui exige aussi d'être le plus promptement mis en règle, c'est le remplacement des armes ; je demande donc à messieurs les commandants des régiments et bataillons de volontaires, l'état des pertes qu'ils ont faites ; et de plus, aux derniers, l'état des parties d'armement ou d'équipement qu'ils n'ont pas encore reçues. Je désire vivement qu'il ne leur manque aucun des moyens de prouver que les soldats, armés pour la liberté, savent vaincre pour elle ; et j'espère qu'il s'établira une lutte glorieuse entre tous les corps de l'armée, dont chacun voudra se rendre digne de servir d'exemple à tous les autres.

Les promesses que j'ai reçues au camp de Famars me donnent droit d'y compter, et puisqu'elles m'ont été faites par des Français, je m'y livre avec la plus entière confiance.

*Le maréchal* LUCKNER.

M. de Crillon, membre de la ci-devant minorité de la noblesse, a obtenu un congé ; il va partir. Il est faux que M. Beauharnais ait donné sa démission. Nous conservons cet estimable officier.

Le 16, M. Charles Lameth a battu inutilement, pendant plus de trente-six heures, les environs d'Orchies, de Saint-Amand ; il donne les plus grands éloges à son détachement, et surtout au premier bataillon de Paris. Ces braves soldats ont souffert, sans murmurer, les fatigues et les marches forcées. Ils ne se sont plaints que de n'avoir pas vu l'ennemi.....

C'était le 23 mai que le maréchal Luckner prenait ces sages dispositions; le 24, le général Lafayette était aux prises avec les Autrichiens. Le ministre de la guerre envoya à l'assemblée législative la relation de cette affaire, conçue en ces termes :

Lorsque je partis pour Valenciennes, Monsieur, je chargeai un corps détaché, aux ordres du maréchal de camp Gouvion, de recueillir des fourrages destinés aux ennemis, en se ménageant une retraite assurée sur Philippeville. J'ai appris avant-hier, à mon retour, que cette commission était heureusement exécutée. Le colonel Lallemand, commandant le détachement fourrageur, avait, ce même jour, été suivi, mais non interrompu par l'ennemi. Hier, à la pointe du jour, M. Gouvion fut attaqué à Hamptinne, près Florennes, par des forces très-supérieures, qui s'étaient réunies de plusieurs points.

L'on n'avait ici que le premier bataillon volontaire de la Côte-d'Or, le second de la Marne, les 55e et 83e d'infanterie de ligne, le 20e d'infanterie légère, six escadrons des 3e et 4e régiments de chasseurs à cheval, accompagnés du 6e d'hussards, et huit pièces de canon; en tout, moins de quatre mille hommes.

Les ennemis, presque doubles en nombre, avaient dans leur train d'artillerie des pièces de position et des obusiers ; mais, malgré cette extrême disproportion, M. Gouvion n'a voulu se retirer qu'en disputant le terrain.

Voici l'extrait du compte que cet officier général m'a rendu :

L'avant-garde autrichienne a été d'abord repoussée deux fois par un détachement d'infanterie légère, auquel étaient joints des grenadiers du 55ᵉ régiment, et un escadron du 11ᵉ, le tout aux ordres du lieutenant-colonel en second, qui, ne cédant qu'à une troisième attaque, a été joindre au village de Saint-Aubin les deux compagnies de grenadiers volontaires. Pendant qu'on défendait ce village, M. Gouvion, voyant par le déploiement des ennemis une force très-supérieure, a dirigé ses équipages sur Philippeville, excepté une vingtaine de tentes qui restaient, faute de moyens de transport. Les deux corps se sont canonnés long-temps ; et, comme une colonne ennemie est arrivée sur la droite de notre position, et y a établi des batteries, M. Gouvion, pour l'empêcher de se déboucher sur le ravin, a placé sur son flanc le 11ᵉ régiment de chasseurs, aux ordres du colonel Lallemand ; le 3ᵉ, sous le colonel Victor Latour-Maubourg, et la compagnie des grenadiers du 6ᵉ, sous le capitaine Blondeau. Ces escadrons ont été exposés au feu du canon et des obusiers avec la bravoure la plus tranquille ;

mais, comme les ennemis se disposaient à passer en très-grande force le ravin qui les séparait de l'infanterie, les bataillons volontaires de la Côte-d'Or, aux ordres du lieutenant-colonel Cazote ; de la Marne, aux ordres du capitaine Gaule, et le 55ᵉ et 83ᵉ régiments, aux ordres du colonel Villione et du lieutenant-colonel Champlan, se sont formés en colonne par demi-bataillons, et se sont retirés exactement dans l'ordre prescrit, chaque troupe conservant ses distances, la cavalerie couvrant les mouvements, et l'artillerie profitant de chaque point avantageux pour nuire à l'ennemi.

Pendant cette retraite, les troupes ont successivement perdu une demi-lieue de terrain ; trois pièces de canon, qui ont tiré jusqu'au moment de la retraite, et dont l'une est tombée dans le ravin, ont été prises, parce qu'elles avaient perdu des chevaux ; une quatrième a été sauvée sous un feu très-vif par les canonniers et les volontaires de la Côte-d'Or. Les ennemis ayant ensuite rétrogradé vers le point d'où ils étaient partis, on les a inquiétés de si près, que la cavalerie de leur arrière-garde a chargé trois fois le parti qui les suivait. Le poste où l'on a combattu était occupé par nos détachements trois heures après l'affaire.

L'artillerie de l'avant-garde était commandée par des sous-officiers. M. Demannecourt, capitaine employé à Philippeville, a conduit avec beaucoup de zèle quatre pièces de cette place.

L'état de nos morts et blessés est joint ici. Les ennemis ont perdu davantage, parce que nos avant-postes ont défendu des haies et villages, que notre artillerie a été supérieurement servie, et qu'on a mieux aimé la compromettre que de diminuer son effet.

Tel est, Monsieur, le compte qui m'a été rendu par le maréchal de camp M. Gouvion. Je ne puis donner trop de louanges à la manière dont il a conduit le corps que je lui ai confié. Les chefs de corps, le colonel adjudant-général Desmottes, les officiers, sous-officiers et soldats, chacun dans leurs fonctions, méritent beaucoup d'éloges.

J'ai d'autant plus de plaisir, Monsieur, à vous transmettre la relation de cette affaire, que, pendant cinq heures pas un homme n'a quitté son rang, et que les troupes ont conservé le silence, le sang-froid, comme le courage des vieux soldats. J'ai amené ici hier au soir une réserve de quelques compagnies de grenadiers et escadrons, aux ordres du maréchal de camp Latour-Maubourg; mais les ennemis n'ont point renouvelé leurs attaques, et se sont éloignés.

*P. S.* Nous avons eu vingt-quatre hommes tués, dont trois officiers; et soixante-sept blessés, dont dix officiers.

Le 27, sur les quatre heures et demie du matin, un paysan, jambes nues, vint avertir, tout hors d'haleine, M. Gastines, capitaine commandant les postes extérieurs de Condé, que les Autrichiens, sur trois colonnes, débouchaient par les postes de Macou, la Chaussette et le vieux Condé, au nombre d'environ deux mille hommes, dont six cents de cavalerie et le reste d'infanterie. M. Gastines, après s'être assuré de l'avis, envoya le paysan à M. Omoran, général en chef, qui, sur-le-champ, expédia un ordonnance au maréchal Luckner, pour l'avertir que l'ennemi paraissait vouloir faire une attaque, mais qu'il croyait que leur véritable dessein était de se porter sur Mortagne, Maulde, etc. Cependant l'ennemi ayant étendu son front de bataille, attaqua tout à la fois les postes de la Chaussette, le Coq et Macou, dans lesquels les soldats du 1er régiment, après avoir fait une belle défense, furent forcés de se replier sur la redoute de Condé. Alors l'ennemi ayant voulu couper la retraite, s'approcha de trop près de la place, dont le feu l'obligea bientôt de s'éloigner. Dans cette affaire, qui a duré une heure et demie, l'ennemi a perdu plus de soixante hommes, cinq chevaux et un qui a été pris. On ne peut savoir au juste le nombre de leurs morts, vu la précaution qu'ils ont toujours d'amener avec eux des chariots pour enlever leurs blessés et morts; cette fois ils en ont pris trois dans la banlieue. On doit les plus grands éloges à la bravoure et au sang-froid de M. Galin, dont le feu ménagé avec prudence a coûté beaucoup de monde à l'ennemi. Nous avons eu de notre côté trois hommes de tués, quatre de blessés et deux faits prisonniers; dont un tambour.

Au premier avis, M. le maréchal Luckner est parti lui-même vers Condé, et il a fait marcher plusieurs bataillons, tant du côté de Saint-Amand que de celui de Condé ; mais l'ennemi s'étant retiré, les troupes sont revenues le même soir, et se sont rendues au camp de Famars.

Après cette affaire, un paysan des frontières ayant été pris par des hullans, ils le conduisirent à leur colonel. Celui-ci lui demanda ce qu'il pensait de la guerre; s'il avait une bonne opinion des Français ; le paysan le regardant fièrement, lui demanda s'il pouvait sans danger lui parler avec franchise. Oui, lui répondit le colonel ; tu peux tout dire. Eh bien, lui dit le Français, vous voulez aller à Paris? Nous l'espérons bien, reprit le colonel. — En ce cas, avez-vous deux cent mille hommes de recrue tous les mois, et pouvez-vous soutenir pendant vingt ans une guerre sanglante, avec des finances aussi épuisées que les vôtres? Vous aurez sept montagnes à franchir. Le colonel étonné lui demande où sont ces montagnes. Ce sont, lui répondit le généreux paysan, les cadavres amoncelés de trois millions de Français, qui ont juré de préférer la mort à l'esclavage. Le colonel outré tire son sabre pour lui fendre la tête. Vous m'avez promis de tout entendre; j'ai dit la vérité; frappez-moi. Le colonel désarmé par ce dernier trait de grandeur, pique des deux et laisse là ce brave homme qui s'en retourne tranquillement dans ses foyers. Le maréchal Luckner a voulu le voir.

Ce trait est arrivé après l'affaire de Condé.

Des dix-huit mille hommes qui, de l'armée du général Lafayette, vont à Maubeuge, six mille ont passé ici. Ce sont les troupes de la gauche de cette armée. Elles garderont les postes avancés, et celles qui les gardaient partent aux ordres du maréchal-de-camp Alexandre Lameth. L'ordre le plus sévère règne dans l'armée; la discipline est établie partout, et les fournitures arrivent continuellement. Il y a un camp en avant de Lille, menaçant Tournai : il est de douze mille hommes. Celui des Français sera de trente mille hommes à la fin de la semaine. Ceux de Dunkerque et de Maubeuge sont toujours de même. Lafayette, après la prise de Beaumont, a mis tout de suite un camp en avant de cette place, regardée comme un très-bon poste. C'est à M. Gouvion que cette place s'est rendue. On assure qu'il a trouvé beaucoup de canons, de poudre et de munitions de guerre.

Les Autrichiens ont abandonné la place, et se sont retirés dans les bois. On attaquera Charleroi, et M. Lafayette, dit-on, va marcher sur Namur. Il a déjà fort habilement coupé la communication de cette ville avec le camp de Mons. Les troupes autrichiennes sont à peu près cernées de toutes parts. Nos soldats sont pleins d'ardeur et de vaillance.

Tout ce que nous avons vu jusqu'ici de l'armée du centre est admirable : c'est la discipline, l'à-plomb, le sang-froid des vieilles troupes : ce n'est que hors des rangs qu'on reconnaît l'impétuosité française. Le plan d'attaque est bien concerté entre les deux généraux; mais tout est sous le voile et rien ne transpirera. M. Lafayette change de guide de deux lieues en deux lieues. Les fournitures sont exactes, l'abondance règne, et les soldats sont joyeux. Maubeuge est occupé par l'armée du centre. La garnison de cette ville, et les troupes du camp retranché sont réunies au camp de Famars, et toute cette armée se porte cette nuit vers Lille. Nous allons avoir par là un front bien redoutable. M. de Gouvion est à Grisonelle, entre Maubeuge et Mons avec une avant-garde de quatre mille hommes. MM. Delanoue et Alexandre Lameth ont dû partir hier de Maubeuge pour marcher avec six mille hommes vers Valenciennes, en passant par la forêt de Mermal.

Pendant que les armées françaises versaient leur sang pour la défense de la patrie, une députation d'invalides, admise à la barre de l'assemblée législative, soumettait à son approbation une adresse à leurs frères d'armes, conçue en ces termes :

CAMARADES ET AMIS,

Du sein de la plus honorable retraite, nous avons appris avec plaisir les actes d'héroïsme qui ont toujours distingué plusieurs de nos braves successeurs à la défense de la patrie; nous vous félicitons tous de votre devoûment à la chose publique, et du bonheur que vous avez, dans les circonstances actuelles, de défendre la plus belle, la plus légitime cause qui jamais ait donné lieu au rassemblement des armées, la résistance à l'oppression, à la tyrannie. Cette armée, toute civique, est bien faite pour élever l'ame, et voler à la victoire, avec d'autant plus de satisfaction, que l'Europe entière a les yeux fixés sur la révolution française et ses succès; révolution sans exemple jusqu'ici dans l'histoire d'une nation instruite et modérée.

Nos très-chers compagnons d'armes, braves soldats et courageux citoyens français, puissions-nous être assez heureux pour vous pouvoir convaincre, par l'expérience que nous avons acquise par de longues années de service, que la subordination d'une armée est sa principale force; que sans elle il n'existe point d'armée proprement dite, mais seulement des rassemblements de factieux qui se détruiraient eux-mêmes en détail. Ainsi donc, chers camarades, le véritable bonheur de la nation est dans vos mains; nous vous invitons, comme de vrais frères, à soutenir l'honneur français, comme nous l'avons toujours fait par la soumission à la plus exacte discipline; soumission si nécessaire à la gloire de nos armes, à la bravoure qui vous caractérise : n'oubliez jamais que vous êtes des soldats citoyens et des citoyens soldats; que vous combattez pour la plus noble des causes, celle de la liberté : marchez en toute confiance et en silence sous la conduite de vos généraux, dont le civisme épuré doit être connu de la plus grande partie de vous, ainsi que de nous, qui avons servi sous leur commandement.

Quelle belle perspective se présente à vos yeux! Vous allez entrer dans les plaines de Fontenoi, Lawfeld et Raucoux, où vos aïeux ont été long-temps victorieux. Eh bien ! c'est qu'ils y marchaient avec une ferme contenance et pleins de confiance en leurs chefs. Les Autrichiens fuyaient devant nos armes; les villes se rendaient, leurs murailles s'écroulaient à l'aspect des drapeaux français : Saxe et Lowendal ne sont plus, mais vous êtes commandés par des généraux qui, comme eux, sont de vrais héros : à coup sûr, ils ne respirent que la gloire et l'honneur. Marchez sous leurs ordres avec fermeté, vous cueillerez la palme, vous vous couvrirez de lauriers.

Un nouvel engagement venait d'avoir lieu entre l'armée du général Lafayette et les Autrichiens. Le général Servan, ministre de la guerre, paraît tout-à-coup à la barre de l'assemblée législative, et lit la lettre qui lui rend compte de l'action, et que nous rapportons ici.

> Au camp retranché de Maubeuge,
> le 11 juin, l'an 4 de la liberté.

Je vous ai rendu compte, monsieur, des mouvements sur Maubeuge. Avant-hier, pendant que je reconnaissais le pays entre mon camp et Mons, il

s'engagea une escarmouche de nos troupes légères
avec celles des ennemis, où ceux-ci perdirent trois
hommes, et où il y eut de part et d'autre quelques
blessés. Ce matin, les ennemis ont attaqué mon
avant-garde, qu'ils espéraient sans doute surprendre;
mais, averti à temps, M. Gouvion a renvoyé ses
équipages sur Maubeuge, et a commencé, en se
repliant, un combat où son infanterie était continuellement couverte par des haies, et où les colonnes ennemies ont beaucoup souffert du feu du
canon, et particulièrement de quatre pièces d'artillerie à cheval, sous le capitaine Barrois. Les 3ᵉ et
11ᵉ régiments de chasseurs et le 2ᵉ de hussards ont
bien manœuvré; celui-ci a fort maltraité un détachement de hullans qui s'était aventuré. Un ouragan
très-violent ayant empêché d'entendre les signaux
du canon, a retardé pour nous la connaissance de
l'attaque. Aussitôt qu'elle est parvenue au camp,
une colonne d'infanterie, sous M. Ligneville, et de
la cavalerie, sous M. Tracy, ont été conduites par
M. Narbonne sur le flanc des ennemis. Tandis que
la réserve de M. Maubourg se portait au secours de
l'avant-garde, j'ai fait marcher les troupes en avant;
et les ennemis, nous abandonnant le terrain, une
partie de leurs morts et de leurs blessés, se sont retirés dans leur ancien camp. Nous avons dépassé
de plus d'une lieue celui de l'avant-garde, qui a
repris tous ses postes.

Je n'aurais donc qu'à me féliciter du peu de succès de cette attaque, si, par la plus cruelle fatalité, elle n'avait pas enlevé à la patrie un de ses meilleurs citoyens, à l'armée un de ses plus utiles officiers, et à moi un ami de quinze ans, M. Gouvion..... Un coup de canon a terminé une vie aussi vertueuse. Il est pleuré par ses soldats, par toute l'armée, et par tous ceux qui sentent le prix d'un civisme pur, d'une loyauté inaltérable, et de la réunion du courage aux talents. Je ne parle pas de mes chagrins personnels; mes amis me plaindront.

Les deux lieutenants-colonels du département de la Côte-d'Or excitent de justes regrets. L'un, M. Cazotte, âgé de soixante-quinze ans, et connu par cinquante ans de services distingués dans l'artillerie, avait, dans la dernière affaire, concouru avec M. Gouvion à l'action vigoureuse qui sauva du milieu des ennemis une pièce démontée. Notre perte d'ailleurs se borne à vingt-cinq hommes blessés. Le nombre des morts est peu considérable. Les ennemis en ont laissé beaucoup plus que nous, et en ont beaucoup emporté. Nous avons fait quelques prisonniers, et je n'ai aucune connaissance que nous en ayons perdu.

Telle est, monsieur, la relation que je m'empresse de vous envoyer en rentrant au camp; elle est aussi exacte que je le puis avant d'avoir reçu des détails officiels.

*Signé*, le général d'armée LAFAYETTE.

Voici ce que portaient les nouvelles de Lille, en date du 15 juin.

L'armée du général Luckner, partie du camp de Saint-Amand le 11, fit halte à Orchies, et elle s'établit à Lille, dans la plaine, hors de la porte de la Madeleine. Ce camp s'étendait jusqu'au village de la Marquette, et les tentes furent dressées sur une file de six de hauteur. Le quartier-général est au faubourg de la Madeleine. Le général Luckner a été visiter hier le camp de Cysoing. Une patrouille de ce camp a rencontré des hullans, qui se sont enfuis. Après la dissolution du camp de Famars, dix-huit mille hommes de l'armée du centre s'y sont établis, et les troupes de M. Lafayette ont aussi occupé le camp de Maubeuge.

Pendant que l'armée française triomphait devant Maubeuge, la ville de Neuf-Brisack, était le théâtre des plus affreux désordres. Pendant plus de six jours, la discipline militaire fut méconnue; et la troupe, sourde à la voix de ses chefs, n'écouta qu'une aveugle fureur. Nous transcrivons ici le rapport qui fut fait à l'assemblée législative par le général Mathieu Dumas, sur ce qui s'était passé à Neuf-Brisack.

### Rapport de M. Dumas sur les événements qui ont eu lieu à Neuf-Brisack, les 4, 5, 6, et 7 juin.

Les désordres qui viènent d'arriver à Neuf-Brisack ont été précédés et accompagnés de circonstances dont il est nécessaire d'être informé pour remonter à la source des événements. Voici les faits.

Le directeur-général des douanes nationales à Strasbourg écrivit, le 7 mai, une circulaire très-détaillée, pour recommander à ses subordonnés la surveillance la plus active, et pour qu'ils missent obstacle au passage des marchandises prohibées, notamment aux munitions de guerre. A cette circulaire en succéda, le 23 mai, une autre qui, en attribuant à une erreur de copiste l'esprit et les dispositions de la première, recommande, au contraire, aux préposés des douanes de laisser au commerce la plus grande liberté; et en énonçant plusieurs marchandises dont l'exportation doit être permise, elle y comprend les fusils, sans ajouter la restriction que porte la loi, qui ne laisse la liberté de l'exportation que pour *les fusils de chasse.*

Ces lettres, que le directeur des douanes de Strasbourg avait calquées sur celles qu'il avait reçues lui-même de la régie, devinrent publiques : elles répandirent l'alarme et la défiance dans les esprits.

Le 4 juin, des voitures passant en transit, se présentèrent venant de Strasbourg et allant à Bâle. Des soldats et volontaires du camp établi sous Neuf-Brisack les soupçonnèrent d'être chargées d'armes, les arrêtèrent, et déclarèrent qu'ils voulaient les décharger et les visiter. M. d'Arlandes, capitaine au 13e régiment d'infanterie, adjudant-général du camp, en étant instruit, après avoir chargé l'adjudant-major du 13e régiment d'empêcher que ces voitures ne fussent déchargées jusqu'à nouvel ordre, alla rendre compte à M. d'Herbigny, commandant de la place, qui lui dit d'en prévenir le maire, chez qui il se rendit sur-le-champ.

Le maire, qui avait déjà été informé de l'arrestation par le sergent de la garde, avait envoyé celui-ci au bureau des douanes nationales, pour s'enquérir du receveur, si les lettres de voiture, acquits-à-caution ou passavants dont le voiturier était porteur, avaient été vérifiés. Le sieur d'Arlandes requit le maire de passer à la douane, où les commis lui assurèrent que tout était en règle; sur quoi ils allèrent à la porte de Bâle, dire que le voiturier était en règle, et que rien ne devait s'opposer au passage de la voiture, qui en effet sortit de la ville. De-là ils allèrent, le maire et lui, sur la chaussée, où une grande foule de soldats entourait un convoi de trois voitures, criant qu'il fallait les visiter. Il demanda un moment de silence, qu'il obtint avec beaucoup de peine, et leur dit que M. le maire présent s'était assuré à la douane que les papiers des voituriers étaient en règle, et que, conformément à la loi, ils devaient laisser passer les voitures. Ils répondirent à grands cris et confusément, qu'ils voulaient voir si elles ne contenaient pas des armes. Après leur avoir répété plusieurs fois inutilement ce que la loi exigeait d'eux, il leur promit, pour les satisfaire, qu'il allait demander des ordres pour en faire la vi-

site, et exigea qu'en attendant son retour ils n'y
dérangeassent rien ; ils crièrent que la nuit viendrait,
qu'il ne serait plus temps de les visiter, et qu'on les
ferait partir : il ne leur demanda qu'une demi-heure
pour être de retour, à quoi ils parurent consentir
en battant des mains et criant *bravo*.

Il retourna à la ville, et engagea le maire à se faire
accompagner de quelques officiers municipaux revêtus de l'écharpe, ainsi que lui, et des commis de la
douane pour faire la visite ; que dans l'intervalle il
irait prendre le commandant de la place pour y assister. Il alla trouver le commandant de la place
chez M. de Bizy, où se trouvaient plusieurs chefs
de corps ; il lui rendit compte de ce qui se passait,
et lui dit que comme l'attroupement était fort nombreux et les têtes fort échauffées, il lui paraissait
convenable de faire monter à cheval le régiment de
chasseurs. Cette mesure ne fut pas jugée nécessaire.
Il sortit avec M. d'Herbigny, et les deux lieutenants-
colonels du 13e régiment : ils rencontrèrent, en
allant à la porte, le maire et un officier municipal
sans écharpe : au même instant ils virent accourir
vers eux des soldats armés, conduisant un charretier qu'ils avaient arrêté, et le menaçant de la lanterne. Dans la crainte que cette troupe très-animée
ne fît périr le charretier, le sieur d'Arlandes le prit
par le bras ; il fut repoussé à plusieurs reprises, et
parvint cependant à le conduire en prison, après
avoir dit aux soldats que, s'il était coupable, il de-

vait être puni légalement. A peine le charretier fut-il entré en prison, qu'un boucher, au service de l'entrepreneur des vivres de la viande de l'armée, dit au sieur d'Arlandes, d'un air furieux, qu'il n'aurait pas sauvé la vie à cet homme, s'il n'était son complice, et qu'il lui ferait sauter la tête, n'étant pas venu de cent lieues pour rien. Le sieur d'Arlandes méprisa ce propos, et retourna avec le commandant, qui ne l'avait pas quitté, du côté des voitures qui étaient encore hors de la ville. A la porte ils apprirent par plusieurs soldats, qui tenaient des canons de fusil à la main, que les voitures étaient chargées d'armes ; ils en trouvèrent une que les soldats voulaient conduire au camp.

M. d'Herbigny ordonna qu'elles fussent toutes conduites en ville. Les soldats s'y refusèrent, et le même boucher dit à M. d'Herbigny qu'il lui ferait sauter la tête, s'il s'opposait à ce que les soldats voulaient. Le sieur d'Arlandes fut entouré de soldats furieux ameutés par le boucher, qui l'accusèrent de trahison, et d'avoir su que ces voitures étaient chargées d'armes : ils l'entraînèrent au camp, en criant qu'il fallait le pendre. Ils prirent un caporal et quatre hommes des volontaires qui se trouvaient sur le glacis, pour entourer et garder le sieur d'Arlandes. A mesure qu'on approchait du camp, la foule et la fureur augmentaient : en vain le sieur d'Arlandes cherchait à leur faire entendre qu'il ne s'était conduit que d'après la loi : ils ne lui répondaient que par des injures et des menaces. Arrivés au camp, on le conduisit dans la tente de la garde d'un des deux bataillons de volontaires, où il essayait en vain de se faire entendre et de se justifier.

Peu de temps après, M. d'Herbigny parut; il tâcha de calmer les esprits, qui s'enflammèrent encore plus. On n'entendait que les cris de pendre et de lanterne. On enleva la tente; la foule força le peu d'hommes armés qui se trouvaient auprès du sieur d'Arlandes, et se jeta sur lui. M. d'Herbigny cria, en embrassant le sieur d'Arlandes, qu'il périrait avec lui : la foule le détacha et l'emporta. M. d'Arlandes éprouva alors les traitements les plus atroces; on lui arracha les épaulettes; on déchira son vêtement; on le tirait avec violence par le mouchoir qu'il avait au cou. Les uns voulaient le jeter dans le canal; les autres voulaient l'entraîner sous un arbre, à une branche duquel on avait déjà attaché une corde pour le pendre, et un homme était monté sur l'arbre : le boucher excitait à chaque instant, par des cris et des propos, la fureur des soldats; il saisit même la poignée du sabre d'un musicien pour le tirer et en percer le sein de M. d'Arlandes.

Pendant qu'il était ainsi tiraillé, un officier, un soldat de son régiment, le tenant à brasse-corps et disant qu'ils périraient avec lui, plusieurs sous-officiers et soldats du même régiment, qui suivaient, tâchaient de le soustraire à la fureur de la troupe. Enfin la générale battit; les furieux se séparèrent pour courir à leurs armes : le sieur d'Arlandes resta entre les mains de la garde des volontaires, et M. Hiton, lieutenant-colonel commandant du camp, envoya un piquet de grenadiers, qui s'empara de lui et le conduisit à la tente du capitaine de la compagnie, où il fut gardé. M. d'Herbigny y vint, parla aux grenadiers, et proposa de conduire le sieur d'Arlandes en prison; ce qui fut accepté. Un piquet de grenadiers de son régiment et de volontaires nationaux, l'y conduisit par ordre du commandant.

Cependant le maire, occupé à rassembler les officiers municipaux, avait rencontré dans la ville une foule de soldats qui traînaient des voituriers pour les conduire en prison. Peu après un soldat lui montra un canon de fusil, qu'il lui dit qu'on avait tiré d'une caisse chargée sur une de ces voitures. Le maire dit aux soldats de venir le lendemain déposer à la municipalité ce canon de fusil, pour pièce de conviction. Il reconnut ensuite les officiers municipaux, auxquels il dit de prendre leur écharpe, et envoya un huissier de la municipalité avertir les préposés de la douane de se joindre à eux pour faire la visite des voitures et en dresser procès-verbal. Ils se rendirent au camp, où ils arrivèrent à peine qu'un soldat en veste prit le maire au collet, en lui disant : *Vous vouliez faire passer ces voitures ; vous aviez bien tort, puisque nous y avons trouvé des armes.* Au même instant, un officier du 13ᵉ régiment vint à lui en courant, et lui dit : *Ne perdez*

*pas de temps à vous sauver, vous êtes menacé.*
Aussitôt il entendit battre la générale au camp : sur
quoi il se retira avec les officiers municipaux et les
préposés de la douane, et tous rentrèrent précipi-
tamment en ville. Une heure après qu'il fut retiré
chez lui, un soldat du 13e régiment, sans armes,
entra dans son poële au rez-de-chaussée, demanda
d'un ton menaçant où était le maire ; et dès qu'il
l'aperçut, il le prit au collet : ses deux filles et sa
servante, voulant le tirer des mains du soldat, le
traînèrent dans la chambre. Il arriva des soldats en
foule, qui l'arrachèrent de force, malgré la résistance
de ses filles, de la servante et du chirurgien-major
du 8e régiment de chasseurs. Ses filles furent mal-
traitées de coups, et lui fut traîné par les rues, in-
jurié par les soldats, qui criaient : *A la lanterne.*
Ils le firent passer sur la place d'armes. En passant
près des arbres qui la bordent, ils renouvelaient les
cris *à la lanterne.* Continuant à l'injurier et à le
frapper, ils le conduisirent à l'hôtel-de-ville ; et, sans
les prières et les exhortations d'un lieutenant de la
garde nationale de la ville, qui demanda aux soldats
qu'ils fissent entrer le maire dans l'hôtel-de-ville, et
qu'ils le missent en prison pour le faire juger et punir, s'il était trouvé coupable, on l'aurait accroché
sous la porte.

Le directoire du département du Haut-Rhin, instruit de ces faits et des circonstances qui les avaient
précédés, crut qu'il était de son devoir de remonter

à leur source, de faire des voitures l'examen le plus complet, pour découvrir s'il n'existait pas un attentat contre la sûreté publique.

Il sentit aussi que les défiances des soldats étaient trop naturelles, les lois sur les divers genres de commerce trop compliquées pour être saisies par eux ; enfin, que la sûreté d'une place située à peu de distance de l'ennemi, serait trop compromise par des combats d'autorités, pour qu'il ne fût pas nécessaire de faire taire momentanément la loi, et de ramener le calme et la confiance par la vérification la plus exacte. Il envoya à Neuf-Brisack deux commissaires; leur donna les pouvoirs les plus étendus pour procéder à l'examen des voitures, vérifier les faits et arrêter les coupables, s'il s'en trouvait.

Il ne négligea point, en même temps, le sort des personnes détenues illégalement, et autorisa les commissaires à les faire sortir de prison ; il arrêta de plus, que le rapport des faits serait adressé à l'assemblée nationale, et qu'elle statuerait sur le tout.

Les commissaires, arrivés à Neuf-Brisack, crurent devoir commencer par les opérations les plus propres à calmer les esprits; ils demandèrent que des soldats des différents corps les assistassent dans la vérification du chargement des voitures.

M. de Lamorlière, lieutenant-général commandant l'armée du Rhin, ayant reçu à Strasbourg, le 5 juin au matin, une lettre de M. d'Herbigny, commandant de la place de Neuf-Brisack, qui lui rendait compte de ce qui passait, chargea M. Victor Broglie, chef de l'état-major de l'armée du Rhin, de se rendre sur-le-champ dans cette place, pour y prendre connaissance des événements, et procurer le rétablissement de l'ordre. M. Victor Broglie partit le même jour pour Colmar, afin de se concerter avec le directoire du département du Haut-Rhin : il apprit des administrateurs l'origine et le détail des troubles ; il apprit en outre que déjà des commissaires du directoire du département s'étaient rendus à Neuf-Brisack ; il engagea M. Rewbel, procureur-général-syndic, à l'y accompagner. Ils y arrivèrent tous deux le 6 juin à sept heures du matin.

En descendant chez M. d'Herbigny, et s'y trouvant réunis avec MM. les commissaires du département, les chefs de corps et M. Brunck, commissaire-auditeur de l'armée, MM. Rewbel et Victor Broglie apprirent que M. le maire et M. d'Arlandes étaient encore l'un et l'autre retenus en prisons ; que la visite des voitures arrêtées était commencée, et qu'il s'y était effectivement trouvé des canons de fusil de munition, des pistolets, des platines, etc.. Ils apprirent en outre que l'effervescence de la garnison était encore très-vive ; et que le 4ᵉ bataillon des volontaires nationaux de l'Ain, et le 6ᵉ du Jura, campés sur les glacis, étaient les plus échauffés. M. Victor Broglie reçut, dans le même moment, de MM. les commissaires du département, une réquisition par écrit, qui prescrivait d'assurer, par tous les moyens de la force publique, l'élargissement de M. le maire et de M. d'Arlandes, illégalement détenus. M. Victor Broglie crut devoir profiter de l'intervalle qui restait jusqu'au moment fixé par la réquisition, pour parcourir successivement avec MM. Rewbel et Brunck, les quartiers du 13ᵉ régiment, du 1ᵉʳ bataillon de Haute-Saône, du 8ᵉ régiment de chasseurs à cheval, et de l'artillerie. Il leur rappela leur devoir, et leur fit, sur les violences commises la veille, des représentations qui furent écoutées avec attention par les soldats : plusieurs témoignèrent des regrets sincères sur leurs fautes passées; les chasseurs à cheval, qui s'en étaient préservés, prirent, avec M. Victor Broglie, l'engagement qu'ils ont glorieusement tenu, celui de demeurer fidèles à la discipline et dans la plus parfaite soumission à la loi.

A midi et demi, MM. Rewbel, Victor Broglie et Brunck se rendirent à la maison commune, où le maire et M. d'Arlandes étaient détenus : un piquet de la seconde compagnie de grenadiers du 13ᵉ régiment d'infanterie avait été placé en bataille devant la maison commune : le 8ᵉ régiment de chasseurs, qui était monté à cheval pour recevoir ses étendards qui venaient d'être bénis, avait eu ordre de rester sur la place voisine. Des piquets étaient commandés dans les différents quartiers. M/ Rewbel réitéra de vive voix, en présence des troupes placées devant la maison commune, la réquisition au nom de la loi, de faire sortir les prisonniers; aussitôt il monta avec M. Victor Broglie et M. Brunck à la prison, et en fit sortir M. le maire et M. d'Arlandes.

M. Victor Broglie ordonna aux grenadiers du 13ᵉ régiment de le suivre, et d'escorter M. le maire et M. d'Arlandes, que le procureur-général-syndic, le commissaire des guerres et le général voulaient accompagner chez eux. Dans ce moment, de grands cris s'élevèrent de tous côtés; ils partaient de plusieurs groupes de soldats et de volontaires sans armes, qui, en désignant les prisonniers, disaient : *Ils ne sortiront pas, ils ne marcheront pas : nous ne le voulons pas, etc.*

Les grenadiers, ébranlés par ces cris séditieux, témoignèrent de la résistance à obéir. Leurs officiers, indignés d'une telle conduite, en avertirent M. Victor Broglie, qui parla lui-même avec énergie à cette troupe, dont les rangs étaient déjà rompus; plusieurs grenadiers avaient osé énoncer à haute voix leur refus de marcher. M. Victor Broglie ordonna aussitôt de battre la générale, et envoya chercher un piquet de chasseurs à cheval, qui, fidèle à son devoir, s'avança avec la contenance la plus ferme. Cet exemple décida les grenadiers à marcher, et les prisonniers furent ainsi conduits à pied et sans trouble chez M. le maire, par MM. Rewbel, Victor Broglie, Brunck et plusieurs autres officiers. Un piquet de vingt-cinq chasseurs à cheval, de cinquante hommes du 13ᵉ régiment, et de cinquante volon-

taires nationaux, fut placé à la porte de M. le maire.
M. Victor Broglie ordonna en même temps à la
compagnie de grenadiers, dont une partie s'était
livrée à une insubordination si répréhensible, de
partir pour Strasbourg, où, d'après les plaintes portées par M. Brunck, commissaire-auditeur, les
coupables seront jugés d'après la loi. Cet ordre fut
exécuté malgré les oppositions que quelques malveillants voulaient y mettre : la compagnie partit, et
cet exemple parut en imposer.

M. Victor Broglie parla ensuite sur la place-d'armes, à toute la garnison assemblée ; retraça aux soldats leur devoir ; leur reprocha, avec force, les désordres auxquels ils s'étaient livrés ; il fit rentrer les
troupes dans leurs quartiers respectifs, et se rendit
ensuite au camp, accompagné de vingt chasseurs.
Le premier bataillon dont il s'approcha, était le 1er
de l'Ain ; il était sous les armes. M. Victor Broglie
commença à parler à ces volontaires pour leur faire
reconnaître les fautes qu'ils avaient commises, pour
leur rappeler les principes de la discipline.

M. Latour, premier lieutenant-colonel de ce
corps, demanda la parole à M. Victor Broglie, et
commença fort mal à propos à vouloir justifier le fait
de l'arrestation des voitures. M. Victor Broglie l'in-
terrompit pour lui faire sentir combien ses observations seraient mal placées. Cet officier insista.
M. Victor Broglie s'apercevant que c'était un ancien
officier, qu'il portait la décoration militaire, le pria

de nouveau de cesser son discours et de lui épargner la peine de punir un vieux serviteur de la patrie. Il continua toujours. Alors M. Victor Broglie lui ordonna les arrêts.

A ce moment, l'insurrection se manifesta parmi les volontaires. Des cris tumultueux s'élevèrent; on criait que le lieutenant-colonel n'irait pas aux arrêts; plusieurs volontaires mirent M. Victor Broglie en joue : le plus grand désordre se manifesta; quelques officiers s'y opposèrent, mais leurs efforts furent vains. Le général s'approcha du 6ᵉ bataillon du Jura, qui était sous les armes; il lui parla avec la vigueur et le calme qui convenait dans les circonstances. Il fut écouté avec assez d'attention; mais les volontaires de l'Ain étant accourus en foule derrière le front, renouvelèrent leurs cris séditieux, et les volontaires du Jura n'eurent pas la force de résister à ce mauvais exemple. Quoique moins échauffés que ceux de l'Ain, ils partagèrent bientôt leurs torts et se livrèrent à des menaces et à des cris.

M. Victor Broglie s'approcha alors du détachement des trois cents hommes du 13ᵉ régiment, campés auprès des volontaires du Jura. Ce détachement, qui était sous les armes, conserva une bonne contenance; et, quoiqu'il fût bientôt entouré des volontaires en état de rebellion, il demeura dans l'ordre et la discipline. Le général crut devoir parcourir de nouveau le front du camp, au pas : il n'avait aucune force suffisante pour réprimer la sédition; il rentra, après avoir témoigné à ces soldats rebelles, en s'arrêtant plusieurs fois vis-à-vis d'eux, combien leur conduite était coupable, mais aussi combien leurs menaces étaient vaines pour l'émouvoir.

En rentrant dans la ville, M. Victor Broglie la trouva tranquille; il ordonna des patrouilles d'infanterie et de cavalerie, pour maintenir l'ordre, prévenir les attroupements : il y réussit, et le calme fut maintenu malgré l'affluence des volontaires du camp et de l'agitation des esprits. Le général ayant mandé les lieutenants-colonels et quelques officiers du premier bataillon de l'Ain, pour savoir d'eux la cause de la sédition de ce bataillon, apprit qu'avant son arrivée au camp, on avait cherché à prévenir les volontaires par des rapports et des écrits calomnieux : ils lui témoignèrent leurs regrets de ce qui s'était passé.

Le boucher de l'armée, qui s'était fait remarquer par des violences envers M. d'Arlandes, avait été arrêté le matin, par ordre de M. Victor Broglie. Le général apprit dans la soirée qu'on avait formé le projet de venir l'enlever, et, pour en prévenir l'exécution, il ordonna qu'un détachement de chasseurs partirait à portes ouvrantes pour mener le prisonnier à Colmar. Mais les rebelles se portèrent aux portes de grand matin; et, lorsque le détachement se présenta pour sortir, il fut enveloppé de toutes parts : le prisonnier lui fut enlevé. Instruit de ce fait, et sans aucun moyen de connaître les coupables, sans force suffisante pour les faire arrêter, M. Victor Broglie ordonna que le premier bataillon de l'Ain partît sur-le-champ pour se rendre à Béfort; le 6ᵉ du Jura, à Amerschwir; la compagnie d'artillerie, à Strasbourg, et que le détachement du 13ᵉ régiment rentrât dans la place.

Cet ordre n'éprouva aucune opposition : les troupes se disposèrent à l'exécuter, et un grand nombre de soldats des bataillons de l'Ain et du Jura vinrent, avant leur départ, témoigner leurs regrets de ce qui s'était passé; lui exprimer la douleur et la honte qu'ils ressentaient d'appartenir à des corps dont la majorité tenait une conduite aussi affligeante pour les départements auxquels ils appartenaient, que pour le corps entier des volontaires nationaux. Plusieurs d'entr'eux paraissaient désirer qu'il leur fût permis, ou de servir comme simples volontaires dans des bataillons plus dignes de la confiance nationale, ou que leur démission fût acceptée. Le général leur répondit que le moment était venu *où tout bon citoyen devait rester à son poste, quelque pénible, quelque périlleux qu'il pût devenir; que la patrie serait perdue, si les gens de bien se décourageaient et abandonnaient leurs places aux lâches et aux malveillants :* il les exhorta à rechercher ceux qui, par des faux rapports et par des écrits calomnieux, avaient porté les troupes à la rebellion, et les engagea à les dénoncer. Il les assura

que cette conduite, prescrite par l'assemblée nationale aux corps compromis dans les affaires de Mons
et de Tournai, était la seule qui pût rétablir l'honneur de leurs bataillons, et prévenir les dispositions
sévères et générales que sans cela l'assemblée nationale prendrait sans doute à leur égard ; que dès ce
moment ils devaient renoncer à l'espérance de faire
partie des troupes destinées à marcher les premières
à l'ennemi ; et que, conformément à l'ordre donné
par M. le maréchal Luckner, ils seraient renvoyés
sur les derrières s'ils ne donnaient pas des preuves
éclatantes d'un sincère et véritable repentir. Cette
exhortation parut faire beaucoup d'impression sur
eux : ils rejoignirent leurs bataillons prêts à partir.

Les volontaires, en quittant le camp, tirèrent
leurs armes pour les décharger. Le commandant du
poste de la place d'armes vint rendre compte au général que les balles tombaient dans la ville. M. Victor Bloglie fut informé, en même temps, que l'un
des bataillons avait fait prendre un uniforme de
volontaire au boucher de l'armée qui avait été enlevé le matin au détachement qui le conduisait, et
qu'à la faveur de ce déguisement, les volontaires
l'avaient emmené avec eux dans les rangs.

Après le départ des troupes campées, le calme
paraissait rétabli, lorsque deux voitures chargées,
venant de Strasbourg, traversèrent la ville. Les préposés de la douane nationale avaient trouvé leur
connaissement en ordre, et leur permirent de pas-

ser outre; mais, lorsqu'elles voulurent partir, une foule de volontaires de la Haute-Saône et des soldats du 13ᵉ régiment s'y opposèrent, en demandant que ces voitures fussent visitées. Les craintes, les défiances des jours précédents se renouvelèrent, et les esprits parurent précisément dans le même état où ils étaient auparavant. Le général averti, avait commandé une escorte de vingt-cinq chasseurs à cheval: il marcha lui-même avec les commissaires du département, et trouva la rue obstruée de soldats. Il jugea bientôt que les têtes exaltées par le vin ne pouvaient être ramenées; que la loi ne triompherait pas sans combat, et que les méfiances ne pouvaient être calmées que par des moyens plus doux. Les commissaires du département, les officiers supérieurs et autres furent du même avis; et l'on se décida unanimement de tenter encore une fois l'effet de la persuasion pour ramener la soumission avec la confiance.

Le général, les commissaires, les officiers, les sous-officiers, chasseurs et soldats, amis de l'ordre, se mêlèrent dans les différents groupes, raisonnèrent sur les malheurs qui résulteraient pour l'état, de la perte du commerce de transit, sur le danger des méfiances exagérées et sans fondements, sur la nécessité de s'unir contre les traîtres qui les provoquaient, et l'obligation tant de fois jurée de maintenir les lois, au prix de tout notre sang; enfin, un peu avant la nuit, MM. les commissaires et le général vinrent auprès des voitures, et dirent à ceux qui les environnaient que pour faire cesser, une fois pour toutes, les inquiétudes qui pourraient demeurer dans quelques esprits, on visiterait les deux voitures en présence des soldats qu'ils désigneraient et nommeraient par compagnies, et qu'on s'assurerait ainsi de la conformité du chargement avec les lettres de voitures; que cette vérification commencerait le lendemain 8, à six heures du matin. Peu de soldats parurent désirer fortement cette visite, formellement contraire à la loi sur le commerce de *transit*; et il fut permis de bien augurer des dispositions de la majorité.

Le lendemain matin, les chasseurs à cheval du 8ᵉ régiment vinrent dire au général, que, contents de faire leur devoir de soldats, ils ne se chargeraient point de faire celui de commis de la douane, confié à d'autres qu'à eux; et qu'aucun d'entr'eux n'assisterait à la visite des voitures. Les grenadiers du 13ᵉ régiment ne nommèrent point de députés, et ceux que les autres compagnies avaient désignés, vinrent assurer le général que les sentiments des vrais soldats du 13ᵉ régiment étaient l'amour de la discipline, le respect pour la loi; que les désordres que l'on pouvait encore attribuer à la totalité du corps, avaient été excités par un petit nombre d'hommes pervers, qu'ils dénonceraient eux-mêmes, et qui avaient abusé de la jeunesse et de l'inexpérience de quelques recrues arrivés depuis peu de mois; qu'ils répondaient au général que de pareilles scènes ne se renouvèleraient plus ; qu'ils se rendraient dignes de conserver au régiment le glorieux surnom de *régiment sans tache*, et la place qui lui avait été désignée dans le premier rassemblement. Le général leur parla de manière à les maintenir dans ces bonnes intentions ; il fit ensuite prendre les armes à tous les corps de la garnison, et il parla à chacun d'eux d'une manière convenable à la conduite qu'ils avaient tenue.

Sept soldats du 13ᵉ régiment d'infanterie, dénoncés par leurs camarades pour être chefs d'émeute, ont été arrêtés. Un volontaire de la Haute-Saône a été reconnu pour avoir été, la veille, un des plus acharnés à s'opposer à la sortie des voitures ; il a été mis en prison : enfin, à deux heures les voitures sont parties sans avoir été visitées, au milieu d'une foule de soldats qui marquaient un véritable empressement de n'avoir plus sous les yeux les témoins de leurs erreurs. Le général et le procureur-général-syndic partirent aussitôt après, celui-ci pour Colmar, et le premier pour venir rendre compte de sa conduite à M. de Lamorlière.

La seconde compagnie des grenadiers du 13ᵉ régiment, qui, par ordre de M. Victor Broglie, était partie de Neuf-Brisack pour Strasbourg, y est arrivée le 8 ; le lendemain 9 au matin, par ordre de M. de Lamorlière, elle s'est rassemblée sans armes dans un des ouvrages de la place, où se trouvait un piquet de chacun des régiments de la garnison de Strasbourg et un piquet à pied et à cheval de la garde nationale citoyenne de la ville. Alors M. Victor Broglie a ordonné au capitaine de la compagnie d'appeler à haute voix tous ceux qui n'étaient point du piquet qui avait donné une preuve si affligeante de son insubordination. Les soldats appelés sont sortis du rang, et ont reçu du général l'ordre d'aller reprendre leurs armes au quartier et de revenir à leur poste.

M. Brunck, commissaire-auditeur a sommé l'officier qui commandait le piquet à Neuf-Brisack, de dénoncer ceux des soldats qu'il regardait comme les principaux auteurs de la rébellion; il en a nommé quatre, et les sous-officiers et grenadiers en ont dénoncé deux autres. M. Victor Broglie a saisi ce moment pour détailler avec force aux piquets rassemblés, les suites funestes d'une insubordination aussi criminelle aux yeux de la loi, que dangereuse pour la patrie; puis, s'adressant aux soldats de la compagnie de grenadiers du 13ᵉ régiment, qui venaient de reprendre leurs armes, il leur a dit que, pour leur faciliter les moyens de prouver combien leur conduite et leurs sentiments étaient éloignés de ceux de leurs camarades coupables, il leur confiait le soin de conduire eux-mêmes à la prison militaire les six grenadiers dénoncés. Cette disposition a été exécutée avec zèle : les grenadiers détenus ont été traduits au jury d'accusation; ceux qui composaient le piquet à Neuf-Brisack ont été conduits à la citadelle, où ils sont consignés, et le reste de la compagnie, qui n'avait pas participé à leur faute, est parti sur-le-champ pour rejoindre le 13ᵉ régiment.

*N. B.* A la suite de ce rapport, M. Dumas a proposé un projet de décret rédigé d'après les mêmes principes que celui qui avait été rendu contre les 5ᵉ et 6ᵉ régiments de chasseurs. Les articles ayant pour objet d'honorer, par un témoignage de satisfaction, la conduite du général Victor Broglie, ont reçu de nombreux applaudissements.

*Copie de la lettre de M. le président de l'assemblée nationale à M. Victor Broglie, maréchal-de-camp.*

Paris, 7 juillet, l'an 4 de la liberté.

L'assemblée nationale, monsieur, a appris avec douleur, les détails de l'insurrection qui a eu lieu au camp sous Brisack, dans laquelle des soldats égarés par des suggestions perfides, sourds à la voix de leurs chefs et aux réquisitions des magistrats du peuple, se sont portés à des excès et à des violences qui appèlent sur les coupables les vengeances de la loi. Votre généreux dévouement, dans cette circonstance malheureuse, les nobles et touchants efforts que vous avez faits pour ramener à l'ordre et à l'obéissance ceux qui s'en étaient écartés, vous ont mérité, à juste titre, l'approbation de l'assemblée.

Sensible à la conduite ferme et courageuse que vous avez tenue, et à l'exemple utile que vous avez donné à l'armée française, elle m'a chargé de vous exprimer sa satisfaction, et de vous prier de transmettre le même témoignage à M. d'Herbigny, commandant de Brisack, à M. d'Arlandes, adjudant-général au 8ᵉ régiment de chasseurs à cheval, et à tous les braves militaires dont l'honneur et le patriotisme ont résisté aux manœuvres des séditieux, et à l'exemple de la plus honteuse et la plus lâche indiscipline.

Je me félicite, monsieur, d'être auprès de vous, l'interprète des sentiments de l'assemblée.

*Le président de l'assemblée nationale,*
L. Stanislas Girardin.

## Lettre de M. Victor Broglie à M. le président de l'assemblée nationale.

M. le président,

L'approbation que l'assemblée nationale a daigné donner à la conduite que j'ai tenue à Brisack, est la récompense la plus honorable que je puisse ambitionner ; elle ajoute le sentiment d'une vive et profonde reconnaissance à la satisfaction que j'éprouvais d'avoir utilement rempli mon devoir.

Dans ces moments d'orage où la constitution a éprouvé de si violentes attaques, où les lois ont été si souvent méconnues, où l'indépendance même des représentants du peuple n'a pas été respectée, je

m'estime heureux, M. le président, de pouvoir assurer l'assemblée nationale que l'armée du Rhin,
fidèle à ses serments, soumise à la plus exacte discipline, impatiente de combattre les ennemis de
la patrie et de la constitution, livrée à des travaux,
à des exercices continuels et pénibles, qui, en l'a-
guerrissant, la préservent des séductions perfides
dont on a cherché à l'entourer, connaît ses devoirs,
les observera, et ne se montrera pas moins redoutable pour les perturbateurs du repos public, les
séditieux et les traîtres que pour les ennemis extérieurs.

Quant à moi, M. le président, j'ai pris l'engagement le plus solennel de rester au poste que j'occupe, tant que j'aurai l'espérance de m'y rendre
utile; j'aime à le renouveler entre les mains d'un
de mes anciens compagnons d'armes, et c'est à ce
titre, M. le président, que j'ose vous prendre pour
garant, que les obstacles, les dangers, les troubles
quelconques, ne feront que m'affermir dans la résolution de vivre libre, avec le France libre, ou de
mourir pour elle avant qu'elle ne soit asservie par
des despotes ou par des rebelles.

*Le maréchal-de-camp*, *chef de l'état-major
de l'armée du Rhin.*

VICTOR BROGLIE.

On lut le lendemain, à la même tribune, une lettre du
général Lafayette, adressée à l'assemblée, et conçue en ces
termes :

*Lettre de M. Lafayette à l'Assemblée nationale,*
*lue à la séance du 18 juin 1792.*

Au camp retranché de Maubeuge , le 16 juin 1792 ,
l'an 4 de la liberté.

MESSIEURS ,

Au moment trop différé peut-être où j'allais appeler votre attention sur de grands intérêts publics ,
et désigner parmi nos dangers la conduite d'un ministère que ma correspondance accusait depuis
long-temps , j'apprends que, démasqué par ses divisions , il a succombé sous ses propres intrigues ;
car, sans doute , ce n'est pas en sacrifiant trois collègues asservis par leur insignifiance à son pouvoir,
que le moins excusable, le plus noté de ces ministres aura cimenté , dans le conseil du roi , son
équivoque et scandaleuse existence.

Ce n'est pas assez néanmoins que cette branche
du gouvernement soit délivrée d'une funeste influence. La chose publique est en péril ; le sort de
la France repose principalement sur ses représentants ; la nation attend d'eux son salut : mais, en
se donnant une constitution , elle leur a prescrit
l'unique route par laquelle ils peuvent la sauver.

Persuadé , Messieurs, qu'ainsi que les droits de
l'homme sont la loi de toute assemblée constituante ,
une constitution devient la loi des législateurs

qu'elle a établis, c'est à vous même que je dois dénoncer les efforts trop puissants que l'on fait pour
vous écarter de cette règle que vous avez promis
de suivre.

Rien ne m'empêchera d'exercer ce droit d'un
homme libre, de remplir ce devoir d'un citoyen ;
ni les égarements momentanés de l'opinion ; car
que sont les opinions qui s'écartent des principes !
ni mon respect pour les représentants du peuple ;
car je respecte encore plus le peuple, dont la constitution est la volonté suprême ; ni la bienveillance
que vous m'avez constamment témoignée ; car je
veux la conserver comme je l'ai obtenue, par un inflexible amour de la liberté.

Les circonstances sont difficiles ; la France est
menacée au-dehors et agitée au-dedans ; tandis que
des cours étrangères annoncent l'intolérable projet
d'attenter à notre souveraineté nationale, et se déclarent ainsi les ennemis de la France, des ennemis
intérieurs, ivres de fanatisme ou d'orgueil, entre-
tiènent un chimérique espoir, et nous fatiguent encore de leur insolente malveillance.

Vous devez, Messieurs, les réprimer ; et vous
n'en aurez la puissance qu'autant que vous serez
constitutionnels et justes.

Vous le voulez sans doute : mais portez vos regards sur ce qui se passe dans votre sein et autour
de vous.

Pouvez-vous vous dissimuler qu'une faction, et,

pour éviter les dénominations vagues, que la faction jacobite a causé tous les désordres ? C'est elle
que j'en accuse hautement. Organisée comme un
empire à part dans sa métropole et dans ses affiliations, aveuglément dirigée par quelques chefs ambitieux, cette secte forme une corporation distincte
au milieu du peuple français dont elle usurpe les
pouvoirs en subjuguant ses représentants et ses
mandataires.

C'est là que, dans des séances publiques, l'a-
mour des lois se nomme aristocratie, et leur infrac-
tion, patriotisme ; là, les assassins de Désilles
reçoivent des triomphes ; les crimes de Jourdan
trouvent des panégyristes ; là, le le récit de l'assas-
sinat qui a souillé la ville de Metz, vient encore
d'exciter d'infernales acclamations.

Croira-t-on échapper à ces reproches en se tar-
guant d'un manifeste autrichien où ces sectaires sont
nommés ? Sont - ils devenus sacrés, parce que
Léopold a prononcé leur nom ? et parce que nous
devons combattre les étrangers qui s'immiscent dans
nos querelles, sommes-nous dispensés de délivrer
notre patrie d'une tyrannie domestique ?

Qu'importent à ce devoir, et les projets des étrangers, et leur connivence avec des contre-révolu-
tionnaires, et leur influence sur des amis tièdes de
la liberté ? c'est moi qui vous dénonce cette secte,
moi qui, sans parler de ma vie passée, puis répondre à ceux qui feindraient de me suspecter : « Ap-

prochez dans ce moment de crise où le caractère de chacun va être connu, et voyons qui de nous, plus inflexible dans ses principes, plus opiniâtre dans sa résistance, bravera mieux ces obstacles et ces dangers que des traîtres dissimulent à leur patrie, et que les vrais citoyens savent calculer et affronter pour elle. »

Et comment tarderais-je plus long-temps à remplir ce devoir, lorsque chaque jour affaiblit les autorités constituées, substitue l'esprit d'un parti à la volonté du peuple ; lorsque l'audace des agitateurs impose silence aux citoyens paisibles, écarte les hommes utiles, et lorsque le dévouement sectaire tient lieu des vertus privées et publiques, qui, dans un pays libre, doivent être l'austère et unique moyen de parvenir aux premières fonctions du gouvernement?

C'est après avoir opposé à tous les obstacles, à tous les pièges, le courageux et persévérant patriotisme d'une armée, sacrifiée peut-être à des combinaisons contre son chef, que je puis aujourd'hui opposer à cette faction la correspondance d'un ministère, digne produit de son club, cette correspondance dont tous les calculs sont faux, les promesses vaines, les renseignements trompeurs ou frivoles, les conseils perfides ou contradictoires ; où, après m'avoir pressé de m'avancer sans précautions, d'attaquer sans moyens, on commençait à me dire que la résistance allait devenir impossible, lorsque mon indignation a repoussé cette lâche assertion.

Quelle remarquable conformité de langage, Messieurs, entre les factieux que l'aristocratie avoue, et ceux qui usurpent le nom de patriotes ! Tous veulent renverser nos lois, se réjouissent des désordres, s'élèvent contre les autorités que le peuple a conférées, détestent la garde nationale, prêchent à l'armée l'indiscipline, sèment tantôt la méfiance et tantôt le découragement.

Quant à moi, Messieurs, qui épousai la cause américaine, au moment même où ses ambassadeurs me déclarèrent qu'elle était perdue ; qui dès-lors me vouai à une persévérante défense de la liberté et de la souveraineté des peuples ; qui le 11 juillet 1789, en présentant à ma patrie une déclaration des droits, osai lui dire : *Pour qu'une nation soit libre*, *il suffit qu'elle veuille l'être* ; je viens aujourd'hui plein de confiance dans la justice de notre cause, de mépris pour les lâches qui la désertent, et d'indignation contre les traîtres qui voudraient la souiller, je viens déclarer que la nation française, si elle n'est pas la plus vile de l'univers, peut et doit résister à la conjuration des rois qu'on a coalisés contre elle.

Ce n'est pas sans doute au milieu de ma brave armée, que les sentiments timides sont permis : patriotisme, énergie, discipline, patience, confiance mutuelle, toutes les vertus civiques et mili-

taires, je les trouve ici. Ici les principes de liberté
et d'égalité sont chéris, les lois respectées, la
propriété sacrée; ici on ne connaît ni les calomnies,
ni les factions ; et, lorsque je songe que la France a
plusieurs millions d'hommes qui peuvent devenir
de pareils soldats, je me demande à quel dégré
d'avilissement serait donc réduit un peuple immense,
plus fort encore par ses ressources naturelles que
par les défenses de l'art, opposant à une confédération monstrueuse, l'avantage des combinaisons
uniques, pour que la lâche idée de sacrifier sa souveraineté, de transiger sur sa liberté, de mettre en
négociation la déclaration des droits, ait pu paraître une des possibilités de l'avenir qui s'avance avec
rapidité sur nous.

Mais, pour que nous, soldats de la liberté, com-
battions avec efficacité, ou mourions avec fruit pour
elle, il faut que le nombre des défenseurs de la patrie soit promptement proportionné à celui de ses
adversaires, que les approvisionnements de tout
genre se multiplient, et facilitent nos mouvements;
que le bien-être des troupes, leurs fournitures,
leur paiement, les soins relatifs à leur santé, ne
soient plus soumis à de fatales lenteurs, ou à de
prétendues épargnes qui tournent en sens inverse
de leur but.

Il faut surtout que les citoyens ralliés autour de
la constitution, soient assurés que les droits qu'elle
garantit seront respectés avec une fidélité religieuse

qui sera le désespoir de ses ennemis cachés ou publics.

Ne repoussez pas ce vœu : c'est celui des amis sincères de votre autorité légitime. Assurés qu'aucune conséquence injuste ne peut découler d'un principe pur, qu'aucune mesure tyrannique ne peut servir une cause qui doit sa force et sa gloire aux bases sacrées de la liberté et de l'égalité, faites que la justice criminelle reprène sa marche constitutionnelle ; que l'égalité civile, que la liberté religieuse jouissent de l'entière application des vrais principes ; que le pouvoir royal soit intact, car il est garanti par la constitution ; qu'il soit indépendant, car cette indépendance est un des ressorts de notre liberté ; que le roi soit révéré ; car il est investi de la majesté nationale ; qu'il puisse choisir un ministère qui ne porte les chaînes d'aucune faction ; et que, s'il existe des conspirateurs, ils ne périssent que sous le glaive de la loi.

Enfin, que le règne des clubs, anéanti par vous, fasse place au règne de la loi, leurs usurpations à l'exercice ferme et indépendant des autorités constituées, leurs maximes désorganisatrices aux vrais principes de la liberté, leur fureur délirante au courage calme et constant d'une nation qui connaît ses droits et les défend ; enfin leurs combinaisons sectaires aux véritables intérêts de la patrie, qui, dans ce moment de danger, doit réunir tous ceux pour qui son asservissement et sa ruine ne

sont pas les objets d'une atroce jouissance et d'une
infâme spéculation.

Telles sont, Messieurs, les représentations et les
pétitions que soumet à l'assemblée nationale,
comme il les a soumises au roi un citoyen à qui l'on
ne disputera pas de bonne foi l'amour de la liberté;
que les diverses factions haïraient moins, s'il ne
s'était élevé au-dessus d'elles par son désintéressement; auquel le silence eût mieux convenu, si,
comme tant d'autres, il eût été indifférent à la
gloire de l'assemblée nationale, et à la confiance
dont il importe qu'elle soit environnée; et qui lui-
même, enfin, ne pouvait mieux lui témoigner la
sienne, qu'en lui montrant la vérité sans déguisement.

Messieurs, j'ai obéi à ma conscience et à mes
serments : je le devais à la patrie, à vous, au roi, et
surtout à moi-même, à qui les chances de la guerre
ne permettent pas d'ajourner les observations que je
crois utiles, et qui aime à penser que l'assemblée
nationale y trouvera un nouvel hommage de mon
dévoûment à son autorité constitutionnelle, de
ma reconnaissance personnelle, et de mon respect
pour elle.

*Signé*, LAFAYETTE.

Le général Lamorlière qui, pendant l'absence du maréchal Luckner, avait le commandement de l'armée du Rhin,
recevait pendant ce temps-là la lettre suivante du ministre
de la guerre.

## *Lettre de M. Servan à M. Lamorlière, lieutenant général, commandant l'armée du Rhin.*

Je ne puis me dispenser, Monsieur, de vous faire part que, depuis que vous commandez dans Strasbourg, les plaintes que je reçois de cette ville sont si graves et si réitérées, sur la manière dont le service s'y fait, qu'il est impossible de ne pas être à-la-fois très inquiet, et très-étonné de ce qui se passe sous votre commandement. Je dois à la vérité de dire, qu'on s'accorde à rendre justice à vos bonnes intentions, et même aux ordres que vous donnez; mais on m'assure qu'ils ne sont pas exécutés, que vous êtes très-mal entouré, et que, ne pouvant suivre par vous-même les objets de détail, il s'ensuit que chacun les dirige à son gré, et souvent de la manière la plus contraire au bien de la chose. Les nouvelles que je reçois, quoique venant de différents partis, et de gens de tout état, ne laissent pas d'être d'accord sur bien des points, et me prouvent qu'il existe dans Strasbourg une fermentation des plus grandes, beaucoup d'animosité, et des dispositions très-dangereuses, qui exigeraient la vigilance la plus active, pour déjouer les projets des malveillants. Je vois, au contraire, par les détails, dont je suis informé, la négligence la plus impardonnable dans l'intérieur du service, et je dois vous transmettre quelques détails pour vous mettre a portée de juger vos alentours , à qui je les attribue.

On m'écrit que votre citadelle est sans canoniers, qu'on fait faire patrouille aux troupes sans leur donner de cartouches ; qu'on en a donné de plus fortes aux suisses de Vigier ; qu'on a changé les armes de deux bataillons de volontaires contre d'autres plus mauvaises encore. On me mande que la porte de secours de la citadelle reste ouverte la nuit , tandis qu'elle était constamment fermée avant la guerre ; que la ville se remplit d'émigrés , et qu'on les dénonce à la police sans pouvoir les faire arrêter ; que M. Toulouse-Lautrec, nommément, a été dans Strasbourg vers le 2 ou le 3 de ce mois ; qu'on a introduit dans la ville un trompette autrichien sans aucune précaution, tandis que les Autrichiens en prènent de très-grandes vis-à-vis des nôtres. Je passe une multitude de faits particuliers qui peuvent tenir à l'esprit de parti qui divise les citoyens de Strasbourg, pour ne parler que des objets purement militaires. On se plaint de la position du camp près de Strasbourg , du dénûment de munitions où on y a laissé les troupes , et de tout ce qui y manque encore. Beaucoup de plaintes me sont parvenues aussi relativement à l'artillerie ; la malveillance décidée des chefs, l'incomplet du régiment, la manière de l'exercer, tout excite avec raison la défiance et le mécontentement des citoyens. On me

cite particulièrement M. Duthéil, lieutenant-général, commandant en chef l'artillerie de l'armée, qui
n'a pas même paru à Strasbourg depuis sa nomination, et qu'on accuse d'être en liaison directe
avec les princes émigrés. Il est bien temps de faire
cesser les plaintes et de mettre ordre à tout cela. Il
faut en conséquence donner des ordres rigoureux,
les faire suivre à la lettre, et punir sévèrement ceux
qui s'en écartent.

Vous devez avoir reçu la loi qui met la place en
état de guerre, et veiller de près à son exécution,
faire sortir de la ville les gens suspects, les émigrés,
les officiers qui ont quitté leurs corps, et prendre
toutes les précautions de sûreté que l'état actuel des
choses exige impérieusement. L'événement arrivé
à Neuf-Brisack ajoute beaucoup à la défiance qui
règne; vous devez le sentir vous-même et agir en
conséquence, en redoublant d'activité et de soins.
Je sens combien cela doit devenir pénible à votre
âge, et j'attends avec empressement l'époque où je
pourrai vous placer d'une manière plus conforme à
vos vœux et à votre état. M. le maréchal Luckner ne
cesse de vous demander dans son armée; vous avez
le désir d'y aller, et je n'attends plus que de savoir
quand M. Biron, destiné à vous relever, pourra
se rendre en Alsace, pour vous en faire partir.
J'aurai soin de pourvoir à l'indemnité qui vous est
due pour vous dédommager de vos déplacements;
mais il faut m'envoyer un mémoire motivé, pour

que je puisse vous faire accorder une gratification
que je compte porter à 5ooo livres. J'attends de savoir la suite de l'événement arrivé à Lauterbourg,
dans le bataillon de la Haute-Saône, dont je devais
avoir des nouvelles par le commissaire-auditeur. Le
prince de Hesse part demain pour la destination que
vous lui avez donnée. J'attends une réponse
prompte et détaillée sur les objets énoncés dans ma
lettre.

SERVAN.

### Copie de la lettre de M. Lamorlière, au mi-<br>nistre de la guerre.

Strasbourg, 15 juin, l'an 4 de la liberté.

J'ai l'honneur de vous envoyer ci-joint, Monsieur, copie d'une lettre signée de vous, que j'ai
reçue hier; j'ai peine à me persuader qu'elle ait
été dictée par le ministre d'un peuple libre. Il m'a
paru impossible qu'un ministre français fît à un général d'armée des reproches aussi graves, sans les
appuyer sur des dénonciations précises, signées
par des personnes connues, et accompagnées de
pièces justificatives.

Je joins à cette lettre des réponses détaillées que
je fais à chacune des inculpations contenues dans
la vôtre; vous verrez que mes alentours ne me
trompent point. Je les ai reçus de M. le maréchal
Luckner : ils avaient son estime, ils méritent toute

la mienne ; et des hommes connus par les services qu'ils ont rendus a la liberté, appréciés par M. le maréchal Luckner et par moi, leurs chefs immédiats, ne peuvent être atteints par des accusations vagues et anonymes. J'ai conservé jusqu'à 85 ans mon honneur sans tache, je l'emporterai sans tache au tombeau. Je veux montrer à la nation que je suis sans reproche ; je veux lui montrer de quels ennemis elle doit se méfier..... Ainsi, je transmets à l'assemblée nationale et votre lettre et ma réponse ; je lui demande que justice soit faite de moi, si je suis trouvé coupable, ou de mes calomniateurs.

Je respecte le pouvoir que la constitution a donné au chef suprême de l'armée, de changer à son gré la destination d'un général ; mais, quand le ministre de la guerre m'annonce un successeur dans la même lettre où il m'a accablé de reproches vagues et mal fondés, il fait commettre une injustice dont lui seul est responsable. Je la dénonce à l'assemblée nationale, au roi et à tous les gens de bien.

Le lieutenant-général commandant en chef l'armée du Rhin.

LAMORLIÈRE.

*Copie de la lettre de M. Victor Broglie, à M. Servan, ministre de la guerre.*

Strasbourg, 15 juin, l'an 4 de la liberté.

M. Lamorlière m'a communiqué, Monsieur, la lettre que vous lui avez adressée, en date du 10 juin ; vous y imputez des torts graves aux alentours de ce général. Le chef de l'état-major de l'armée est spécialement chargé de surveiller tous les détails du service et de la discipline. Les alentours de M. Lamorlière ne peuvent y avoir aucune influence étrangère à moi, puisque je suis encore chef de l'é-tat-major ; c'est donc sur moi seul que portent les inculpations que vous adressez aux alentours de ce général.

Monsieur, ma vie passée, le rôle que j'ai joué dans l'établissement de la liberté, ma manière de servir, constatée par la confiance de M. le maré-chal Luckner, celle de M. Lamorlière, par tous vos prédécesseurs et par vous-même, semblaient devoir me garantir d'une inculpation vague quant à à son objet, et dénuée de preuves comme de vrai-semblance. Votre caractère public seul me force à y répondre. Il m'importe que personne ne puisse douter que le chef de l'état-major de l'armée du Rhin fait son devoir. Il importe que l'on sache si le mi-nistre qui a pu se laisser surprendre un moment par des calomniateurs , peut être long-temps égaré par eux ?

Je vous demande une explication prompte et catégorique. Quelle qu'elle soit, elle ne changera rien à la résolution que j'ai prise , celle de rester opiniâtrément dans le poste que j'occupe. Le dessein trop manifeste de désorganiser tous les pouvoirs, d'écarter tous les citoyens fidèles , tous les hommes courageux des places qu'ils remplissent, en les accablant de dégoûts , en les tourmentant de défiances, ajoute au désir que j'ai de remplir mon devoir , et je trouverai dans chaque nouvelle injustice un motif de plus de donner à ma patrie des preuves de dévoûment, de constance et de fidélité.

*Signé*, VICTOR BROGLIE, *maréchal-de-camp , chef de l'état-major de l'armée du Rhin.*

Le général Servan avait remplacé le général Dumourier. Celui-ci écrivit, en remettant le portefeuille du ministre de la guerre à son successeur, la lettre suivante à l'assemblée.

Paris, 19 juin, l'an 4 de la liberté.

Le roi ayant accepté ma démission du ministère de la guerre, je supplie l'assemblée de vouloir bien me permettre de retourner à mon poste , en qualité de lieutenant-général , à l'armée du Nord. J'ai fait passer au comité diplomatique , les pièces de ma comptabilité , comme ministre des affaires étrangères. Il rendra, j'espère, justice à ma probité et à mon économie. Dans le peu de temps que je suis resté au ministère de la guerre, je n'ai passé aucuns marchés ni donné aucune signature : ainsi, je ne puis être soumis à la responsabilité. Quant à ma conduite publique, j'ai veillé au maintien de la constitution, et j'ai toujours regardé comme un crime tout ce qui pourrait tendre à l'affaiblir. L'assemblée a nommé une commission pour examiner le mémoire que j'ai eu le courage de lui lire. Si elle l'avait entendu dans un moment plus calme, elle aurait vu qu'il ne contenait aucunes personnalités ; qu'à côté du mal j'indiquais le remède, et que j'étais bien loin de désespérer de la chose publique. J'ai trente - six ans de services, tant militaires que diplomatiques, et vingt-deux blessures ; j'envie le sort du vertueux Gouvion, et je m'estimerais heureux si un coup de canon pouvait réunir toutes les opinions sur mon compte.

*Signé*, Dumourier.

Le maréchal Luckner était le 17 juin à Menin ; nos troupes avaient été bien accueillies par les habitants. Les chasseurs belges avaient passé la rivière à la nage, et avaient pris tous les ponts dans la nuit. Ils s'étaient emparés du Pont-Rouge, de Warneton, Comines et Wervich, avant que l'armée française eût paru. Le général belge Rosière, était monté à cheval, quoique malade, et les chasseurs belges qu'il commandait, avaient tenu tête avec avantage aux chasseurs de Landowerd. Le maréchal Luckner instruisit le ministre de la guerre de ce qui s'était passé, par les deux dépêches suivantes.

## *Lettre du maréchal Luckner, au ministre de la guerre.*

Je m'empresse, Monsieur, d'avoir l'honneur de vous faire part de mon entrée dans Menin : ce matin, à midi, mon avant-garde s'en est emparée. La ville n'était occupée que par cinquante hommes, qui se sont retirés à l'approche de nos troupes. Nos avant-postes, composés de chasseurs belges, les ont poursuivis, et assurent en avoir tué quelques-uns. Le gros de l'armée a campé près de Warvick. Les rapports sur la position des ennemis varient à raison qu'ils ne restent pas long-temps dans le même endroit. Pardonnez si je vous fais un récit si succinct; mais le temps ne me permet pas de vous donner tous les détails de ma marche. M. Graves, maréchal de camp, qui s'est chargé de vous apporter cette lettre, vous communiquera de vive voix ces détails, qui ne sont pas assez intéressants pour être mis par écrit.

### *Seconde lettre.*

J'ai laissé hier mon avant-garde et ma réserve à Ménin. Ce matin, j'ai fait partir de Warvick mon corps d'armée, qui a été renforcé par le corps de cinq mille hommes arrivé de Dunkerque. Mon avant-garde s'est avancée sur Courtray. Je compte demain faire un grand mouvement sur ce point.

L'ennemi est en force dans ce camp. L'armée a montré jusqu'à présent de bonnes dispositions ; mais un objet qui m'afflige, ce sont les manœuvres qu'on emploie pour détruire la discipline, malgré mes soins et ma sévérité.

On recevait chaque jour des nouvelles de l'armée. On écrivait de Lille, à la date du 17 juin :

Depuis quelque temps, les Hulans et les Tyroliens qui n'avancent jamais quand ils trouvent à qui répondre, ne paraissent plus. — Les Autrichiens ont campé hier près de Tournay, sur le chemin de Lille, au nombre de sept mille hommes. — Hier et avant-hier sont arrivés ici les régiments de carabiniers. La vue seule de ces beaux corps inspire la confiance et l'admiration. Il est impossible de voir une cavalerie mieux montée. Lorsque le général Luckner a fait la revue de cette belle troupe, la satisfaction était peinte sur son visage. — Il nous reste encore deux camps, l'un et l'autre de six mille hommes, et très-avantageusement placés ; le premier à deux lieues d'ici sur la route de Tournay, entre Anappe et Cysoing ; l'autre, sur l'Escaut près de Maulde. Ces camps, qui masquent la garnison de Tournay, inquiètent beaucoup l'ennemi. Luckner est environné de la confiance de ses soldats, et son armée paraît s'attacher à prouver que si l'on a pu lui reprocher quelques désordres, on ne peut les attribuer qu'à l'égarement de quelques individus.

M. Lafayette tient la ville de Mons en respect, et son armée n'attend que le moment d'agir.

On marquait à la date du 18 juin :

M. Carles a rejoint, ce matin, M. le maréchal Luckner à Menin, à la tête du corps qu'il commande. L'ennemi ne paraît pas. Deux ou trois mille hommes qui sont à Courtray se mettent sur la défensive, et il est probable qu'en ce moment l'avant-garde est allée les attaquer. L'armée du maréchal se trouve actuellement composée d'environ trente mille hommes. M. Carles a été fort bien reçu dans toutes les villes de Flandre qu'il a traversées. Les habitants de Menin traitent également bien les Français. Ils prènent les assignats au pair pour des marchandises, et font les appoints en argent du pays, dans quelque proportion qu'ils se trouvent.

Le général Chérin écrivait de son côté, au rédacteur du *Moniteur,* la lettre suivante :

Au quartier-général de la Madeleine, près de Lille, le 15 juin.

Un journaliste, nommé Duplain, a affirmé, m'écrit-on de Paris, que j'avais, de concert avec M. d'Ormesson, garde de la bibliothèque nationale, sauvé des titres de noblesse et papiers généalogiques condamnés au feu par l'assemblée nationale. Je suis indigné à l'excès ; cependant, je ne me permettrai de répondre que ce qui est nécessaire à ma justification.

Devais-je donc m'attendre à me justifier d'une imputation d'incivisme, moi qui, ayant perdu toute ma fortune à la révolution, m'y suis constamment montré attaché de si bonne foi, et qui la sers présentement au péril de mes jours. Long-temps avant que la guerre eût été déclarée, j'avais sollicité un emploi militaire; j'ai été nommé le 7 mai dernier, officier au 18ᵉ régiment d'infanterie.

Je me suis occupé sur-le-champ de l'arrangement de mon équipage de campagne, et suis parti de Paris le 17 mai, pour joindre mon corps. Dans l'intervalle de ma nomination à mon départ, est intervenu le décret qui livre aux flammes les papiers généalogiques du cabinet des ci-devant ordres du roi; j'ai remis, conformément à l'arrêté du département de Paris, la bibliothèque dont j'étais resté chargé, à M. d'Ormesson, et cela sans aucune soustraction : j'ai fait ma déclaration de la remise de ce dépôt; elle est connue du département; je l'ai signée; et certes, je suis homme d'honneur, et incapable de transiger avec la loi et ma conscience.

Que les journalistes mettent donc moins d'inconsidération et de légèreté dans leurs dénonciations à l'égard des citoyens qui se sont empressés de se ranger au nombre des véritables amis de la liberté. Sans doute on ne leur fera jamais perdre courage; mais on les trouble, on les harcèle sans cesse, et ils ont besoin d'être entourés de confiance et d'estime. C'est le seul prix qu'ils attendent de leur dévoûment, pourquoi le leur refuserait-on?

CHÉRIN, *adjoint aux adjudants-généraux de l'armée du Nord.*

Dans le même temps, le général Victor Broglie, chef de l'état-major de l'armée du Rhin, recevait des sous-officiers et soldats du 13ᵉ régiment d'infanterie, une lettre conçue en ces termes :

La journée du 4 juin, plus malheureuse que coupable pour le 13ᵉ régiment d'infanterie, met toute la partie de ce corps, qui n'a nullement trempé dans cette affaire, dans la consternation la plus fâcheuse. Si quelques individus du régiment se sont réfusés à l'obéissance aux supérieurs; si, par un aveuglement stupide, ils n'ont point éxécuté la loi, faut-il pour cela que la masse d'un corps qui, fidèle aux principes de la constitution, a évité tous les écueils qui auraient pu la faire condescendre à l'insubordination qu'ont allumée les deux bataillons de volontaires campés avec nos trois cents hommes sous les murs de Neuf-Brisack; faut-il que pour quelques individus, le 13ᵉ régiment en totalité soit voué, par les nouvelles publiques, au mépris du peuple français; faut-il que, pour quelques perturbateurs de la subordination dont a toujours fait trophée le régiment, il se voie regardé comme indigne de marcher un des premiers à l'ennemi, tel que le

porte sa destination? Faut-il encore, que, pour quelques coupables qui sont sous l'autorité de la loi,
et qui ne seront absous ou punis que par elle, la
partie saine de ce corps soit privée de verser son
sang pour l'affermissement d'une constitution dont
il connaît déjà les avantages, et qui doit faire le bonheur des Français? Non, notre général voudra
bien, dans cette circonstance malheureuse, se
rappeler qu'il fut jadis colonel du 13ᵉ régiment d'infanterie, et que, dans aucun cas, ce corps ne lui a
donné nul sujet de mécontentement pour cause d'insubordination. Mais au reste, notre général, ce qui
peut rassurer un peu nos âmes alarmées, c'est que
nous sommes convaincus que vous connaissez déjà
les coupables et les auteurs de ces attentats portés
aux lois, et nous osons croire que vous augurez trop
bien du 13ᵉ régiment, pour n'être pas persuadé
qu'il a voué au mépris de tous, ceux de ses individus qui ont pu oublier leurs devoirs. Nous venons
de nous rassembler, notre général, un homme par
compagnie, pour vous donner connaissance de l'o-
pinion générale du régiment, et pour vous témoigner la sensation que fait sur nos cœurs une aussi
fatale journée; désespérés de pouvoir ressembler à
ces malheureuses victimes, qui, pour quelques cris
de trahison qui furent entendus à l'affaire de Mons
et de Tournay, se laissèrent entraîner dans l'insubordination la plus affreuse, et qui firent, par cet
affreux désastre, triompher les tyrans du peuple

français, nous supplions notre général de faire, s'il se peut, que, loin d'être éloignés de l'ennemi, nous soyons les premiers à le combattre, pour prouver à l'univers entier que le 13e régiment d'infanterie mérita toujours la devise honorable de *Bourbonnais sans tache.* Nous désirons, nous demandons, et nous espérons obtenir le triple avantage, de battre, vaincre les ennemis, ou mourir dignes d'avoir été les soutiens de la liberté des Français. Obéissance aux lois, subordination la plus stricte, courage inébranlable à l'ennemi, vivre libre ou mourir, voilà les devises que veut mériter et conserver le 13e régiment.

*Les officiers et soldats du 13e régiment
d'infanterie à Neufbrisack.*

(Suivent les signatures.)

*P. S.* Nous espérons que cette lettre aura son plein effet vers notre général, et c'est à l'ennemi que nous espérons lui en témoigner notre reconnaissance.

*Réponse de M. Victor Broglie aux sous-officiers
et soldats du 13e régiment d'infanterie.*

Strasbourg, 13 juin 1792, l'an 4 de la liberté.

J'ai reçu, Messieurs, la lettre que vous m'avez adressée, et j'y ai reconnu avec une véritable satisfaction les sentiments qui ont toujours animé le 13e régiment d'infanterie. Il en aurait trop coûté à l'attachement sincère que j'ai toujours eu pour ce corps que j'ai eu l'honneur de commander, de le trouver coupable; et, avant d'être témoin de sa honte, j'aurais préféré de mourir victime de ceux qui ont menacé ma vie. Croyez, Messieurs, que j'ai su distinguer l'insubordination et les délits de quelques individus, de la conduite du 13ᵉ régiment.

Soldats fidèles à vos serments, à vos devoirs et à l'honneur, vous avez vous-mêmes rejeté de votre corps les lâches qui ont provoqué le désordre et l'insubordination; vous les avez livrés à l'animadversion des lois; leur infamie ne peut rejaillir sur vous; la conduite que vous avez tenue à leur égard, vous honore aux yeux de tous les bons citoyens; elle prouve que, loin de participer à l'erreur, vous avez su la reconnaître et vous en préserver; elle prouve que vous n'avez pas cessé de conserver au 13ᵉ régiment le glorieux nom qu'il méritera toujours, celui de *régiment sans tache*.

De pareils sentiments, Messieurs, sont faits pour être connus de toute l'armée. J'ai communiqué votre lettre au général Lamorlière, qui m'a chargé de vous en témoigner sa satisfaction, et de lui donner, ainsi qu'à ma réponse, toute la publicité que vous désirez. Ces perfides ennemis de la constitution, qui ont si bien réussi jusqu'à présent à semer les défiances, les haines, le trouble et l'insubordination, verront enfin que, s'ils ont pu abuser un moment les défenseurs de la patrie, le moment est venu où les trames criminelles seront sans effet.

C'est à vous, Messieurs, qui avez connu mes sentiments et ma conduite, avant et depuis la ré-volution, c'est à vous à prononcer si Victor Broglie peut être soupçonné. Je livre ma vie entière, et jusqu'aux moindres de mes actions, à mes ennemis les plus acharnés, s'ils sont de bonne foi; mais je déclare aux traîtres et aux lâches conspirateurs, qu'inébranlable dans mes serments, dans mon de-voir et dans mon poste, j'ai juré de mourir de la main des rebelles ou de celle des ennemis, plutôt que de souffrir que les uns ou les autres portent atteinte à la constitution. C'est avec vous, Messieurs, c'est avec tous les soldats fidèles à leurs devoirs, c'est avec tous les bons citoyens que je veux accom-plir ce serment.

*Signé*, Victor Broglie, *maréchal-de-camp, chef de l'état-major de l'armée du Rhin.*

Le maréchal Luckner, devenu maître de Menin, rendait compte en ces termes, au ministre de la guerre, de ses opé-rations militaires.

Au quartier-général à Menin, le 18 juin 1792.

J'arrive à l'instant de l'expédition de Courtray; j'avais donné ordre à MM. Valence et Jarry, officiers généraux, de se porter avec mon avant-garde près de Courtray. Je suis allé ce matin voir leurs dispositions, je les ai trouvées si bonnes, et ils étaient si près de Courtray, que, quoique j'eusse résolu de n'attaquer que demain, je me suis décidé à battre le fer tandis qu'il était chaud, et j'ai donné l'ordre d'attaquer. L'ennemi avait huit a neuf cents hommes dans un triple retranchement près de Courtray. J'ai commandé à M. Valence l'attaque du front du retranchement, et à M. Jarry l'attaque du flanc. La canonnade a été vive, l'attaque a duré trois heures; les Autrichiens se sont défendus avec acharnement. Je dois dire sans flatterie que nos troupes ont gardé le meilleur ordre. Les deux généraux, Valence et Jarry, ont montré, indépendamment de la bravoure, beaucoup de tête et des talents vraiment militaires. Nous avons forcé l'ennemi dans ses retranchements, fait trois prisonniers et pris une pièce de canon. La nuit nous a surpris et nous ne pouvons évaluer au juste les pertes, assez fortes, du côté de l'ennemi. Jusqu'à ce moment, on n'a trouvé de notre côté qu'un seul tué et douze blessés. Quand nous sommes entrés à Courtray, les habitants nous ont reçus avec des démonstrations de joie et d'allégresse inexprimables.

Des lettres particulières, venant à l'appui de la dépêche du maréchal, donnaient les détails suivants :

Du quartier-général à Menin, le 18 juin.

Un détachement de quarante-trois hommes défendait cette place , lorsque M. de Valence s'est présenté avec le corps de réserve. Ce détachement paraissant vouloir se défendre , rompit un pont ; mais les chasseurs belges franchirent le fossé ; nos grenadiers poursuivirent le détachement. Au moment où l'avant - garde s'emparait de Menin , M. Carles entrait à Ypres. Les deux armées se sont réunies.

M. Luckner disait ce matin : « J'ai plus dormi cette nuit que depuis deux mois; je ne sais pas si c'est parce que j'ai couché dans un pays occupé hier par l'ennemi , je suis bien content , je vais continuer ma promenade. » Les habitants de ces contrées nous ont reçus avec les plus grandes démonstrations de joie : on n'entendait de toutes parts , sur la route et dans la ville même , que les cris de *vive la nation ! vivent les Français !* Tous les habitants reçoivent les assignats avec plaisir : tous portent la cocarde tricolore.

Le camp de Maulde est toujours en observation du côté de Tournay.

Courtray, 18 juin , à dix heures.

Il y a deux heures que Courtray est à nous. L'avant-garde et quelques grenadiers de la réserve, avec lesquels était M. Luckner, ont attaqué à six heures , au nombre de trois mille hommes , le détachement qui défendait la place. Il était de mille hommes, qui se sont battus avec bravoure. On leur a tué quelques hommes et pris une pièce de canon. Toute la ville, à notre arrivée, a retenti des cris de *vive la nation française*. Les habitants sont au comble de la joie. Ils nous ont reçus comme des amis qu'on attend avec impatience. Ils protestent *qu'ils mourront avant qu'on nous chasse d'ici....* Les ennemis se sont retirés sur Tournay. On apprend qu'il n'y a plus à Gand qu'environ deux cents hommes du régiment de Wurtemberg, qui occupent la citadelle, et montent la garde sur la place d'armes. — On rapporte que le peuple de Bruges est en insurrection contre sa garnison.

Lille, 21 juin.

Des officiers municipaux de Roubaix sont accourus hier tout éplorés et invoquant le secours de la force armée. Le bourg qu'ils habitent, riche et peuplé de fabricants et d'ouvriers, était en proie à des soldats autrichiens, qui portaient le fer et la flamme dans ce malheureux canton. On croit que c'est le détachement chassé de Courtray par l'armée française : ces soldats, au lieu d'aller rejoindre, se sont cachés dans les bois et dans les blés, d'où ils sortent pour exercer des brigandages et des assassinats.

A cette nouvelle la générale a battu, et aussitôt huit cents hommes de la garde nationale et les trois régiments suisses sont partis, malgré le mauvais temps, avec une artillerie considérable. L'armée du général Luckner a dû aussi envoyer du secours. On attend les détails de cette affaire.

*Du 23.* Le maréchal, par une proclamation, a défendu à qui que ce soit, de forcer les habitants des pays ci-devant autrichiens, à recevoir leurs paiements en assignats.—Au moins quarante déserteurs, tous avec leurs armes, sont entrés hier ici. Un détachement de vingt Tyroliens est entré tambour battant au faubourg de Fives, où il a rendu ses armes. Ils ont été enrôlés dans la légion des Belges, qui s'accroît tous les jours. Le maréchal a ordonné qu'on traitât avec beaucoup de soins et d'humanité les blessés et malades autrichiens. — L'armée du nord semble vouloir s'approcher de Tournay. Hier, M. de la Marche, colonel du 24e régiment, ci-devant Brie, a attaqué un château de l'évêque de Tournay, situé à Ennechin, entre Courtray, Menin et Tournay. C'est un fort hérissé de canons, et environné de larges fossés. Il fut attaqué vivement. Les Français s'emparèrent de dix pièces de canon de fer, qu'on a conduites au camp, et de plusieurs caissons de poudre, boulets, qu'on a fait amener à l'arsenal de Lille. Des houlans blessés ont assuré que ce château était le repaire de plus de quatre cents prêtres et aristocrates. Dans ce moment la place est investie, et l'on prend toutes sortes de mesures pour s'en emparer. On attend des nouvelles. — Le camp autrichien du Mont-Trinité n'est que de huit mille hommes. Par une ruse de guerre assez usitée, on a dressé autant de tentes qu'il en faudrait pour un camp deux fois plus peuplé.

Le maréchal Luckner s'expose comme un jeune grenadier. Plusieurs officiers le priaient dernièrement de ménager davantage une tête si précieuse, et ces prières étaient appuyées par les acclamations de plusieurs milliers de soldats. *Bon, mes amis,* reprit le brave guerrier, *ne craignez rien : les balles respectent les braves gens.*

Des chasseurs belges, qui sont dans notre armée, avaient écrit à un cafetier de Courtray, qu'il eût à leur tenir du café tout préparé pour le lundi 18, à sept heures et demie du soir. Le cafetier n'y a point manqué; il a seulement été obligé de faire réchauffer le café, nos troupes n'étant entrées à Courtray qu'à sept heures trois quarts, et les chasseurs belges ont effectivement pris le café qu'ils avaient commandé.

### *Extrait au journal de l'armée du Nord.*

Le 24 juin, à la pointe du jour, les bataillons.... ont reçu ordre de quitter le camp et de se rendre à Courtray, parce que les postes avancés de cette ville avaient été attaqués : M. Achille du Châtelet, qui avait momentanément remplacé M. de Valence à la réserve , s'est porté en avant fort près du poste ennemi pour le reconnaître. Le premier coup de canon tiré par les Autrichiens , a fracassé les deux cuisses à un Belge , cassé une jambe à un tambour, et emporté le mollet de la jambe gauche au général du Châtelet. Les grenadiers qui étaient derrière ce brave officier, lui donnèrent dans cette circonstance malheureuse , avec leurs soins et leurs preuves d'attachement , des marques de leur affliction; mais il chercha à les consoler en les remerciant de leurs regrets , et en leur disant que cet accident ne devait pas les empêcher de chanter *ça ira*.

Pour extrait conforme à l'original. Fait au quartier-général , à Menin le 23 juin 1792.

ALEXANDRE BEAUHARNOIS,
*Adjudant général de l'armée du nord.*

*P. S.* J'espère, mon cher Cab*** que nous ne perdrons pas notre ami commun , que la nation conservera un bon citoyen , et l'armée française un brave soldat. Les chirurgiens m'ont assuré qu'il n'y avait aucun danger pour sa vie.

Du camp au-dessus de Menin, samedi 24.

M. le maréchal Luckner , instruit que différents corps de l'armée ont adressé diverses réclamations pour obtenir des avances sur leurs masses, a chargé les commandants des corps de dire aux divisions qu'ils commandent, que la nécessité de diminuer les équipages en pays ennemi, a fait restreindre le trésor de l'armée et les caisses des régiments à ce qui était strictement nécessaire ; que cette mesure ne permettant donc de prendre en considération les demandes d'avances qu'au retour en France, M. le maréchal espère du zèle que le soldat français a montré pour la cause dont il a embrassé la défense, et de l'attachement dont il lui donne des preuves, que ses plans de campagne ne seront point dérangés par de nouvelles et semblables réclamations. M. le maréchal voit dans sa situation présente, une constitution libre à défendre, des ennemis à combattre, et il ne doute pas que, toujours de concert avec ses troupes, pour servir de si grands intérêts, il sera d'accord avec elles pour ajourner tout ce qui pourrait affaiblir une si louable détermination.

On doit les plus grands éloges à la valeur des chasseurs belges. Ils éclairent l'armée avec une intelligence et une intrépidité dont ils donnent tous les jours de nouvelles preuves. L'ennemi a eu beaucoup de blessés dans la dernière affaire. Un Tournaisien dit avoir vu arriver à Tournay, au moment de son départ, trente-une charrettes chargées de blessés.

Givet, 25 juin.

Des patrouilles autrichiennes viennent jusques sous le canon de Givet. Un de nos détachements a

tué hier un hussard dans une fusillade. Avec un
peu moins de précipitation, il prenait cinquante
hussards et Tyroliens. — Il arrive tous les jours
de jeunes Liégeois, qui, malgré les précautions du
gouvernement, trouvent moyen de s'échapper. Ils
forment à Givet un corps qui grossit d'heure en
heure. — On apprend de Montmédy qu'on y
compte déjà plus de deux cents houlans déserteurs.
Ils sont arrivés avec armes et bagages. Nos troupes
se sont emparées de l'abbaye d'Orval, à 2 lieues de
Montmédy.

Courtray, 25 juin.

Les Autrichiens ont fait plusieurs mouvements
pour venir surprendre le détachement qui garde
cette ville. Toujours prévenus, ils ont été repoussés
avec avantage. Ils ont fait beaucoup de pertes. —
On dit que par ces attaques de postes, ils ne voulaient que distraire les Français, pour avoir le temps
de faire filer un corps de troupes sur Peteghem, où
l'on assure qu'il s'est retranché pour couvrir Gand.
— Ici on travaille avec ardeur aux fortifications, et
les remparts de Courtray sont déjà capables de résister à la plus vive attaque.

Le maréchal est sans cesse sur la route de Menin
à Courtray, et de Courtray à Menin.

Il vient d'arriver encore ici deux cents chasseurs
belges. Ce corps intrépide grossit tous les jours. —
Les habitants de Courtray s'empressent de seconder

les Français. M. Carles est chargé du commandement de cette ville.

Le maréchal Lafayette manœuvrait sur un autre point ; et, par la lettre qu'on va lire, il faisait connaître au ministre de la guerre le mouvement qu'il avait opéré.

Du camp de Ténières, le 20 juin, l'an 4 de la liberté.

J'ai fait un mouvement dans mon armée pour occuper l'ennemi, afin de l'empêcher de se porter sur l'armée du maréchal Luckner. L'ennemi a suivi mes mouvements ; nos patrouilles se rencontrent et se fusillent de temps en temps. Les renseignements que j'ai pris sur l'affaire dans laquelle a péri M. Gouvion, m'apprènent qu'il y a eu plus de tués que nous ne l'avions cru d'abord. La raison en est que les détachements s'étaient fusillés à travers les haies, et que dans le premier moment, on n'avait pu calculer l'effet de leur feu. Trente-six blessés ont été portés à l'hôpital. Le bataillon de la Côte-d'Or est celui qui a le plus souffert. Mais la perte de l'ennemi a été beaucoup plus considérable que la nôtre.

Signé, LAFAYETTE.

Le succès de nos armes avait porté l'ardeur des combats dans tous les esprits. Chacun voulait concourir, d'une manière quelconque, à la défense de la patrie. C'est au milieu de cette effervescence nationale que les citoyens de la ville de Périgueux adressèrent à l'assemblée législative la lettre suivante, que nous ne rapportons ici que pour donner au lecteur une idée de l'ardeur guerrière dont les Français étaient animés à cette époque.

Législateurs, la guerre est déclarée ; il faut employer tous les moyens pour la soutenir. Nous avons déjà fourni des bataillons pour les frontières, en faut-il de nouveaux ? parlez ; il suffit d'un signe pour nous faire marcher. Faut-il du numéraire ? Nous ne sommes pas riches, mais, tant qu'il nous restera un écu, il appartiendra à la patrie. Nous vous envoyons 1,599 livres, dont 950 liv. en assignats et 609 liv. en espèces. Vous remarquerez dans cette offrande, les ornements de nos femmes, qui n'en veulent plus d'autres que des enfants dignes de la patrie, et une épée à poignée d'argent du maire de notre ville, jadis garde du corps, mais toujours bon patriote.

Le lieutenant-général Custines qui commandait la 5ᵉ division de l'armée sous les ordres du général Lamorlière, écrivait en ces mots au président de l'assemblée législative.

Strasbourg, 20 juin, l'an 4 de la liberté.

M. le président, j'ai l'honneur de m'adresser à l'assemblée nationale, par votre organe, et celui de de vous prier d'être près d'elle l'interprète de mes sentiments.

Tout militaire employé dans les armées, doit, pour bien servir son pays, obtenir la confiance publique ; j'ose dire la mériter par mon dévoûment à la constitution. Mais, M. le président, je lis daus le logographe du 16 juin, que, pour propager les bons principes, un membre de l'assemblée nationale lui apprend que les volontaires nationaux du bataillon de la Corréze, attendent avec impatience mon jugement, sur la dénonciation de M. le maréchal Luckner; que cependant, malgré que cette conduite soit faite pour diminuer la confiance, ils assurent que leur soumission sera entière jusqu'au jugement.

Je partage, M. le président, l'impatience des volontaires de la Corrèze, et j'ai l'honneur de vous prier de ne pas le laisser ignorer à l'assemblée. Immédiatement après que le dire de M. Grave me fut connu, je lui écrivis avec instance pour demander une cour martiale; j'en ai écrit de même à M. Servan, et à M. Luckner lui-même; car, telle est mon opinion, qu'il n'est assez grand supplice pour les traîtres, ni même pour les insouciants des intérêts de la cause qu'ils se sont chargés de defendre. Si je suis un tel homme, si je n'ai pas fait au de là de ce qu'on pouvait attendre de moi, je dois servir d'exemple, je dois être la victime immolée au respect des lois et à l'obéissance due aux ordres de son général.

Il me tardait, M. le président, de faire connaître à mes concitoyens, d'une manière incontestable, si celui qui, le 23 avril, à trois heures après midi, a eu ordre d'aller assembler un corps à trente lieues

de la ville où il recevait cet ordre , qui devait faire
enregistrer ses pouvoirs au département du Haut-
Rhin , siégeant à Colmar , à la moitié de sa route ,
qui, par conséquent , n'a pu les faire enregistrer
que le 24, qui, dès l'instant même où il a reçu une
autorité légale, a donné tous les ordres nécessaires
à la marche des troupes ; qui, n'ayant rien trouvé de
préparé , de prévu , a travaillé jour et nuit à tout
disposer pour être en état de faire avec sûreté et ordre , l'opération dont on le chargeait ; qui a été
occuper les défilés de la Byrse, situés à quinze
lieues de Béfort , place près de laquelle se rassem-
blaient nos forces et d'où je pouvais tirer mes
moyens, dans la matinée du 30 avril ; qui a eu
pour témoins de sa manière d'opérer , les administrateurs des départements du Haut-Rhin, de la
Haute-Saône , du Doubs, du district de Béfort ,
à qui je n'écris pas, mais qui sûrement rendront
témoignage des vérités que j'énonce ici . . . . . si
celui-là, dis-je, doit être soupçonné d'incivisme.

N'ayant reçu aucune réponse de M. Servan ni de
M. Grave , j'avais suspendu l'exposition de ma conduite et le renouvellement de ma demande, pour
obtenir une cour martiale, jusqu'au moment où la
crise moins vive, me permettrait de faire connaître
et de développer ces vérités, sans qu'il fût dangereux d'ébranler l'opinion publique au désavantage
de celui qui peut-être pouvait, par sa constante étoile,
servir utilement la cause de mon pays.

Les preuves de ma conduite sont par écrit, elles ne dépérissent pas ; l'ingénuité de M. le maréchal Luckner sur cet événement, consigné dans sa lettre du 23 mai, est dans mes mains. Il me dit dans cette lettre : « Je n'entendais pas que le ministre de la guerre publierait le rapport que je lui ai fait ; cette démarche m'était absolument indispensable pour mettre ma responsabilité à couvert.» Mais, pour y réussir avec plus de certitude, n'était-il pas nécessaire d'avoir la prévoyance de donner à l'avance les ordres qui devaient être le préalable de l'occupation du pays de Porentruy, disposer les troupes, les munitions, les vivres, avoir des marmites, faire préparer sur les lieux les chariots pour les transports ? Et, si tous ces objets ont été omis, est-ce celui qui arrivait d'une reconnaissance de 180 lieues de frontière, qui était étranger au commandement qu'on lui donnait, qui ne l'a reçu qu'à l'instant même de l'exécution, qui avait quatre et cinq marches à faire faire à la plus grande partie des troupes, sur qui il faut faire porter la responsabilité de ces omissions, surtout lorsqu'on lui refuse le seul moyen possible d'opérer, celui d'attaquer les Autrichiens dans le Porentruy, et que l'on a fluctué trois fois à cet égard, par des ordres et des contre-ordres ? Ils sont dans mes mains, et je demande, comme une grâce, de comparaître devant une cour martiale ; même tel tribunal que l'on voudra choisir. La publicité me suffit pour prouver ma conduite. Mes ennemis sont en grand nombre, parce que mes opinions sont connues; leur horde est composée de ceux qui se sont opposés à la constitution qui détruit les abus qui fondaient leur existence; de ceux qui ne veulent aucun ordre, ni aucune loi; de ceux qui ne veulent que l'anarchie, dont le désordre est la seule existence, de tous les faux patriotes, qui cachent les diverses passions qui les dominent, sous ces dehors qui en imposent à la multitude. Ma profession de foi politique est connue depuis long-temps; je respecte les lois; j'aime l'ordre public qu'elles doivent assurer; ma plume ne s'employa jamais que pour leur défense; mon épée ne combattra que leurs ennemis. Si cette constitution, le plus beau monument élevé pour le bonheur des nations, doit s'anéantir, il me sera doux de périr avec elle.

*Le lieutenant général commandant la* 5e *division de l'armée,*

CUSTINES.

Dans la même séance de l'assemblée où fut lue la lettre du général Custines, M. Aubert Dubayet fit le rapport sui- suivant sur l'état des armées françaises, d'après les tableaux de situation remis à la commission militaire, par le ministre de la guerre.

A peine arrivé au ministère de la guerre, M. Du- mourier disait, dans un mémoire aussi extraordi- naire par ses erreurs que par la sagesse de plusieurs des vues qu'il renferme, que le non-complet de

votre armée s'élevait à quarante mille hommes. Chargé , par votre commission militaire , de vous donner des résultats plus certains sur l'état actuel de la
force armée , je fixerai d'abord votre attention sur
l'état des troupes de ligne de toutes les armées , sur
ce que chacune a de force en hommes effectifs, ce
qui manque à son complet , ce qu'elle a de troupes
disponibles , c'est-à-dire sous la tente , et ce qu'elle
a de réserve dans les garnisons. Je vous parlerai
ensuite des gardes nationales. Avant de vous présenter ce bilan militaire , je dois observer que cette
reddition solennelle de comptes n'est pas dans les
principes ordinaires d'une nation qui fait la guerre;
mais que le mémoire impolitique de M. Dumourier
l'a rendue nécessaire ; et que non seulement la grandeur de vos ressources, mais la force de votre état actuel offriront encore des résultats terribles pour les
ennemis de la liberté.

## Troupes de ligne.

Vous avez 224 bataillons d'infanterie , faisant 105
régiments , y compris les 11 régiments suisses, les
3 régiments de Paris , et 14 bataillons de chasseurs , y compris les 2 qui sont à Paris; 206 escadrons de cavalerie, 6 régiments de hussards , 12
de chasseurs à cheval , 2 de carabiniers. Ces différentes armes portées au complet de guerre, doivent
former un total de 205,236 hommes. Je vais vous

rendre compte de l'état effectif des armées au premier juin, arrêté d'après les procès-verbaux de revue que j'ai tous compulsés. Les généraux n'ont désigné pour les armées qui doivent entrer en campagne, que les premiers bataillons de chaque régiment, avec les compagnies de grenadiers des seconds bataillons; le reste des seconds bataillons demeure pour la défense des garnisons· ce ne sont, à proprement parler, que des dépôts composés des recrues, des hommes les moins robustes, et des vétérans, et qui forment toujours de bonnes troupes pour la défense intérieure des places. Je vais suivre les mêmes divisions.

### *Armée du maréchal Luckner.*

*Force disponible actuellement sous la tente.* 17 bataillons d'infanterie et un de troupes légères, 14491 hommes; 42 escadrons, 6300 hommes; 4 bataillons d'artillerie, 2258 hommes : total 23049 hommes.

*Troupes laissées pour la défense des places.* 25 bataillons d'infanterie, 12505 hommes; 16 escadrons, 2870 hommes; total, 15375 hommes. Total général pour l'armée de M. Luckner, en troupes de ligne, 38624 hommes.

Il manque au complet, 3,735 hommes d'infanterie, 898 de cavalerie, et 776 canoniers. Total du déficit, 5,409 hommes; ensorte que, si l'armée de M. de Luckner était au complet, elle serait composée en troupes de ligne de 44,030 hommes.

## Armée de M. Lafayette.

*Nombre d'hommes actuellement sous la tente.* 17 bataillons d'infanterie, un de troupes légères, 14,491 hommes ; 44 escadrons, 6,600 ; artillerie, 2,136. Total 23,227 hommes.

*Troupes laissées dans les places.* 26 bataillons d'infanterie, 12,657 hommes ; 18 escadrons, 2,470. Total 15,127 hommes.

*Force entière.* 38,354 hommes.

Le non-complet est en infanterie, de 4,498 hommes ; en cavalerie, de 1,624 ; en artillerie, 898. Total, 7,020 hommes.

Ensorte que, sans ce déficit, la force de cette armée serait de 45,374 hommes.

## Armée de M. Lamorlière..

*Nombre d'hommes disponibles, et actuellement campés ou qui vont l'être.* 15 bataillons d'infanterie et 3 de troupes légères, 13,845 hommes ; 31 escadrons, 4,650 ; 4 bataillons d'artillerie, 2,448. Total, 20,943 hommes.

*Nombre d'hommes laissés pour le service des places.* 19 bataillons d'infanterie, 10,101 hommes ; 13 escadrons, 1,529 hommes. Total 11,630 hommes.

Total de la force effective 32,573 hommes.

Il manque au complet de guerre, 2,960 hommes d'infanterie, 1,413 de cavalerie; 586 canoniers: Total 4,924 hommes.

La force de cette armée serait donc, sans le déficit, de 37,552 hommes. Il faut y joindre 3 compagnies détachées d'Aussonne.

## Armée de M. Montesquiou.

*Nombre d'hommes actuellement campés, ou qui vont l'être.* 20 bataillons d'infanterie et 7 de troupes légères, 19,960 hommes; 15 escadrons, 2,250; deux bataillons d'artillerie, 1,170. Total, 23,380 hommes.

*Nombre d'hommes réservés pour le service des places.* 19 bataillons d'infanterie, 10,617 hommes; 7 escadrons, 1,224. Total 10,841 hommes.

La force actuelle de cette armée est donc de 35,221 hommes.

Il manque au complet 3,822 hommes d'infanterie, 328 de cavalerie, 347 d'artillerie; total 4,497 hommes. Ensorte que sans ce déficit, la force de l'armée du midi serait, en troupes de ligne, de 39,718 hommes, y compris deux compagnies détachées en Corse.

## Récapitulation pour les quatre armées.

Troupes disponibles actuellement sous la toile,

90,599 hommes. Troupes de garnison, 54,173 hommes. Total de la force effective, 144,772 hommes. Déficit, 21,885 hommes. Total des quatre armées, quand ce déficit sera comblé, 166,657 hommes.

### Troupes dispersées sur les côtes ou dans l'intérieur.

34 bataillons, 19,189 hommes ; 17 escadrons, 2,186. Total, 21,375 hommes. Mais il manque à l'infanterie 4,108 hommes ; à la cavalerie, 582. Si ce déficit était rempli, le total de la force dispersée dans les garnisons de l'intérieur ou sur les côtes, serait de 26,375 hommes.

### Troupes des colonies.

16 bataillons d'infanterie et 200 dragons, 12,371 hommes. Il manquait au complet de ces bataillons, à l'époque de leur embarquement, 193 hommes. Ce qui ferait un total de 12,564 hommes.

### Récapitulation générale.

Troupes actuellement sous la toile dans les quatre armées, 90,599 hommes. Troupes réservées pour la défense des places, ou distribuées dans l'intérieur, 77,440 hommes. Total effectif, 178,518.— Il manque au complet 26,768 hommes. Quand ce déficit sera rempli, vous aurez une armée de ligne de 205,286 hommes.

## Gardes nationales.

Je ne pourrai mettre dans les états de la force des gardes nationales la même méthode, ni la même exactitude, parce que tous les états de revue ne sont pas arrivés, et que ceux que nous avons, ne datent que du mois d'avril. Nous n'avons pu faire que des calculs approximatifs; et, aimant mieux nous tromper en moins qu'en plus, nous avons fixé la force des bataillons de gardes nationales à la valeur moyenne de 500 hommes seulement.

Il y a dans l'armée de Luckner 42 bataillons ; ce qui ferait d'après ce *minimum*, 21,000 hommes.

Dans l'armée du Centre, 44 bataillons ; ce qui ferait 22,000 hommes.

Dans l'armée du Rhin, 32 bataillons, 16,000 hommes.

Dans l'armée du midi, 58 bataillons, 25,000 hommes.

Dans les colonies, 10 bataillons, 5,000 hommes.

Dans l'intérieur du royaume, 7 bataillons, 5,000 hommes

*Récapitulation*, 168 bataillons effectifs, 92,500 hommes.

Je ne sais quel est le nombre de gardes nationaux, qui se trouvent actuellement dans la partie des forces disponibles; mais je sais que la plus grande partie d'entre eux est actuellement sous la toile, et que les généraux les ont très-utilement employés.

Il a été donné des ordres aux commandants des différents bataillons d'envoyer incessamment un contrôle exact du nombre d'hommes qu'ils renferment, et d'envoyer ensuite de mois en mois les états de subsistance.

L'organisation des bataillons dont vous avez décrété la levée, se fait avec la plus grande activité dans tous les départements. Le directoire de celui du Gers vous annonce que les deux bataillons que la loi du 6 mai lui ordonne de lever, sont déjà sur pied ; et que le décret qui ordonne que tous les bataillons seront portés à un complet de guerre de 800 hommes, est prêt à recevoir son éxécution. Les départements qui n'avaient point fourni de bataillons dans la première levée, s'occupent à présent de les former ; ce qui portera la levée ordonnée par les décrets des mois de juillet et août 1791, à 106,190 hommes.

### *Etat des bataillons actuellement sur pied, ou dont la formation a été décrétée.*

Bataillons de la première levée, 106,190 hommes.
Nombre d'hommes résultants de l'augmentation ordonnée pour le pied de guerre, 41,584.
Bataillons dont la levée a été récemment ordonnée, 24,000 hommes. Total 171,774 hommes. Total du nombre des bataillons 215.
Il faut ajouter à ces forces 1200 hommes pour les

légions dont la formation a été ordonnée ; et 1800 pour les compagnies franches.

La récapitulation générale de ces objets donne un total de 400 mille hommes, dont 271 mille actuellement sur pied, et 159 mille qui doivent être recrutés. Je dois observer que beaucoup d'hommes provenants du dernier recrutement, , n'ont pu être reçus dans les corps; que ceux qui y restent ne forment qu'un total de 24,000 hommes. Votre commission vous présentera, sous peu de jours, des moyens propres à accélérer ce recrutement.

L'armée, déjà victorieuse sur différents points, reçut du roi la lettre suivante; lettre admirable par les nobles sentiments qu'elle exprime.

### *Lettre du roi aux armées françaises.*

Français, qui portez les armes pour la défense de la patrie, c'est le roi, c'est le chef suprême que la constitution vous a donné, qui vous témoigne dans ces circonstances périlleuses, sa sollicitude et l'intérêt constant qu'il prend à toutes vos actions.

La nation a les yeux fixés sur vous : en vous confiant le sort de l'état, elle fonde l'espoir de sa tranquillité et de son bonheur sur l'ordre, la discipline et l'obéissance graduelle qui doivent régner parmi vous. Déjà vous en avez senti les heureux effets, et partout où vous avez été soumis aux lois militaires, des succès ont couronné votre courage.

C'est un spectacle bien imposant que la réunion

des citoyens soldats et des soldats citoyens, com=
battant pour la liberté, résolus de la sauver ou de
périr, et se servant mutuellement d'exemple. Je n'ai
pu voir qu'avec la plus vive satisfaction des soldats
novices dans le métier des armes, devenir tout-à-
coup les émules des plus anciennes troupes, et prouver ainsi que l'amour de la patrie et celui de la liberté
sont les bases de toutes les vertus guerrières : mais,
soldats, ne vous méprenez pas à ce nom sacré de
*liberté*, songez qu'elle consiste à n'obéir qu'aux lois,
et qu'elle établit pour premier devoir de leur être
fidèle. Le roi s'y est soumis avec empressement et
sans réserve; puisse cet exemple vous encourager à
braver tous les dangers plutôt que de manquer à ce
que vous avez juré d'observer !

J'ai déploré d'abord l'égarement des officiers qui,
par de faux préjugés, abjuraient des serments volontaires et sacrés. Mais, depuis que vous avez combattu
pour la patrie, je suis profondément indigné contre
ceux qui passent lâchement à l'ennemi, et abandon-
nent le poste d'honneur où ma confiance les avait
placés; je les regarde comme mes ennemis personnels, comme les ennemis les plus dangereux de
l'état, et il en coûtera moins à ma sensibilité lorsque
je verrai s'appesantir sur eux toute la rigueur des
lois.

Sévère envers les officiers, en raison de l'importance de leurs devoirs, j'attends du soldat la plus
entière soumission aux règles de la discipline. Je

vous ai donné des généraux dont l'expérience, les talents et le patriotisme justifient ma confiance ; vous leur devez toute la vôtre ; votre sûreté même l'exige. S'il se trouve près de vous des hommes pervers, qui cherchent à vous en détourner, n'écoutez pas, fuyez ces traîtres qui vous trompent, et qui veulent vous déshonorer.

Soldats français, illustres dans tous les temps par votre ardeur guerrière, son énergie ne peut que s'accroître depuis que vous êtes devenus citoyens et hommes libres. Combattez avec fierté, respectez les propriétés de l'homme paisible ; rappelez votre humanité pour les vaincus. Sachez que les succès ne peuvent être que le résultat d'une confiance mutuelle, et de la discipline la plus sévère. Ceux que vous avez obtenus en présagent d'autres ; ils vous sont garants de la reconnaissance de vos concitoyens, de l'estime des représentants de la nation et de l'amour du roi des Français. *Signé*, LOUIS.

*Contresigné*, LAJARD.

Le maréchal Luckner qui avait opéré son mouvement sur Menin, continuait à instruire le ministre de la guerre de l'état des choses.

### *Lettre de M. le maréchal Luckner à M. Lajard, ministre de la guerre.*

Au quartier-général à Menin, le 26 juin 1792, l'an 4 de la liberté.

Je vous envoie, Monsieur, sur-le-champ, le dernier courrier que vous venez de m'expédier, avec vos dépêches du 25. Notre position est toujours la même, et rien ne peut m'inquiéter assez pour me faire rétrograder sur Lille. J'ai renforcé mon avant-garde sur Courtray, et, avec des retranchements que je fais faire, cette position est très-bonne. Vous pourrez assurer le roi que la nation française n'a pas de plus zélé défenseur de notre constitution que moi, mais que ma franchise et l'attachement que je porte à S. M. ne me permettent pas de tenir un autre langage que celui que mon cœur et ma conscience me dictent. Je garde ici votre premier courrier que je vous renverrai au retour de M. Valence, avec tous les détails les plus circonstanciés sur la position de notre armée, de l'esprit qui y règne, et de la sensation qu'y a produite la dernière démarche scandaleuse envers le roi, qui est aussi chéri que la constitution. Je vous enverrai aussi, par le même courrier, une copie du plan de campagne que j'avais soumis à la décision du conseil du roi.

*Le maréchal de France, général d'armée,*
LUCKNER.

*Extrait d'une lettre de Menin, 27 juin à midi.*

Ce matin nos troupes ont attaqué un avant-poste de l'ennemi entre Haërlebeck et Courtray. Nous avons eu vingt hommes tués ou blessés par des canons chargés à mitrailles. — L'ennemi paraît toujours occupé à rétablir les ponts d'Haërlebeck que nous avons détruits. Jusqu'à présent ses efforts ont été inutiles.

*Signé* ALEXANDRE BEAUHARNAIS.

*P. S.* Le général Duchâtelet conserve toute sa gaîté au milieu de ses souffrances ; il a passé une nuit plus tranquille que les précédentes. La suppuration commence à s'établir. Il a peu de fièvre : on le transporte à Lille ce soir.

### *Lettre de M. Lafayette au roi.*

Au camp retranché de Maubeuge, le 16 juin 1792, l'an 4 de la liberté.

SIRE,

«J'ai l'honneur d'envoyer à votre majesté la copie d'une lettre à l'Assemblée nationale, où elle retrouvera l'expression des sentiments qui ont animé ma vie entière. Le roi sait avec quelle ardeur, avec quelle constance j'ai de tout temps été dévoué à la cause de la liberté, aux principes de l'humanité, de l'égalité, de la justice. Il sait que toujours je fus l'adversaire des factions, l'ennemi de la licence. et que jamais aucune puissance, que je pensais être illégitime, ne fut reconnue par moi : il connaît mon dévouement à son autorité constitutionnelle et mon attachement à sa personne. Voilà, sire, quelles ont été les bases de ma lettre à l'Assemblée natio-

ñale ; voilà quelles seront celles de ma conduite
envers ma patrie et votre majesté, au milieu des
orages que tant de combinaisons hostiles ou factieuses attirent à l'envi sur nous.

Il ne m'appartient pas, sire, de donner à mes
opinions, à mes démarches, une plus haute importance que ne doivent avoir les actes isolés d'un
simple citoyen ; mais l'expression de mes pensées
fut toujours un droit, et dans cette occasion devient un devoir ; et, quoique je l'eusse rempli plutôt, si ma voix, au lieu de se faire entendre au
milieu d'un camp, avait dû partir du fond de la
retraite à laquelle les dangers de ma patrie m'ont
arraché, je ne pense point qu'aucune fonction publique, aucune considération personnelle me dispense d'exercer ce devoir d'un citoyen, ce droit
d'un homme libre.

Persistez, sire, fort de l'autorité que la volonté
nationale vous a déléguée, dans là généreuse résolution de défendre les principes constitutionnels
contre tous leurs ennemis : que cette résolution,
soutenue par tous les actes de votre vie privée,
comme par un exercice ferme et complet du pouvoir royal, devienne le gage de l'harmonie qui,
surtout dans les moments de crise, ne peut manquer de s'établir entre les représentants élus du
peuple et son représentant héréditaire. C'est dans
cette résolution, sire, que sont, pour la patrie,
pour vous, la gloire et le salut. Là, vous trouve-

rez les amis de la liberté, tous les bons Français rangés autour de votre trône pour le défendre contre les complots des rebelles et les entreprises des factieux. Et moi, sire, qui dans leur honorable haine, ai trouvé la récompense de ma persévérante opposition, je la mériterai toujours par mon zèle à servir la cause à laquelle ma vie entière est dévouée, et par ma fidélité au serment que j'ai prêté à la nation, à la loi et au roi.

Tels sont, sire, les sentiments inaltérables dont je joins ici l'hommage à celui de mon respect.

*Signé* LAFAYETTE.

*Correspondance du ministre de l'intérieur Roland avec le général Lafayette.*

*Première lettre du ministre au général.*

Paris, 25 mai 1792, l'an 4 de la liberté.

Je sais, monsieur, que la partie du ministère dont je suis chargé, ne me met point dans le cas de correspondre officiellement avec vous; aussi n'est-ce point ainsi que j'ai l'honneur de vous écrire. Mais je crois devoir vous rendre compte d'une conversation que j'ai eue avec deux officiers de votre armée; car il importe également à ceux qui servent la chose publique, et de connaître les personnes qu'ils emploient, et de juger des effets de leurs discours.

MM. Lacolombe et Berthier se sont présentés chez moi, hier, se disant venir de la part de M. le ministre de la guerre, pour conférer sur le choix des bataillons qu'on pourrait retirer des environs de Paris, et dont il était besoin d'augmenter votre armée. J'ai répondu que M. le ministre de la guerre avait fait sans doute à cet égard des dispositions que je ne traverserais point, mais que vous aviez déjà, monsieur, des forces de l'usage desquelles on devait beaucoup espérer. Cette proposition parut étonner assez ces messieurs, pour que je dusse la justifier. J'observai donc qu'à la tête de soixante-quatre mille hommes, dont environ la moitié était répartie dans les places qu'elle servait à conserver, Lafayette saurait, avec l'autre moitié, faire voir ce qu'on doit attendre des défenseurs de la liberté; que d'ailleurs, cette armée pouvait se concerter avec celle du nord, et qu'enfin, nos forces sur la frontière présentaient environ cent mille hommes armés, auxquels les ennemis ne pouvaient en opposer *actuellement* plus de quarante mille. Ces messieurs répartirent que la supériorité du nombre ne saurait être trop grande, que *les soldats étaient des lâches, que les gens qui disent tant qu'ils verseraient, pour la liberté, jusqu'à la dernière goutte de leur sang, ne voudraient seulement pas en répandre la première.*

Je l'avouerai, monsieur, et la chose et le ton dont elle fut prononcée, me causèrent autant d'indignation que de surprise. Je manifestai l'une et l'autre avec la franchise qui est également dans mes principes et dans mon caractère.

Cette proposition, dis-je à ces messieurs, est aussi fausse en général, à l'égard de la nation qu'elle outrage, qu'elle l'est par rapport aux soldats en commun, auxquels vous en faites une application immédiate. L'échec de Mons (que ces messieurs voulurent citer en preuve) n'est point un échec militaire, mais l'effet évident d'une odieuse machination. Les *lâches* ne sont point les soldats, qui, depuis le commencement de la révolution, n'ont cessé de montrer leur zèle, malgré les persécutions dont ils ont été les victimes : insultes, mauvais traitements, cartouches jaunes, supplices, tout a été employé contre eux pour les détacher de la cause dont ils sont les défenseurs, et qu'ils feront triompher. Les *lâches* ne sont point les soldats qui, désespérés de l'erreur de quelques-uns d'entre eux, brûlent de la réparer, de voler à l'ennemi, et feront bientôt leurs preuves, si les généraux, renonçant à une défensive qui nous mine et nous tue, profitent de leurs avantages avant que la réunion des troupes étrangères nous oppose des forces supérieures. Vous parlez des fréquents exemples d'insubordination ; où en est donc la cause ? Dans l'incivisme des officiers, dans la méfiance qu'il doit faire naître. Voilà l'unique source des irrégularités, des fautes dont on fait des reproches si amers, et de la rareté desquelles

on peut encore s'étonner. Les *lâches* sont les officiers eux-mêmes, indignes d'avoir une patrie qu'ils
trahissent ; déserteurs odieux, ou démissionnaires
infidèles, ayant joui dans la paix de leur traitement,
de leurs avantages, mais abandonnant leur poste
en face de l'ennemi. Dans quelle nation fut-il jamais
permis de quitter ainsi l'armée, au moment de l'action, sans encourir l'infamie et mériter une éclatante punition ? Ils osent encore parler d'*honneur!*
Ce nom magique, avec lequel on éblouissait la tourbe
imbécille, et qui ne signifiait ordinairement qu'une
illusion mise à la place de la vertu, est employé dans
le même instant où ces hommes passent à l'ennemi,
avec les gratifications reçues pour leur équipage,
et même en emportant le prêt de leurs soldats. Voilà
*les lâches.*

Ils auront un même sort avec ceux qu'emporte
la vengeance de l'orgueil irrité, ou la séduction
d'aveugles préjugés : vainement révoltés contre la
majorité d'une nation qui sera maîtresse, par cela
seul qu'elle veut l'être ; indifférents à la personne du
roi, qu'ils n'envisagent que comme un moyen de
servir et de consacrer leur intérêt particulier, ils
périront dans leurs efforts, ou s'éteindront dans le
mépris.

Pour quiconque veut calculer froidement nos
données politiques, indépendamment de toute opinion personnelle, il est évident que la révolution
s'achèvera, c'est-à-dire que la constitution sera main-

tenue. Des altérations passagères ne s'opéreraient
que par le sang, et seraient bientôt effacées par lui.
Oui, lors même que les Allemands auraient pénétré
en France, lors même qu'établis dans Paris, ils auraient égorgé la moitié de la nation, l'autre moitié
finirait par les anéantir. Il n'y a plus de lâcheté chez
le peuple dans lequel les idées de justice, de liberté,
d'égalité, se sont une fois répandues : elles fermen-
tent dans les esprits, elles élèvent les âmes; celui
qui a pu les concevoir, ne les abandonne jamais, il
les réalise ou il meurt. Le peuple et les soldats que
l'on calomnie, ne veulent que la jouissance des
droits qui leur sont reconnus par la constitution ; ils
feront tout pour les défendre, et ils en assureront
le triomphe. C'est ce qui fait la force et la joie des
hommes en place dévoués à la constitution ; dussent-
ils périr pour elle, ils savent que leur sang même
servirait à la cimenter.

MM. Lacolombe et Berthier me parurent étonnés
de ce langage, et se retirèrent avec quelque embarras.
J'ignore s'ils étaient venus pour me connaître, car
jai appris de M. le ministre de la guerre qu'ils ne
m'avaient point été adressés par lui, quoiqu'ils se
fussent annoncés de sa part. Ils m'auront vu tout entier : rien n'est si facile; je n'ai jamais rien à cacher,
rien à quoi je ne puisse et ne veuille donner la plus
grande publicité, même au récit de cette conversation, dont je pourrais seulement retrancher le
nom de ces Messieurs, vis-à-vis de tout autre que

de leur général. Au reste, eux-mêmes se sont exprimés chez moi en présence d'un témoin; j'ai dû croire
que des officiers qui accusaient hautement de lâcheté les soldats, devant moi qu'ils n'avaient jamais
vu, et devant une personne qu'ils ne connaissaient
point, ne se gênaient pas pour tenir dans Paris le
même langage. Je vous laisse à juger, Monsieur, de
l'effet qu'il doit produire, et combien il doit étonner
de la part de vos agents.

C'est à cause de cela même que je me suis senti
obligé de vous exposer ce qui s'était passé entr'eux
et moi. J'ai présumé d'ailleurs que si vous étiez
porté à vous former une idée de l'opinion publique
sur le témoignage de ces Messieurs, il était juste que
je misse le mien en opposition; il est fondé sur les
lumières que me procure ma correspondance avec
tous les départements.

Partout la masse du peuple est saine, excellente;
partout elle veut la constitution, de cette volonté
que suit l'effet, parce que l'on est prêt à l'accompagner des plus grands sacrifices.

Je dois le dire, Monsieur, parce que je le vois
ainsi, les souplesses, l'astuce, les promesses, les
menaces de ravage et de mort, tous ces moyens par
lesquels on cherche à soulever le peuple contre l'ordre actuel des choses, ne lui présentent plus que
l'envie des deux chambres à l'assemblée nationale,
et la faculté par elles de ressusciter la noblesse. Or,
cette chimère demeurera toujours chimère; on ne

compose point avec la liberté dès qu'on l'a connue toute entière.

Si les premiers événements de la guerre sont ce que nous donnent droit d'espérer et nos forces et nos généraux, la victoire n'est pas très-éloignée; et nous jouirons par elle des fruits de la paix; s'ils ne sont pas heureux, nous nous formerons toujours de plus en plus à la défense de la liberté, mais nous l'achèterons pour nos enfants de tout ce qu'il faudra d'épreuves et de courage.

*Le ministre de l'intérieur*, ROLAND.

### *Lettre de l'aide-de-camp Lacolombe au ministre Roland.*

Au camp de Raucennes, le 30 mai 1792.

En arrivant ici, Monsieur, j'apprends avec indignation le compte infidèle que vous avez rendu au général Lafayette de ma conversation avec vous. Je n'ai que le temps de démentir hautement l'indigne calomnie que vous me prêtez contre les soldats français, avec lesquels j'ai déjà partagé l'honneur de combattre et de vaincre. Le mot de lâche que j'ai prononcé en votre présence, était l'expression de mon mépris pour les hommes qui ont fui au lieu de combattre sous les ordres du général Biron.

*Signé,* LACOLOMBE.

## Deuxième lettre du ministre Roland au général Lafayette.

Paris, 5 juin 1792, l'an 4 de la liberté.

J'ai l'honneur, Monsieur, de vous faire passer copie d'une lettre que je reçois de M. Lacolombe. Je m'abstiens de la qualifier, et je me dois de n'y pas répondre. C'est à vous de la juger et de faire justice à son auteur. Je sais ce qu'on doit laisser aux soins d'un homme en place qui apprécie les choses, et qui connaît les convenances; je ne manquerai pas plus aux procédés qu'à la raison : mais j'ai droit de m'étonner que ce soit de M. de Lacolombe que je reçoive une lettre, tandis que c'est à vous, Monsieur, que j'ai eu l'honneur d'écrire; et pourquoi? pour vous prévenir des propos étranges que se permettaient ici vos agents, et du mauvais effet qu'ils produisaient. Quel intérêt avais-je à relever ces propos auprès de vous? aucun. Je n'avais nulle espèce de relation avec ceux qui les avaient tenus; je n'éprouvais que la surprise de l'inconsidération avec laquelle ils étaient venus les répéter devant moi; et je la leur avais assez exprimée en personne, pour me dispenser de la manifester autrement : mais, aimant à croire à la pureté de vos vues, j'ai senti que je devais au général sur lequel repose une partie de nos forces et de la confiance de notre armée, l'exposé de faits qui tendaient à le compromettre.

Votre silence, Monsieur, répond mal aux égards que je vous ai témoignés. La lettre de M. Lacolombe m'autoriserait à vous demander si vous avez pensé pouvoir ajouter plus de foi au déni de la personne inculpée, qu'à l'exposé de l'homme impartial qui avait la générosité de vous prévenir; mais le sentiment de ce que je suis, m'interdit la comparaison; et l'opinion que je me plais à conserver de ce que vous êtes, m'encourage à repousser encore le doute.

Au reste, Monsieur, je ne vous ai parlé que du propos tenu chez moi, et je puis citer pour témoin l'homme respectable qui était présent, et dont nul homme de bien ne révoquerait le témoignage; mais j'ajoute aujourd'hui que les propos du même genre ont été tenus partout par M. Lacolombe; que partout ils ont causé le même scandale, au point que l'opinion publique faisait un tort au ministre de la guerre de ne pas renvoyer plus promptement à l'armée M. Lacolombe; c'est ce que M. Servan m'autorise à vous dire, Monsieur, parce qu'il le sait aussi bien que moi.

J'observerai de plus, qu'ayant communiqué au roi dans son conseil, la lettre que je vous avais adressée, ce n'est plus moi seul qui attends son effet, et qui juge ce qu'il doit être. Je ne me suis abtenu de la faire imprimer, que par cet amour et ce respect pour la tranquillité publique, qui me font redouter, jusqu'au scrupule, la plus légère cause d'altération. Je ne doute pas, Monsieur, que votre propre cause ne soit tellement liée à tout ce qui intéresse cette tranquillité, que vous ne trouviez, dans mes ménagements pour elle, une part dont vous vous applaudissez. Je n'ai pas besoin de répéter qu'avec la franchise de mes principes et de mon caractère, on n'a jamais rien à taire pour soi, et qu'on finit par tout dire quand la justice que fait toujours la publicité, est devenue nécessaire.

*Le ministre de l'intérieur*, ROLAND.

*Lettre du général Lafayette au ministre Roland.*
(Reçue le 3 juin, sans enveloppe, non timbrée.)

Au camp de Raucennes, le 30 mai 1792,
l'an 4 de la liberté.

Je n'examine pas, monsieur, dans quelles vues votre lettre a été écrite; mais je ne puis croire que mon aide-de-camp ait été chez un homme dont l'existence lui était inconnue avant que la gazette eût appris qu'il était ministre, et qu'aujourd'hui il connaît à peine de nom, tout exprès pour calomnier la nation française et l'armée de son général.

Non certes, il ne vous a pas dit que je doutais de mes braves soldats, dont le patriotisme combat aussi courageusement les ennemis du dehors, que leur discipline désespère ceux du dedans, et dont l'attachement aux principes qu'eux et moi professons dérangent les vues inconstitutionnelles de plus d'un parti. Peut-être MM. Lacolombe et Berthier vous ont-ils exprimé leur indignation contre les fuyards de Mons et de Tournay, effet funeste, mais prévu, d'une infernale combinaison entre les coupables agents du despotisme et de l'aristocratie, et ces vils hypocrites de la liberté qui concourent avec eux à notre désorganisation.

Personne n'a plus éprouvé que moi, monsieur, la lâcheté des officiers déserteurs : mes explications avec eux avaient été si franches, si impartiales, malgré l'opposition des sentiments, qu'une telle perfidie ne peut pas, même dans leurs préjugés, échapper au déshonneur qui les attend partout.

Quant à mon armée, telle qu'elle existe aujourd'hui, je compte sur elle autant qu'elle compte sur moi ; notre confiance réciproque est fondée sur l'amour de la liberté, le respect des lois, la haine des factions et le mépris pour leurs chefs.

*Le général d'armée*, LAFAYETTE.

*P. S.* Je me dispense, monsieur, de relever vos erreurs militaires ; elles sont réfutées d'avance dans la correspondance de M. le maréchal Luckner, et la mienne avec le ministre de la guerre.

LAFAYETTE.

*Troisième lettre du ministre, au général.*

Paris, 6 juin 1792, l'an 4 de la liberté.

Votre lettre, monsieur, quoique de même date

que celle de M. Lacolombe, m'est parvenue deux
jours plus tard. Sans doute que n'étant point envoyée par la voie de la poste, dont effectivement
elle ne porte pas le timbre, son expédition s'est
trouvée plus lente. Je venais de faire partir la seconde que j'ai eu l'honneur de vous adresser, lorsque la vôtre m'a été remise. Elle mérite quelques
observations.

Vous n'examinez pas, monsieur, dans quelles
vues je vous ai écrit. Je crois qu'un examen n'était
pas nécessaire pour les reconnaître; un sentiment
juste et prompt pouvait aisément les saisir, et vous
ne sauriez vous dissimuler qu'elles étaient celles d'un
citoyen qui connaît ses droits et ses devoirs, d'un
ami de la liberté, qui s'étonnait de ne pas entendre
son langage dans la bouche de vos agents, et d'un
homme en place, qui aimait à avoir pour vous l'é-
gard de vous prévenir de ce que vous deviez être
intéressé à connaître.

Quant à ce que vous ne *pouvez croire*, monsieur,
il s'agit d'un fait auquel votre incrédulité, comme
ma surprise, ne pourrait rien changer.

J'ignore quelles étaient les intentions de vos
aides-de-camp en venant chez moi, et je ne prétends
pas les deviner; mais j'ai été étonné de leurs discours comme de leur visite, et je vous ai exposé ce
qui s'était passé, pour que vous le jugeassiez vous-
même.

Que M. Lacolombe n'ait connu mon nom que

dans la gazette, depuis que celui de ministre y a
été joint, cela peut prouver, tout au plus, sa prédilection en fait de lecture, et la nécessité de la
recommandation d'une place pour lui faire distinguer mon nom : nous n'avons jamais marché sur la
même ligne, et nous ne sommes pas faits pour nous
rencontrer. Mais serait-ce bien l'élève de Washington,
le défenseur de la liberté française, qui s'exprime
comme pourrait faire un courtisan de l'ancien
régime !

Jeune encore, et appelé à des destinées brillantes, dont il ne tient qu'à vous d'immortaliser l'éclat,
ne craignez pas, monsieur, d'entendre dire à un
homme austère, vieilli dans l'application des principes de la philosophie, et connu dans ce
monde où les sciences et les travaux utiles offraient quelques consolations aux ennemis de l'esclavage, ne craignez pas d'entendre dire que le
premier signe du caractère et du génie de l'homme
constitué en autorité, est dans l'excellent choix
des dépositaires de sa confiance, des hommes chargés de transmettre ses ordres, ou de manifester ses
intentions.

Je préfère vous rappeler, monsieur, cette utile
réflexion, à me prévaloir des avantages avec lesquels il me serait si facile de rejeter sur autrui je ne
sais quel dédain, enveloppé dans la désignation
d'un nom qu'on ne connaissait pas à la cour.

Vous auriez pu, monsieur, vous dispenser d'affirmer une chose dont il n'a jamais été question. Vos aides-de-camp n'ont parlé ni de votre croyance, ni de vos doutes, ni même de votre personne ; je ne vous ai mandé que ce qu'ils avaient dit ; et lorsque vous vous écriez à l'occasion de M. Lacolombe : *Non, certes, il ne vous a pas dit que je doutais de mes braves soldats*, on se demande pourquoi vous paraissez faire une supposition toute gratuite, et mettre ainsi à la discussion ce qui n'y était nullement, en laissant de côté ce dont il s'agissait.

Encore une fois, monsieur, et tout se réduit à ceci ; j'ai été étonné de voir chez moi deux de vos agents, s'annonçant de la part du ministre de la guerre ; qui ne me les avait pas adressés, paraître n'y venir que pour s'exprimer avec indécence sur le compte des soldats ; j'ai pressenti que cette inconsidération, s'ils la portaient ailleurs, devait produire un mauvais effet, dont il fallait vous prévenir, et je vous ai prévenu. J'ai su depuis que ma présomption n'était que trop justifiée, et que les mêmes propos, tenus publiquement par M. Lacolombe, avaient fourni de nouveaux arguments à ceux qui, vous connaissant mal, sans doute, ne s'unissent pas, monsieur, aux personnes qui font hautement votre éloge.

Il ne m'appartient pas de sonder la profondeur des trames qui ont amené les revers de Mons et de Tournay ; mais je ne connais qu'une règle, *la loi*, et je ne vois contre elle en France, comme au dehors, qu'une *faction*, celle des ennemis de *l'égalité.*

Ces ennemis, ouverts et francs, au commencement de la révolution, s'appelaient alors partisans de l'ancien régime, *aristocrates.* Dissimulés aujourd'hui, sous une apparence de patriotisme, parce que, la constitution étant faite, il faut avoir l'air de l'adopter, pour l'altérer plus sûrement, ils sèment avec fracas les idées et les noms de *factieux,* pour en faire naître.

*Républicain* était, l'année dernière, le mot en faveur pour proscrire l'opinion d'un homme, avant qu'il eût parlé, ou pour jeter de l'odieux sur les bons citoyens dont on redoutait la vigueur. Le vide de l'expression s'est fait sentir, on ne parle plus maintenant que de *factieux*, et c'est infiniment commode pour les calomniateurs. Mais les applications mensongères ne peuvent long-temps abuser le public; il finit par connaître, punir ou mépriser ses prétendus défenseurs qui se séparent de lui pour avoir l'air de le protéger, et qui ne paraissent le servir que pour mieux le régir ou l'insulter.

Je partage avec vous, monsieur, la haine des partis, le mépris pour leurs chefs. Je ne connais rien de plus vil après eux, que ces hommes sans talents et sans caractère, incapables de bien servir aucune cause, et réduits à être les agents d'un parti.

Vous professez, monsieur, *le respect pour les lois, l'amour de la liberté*, sans doute aussi de *l'égalité?* car elle est le gage de la liberté, et la base de notre constitution. Vous avez juré de les servir, vous vous devez tout entier à leur défense, et d'après ce que vous avez fait et promis, ce qu'on espère et ce qu'on a droit d'exiger de vous, il ne vous est plus possible d'avoir de gloire ni d'existence que par elles. Il n'y a plus de milieu pour vous; il faut que vous soyez l'un des héros de la révolution; ou que vous deveniez le plus infâme des Français; il faut que votre nom soit à jamais béni ou abhorré. Dans cette situation, il faut enfin que ce qui vous environne annonce votre civisme, atteste votre sincérité; c'est à cause de cela même que, moins prévenu, vous m'auriez remercié, et quand vous l'aurez reconnu, c'est vous seul qu'il faudra féliciter; car j'ai fait tout ce que je veux, et tout ce que je devais, en vous disant la vérité.

*Le ministre de l'intérieur*, ROLAND.

Le général Lafayette paraît le 28 juin à la barre de l'assemblée législative, et demande à être entendu.

### Discours de M. Lafayette à l'assemblée nationale, prononcé dans la séance du 28.

Je dois d'abord, Messieurs, vous assurer que, d'après les dispositions concertées entre M. le maréchal Luckner et moi, ma présence ici ne compromet aucunement ni le succès de nos armes, ni la sûreté de l'armée que je commande.

Voici maintenant les motifs qui m'amènent. On a dit que ma lettre du 16 à l'assemblée nationale n'était pas de moi ; on m'a reproché de l'avoir écrite au milieu du camp : je devais peut-être, pour l'avouer, me présenter *seul*, et sortir de cet honorable rempart, que l'affection des troupes formait autour de moi.

Une raison plus puissante m'a forcé, Messieurs, à me rendre auprès de vous. Les violences commises le 20 aux Tuileries, ont excité l'indignation et les alarmes de tous les bons citoyens, et particulièrement de l'armée. Dans celle que je commande, où les officiers, sous-officiers et soldats ne font qu'un, j'ai reçu des différents corps des adresses pleines de leur amour pour la constitution, de leur respect pour les autorités qu'elle a établies, et de leur patriotique haine contre les factieux de tous les partis. J'ai cru devoir arrêter sur-le-champ les adresses, par l'ordre que je dépose sur le bureau. Vous y verrez que j'ai pris, avec mes braves compagnons d'armes, l'engagement d'exprimer seul nos sentiments communs ; et le second ordre que je joins également ici, les a confirmés dans cette attente. En arrêtant l'expression de leur vœu, je ne puis qu'approuver les motifs qui les animent. Plusieurs d'entr'eux se demandent si c'est vraiment la cause de la liberté et de la constitution qu'ils défendent.

Messieurs, c'est comme citoyen que j'ai l'honneur de vous parler; mais l'opinion que j'exprime est celle de tous les Français qui aiment leur pays, sa liberté, son repos, les lois qu'il s'est données, et je ne crains pas d'être désavoué par aucun d'eux. Il est temps de garantir la constitution des atteintes qu'on s'efforce de lui porter, d'assurer la liberté de l'assemblée nationale, celle du roi, son indépendance, sa dignité; il est temps enfin de tromper les espérances des mauvais citoyens, qui n'attendent que des étrangers le rétablissement de ce qu'ils appèlent la tranquillité publique, et qui ne serait, pour des hommes libres, qu'un honteux et intolérable esclavage.

Je supplie l'assemblée nationale:

1°. D'ordonner que les instigateurs et les chefs des violences commises le 20 juin aux Tuileries, soient poursuivis, et punis comme criminels de lèse-nation;

2°. De détruire une secte qui envahit la souveraineté nationale, tyrannise les citoyens, et dont les débats publics ne laissent aucun doute sur l'atrocité de ceux qui la dirigent.

3°. J'ose enfin vous supplier, en mon nom et au nom de tous les honnêtes gens du royaume, de prendre des mesures efficaces pour faire respecter toutes les autorités constituées, particulièrement la vôtre et celle du roi, et de donner à l'armée l'assurance que la constitution ne recevra aucune atteinte dans l'intérieur, tandis que de braves Français prodiguent leur sang pour la défendre aux frontières.

## *Ordre général de l'armée.*

Au camp retranché de Maubeuge, ce 25 juin 1792, l'an 4 de la liberté.

Le général de l'armée a reçu hier au soir et ce matin des adresses où les différents corps de toutes les armes expriment leur dévoûment à la constitution, leur attachement pour elle, leur zèle à combattre les ennemis du dehors et les factieux du dedans.

Le général reconnaît, dans ces démarches, le patriotisme pur et inébranlable d'une armée qui, ayant juré de maintenir les principes de la déclaration des droits, de l'acte constitutionnel, est disposée à les défendre envers et contre tous; il est profondément touché de l'amitié et de la confiance que les troupes lui témoignent, et sent combien les derniers désordres que des perturbateurs ont excités dans la capitale, doivent indigner tous les vrais amis de la liberté, tous ceux qui, dans le roi des Français, reconnaissent un pouvoir établi par la constitution, et nécessaire à sa défense.

Mais, en même temps que le général partage les sentiments de l'armée, il craindrait que les démarches collectives d'une force essentiellement obéissante, que les offres énergiques des troupes particulièrement destinées à la défense des frontières, ne fussent traitreusement interprétées par nos ennemis cachés ou publics ; il suffit, quant à présent, à l'assemblée nationale, au roi, et à toutes les autorités constituées, d'être convaincus des sentiments constitutionnels des troupes ; il doit suffire aux troupes de compter sur le patriotisme, sur la loyauté de leurs frères d'armes de la garde nationale parisienne, qui saura triompher de tous les obstacles, de toutes les trahisons dont on l'environne.

Quelque soigneux que soit le général d'éviter, pour l'armée, jusqu'à la moindre apparence d'un reproche, il lui promet que, dans toutes les démarches *personnelles* qui pourront contribuer au succès de notre cause, et au maintien de la constitution, il bravera seul, avec constance et avec dévoûment, toutes les calomnies, comme tous les dangers.

### Ordre du 26 au soir.

Le général a cru devoir mettre des bornes à l'expression des sentiments de l'armée, qui ne sont qu'un témoignage de plus de son dévoûment à la constitution, de son respect pour les autorités constituées, mais dont la manifestation collective, ou trop vivement prononcée, aurait pu donner des armes à la malveillance.

Mais plus le général d'armée a été sévère sur les principes qui conviènent à la force armée d'un peuple libre, et par conséquent soumis aux lois, plus il se croit personnellement obligé à dire, en sa qualité de citoyen, tout ce que les troupes sentent en commun avec lui.

C'est pour remplir ces devoirs envers la patrie, ses braves compagnons d'armes, et lui-même, qu'après avoir pris, d'après les conventions avec M. le maréchal Luckner, ses mesures qui mettent l'armée à l'abri de toute atteinte, il va, dans une course rapide, exprimer à l'assemblée et au roi les sentiments de tout bon Français, et demander en même temps qu'on pourvoie aux différents besoins des troupes.

Le général ordonne le maintien de la plus exacte discipline, et espère, à son retour, ne recevoir que des comptes satisfaisants.

M. d'Hangest, maréchal-de-camp, prendra le commandement.

Le général d'armée répète que son intention et son vœu sont de revenir ici sur-le-champ.

### *Lettre du maréchal Luckner au roi.*

Au quartier-général à Menin, le 28 juin.

Sire,

Appelé par le choix de V. M. au commandement d'une des armées françaises, comme au grade le plus éminent, et honoré de plusieurs témoignages éclatants de confiance que l'assemblée nationale m'a donnés au nom de la nation, qui a daigné ne pas les désavouer, je consacrais tous mes moments et tous mes efforts à mériter un sort aussi flatteur pour un étranger. Cette disposition particulière, mon inviolable attachement pour la France, et ma vieille habitude militaire, qui me rend encore plus étranger à toutes les questions politiques; mon caractère, mon devoir, tout contribuait à absorber mon temps et mon attention dans les soins du service.

Je ne connaissais que la constitution, ouvrage d'un peuple libre; j'ai fait le serment de la défendre. J'étais uniquement occupé de rétablir la discipline, de perfectionner l'instruction, d'assurer nos premiers pas dans le pays ennemi. Déjà même ils avaient été heureux, quoiqu'un succès plus complet ne puisse s'appuyer que sur des promesses qui sont indépendante de moi, et elles ne se sont pas réalisées; déjà même je pouvais me flatter de quelques progrès et de beaucoup de zèle dans mon armée, lorsque d'affligeantes nouvelles sont venues me soustraire à mes occupations.

Un grand trouble, que je n'ose caractériser, a régné dans la capitale et jusque dans votre palais. Tous les citoyens de l'empire en ont été instruits par une proclamation où chaque sentiment exprime un nouveau titre à la reconnaissance. Je l'ai fait sur-le-champ distribuer à toute mon armée; je connais trop bien les officiers et soldats que je commande, pour douter qu'ils ne partagent la vive émotion que j'ai éprouvée, mon indignation contre les factieux, mon respect pour votre impassible courage ; et je me trouve heureux d'être en ce moment l'interprète de mes braves compagnons d'armes, en ayant l'honneur de vous envoyer cette lettre.

Tous ont vu avec admiration que jamais votre majesté n'avait montré une contenance plus encourageante pour les vrais amis de la liberté et de la constitution, et plus imposante pour ses ennemis. Que votre majesté, forte de notre confiance et de ses intentions, continue à déjouer les complots ; qu'elle soit sûre que, par une semblable conduite, elle ne peut manquer de donner toute confiance aux uns, et d'ôter toute espérance aux autres.

Je me joins, pour l'en supplier, à un autre général qui a acquis le droit de faire entendre sa voix, toutes les fois qu'il s'agit de la liberté et du succès d'une révolution à laquelle il a si utilement coopéré.

Je ne croirai jamais compromettre l'intérêt de mon armée, lorsque je dirai avec ma franchise ordinaire, qu'elle doit ressentir une funeste influence, là où le chef suprême que la constitution nous a donné, ne serait pas respecté partout comme il mérite de l'être : lorsque j'ajouterai que notre activité extérieure serait nécessairement entravée par des troubles intérieurs qui vièuent affliger les bons citoyens, désunir les volontés, inquiéter le courage et la bonne foi.

Telle est la déclaration franche que j'ai l'honneur d'adresser à votre majesté, avec l'hommage de mon respect. Je prie le roi d'ordonner à son ministre de se rendre en cette occasion l'interprète de mes sentiments auprès de l'assemblée nationale.

*Le maréchal de France, général de l'armée,*
LUCKNER.

Nous avons demandé à M. le maréchal Luckner la permission de signer la lettre qu'il a l'honneur de vous adresser, et de nous associer à tous les sentiments qu'elle exprime.

(Suivent les signatures de tous les aides-de-camp du maréchal Luckner.)

Avant de retourner au camp retranché devant Maubeuge, le général Lafayette écrivit à l'assemblée législative une lettre conçue en ces termes :

MESSIEURS,

En retournant au poste où de braves soldats se dévouent à mourir pour la constitution, mais ne doivent et ne veulent prodiguer leur sang que pour elle, j'emporte un regret vif et profond de ne pouvoir apprendre à l'armée que l'assemblée nationale a déjà daigné statuer sur ma pétition.

Le cri de tous les bons citoyens du royaume que quelques clameurs factieuses s'efforcent en vain d'étouffer, avertit journellement les représentants élus du peuple et son représentant héréditaire, que tant qu'il existera près d'eux une secte qui entrave toutes les autorités, menace leur indépendance, et qui, après avoir provoqué la guerre, s'efforce, en dénaturant notre cause, de lui ôter des défenseurs, tant qu'on aura à rougir de l'impunité d'un crime de lèse-nation qui a excité les justes et pressantes alarmes de tous les Français, et l'indignation universelle, notre liberté, nos lois, notre honneur, sont en péril. Telles sont les vérités que les âmes libres et généreuses ne craignent pas de répéter. Révoltées contre les factieux de tous genres; indignées contre les lâches qui s'aviliraient au point d'attendre une intervention étrangère; pénétrées du principe que je m'honore d'avoir le premier professé en France, que toute puissance illégitime est oppression, et qu'alors la résistance devient un devoir, elles ont besoin de déposer leurs craintes dans le sein du corps législatif; elles espèrent que les soins des représentants du peuple vont les en délivrer.

Quant à moi, Messieurs, qui ne changeai jamais ni de principes, ni de sentiments, ni de langage, j'ai pensé que l'assemblée nationale, ayant égard à l'urgence et au danger des circonstances, permettrait que je joignîsse la nouvelle expression de mes regrets et de mes vœux à l'hommage de mon profond respect.

*Signé*, LAFAYETTE.

L'assemblée ordonne le renvoi de la lettre de M. Lafayette à la commission extraordinaire des douze.

Le voyage du général Lafayette à Paris, et le discours qu'il avait eu le courage de prononcer à la barre de l'assemblée législative sur les événements du 20 juin, avaient provoqué une enquête sur sa conduite. Voici le rapport que le représentant du peuple Lasource présenta sur ce sujet à l'assemblée dans la séance du 21 juillet.

Je viens briser une idole que j'ai long-temps encensée. Je me ferais d'éternels reproches d'avoir été le partisan et l'admirateur du plus perfide des hommes, si je ne me consolais en pensant que la publicité de mon opinion expiera ma trop longue erreur. Des témoins irréfragables accusent M. Lafayette : sa lettre du 16 juin à l'assemblée nationale, son ordre à l'armée, du 26, et sa pétition lue à votre barre le 28 du même mois. Je vais retracer à vos yeux les dépositions de ces témoins. Il faut les avoir entendus avant de prononcer sur le sort du coupable. Je laisserai M. Lafayette rappeler qu'il présenta à l'assemblée constituante une déclaration des droits qui ne fut pas très-accueillie ; qu'il épousa en Amérique la cause de la liberté avec laquelle il a depuis lors fait divorce. Je le laisserai faire son éloge, et suppléer prudemment à l'inaction des panégyristes et au silence de l'opinion. S'il n'avait commis d'autre crime que de se livrer au délire d'une vanité ridicule, échappant à vos regards par sa petitesse même, il ne mériterait point d'occuper le moins précieux de vos instants.

Mais ce n'est point une folie, c'est un crime qu'il

a commis. Ce crime, je ne le chercherai point dans les calomnies qu'il vomit, en insultant à un de vos décrets rendus à la presque-unanimité , contre des ministres intègres , auxquels il lui est très permis de rendre le mépris qu'ils ont pour lui. Mais je le chercherai , ou plutôt je vous le montrerai peint en traits ineffaçables dans l'insolence mensongère avec laquelle il attaque les représentants du peuple , dans l'audacieuse perfidie avec laquelle il les accuse et cherche à les déshonorer et à les perdre dans l'opinion.

Sous quel aspect présente - t-il l'Assemblée des élus et des mandataires du souverain ? Sous l'aspect d'une réunion confuse d'hommes également méprisables , quoique divisés en deux partis ; sous l'aspect d'un monstrueux assemblage d'intrigants et de dupes , de factieux et de lâches , de tyrans et d'esclaves. Ouvrez sa lettre , vous y trouverez ces expressions dont le sens n'est pas équivoque : Portez-vos regards sur ce qui se passe *dans votre sein* et autour de vous. Pouvez-vous vous dissimuler qu'une faction , et pour éviter les dénominations vagues, que la faction Jacobite a causé tous les désordres ? C'est-elle que j'en accuse hautement. Et où est cette faction que M. Lafayette accuse ? Ce n'est pas seulement autour de vous comme il a l'adresse perfide de l'ajouter. S'il ne l'avait vue que hors de votre sein , que pourraient importer à la nation et ses visions , et ses calomnies , et ses injures et ses fureurs ? Mais cette faction qu'il accuse , c'est ici qu'il la voit d'abord ; c'est dans votre sein qu'il la trouve : s'il ajoute et autour de vous , cette addition machiavélique n'est qu'un voile qu'il jète sur la noirceur de son âme , un bandeau dont il couvre à demi l'empreinte du coup sacrilège qu'il a frappé , et une porte qu'il s'ouvre pour échapper à la loi insolemment provoquée.

Ce que M. Lafayette appèle faction jacobite , c'est cette masse imposante d'amis de la liberté qui n'ont jamais voté que pour elle ; c'est cette fière majorité qui , en consentant que César fût grand , a toujours voulu que Rome fût libre ; qui s'est fortement prononcée quand il a fallu opter entre les droits sacrés du peuple et les prérogatives usurpées ou conventionnelles des rois ; qui s'est constamment levée toute entière pour l'égalité contre des privilèges , pour des opprimés contre des oppresseurs , pour tous contre quelques-uns. C'est donc la majorité de l'assemblée nationale que le général Lafayette présente comme une faction. C'est elle qu'il accuse hautement d'être la cause de tous les désordres : quelle affreuse conséquence ne laisset-il point à déduire ! C'est qu'il faut frapper et détruire cette majorité qu'il désigne , et que ce n'est qu'à ce prix que l'ordre et la tranquillité renaîtront. Je poursuis la lecture de cet impudent libelle, et non loin des expressions que je vous ai déjà citées , je vois une nouvelle preuve de perfidie et de conspiration. C'était peu d'avoir présenté une partie de l'assemblée comme une faction que rien n'arrête ; il présente l'autre partie comme une masse inerte et molle, qui ne sait s'opposer à rien : il ne craint pas d'avancer que ce qu'il appèle la *la secte, la corporation Jacobite*, subjugue les représentants et les mandataires du peuple français. Ainsi, les représentants et les mandataires du peuple sont donc courbés sous le joug de quelque chef de parti, à genoux devant quelques intrigants, prosternés bassement aux pieds de quelques séditieux ! Ainsi les représentants, les mandataires du peuple sont donc des hommes sans caractère, sans énergie, sans respect pour leur mission, sans amour pour leurs devoirs, sans vertus, sans mœurs, sans probité ! Ainsi, les représentants et les mandataires du plus grand de tous les peuples sont donc ce qu'il y a de plus vil et de plus méprisable dans l'univers ! Oui, c'est ainsi qu'il les peint, cet horrible conspirateur, qu'on a encore le courage d'excuser.

En vain voudrait-on persuader que le tableau qu'il trace n'est le fruit que de l'étourderie ou du délire. J'y vois toutes les combinaisons d'une méchanceté réfléchie, d'une perversité paisible, d'une scélératesse froide. J'y vois l'intention bien marquée de dissoudre le corps législatif, et d'étouffer la liberté. Eh ! qui pourrait s'aveugler jusqu'au point de ne pas l'y voir ? Supposer une faction puissante dans le sein du corps législatif excitant des insurrections, ou préparant des assassinats, montrer une grande

masse d'hommes subjugués et nuls, c'est appeler
le mépris public; ainsi, le traître que j'accuse, a
su disposer les choses de manière à perdre à la fois
tout le corps législatif. Si je ne présente qu'une faction, s'est-il dit à lui-même, je ferai tomber quelques têtes, mais le peuple se réunira autour de
celles qui auront échappé à mes coups; assurons
un projet unique par l'emploi d'un double moyen;
ici, montrons des factieux dont l'audace ne sait point
connaître de frein, et je les ferai tomber sous le tran-
chant d'un fer homicide; là, montrons des hommes
ineptes, des âmes lâches, et ils seront renversés
de leurs sièges par le torrent de l'opinion; obtenir
le sang des uns, et l'oubli des autres, c'est assurer
la perte de tous et arriver au but..... Ce but, le
conspirateur que j'accuse, n'a pas même pris la
peine de le voiler. Voulez-vous voir à découvert son
projet liberticide? fixez un instant vos regards sur
le paragraphe que je transcris: « Assurez qu'aucune
conséquence injuste ne peut découler d'un principe
pur, qu'aucune mesure tyrannique ne peut servir
une cause qui doit sa force et sa gloire aux bases sacrées de la liberté, de l'égalité; faites que la justice
criminelle reprène la marche constitutionnelle; que
l'égalité civile, que la liberté religieuse jouissent de
l'application des vrais principes. » Bouillé, La-
queille, Mirabeau, tiendraient-ils un autre langage?
et quand ils exhalent leurs fureurs contre l'assemblée nationale, empruntent-ils d'autres traits?

Qu'êtes-vous d'après Lafayette? des hommes qui se sont livrés à des mesures tyranniques; des hommes qui ont arrêté la marche de la justice criminelle, des hommes qui ont violé et l'égalité civile, et la liberté religieuse.

Je ne m'abaisserai point à justifier les décrets que Lafayette marque au coin de la tyrannie et de la violation de tous les principes ; mais je dirai qu'un général qui accuse le corps législatif, le menace ; je dirai qu'un général qui, à la tête de cinquante mille hommes, peint les décrets du corps législatif comme une violation ouverte des principes les plus sacrés, est un conspirateur qui provoque l'insurrection des troupes qu'il commande, qui cherche à anéantir la puissance législative par la force armée, qui vise manifestement à substituer les évolutions militaires aux discussions, et les baïonnettes aux lois. En effet, s'il était vrai que l'assemblée nationale fût une réunion de tyrans pour qui il n'est rien de sacré, quel usage devraient faire de leurs armes les citoyens qui ne les ont prises que pour maintenir la liberté ? Quelle autre parti l'armée aurait-elle à prendre que celui de marcher et de dissoudre ? Eh bien, le général qui peint sous ce point de vue l'assemblée nationale à l'armée, n'est-il pas ouvertement en état de conspiration? Il ne fallait plus qu'un mot pour achever d'assimiler le langage de Lafayette à celui des conspirateurs d'outre-Rhin, et ce mot, Lafayette le prononce : Que le pouvoir royal soit intact. O perfidie dont on a peine à concevoir la profondeur ! Est-ce soupçon ou reproche ? est-ce crainte ou accusation ? Que veut-on insinuer à l'armée et à la nation ? Veut-il leur persuader que nous avons voulu, que nous voulons attenter au pouvoir constitutionnel du roi, ou bien que nous l'avons déjà fait ? C'est évidemment l'une ou l'autre de ces deux suppositions : car si l'on avait été convaincu, si l'on avait voulu convaincre que l'assemblée nationale n'avait jamais touché à ce pouvoir, qu'elle ne voulait point y porter atteinte, à quoi aurait-il été bon de demander que ce pouvoir restât intact ?

Dans la première supposition, que dit le général à l'armée, sinon : Arrêtez les projets ambitieux d'un corps usurpateur qui veut envahir un pouvoir qu'il ne peut avoir légalement, et qu'il ne cumule sur sa tête qu'au mépris de ses serments et du vœu national ? Que lui dit-il dans la seconde, sinon : Rétablissez les droits de celui que la constitution vous donne pour chef; vengez les violations commises contre son autorité légitime, et rendez-lui par la force des armes ce qu'on lui a enlevé par l'injustice des lois ? Que dit-il à la ligue des rois, à la faction des rebelles, à l'armée des conjurés ? Que leur dit-il, sinon : votre but est le mien ; notre cause est commune ; comme vous c'est le roi que je veux défendre contre les attentats de la prétendue assemblée des représentants de la nation ; comme vous, je veux être le soutien de la monarchie française ; ce n'est pas à vous

que je ferai la guerre; mais c'est avec vous que je la
ferai à la faction des républicains; et n'est-ce pas à
cette faction que les conspirateurs et les tyrans prétendent faire la guerre? N'est-ce pas pour défendre
le roi contre elle qu'ils ont prétendu se liguer? Que
vous ont dit dans le temps Léopold et Kaunitz? Que
personne ne nous attaquerait si vous mainteniez l'autorité du roi dans toute sa plénitude; mais que si
vous osiez y porter atteinte, alors les puissances
étrangères sauraient se lever pour punir votre coupable témérité. Que font sonner de toutes parts les
rebelles? qu'ils ne veulent que rétablir la monarchie et la religion. Eh bien! Lafayette demande-
t-il autre chose? Comme eux il veut seulement
que le *pouvoir royal soit intact*, que la liberté
religieuse reçoive l'application des vrais principes.
Ce que Kaunitz vous a dit dans de longues notes
officielles, ce que les conspirateurs répètent sans
cesse dans leurs clameurs journalières, c'est ce que
vous dit Lafayette, avec une seule différence qu'il
renferme ses expressions dans une précision ména-
gée, par une perfidie adroite qui, voulant éviter
également et d'être ignorée et d'être punie, ne se
montre qu'autant qu'il le faut pour être vue par
l'opinion qu'elle sonde sans pouvoir être frappée
par la peine qu'il craint.

Un général qui emprunte artificieusement tous les
prétextes des ennemis de la patrie, ne vous paraît-
il pas lui-même un ennemi de la patrie? A l'identité

de langage ; vous ne reconnaîtriez pas l'identité de sentiments , de motifs et de desseins ? Vous n'avez pu souffrir que des rois vous tinssent cet insolent langage , et vous le souffririez lâchement de la part d'un général ! Vous avez frappé tous les traîtres jusques sur les marches du trône , et vous n'oseriez les poursuivre jusqu'à la tête de vos camps ! Vous avez préféré les maux et les horreurs de la guerre à la honte d'être menacés par des ennemis couronnés, et vous préféreriez la honte de voir la majesté nationale outragée à la sévérité d'une loi contre un méprisable agent d'ennemis déjà bravés ! Non , l'assemblée ne se souillera point par une bassesse, quand elle peut s'honorer par un acte éclatant de grandeur. Je n'ai examiné jusqu'ici que la lettre de Lafayette ; il me reste maintenant à examiner sa pétition ; vous ne l'avez vu encore que dans son camp ; je vais vous le montrer à votre barre. Quand je l'y vis paraître , je crus d'abord, je vous l'atteste, qu'il venait rétracter une lettre qui n'avait été écrite que dans un moment d'erreur , et j'étais prêt à lui rendre encore une estime qu'il eut long-temps ; mais mon indignation égala bientôt ma surprise , quand je l'entendis ajouter l'insolence à la perfidie et l'audace à la trahison. Ici les prévarications s'entassent ; d'abord, c'est sans congé qu'il a quitté son armée , comme s'il était permis à un général d'abandonner des soldats en présence de l'ennemi ! comme s'il pouvait être assuré que pendant son absence l'armée ne serait point compromise ! comme s'il pouvait être certain que les ennemis ne feraient aucuns mouvements, à moins qu'il n'eût eu la prudence de se concerter avec eux ! Que vient-il faire? Il vient vous dire qu'il a reçu un très-grand nombre d'adresses de différents corps de l'armée ; c'est-à-dire, en d'autres termes, qu'il a violé son devoir et la loi. S'il est vrai que *la force* publique soit essentiellement obéissante, et que nul corps armé ne puisse délibérer, pouvait-il recevoir des adresses des divers corps de son armée ? ne devait-il pas faire punir ceux qui les lui auraient présentées, s'ils eussent persisté à violer la loi après qu'il la leur aurait rappelée?

Non-seulement il reçoit ces adresses que des soldats induits en erreur se permettent contre le texte de la constitution, mais même dans son ordre du 26 juin, il déclare qu'il réconnaît dans ces démarches le patriotisme le plus pur, un témoignage de plus de dévoûment à la constitution. Ces adresses inconstitutionnelles, c'est lui-même qui les provoque, ce sont les agents qui l'entourent, qu'on voit parcourir les bataillons pour mendier des signatures. Ce fait, dirais-je ou cette bassesse, qu'on a vainement voulu nier, ce fait est constaté par le témoignage même de divers officiers et soldats qui ont eu le louable courage d'invoquer la constitution et de refuser de signer des actes qui la violaient ouvertement. Je vous rappèle la dénonciation qui vous fut faite le 7 de ce mois, par M. Boutidoux, capitaine dans l'armée de Lafayette; dénonciation dont je dirai que le rapporteur de votre commission des douze a totalement oublié de faire mention, sans que je veuille néanmoins juger ses intentions patriotiques avec plus de sévérité qu'il ne veut que vous jugiez vous-même celle de M. Lafayette; dénonciation où M. Boutidoux vous déclare que, sollicité de signer une adresse d'adhésion à la pétition du général, il s'y est constamment refusé, la constitution à la main, et que ce refus qui eût dû ne lui mériter que des éloges, ne lui a attiré, au contraire, que des traitements si tyranniques qu'ils l'ont forcé à donner sa démission; dénonciation enfin qui doit laisser d'autant moins de doute, que le pétitionnaire invoque le témoignage de neuf bataillons qui ont imité son refus, malgré les sollicitations et les intrigues du général.

C'est donc à dire non-seulement qu'il tolère la violation de la loi, mais que c'est lui-même qui la provoque, et qui n'a l'air de vouloir y mettre un terme que lorsqu'il croit avoir conquis un assez grand nombre de signatures pour se constituer l'organe et le représentant de son armée, auprès du corps législatif. Ne vous dit-il pas lui-même, dans sa pétition, ou plutôt dans son manifeste, qu'*il a pris, avec ses braves compagnons d'armes, l'engagement d'exprimer seul tous leurs sentiments communs?*

Exprimer le vœu d'une armée ! Une armée a-t-elle un vœu ? a-t-elle pu en émettre ? lui a-t-il été permis de délibérer ? Le général qui l'a permis, le général qui l'a voulu, le général qui l'a approuvé, le général qui l'a fait faire, n'a-t-il pas commis un crime contre la constitution, qui le défend expressément ?

A cette prohibition constitutionnelle, se joint une loi du 29 septembre 1791, que je rappèlerai encore à ceux qui, chargés de vous faire un rapport sur le compte de Lafayette, ne vous firent le premier jour qu'une indécente apologie, que la force de la vérité les contraignit de rétracter le lendemain. Cette loi n'est pas équivoque ; elle porte, art. 4 de la sect. 3 :

« Toute délibération prise par les gardes nationales sur les affaires de l'état, du département, du district, de la commune, même de la garde nationale, à l'exception des affaires expressément renvoyées au conseil de discipline, est une atteinte à la liberté publique, et un délit contre la constitution, dont la responsabilité sera encourue par ceux qui auront provoqué l'assemblée, et par ceux qui l'auront présidée ».

Je demande si une armée entière n'est pas plus essentiellement force publique que la garde nationale d'une commune ; si la délibération d'une armée entière n'est pas à la fois, et plus criminelle, et plus dangereuse pour la liberté, que celle de la garde nationale d'une commune.

Le général qui est venu porter à l'assemblée nationale cette violation ouverte d'un article constitutionnel, ne s'est-il pas ouvertement rendu coupable
du crime de lèse-constitution? Et il vient vous parler d'anéantir le règne des clubs, lui qui a transfor-
mé en club son armée entière! Et il ose invoquer les
lois, lui qui les a toutes violées en faisant d'un grand
corps armé une assemblée délibérante! Lui qui a
foulé aux pieds le seul principe sans lequel il est
impossible qu'il y ait de liberté chez aucun peuple,
c'est que les armées ne peuvent jamais délibérer
sur les affaire publiques; le seul principe sans lequel
tout gouvernement dégénère soudain en despotisme
militaire, parce que la force devient droit, et l'o-
béissance nécessité.... Il ne serait pas coupable d'attentat contre la sûreté publique, le violateur ouvert
du seul principe qui fonde et maintient la liberté!
Ah! si pour être accusé il faut s'être abandonné à
des attentats plus horribles, jamais il n'existera de
scélérat assez insigne pour être atteint par la loi.

Si le premier attentat de ce genre, commis contre
la liberté française, reste sans punition éclatante, la
génération qui naguère vit naître la liberté française,
ne descendra point au tombeau sans y emporter des
pleurs et des fers. Des fers! oui, l'on vous en prépare, et c'est Lafayette qui les forge. Ne vous rap-
pelez-vous donc pas qu'il n'a semblé paraître à votre
barre que pour vous menacer de vous en couvrir:
*On a dit que ma lettre du 16, à l'assemblée na-*

*tionale, n'était pas de moi ; on m'a reproché de l'avoir écrite au milieu d'un camp. Je devais, peut-être,* ajoute-t-il ironiquement, *pour l'avouer, me présenter seul, et sortir de cet honorable rempart que l'affection des troupes formait autour de moi.*

Te présenter seul.......... insolent conspirateur! Est-ce donc que tu pouvais te présenter autrement? Est-ce que tu pouvais marcher à la tête de ton armée, vers le saint et inviolable asile des représentants du souverain? Est-ce que tu pouvais te montrer précédé par des canons et entouré de baïonnettes? Est-ce qu'il n'a donc tenu qu'à toi de venir frapper et anéantir ces sénateurs impuissants, devant qui tu veux bien, par condescendance, *te présenter seul?*

*Tu devais peut-être sortir de cet honorable rempart que l'affection des troupes formait autour de toi.* Est-ce donc qu'aucune puissance humaine n'eût été capable de t'y atteindre? Est-ce que la loi même n'aurait pu te tirer de derrière ce rempart? Est-ce que, s'il ne t'avait pas plu d'en sortir pour nous braver, tu aurais pu y mépriser en paix et la voix de l'indignation publique, et la justice du sénat français? Audacieux Catilina, serait-ce bien, réponds-moi, ce que tu as voulu nous dire? As-tu méconnu la grandeur des mandataires du peuple, dans ta stupide folie, ou as-tu voulu braver leur puissance dans ton arrogante témérité? Ah! si Catilina avait tenu ce langage au sénat de Rome, croyez-vous qu'il fût sorti du sénat comblé d'applaudissements ou frappé du glaive de la loi ? Aussi le sénat romain fut-il toujours grand et Rome long-temps libre.

Je me lasse de fixer mes regards sur des horreurs qui m'indignent. Laissez-moi passer sous silence les expressions révoltantes, soit de l'ordre du 26 juin, soit du discours lu à la barre. *Le général craindrait que les offres énergiques des troupes particulièrement destinées à la défense des frontières, ne fussent traîtreusement interprétées par nos ennemis cachés ou publics : il suffit, quant à présent, à l'assemblée nationale, au roi et à toutes les autorités constituées, d'être convaincus des sentiments constitutionnels des troupes.*

Il suffit, quant à présent ; mais si, après que j'aurai paru dans le sanctuaire des lois ; si, après que j'aurai parlé le langage altier d'un souverain aux représentants du souverain même, ils ne tremblent à ma voix, s'ils n'obéissent à mes ordres, alors vous accomplirez vos offres, j'effectuerai mes menaces ; et, malgré les imprécations et les anathêmes d'un sénat que je méprise, nous passerons le *Rubicon. Déjà plusieurs se demandent si c'est vraiment la cause de la liberté qu'ils défendent.* Imposteur ! tu les calomnies ; ils ont pour leurs représentants une confiance que tu n'as pas ; ils respectent les lois que tu violes, ils aiment leur patrie que tu déchires ; tu leur supposes les erreurs, les soup-

çons et les incertitudes dont tu voudrais les voir
agités; mais la fissent-ils, en effet, la question que
tu leur prêtes, n'est-ce pas toi seul qui en serais la
cause? Ne leur as-tu pas dit toi-même qu'ils ne
combattaient que pour une faction? Toi, qui de-
vrais les instruire, tu les égares; au lieu d'être leur
général, tu n'es que leur vil corrupteur.

C'est sous ce point de vue que je vous dénonce
Lafayette; je le dénonce comme employant toutes
sortes de moyens pour aveugler, pour tromper, pour
séduire les soldats; j'atteste, sur le témoignage
rendu par un officier général au maréchal Luckner
même, que Lafayette a fait distribuer à son armée
pour 100 mille francs d'eau-de-vie. Qu'on juge des
vues d'un général si prodigue envers ses soldats des
moyens d'égarer leur raison.

Enfin il est un fait.... je n'osais presque pas l'é-
crire; les caractères même que je traçais me semblaient ensanglantés.... Le bandeau doit tomber des
yeux de tous les hommes de bonne foi, qui sont ce
que je fus moi-même, dupes du plus odieux des
traîtres, idolâtres du plus vil des hommes.

Pouvez-vous vous défendre d'un frémissement
d'horreur! Lafayette a voulu faire marcher des troupes vers la capitale, et engager le brave Luckner,
qui a été inébranlable, à partager cet acte de scélératesse et de haute-trahison. La proposition en a été
faite à Luckner par M. Bureau-Puzy. J'invoque ici
le témoignage de six de mes collègues auxquels cet

exécrable projet a été révélé en même temps qu'à moi; ce sont MM. Brissot, Guadet, Gensonné, Lamarque, Delmas et Hérault. Je demande qu'on interpelle le maréchal Luckner lui-même, et s'il reste le moindre doute sur l'exécration inouïe dont j'accuse ici Lafayette d'avoir voulu se rendre coupable, je consens à être moi-même aussi vil, aussi coupable, aussi sévèrement puni, aussi exécré que ce traître dont le nom seul me fait frémir. Faut-il la moindre réflexion pour vous montrer le plus affreux des crimes? N'est-il pas superflu de vous dire que si le brave Luckner n'avait été ferme à son poste et fidèle à la loi, le sang des citoyens de Paris aurait coulé sous le fer de leurs frères trompés; que le temple de la loi aurait été violé; que la statue de la Liberté aurait été couverte d'un crêpe funèbre; et que Lafayette aurait été, pour la seconde fois, l'assassin de son pays?

Cet homme, dont l'imprudence seule égale la scélératesse, a osé dire qu'*on ne lui disputerait pas de bonne foi l'amour de la liberté.* Lui! l'amour de la liberté! Cromwel aussi parlait sans cesse de l'amour de la liberté, et répétait souvent le mot *république* comme Lafayette le faisait en 1791. L'amour de la liberté dans le cœur de Lafayette! et il ose défier qu'on lui dispute cette vertu! Eh bien! c'est moi qui accepte le défi qu'il a le front de faire à ses concitoyens, cet homme encore couvert du sang des victimes du Champ-de-Mars; c'est moi qui l'accuse d'être le plus horrible ennemi de la liberté de sa patrie.

Qu'on ne viène pas me parler des désordres que pourrait produire dans l'armée la proscription de son général. On insulte des soldats citoyens ; ils savent qu'ils avaient une patrie avant qu'on leur donnât un chef ; ils savent qu'ils étaient libres avant qu'ils fussent commandés. Le législateur se déshonore quand il voit autre chose que les principes. Là où les principes cèdent, il n'y a qu'anarchie et dissolution. Qu'on ne viène point m'étaler avec une pompe mensongère des services rendus jadis à la liberté par le héros des deux mondes. Lâches idolâtres ! parce que vous avez cru quelque temps encenser une divinité, resteriez-vous plus long-temps courbés, quand vous voyez que ce n'est qu'une idole ! Quand vous avez puni les soldats qui s'étaient rendus coupables à Tournay, à Mons et à Neuf-Brisack, avez-vous calculé les fatigues qu'ils avaient jadis essuyées, les dangers qu'ils avaient bravés, les blessures qu'ils avaient reçues, les ennemis qu'ils avaient vaincus ? Et quand il serait vrai que Manlius eût sauvé le Capitole, si Manlius trahissait la patrie, en devrait-il moins être précipité du roc Tarpéïen ? Lafayette n'a pas eu la gloire de sauver sa patrie, et il a la bassesse de la trahir.

Je n'ai plus qu'un mot à ajouter : le gouvernement militaire vous attend ; il y a déjà long-temps qu'on vous entraîne, à votre insu, vers ce genre de despotisme; si vous ne frappez aujourd'hui le premier général rebelle, demain vous avez des tyrans. Je déclare que si Lafayette échappe au glaive de la loi, l'assemblée nationale n'est point digne de sa mission, et qu'elle se déshonore par une timidité, une faiblesse, une lâcheté coupable, qui compromettent le sort de la liberté.

Pour moi, en démasquant un traître, j'ai servi mon pays; si j'obtiens sa punition, j'aurai sauvé ma patrie; si mes efforts sont impuissants, je n'en aurai pas moins acquitté le tribut que je devais à ma conscience. Le premier de tous mes vœux comme de tous mes serments est celui de vivre libre. Que m'importe de m'être exposé à la haine des courtisans, aux calomnies des libellistes, aux proscriptions des tyrans et aux poignards des assassins? je demande que M. Lafayette soit mis en état d'accusation.

L'assemblée, après avoir vivement agité, pendant plusieurs séances de suite, la question de savoir si le général Lafayette s'était rendu coupable de désobéissance pour avoir quitté sans ordre l'armée sous son commandement, le déclara innocent à la majorité des voix.

## Lettre de M. Lafayette à M. le maréchal Luckner.

Au camp de Teinières, le 22 juin 1792.

J'ai tant de choses à vous dire, mon cher maréchal, sur notre situation politique et militaire, que

je prends le parti de vous envoyer M. Bureaux-
Puzy, pour lequel je connais votre amitié et votre
confiance, et à qui j'ai voué les mêmes sentiments.
Depuis que je respire, c'est pour la cause de la
liberté : je la défendrai jusqu'à mon dernier soupir
contre toute espèce de tyrannie; et je ne puis me
soumettre en silence à celle que des factieux exer-
cent sur l'assemblée nationale et le roi, en faisant
sortir l'une de la constitution que nous avons tous
jurée, et en mettant l'autre en danger de sa destruction politique et physique. Voilà ma profession
de foi : c'est celle des dix-neuf vingtièmes du
royaume; mais on a peur, et moi qui ne connais
pas ce malheur, je dirai la vérité.

Quant à notre position militaire, je suis dans un
camp qui demanderait cinquante mille hommes;
mais, avec de l'intelligence dans les détails de la défense on peut en tirer parti; et la retraite est sûre
pour nous, dangereuse pour l'ennemi. Le maréchal
de Clairfait a cru tout de bon que j'allais l'attaquer;
je tâcherai de le lui persuader encore aujourd'hui
et demain matin, et je crois ensuite que je ferai bien
de reprendre ma position sur la gauche de Maubeuge, parce que j'inquiète plus M. de Clairfait en
changeant mes dispositions, qu'en restant à la même
place.

Au reste, mon cher maréchal, je me conduirai
d'après ce qui vous paraîtra le plus utile à vos projets; et je suis bien sûr que, sur notre situation po-

litique, nous serons également unis, puisque nous
voulons loyalement servir notre cause et tenir nos
serments.

Agréez mon tendre hommage.

Signé, LAFAYETTE.

*Réponse de M. le maréchal Luckner à la lettre
de M. Lafayette, du 22 juin.*

Au quartier-général à Menin, le 23 juin 1792,
l'an 4 de la liberté.

J'ai reçu, mon cher Lafayette, les détails militaires que vous m'avez transmis par M. Bureaux-
Puzy. J'ai senti, comme je le devais, le désintéressement et la loyauté avec lesquels vous avez secondé,
par vos divers mouvements, ceux que j'ai faits et que
je pouvais projeter encore. Je ne puis qu'applaudir
à la disposition hardie que vous venez de prendre
sous Bavay, pour faciliter d'autant mieux mes opérations et celles que vous devez prendre sur la droite
de l'ennemi, en vous portant dans le camp retranché de Maubeuge. Ces diverses manœuvres opére-
ront nécessairement, comme elles l'ont déjà fait, la
stagnation des troupes autrichiennes rassemblées
près de nous. Quant à la proposition que vous me
faites de continuer à nous concerter ensemble sur
les mouvements combinés de nos deux armées, il
m'est impossible de répondre dans ce moment à
cette invitation. Mes démarches ultérieures dépen-

dent des instructions que je recevrai du ministère.
Je lui ait fait connaître le tableau de ma situation,
les inconvénients de me porter en avant, le peu
de fonds à faire sur la promesse des Belges, la certitude à peu près absolue qu'un grand mouvement
populaire est difficile à exécuter dans ces provinces.
D'après cet exposé, vous sentez que je ne me char-
gerai point de la responsabilité d'une tentative aussi
délicate que celle de me porter sur Gand ; entreprise
qui compromettrait mon armée, et qui pourrait me
réduire, au cas d'échec, à la dure alternative, ou
de sacrifier mes troupes pour conserver mes équipages, ou de perdre mes équipages pour sauver mes
troupes. J'attendrai donc les ordres du gouvernement. Quels qu'ils soient, je vous les communi-
querai, et je compterai sans réserve sur votre patriotisme qui, dès long-temps, m'est connu, et sur
tous les bons services qu'il dépendra de vous de me
rendre, et sur lesquels vous m'avez appris à compter.

A l'égard de l'avis que vous me demandez sur la
question de savoir si j'improuverais que vous vous
absentassiez pour quelques jours de votre armée, je
ne puis, sur cet article, que vous renvoyer à vous-
même, et vous laisser juge des inconvénients ou
des avantages que vous trouveriez à une démarche
sur laquelle je ne puis avoir aucune opinion. Ce
que j'ai à vous demander, c'est le concert de vos
opérations avec les miennes, et je suis bien persuadé
que vous prendrez, dans toute hypothèse, des me-

sures telles que le service et la chose publique n'en souffriront pas. Adieu, mon cher Lafayette; comptez toujours sur les sentiments que je vous ai voués avec franchise et sincérité.

*Le maréchal* LUCKNER.

## *Lettre de M. Lafayette à M. le maréchal Luckner.*

Au camp retranché de Maubeuge, le 2 juillet 1792, l'an 4 de la liberté.

J'ai reçu votre lettre, mon cher maréchal, et j'avais vu celle qui était adressée à M. Lajard. Le ministre m'annonce que vous et moi devons conférer sur le plan futur de la campagne. En conséquence, je partirai demain pour Avesne où je séjournerai. Le 6 j'irai à la Capelle, et j'y ferai aussi un séjour nécessaire pour nos approvisionnements. De là je ferai partir l'armée en deux ou trois divisions, pour regagner ma frontière. Elle marchera plus lentement étant ainsi séparée, et gâtera moins de moissons. Le 5, pendant le séjour d'Avesne, j'irai vous voir à Valenciennes.

J'ai bien pensé à prendre le chemin extérieur, et à faire une tentative sur Namur, mais il nous arriverait là, ce que nous éprouvons ici. L'ennemi a la corde, et nous l'arc à décrire. Ses mouvements sont couverts; ses défaites, à moins d'être complètes, le laissent à peu près dans la même situation; les nôtres seraient funestes; et une surprise est impraticable.

Il est triste cependant de voir nos forces réunies sans en profiter; et j'aimerais bien à contribuer à vous procurer un avantage dont la campagne se ressentirait. Si les ennemis restaient à Mons dans l'état actuel, il n'y aurait pas à balancer pour les attaquer après-demain matin, puisque M. Delanoue pourrait faire l'attaque du bois de Sarres, tandis que vous marcheriez du côté de Valenciennes, et que moi je ferais une fausse attaque vers le Pont-de-Pierre, et une véritable sur Gil et Genty. Toute la droite de leur position se trouverait coupée; et nous pourrions tâter ensuite les hauteurs de Berthaumont, qui, dans l'état actuel des forces ennemies, ne nous résisteraient pas; alors il ne tiendra qu'aux habitants de Mons de nous aider par un soulèvement; et le succès vous donnerait de la tranquillité sur votre frontière.

Mais nous devons nous attendre que les ennemis auront suivi nos mouvements, lors même que vous chercheriez encore à les inquiéter sous Tournay, et c'est le cas de calculer si nos armées réunies peuvent attaquer les forces que le duc de Saxe pourra aujourd'hui et demain rassembler à Mons. C'est une belle bataille à donner. Je suis sûr que mes troupes se battront bien; et le petit succès que l'avant-garde a eu le 27, en tuant ou blessant cinquante hommes et faisant quatre-vingt-trois prisonniers, a augmenté encore leur ardeur.

Voyez donc, mon cher maréchal, ce que vous croyez convenable. Il faudrait que ce fût pour le 5, et qu'alors je le susse avant de quitter le camp. Le système défensif n'est pas une objection; car il n'y a de bonne défensive que celle qui attaque souvent; et je pense que nous n'avons à calculer que quatre choses effectivement bien graves : le nombre et la position des ennemis; l'avantage que des retranchements donnent sur des troupes neuves; les suites d'une victoire; celles d'une défaite.

Bon jour, mon cher général. Agréez mon tendre hommage. LAFAYETTE.

M. Dabancourt, nouvellement nommé ministre de la guerre, adresse à l'assemblée la lettre suivante :

## M. LE PRÉSIDENT,

J'ai l'honneur de faire part à l'assemblée des détails qui viènent d'être adressés à mon prédécesseur sur l'état de nos frontières, entre l'Escaut et la Sambre.

M. Arthur Dillon, qui a pris le commandement de la frontière, rend compte, par sa lettre du 21, que les ennemis paraissent se renforcer à Bavay, et s'étendent pour intercepter la communication avec Maubeuge. Cette position interrompt nécessairement la communication directe avec Valenciennes;

mais je recommande qu'on réunisse tous les efforts
pour empêcher le passage de la Sambre et assurer
la route d'Avesne à Maubeuge. Les troupes que
M. Delanoue commande dans le camp retranché
de cette place, sont dans le meilleur état.

Les garnisons d'Avesne, de Landrecies et du Quesnoy ont été renforcées, et les préparatifs de défense
se font avec activité dans ces places de seconde
ligne, qu'on n'avait pas supposé devoir être les premiers objets d'une attaque. Les corps administratifs donnent l'exemple du zèle et du travail aux citoyens et aux troupes qui témoignent la plus grande
ardeur.

M. Arthur-Dillon a dû assembler, à Valenciennes,
un conseil de guerre pour discuter tous les moyens
de défense et constater le meilleur emploi de nos
forces, tant dans les garnisons que dans les camps
de Maulde, de Famars et de Valenciennes. J'en attends les résultats pour accélérer et seconder tout
ce qui sera nécessaire à la sûreté de cette frontière.
Ce général et le commissaire-ordonnateur rendent
compte du fâcheux événement arrivé à Valenciennes, par l'incendie qui s'est manifesté le 20 à l'hôpital général. Malgré le zèle des citoyens et des
troupes, il paraît que la perte est considérable en
effets de campement de l'ambulance, et autres objets militaires qui y étaient en magasin; on n'avait
pas encore pu la constater. La garde prétend que le
feu s'est développé spontanément dans un tas de

mille quatre cent cinquante couvertures gaudron-
nées et huilées à l'usage des chevaux de peloton :
cet effet n'est peut-être pas impossible ; mais il est
plus probable, comme le pense M. Arthur-Dillon,
que ce soit l'effet d'un complot criminel. Déjà plusieurs personnes sont arrêtées, et je recommande
à ce général de mettre la plus grande activité à la
recherche des causes de cet événement, et au
moyen de le réparer.

Je suis avec respect, etc.　　　DABANCOURT.

Cependant le maréchal Luckner écrivait au ministre de
la guerre :

J'ai à vous rendre compte d'un événement fâcheux. Nos avant-postes de Courtray ayant été vivement attaqués, se sont repliés. L'ennemi s'est
emparé des maisons, et de là il tirait sur nos retranchements.

Après en avoir été chassé, on a tiré, d'une des
maisons, un coup de fusil sur M. Jarry. On dit
même qu'elle renfermait de la poudre. Pour empêcher que l'ennemi n'en profitât, M. Jarry a donné
ordre d'y mettre le feu. Je ne voyais, dans cette
extrémité, qu'une manœuvre de guerre ; mais une
députation du magistrat m'a appris que M. Jarry continuait à faire brûler les maisons : je me suis em-
pressé d'y aller, et j'ai demandé par quel ordre.
M. Jarry m'a répondu que la défense de Courtray
lui étant confiée, il avait cru cette opération indis-

pensable. M. Carles a mis trop de faiblesse à laisser agir M. Jarry, qui n'est qu'en sous-ordre ; je l'ai hautement blâmé, mais je n'ai pu le punir, à raison des opérations militaires qu'il allègue. Je dois lui laisser à prouver cette nécessité. Sans doute, la perte des incendiés est affligeante, mais c'est le fait en lui-même qui me peine à un point que je ne saurais exprimer. Je vous prie de faire part de ces faits à l'assemblée nationale, et de réclamer de sa justice une indemnité en faveur des incendiés.

L'assemblée décréta unanimement que cette indemnité serait accordée.

Voici les détails authentiques de l'affaire de Courtray.

Jeudi, vers les huit à neuf heures du soir, les Autrichiens ont paru vouloir attaquer nos postes sous Courtray, et la ville même, du côté de la porte de Gand. Ils ont d'abord tiré quelques coups de canon sans effet ; mais notre batterie placée en bas du moulin, a fait un feu supérieurement conduit, au point que l'ennemi a été forcé de se replier, après avoir fait une perte très-considérable d'hommes, puisque l'on en a trouvé sept morts dans les blés. D'après ce mauvais succès que l'ennemi avait eu, on ne pouvait pas croire qu'il aurait eu la témérité de faire une nouvelle et prompte tentative. Néanmoins, hier, vers les trois heures du matin, il s'est encore approché de la ville de Courtray, en prenant la même direction ; et il a voulu essayer une nouvelle attaque ;

mais son succès n'a pas été plus heureux que celui de la veille. Le feu a duré près de cinq heures.

L'ennemi a très-mal manœuvré, et mal conduit son canon; car le plus souvent ses coups ont porté sur la ville; ils ont même été sans effet, et nous n'avons eu que dix hommes de blessés et deux de tués; tout sert à nous convaincre que l'ennemi a perdu plus de trois cents hommes, car on a vu suivre huit caissons de morts entassés les uns sur les autres, ainsi que plusieurs voitures, et on sait qu'il en a encore enfoui dans différents endroits sur son passage. Les Autrichiens se sont d'abord retirés, en lâchant quelques coups de canon et de fusil; plusieurs d'eux s'étaient réfugiés dans les maisons des habitants des faubourgs de Courtray, et d'autres s'étaient retranchés derrière deux moulins qui se trouvaient hors la porte de Gand. M. Jarry, qui commandait, craignant que les troupes ne fussent surprises par l'ennemi, a reconnu dans le moment l'importance de brûler et de détruire ces deux moulins, ainsi que quelques maisons desdits faubourgs. On a d'abord mis le feu à quelques-unes de ces maisons, et bientôt on a incendié presqu'entièrement les deux faubourgs de Lille et de Tournay; au point que l'incendie s'est étendu jusqu'au village de Harlebeck.

Beaucoup de maisons brûlaient encore à trois heures et demie, lorsque le maréchal Luckner est venu à Courtray, où il a été témoin de cet incendie.

Il a témoigné la plus plus vive douleur, à la vue
d'un pareil désastre qu'il n'avait point ordonné; et
il a promis d'employer tous ses soins à faire indem-
niser les malheureux habitants qui en ont été les
victimes.

### *Lettre du maréchal-de-camp Jarry aux géné-*
### *raux autrichiens.*

Courtray, 29 juin.

MESSIEURS,

Depuis plusieurs jours vos chasseurs et vos avant-
postes ne font d'autre métier que d'avancer la nuit,
de s'embusquer dans les haies et les maisons les plus
voisines du contour de la place, pour assassiner
quelques individus vers la pointe du jour : ce matin
vous avez amené du canon à leur suite, qui a profité des maisons voisines pour tirer sur nos batteries. De quel effet tout cela pouvait-il être? Pen-
siez-vous me faire sortir de Courtray par quelques
coups de canon? Que vous gardiez votre cordon et
moi le mien de la manière la plus propre à établir
notre sûreté respective, tout cela est tout simple;
mais que vous vous donniez tant de mouvements
pour faire assassiner quelques individus, permettez-
moi de vous faire observer que c'est alors m'obliger de
recourir aux voies de rigueur pour me débarrasser
de ces sortes d'aggressions. Elles sont d'autant plus
mal faites de votre part, que si vous connaissez le

poste que j'occupe, et que vous soyez du métier, il ne vous est pas permis d'entreprendre d'y entrer de vive force, parce qu'il n'est jamais permis à aucun général de sacrifier vingt mille hommes pour prendre un poste dont l'occupation n'est nullement décisive dans les circonstances actuelles. Vous aurez donc, Messieurs, à vous reprocher l'incendie et les dévastations occasionnées aujourd'hui dans les faubourgs de Courtray, que j'avais ménagés jusqu'à ce que vous m'ayez forcé de recourir à des rigueurs qui répugnent infiniment à mon cœur, mais que mon devoir ordonne, afin de ne pas faire tuer avec désavantage ceux que j'ai l'honneur de commander.

Pour éviter d'en venir à ces extrémités, j'avais défendu toute incursion, toute reconnaissance au-delà des faubourgs; nos postes ne vous ont point inquiétés, vous êtes sans excuses; vous faites le mal de votre pays, sans un but que vous puissiez justifier par des raisons de guerre : il ne tient qu'à vous, Messieurs, de rendre la guerre plus douce et plus utile aux vues de votre souverain. Défendez-vous si on vous attaque; mais ne harcelez pas, sans objet ni succès, mes avant-postes, à moins que vous ne veuilliez me forcer à tout incendier.

*Le maréchal-de-camp, commandant l'avant-garde de l'armée du Nord,*

*Signé*, JARRY.

*Réponse du général baron de Beaulieu à M. Jarry.*

Monsieur,

Vous dites, dans le courant de votre lettre, que votre devoir vous ordonne d'être un incendiaire, de brûler le faubourg de Courtray, d'une ville dont les habitants sont innocents. Dans la guerre que vous, ou votre nation, avez eu le plaisir de déclarer, non-seulement à S. M. le roi de Hongrie et de Bohême, mais encore à tous ses sujets qui cependant ne prènent point les armes contre vous, qui ne savent ce que vous voulez; vous vous emparez d'une place sans défense et sans remparts, qui ne vous appartient pas, que vous fortifiez et dont vous brûlez les maisons, sous de faux prétextes, pour pallier votre crime; mais, quelque mauvaises que pourraient être les lois en France, elles ne le seront jamais assez pour négliger la punition que vous méritez en commettant un forfait atroce qui pourrait conduire à des représailles, mais que l'honnête homme désapprouve et a en horreur; de-là je peux me persuader que nous n'userons jamais de semblables moyens, et votre lettre, inutilement trop longue, n'en imposera à personne.

*Signé*, B. Beaulieu, *lieutenant-général.*

Pendant ce temps-là, le général Kellermann, qui commandait le camp de Vergasse, prenait ses mesures pour prévenir une invasion de la part de l'ennemi. Voici ce qu'on écrivait, à ce sujet, du département de la Moselle.

Du camp de Vergasse, le 27 juin.

On vient de transférer ici le camp de Neukirck. La position du nouveau camp est excellente. Le canon d'une forteresse le protège; et, pour l'attaquer, il faut passer la Sarre; les postes ne sont pas découverts. — L'infatigable activité du général Kellermann lui gagne l'amour et l'estime du soldat. Aucun détail ne lui échappe.

Le poste de Forbach vient d'attirer son attention. Il est le point central de quatre grandes routes de diverses parties de l'empire. Environné de sentiers et sans forteresse, ce poste pourrait faciliter une invasion à l'ennemi. Le général a cru qu'il était intéressant d'y placer un officier instruit et des hommes sûrs. Forbach est occupé par sept cents hommes, sous les ordres du brave Coutard.

Du quartier-général de Plobzheim, le 9 juillet, l'an 4 de la liberté.

Nous commençons à jouir ici d'un calme d'autant plus désirable qu'il nous laisse le temps et les moyens d'instruire les troupes, et de les former à leur véritable destination; elles sont fort sages dans les trois camps, et donnent les plus grandes espérances. Je crois que nous touchons au moment d'agir. Les Autrichiens arrivent en grand nombre sur la rive opposée. Il en est entré hier trois mille à Kehl; ils ont établi une batterie au bout du pont. Nous avons fait paroli, et provisoirement nous avons enlevé une travée du pont, jusqu'à ce que le margrave de Bade se soit expliqué. M. de Broglie est actuellement à Strasbourg pour faire occuper, par un bataillon de grenadiers nationaux, l'île située entre le pont et la citadelle, et pour y faire faire quelques retranchements.

Nous croyons que ces préparatifs des ennemis ne sont que pour détourner notre attention du point où ils veulent agir, et nous suivons leurs mouvements avec toute l'attention convenable. S'ils entrent, je crois qu'ils s'en souviendront : car, bien que nos paysans aient un grand faible pour leurs prêtres non-sermentés, il n'est pas douteux qu'ils ne se fâchent bien fort quand l'ennemi viendra prendre de force ce que nous leur achetons de gré. Jusqu'à présent, ils ne se sont pas aperçus que nous faisions la guerre; point de corvée pour eux, point de vexations; on ne coupe pas un piquet sans régler une indemnité. Tant que nous pouvons, nous campons sur des terrains incultes, et si l'on occupe une pièce de blé ou de quelqu'autre culture, on règle au préalable l'indemnité.

*Ordre du 17 juin, l'an 4 de la liberté.*

SOLDATS,

Vous avez juré mille fois la constitution ou la mort. La patrie a reçu vos serments, elle vous a inscrits au nombre de ses soldats. Votre général veut vous les rappeler sans cesse; et, persuadé que le signe de la liberté sera pour ceux qui ont juré de la conquérir, le signe de la discipline, il faut que vous l'ayez sans cesse sous les yeux. En conséquence il ordonne ce qui suit :

1°. Le signe de la liberté sera arboré dans chacun des camps de l'armée du Rhin.

2°. A l'époque du rassemblement des troupes dans un camp, et d'après l'ordre du général, le signe de la liberté sera placé au centre de l'armée.

3°. Lorsqu'un corps se sera distingué par des actions éclatantes, ou par une conduite soutenue, le général de l'armée pourra lui décerner l'honneur d'avoir le signe de la liberté placé devant son front pendant un nombre de jours déterminés, et qui ne sera porté à huit jours que pour les actions de guerre les plus brillantes.

4°. Dans les marches, le signe de la liberté sera porté par un sous-officier pris tour-à-tour dans tous les corps de la ligne sans distinction d'armes. Si la marche a lieu pendant le temps où un des corps de l'armée a l'honneur d'avoir le signe de la liberté devant son front, ce signe sera placé, dans la marche, au centre de ce corps, et porté par un de ses sous-officiers.

5°. Le signe de la liberté, placé par l'ordre du général, sera le seul qu'il soit permis d'arborer dans le camp.

*Signé*, LAMORLIERE, *lieutenant-général,*
*commandant l'armée du Rhin.*

Peu de jours après, le ministre de la guerre écrivit au président de l'assemblée législative la lettre suivante :

M. LE PRÉSIDENT,

Je viens de prendre les ordres du roi au sujet des propositions que m'adresse M. Lamorlière, commandant l'armée du Rhin. S. M· désire que les généraux d'armée soient promptement autorisés par la loi à effectuer toutes les mesures indiquées par M. Lamorlière. Je supplie l'assemblée nationale de s'occuper de cet objet avec toute la célérité qu'exigent les circonstances actuelles. Je crois ne pouvoir mieux satisfaire aux intentions du roi, qu'en vous adressant une copie de la lettre de M. Lamorlière, elle contient les détails et les motifs des dispositions nécessaires à la défense de nos frontières.

*Signé* LAJARD.

*Extrait de la lettre de M. Lamorlière.*

Je vous ai mandé dans ma dernière dépêche, que

je voulais déclarer les bords du Rhin en état de
guerre à deux lieues de distance ; mais des réflexions
ultérieures m'ont fait craindre d'outre-passer mes
pouvoirs, et de donner lieu aux cris de la malveillance, qui s'exerce, soit contre les généraux, soit
contre les administrateurs. Il faut qu'un général
puisse ordonner aux habitants de rentrer leurs denrées ; il faut qu'il puisse leur faire prendre les armes, leur prescrire un service habituel, commander
des services de voitures, ordonner aux habitants
d'approvisionner ses armées de munitions de guerre
et de bouche. Il est une multitude d'autres mesures
nécessaires à la sûreté des places, et qu'il faut autoriser les généraux de prendre. Déjà j'ai été dans le
cas de faire faire de ces services extraordinaires ; déjà
l'on a vu des rassemblements de six mille hommes,
se plaçant dans des postes, dans des camps retranchés, que j'avais fait tracer, recevant des officiers
que je leur avais envoyés pour leur instruction ; mais
ce zèle, digne de toutes sortes d'éloges, est bien
loin d'être partagé par tous les habitants de ces contrées ; et il est des mesures que nous n'oserions tenter qu'avec l'appui de la loi. Ces mesures cependant
sont indispensables, soit pour la défense du fleuve,
soit pour garder le passage des montagnes, et même
les camps retranchés, que la faiblesse de nos armées
nous forcerait d'abandonner.

*Le général Lamorliere à ses soldats, 14 juillet.*

Vous allez renouveler, mes enfants, et en ce moment même tous les Français libres renouvèlent le serment d'être fidèles à la constitution, de combattre, et, s'il le faut, de mourir pour elle. Vous avez promis la guerre à ses ennemis et à tous ses ennemis; vous les vaincrez, si vous savez leur opposer les vertus de la liberté, le respect des lois, la discipline et la patience.

Je ne demanderai point du courage à des Français; ils ne seront point avares de leur sang, puisqu'ils ont voulu être libres.

Mes enfants, les Autrichiens sont là. — Je jure d'être fidèle, etc.

D'autres nouvelles annonçaient que l'armée du Nord venait de faire un mouvement.

Du quartier-général à Orchies, le 22 juillet.

### Marche de l'armée.

Après quelques coups de canon, auxquels on n'a pas répondu, les Autrichiens sont entrés avec beaucoup d'assurance à Courtray, Menin, Ypres, etc. — L'armée française, arrivée à Lille, y a passé la journée dans un silence morne. — Au moment où nos troupes finissaient d'évacuer Courtray, les habitants de la ville ont assailli un chirurgien-major du

74ᵉ régiment, qui avait resté un peu en arrière, ils l'ont déshabillé totalement; et c'est ainsi qu'ils ont tiré vengeance sur ce simple individu, du désastre commis dans leurs murs par les Français, sous les ordres de M. Jarry; mais ce qu'il y a de fatal, c'est qu'environ cinquante chasseurs belges qui se trouvaient dans Courtray, et qui n'avaient pas été prévenus de l'évacuation de la ville, ont été pris par les Autrichiens, et l'on devine aisément quel sort leur est réservé. Aurait-on donc voulu perdre entièrement ces infortunés Belges qui s'étaient dévoués à notre cause, qui en assuraient le succès, et qui, comme nous, étaient dignes d'être libres? c'est ce que je développerai plus loin.

On avait chargé dans le bassin de Menin, vendredi au soir, peu de temps avant l'évacuation de cette ville, plusieurs bateaux de foin, et ce convoi a passé par Wervick, samedi vers minuit, à la vue des Autrichiens, qui étaient déjà maîtres de ces parages, et ceux-ci ont respecté ledit convoi, qui n'a souffert aucune entrave dans la route. Que penser de cette complaisance autrichienne? Est-elle volontaire ou involontaire? Ce qu'il y a de certain, c'est qu'elle a été heureuse pour le profit de la nation, qui avait déjà fait une guerre ruineuse dans ces contrées. La même nuit du vendredi au samedi, un détachement de cinquante-six hommes de la légion belgique se retirant par Warneton, a fait une capture qui lui servira d'un à-compte sur tout ce que ces infortunés ont droit de réclamer dans leur pays, la Belgique : et voici le fait. Leur commandant, M***, lieutenant-colonel, ayant demandé dans Warneton du logement pour sa troupe, ajouta qu'il lui en faudrait encore pour six cents hommes, qui arriveraient incessamment. Les habitants de Warneton ignoraient l'évacuation des villes de Courtray et de Menin, et ils étaient respectueux pour les défenseurs de leur liberté commune. Aussi se sont-ils empressés de déclarer au commandant, qu'il y avait dans la geniévrerie du roi de Hongrie, de l'argent et beaucoup de genièvre. Les Belges se sont aussitôt emparés de ce qu'ils ont trouvé, formant une somme de 17,000 florins, et de trente-six pièces de genièvre.

La dernière voiture n'était pas à un quart de lieue quand les Autrichiens sont entrés à Warneton, où on leur aura, par ce fait, épargné la peine de s'enivrer au compte de S. M. Voilà bien le cas de dire : *C'est autant de pris sur l'ennemi.*

Hier matin, le camp de la Madeleine a été levé en grande partie, et les troupes, marchant sous les ordres du maréchal Luckner, se sont avancées avec une entière confiance en leur chef, avec beaucoup d'ordre, mais toujours dans un silence morne, et plongées dans l'abattement le plus profond, en voyant qu'on ne les conduisait pas du côté de l'ennemi, mais bien vers leur ancien camp de Famars.

Le camp de Maulde a été évacué ce matin, et

aussitôt remplacé par un moins grand nombre de troupes.

Environ six mille hommes des troupes rentrées samedi à Lille en sont partis ce matin pour Dunkerque, sous les ordres de M. Carles.

Le camp d'Orchies vient d'être levé; il va se porter ce soir sous Saint-Amand, et demain à Famars.

### *Lettre du maréchal Luckner au ministre de la guerre.*

Au quartier-général à Menin, le 29 juin, l'an 4 de la liberté, à dix heures et demie du soir.

Les dépêches, Monsieur, que je vous ai adressées par M. Beauharnais, adjudant-général, doivent vous avoir suffisamment éclairé sur ma situation politique; et les raisonnements que vous avez pu en tirer, n'ont dû vous laisser aucun doute sur ma conduite ultérieure. Les éclaircissements que j'ai pu omettre dans ma lettre, M. Beauharnais est chargé, de ma part, de vous les faire parvenir verbalement.

Je vais encore vous retracer des détails qui doivent vous être connus, pour servir à la fois à la justification de ma conduite, qui n'est guidée que par ma longue expérience, par les principes de délicatesse de mon âme, et par l'attachement le plus inviolable au bonheur de la France.

C'est d'après les dispositions prises et la certitude d'un grand mouvement dans le Brabant, que l'aucien ministère avait décidé le roi à la guerre offensive. J'ai en conséquence fixé les moyens pour porter mon armée dans le pays ennemi. M. de Lafayette s'est rapproché de Maubeuge, pour contenir les troupes campées sur Mons. J'ai placé un corps de cinq mille hommes à Maulde, pour tenir en échec les troupes postées à Tournay, et je me suis porté dans le pays ennemi, par Menin et Courtray, où j'ai réuni quatre mille hommes.

Je suis dans la position de Menin; mon avant-garde est à Courtray; tout le pays entre Lannoy, Bruges et Bruxelles est couvert par mon armée, et sans troupes ennemies. Malgré cela aucun mouvement ne s'effectue de la part des Belges; je n'entrevois pas même la plus légère espérance de l'insurrection manifestement annoncée; et, quand je serais encore maître de Gand et de Bruxelles, j'ai presque la certitude que le peuple ne se rangerait pas plus de notre côté, quoi qu'en dise un petit nombre de personnes à qui peu importe le salut de la France, dans la seule vue de satisfaire leur ambition et leur fortune.

Lille et le canton de Rouloy ont défendu l'envoi de fourrages pour mon armée. Des paysans, par plusieurs reprises, ont tiré, aux environs de Menin, sur des patrouilles françaises. Mon avant-garde et ma réserve à Courtray sont harcelées par les ennemis qui se renforcent tous les jours vers Tournay, entre Courtray et Gand.

Dans cette position, et avec vingt mille hommes qui forment la totalité de mon armée, je ne puis que me maintenir devant l'ennemi, sans laisser Lille à découvert. Alors l'ennemi me coupe en marchant sur les derrières, et le seul parti qui me reste dans le cas où une grande insurrection ne me seconderait pas, serait de me retirer vers Nieuport, Furnes et Dunkerque. Vous jugerez des inconvénients d'un pareil mouvement. Dans ce moment je n'ai encore que cinq à six cents Belges.

Voilà, Monsieur, ma position particulière; mais un objet de la dernière importance doit occuper essentiellement le conseil du roi. Ce qui me détermine encore d'une manière bien plus forte à un mouvement rétrograde, c'est la position de nos frontières. Entre le Rhin et la mer, entre la Sambre et le Rhin, il ne reste point de troupes, et la tête des colonnes ennemies s'avance dans l'électorat de Trèves, et non dans les Pays-Bas. M. Lafayette ne peut quitter sa position sans que son armée se trouve en opposition à des forces doubles; alors Valenciennes et Lille sont à découvert. Voilà, Monsieur, ce qui doit occuper le conseil du roi.

Quant à ce qui me regarde, mon unique pensée et toutes mes lumières ne cessent de se porter sur l'ensemble des moyens de défense entre Dunkerque et Sarrelouis. Depuis que je vois que les Belges ne se sont pas prononcés pour nous, j'y réfléchis jour et nuit, et n'ai trouvé qu'un seul moyen d'éviter un

grand malheur à la France; c'est celui de retirer
mon armée sur Valenciennes. Le moment devenant
de jour en jour plus pressant, j'ai cru ne pas devoir
attendre votre réponse concernant la position de
mon armée; en conséquence je la ferai partir demain 30, pour Lille : le 1er jour au Chilly, le 2e à
Saint-Amand, et le 3e à Valenciennes.

J'envoie à la même heure qu'à vous, Monsieur,
un courrier à l'armée de M. Lafayette, pour lui
faire part de ce mouvement, en le prévenant que je
donne des ordres à M. Lanoue, lieutenant-général,
commandant le camp de......, pour qu'il parte avec
ses cinq mille hommes et se rende à Maubeuge.
D'après cet avis, l'armée de M. Lafayette peut faire
ses dispositions en conséquence, et se retirer dans
la partie où il prévoit qu'il sera le plus nécessaire.
Je prévois que ma démarche va exciter un essaim
de mécontents et de calomnies contre moi.

Mes vues n'ont d'autre but que le bien, et je me
croirais un traître à la patrie, si j'avais tenu une
conduite différente dans les circonstances présentes.
Je vous demande, Monsieur, que vous soumettiez
mes démarches et mes réflexions au roi et à son
conseil, afin qu'il les juge; sans cela, comme j'ai
eu l'honneur de vous le mander, je ne puis conserver le commandement de l'armée.

*Signé*, le maréchal de France, général
d'armée Luckner.

Lille, 8 juillet, l'an 4 de la liberté.

Nous venons de lire, monsieur, dans la *Gazette de France*, du jeudi 5 de ce mois, qui nous parvient à l'instant, la copie d'une lettre envoyée au ministre de la guerre, au nom de M. le maréchal Luckner, et revêtue de la signature de ce général patriote et brave. Un paragraphe de cette lettre contient des erreurs et des assertions que nous nous bornerons à indiquer aujourd'hui, et que nous prenons l'engagement d'examiner bientôt plus en détail.

« Tout le pays, dit le rédacteur de la lettre de M. Luckner, entre Lannoy, Bruges et Bruxelles est couvert par mon armée et sans troupes ennemies. » Cette indication géographique est tellement incompréhensible qu'on doit supposer une faute dans l'impression de la lettre : en effet, il résulterait de l'expression, telle qu'elle est, qu'on a voulu faire dire à M. le maréchal, que tout le pays qui se trouve renfermé dans le triangle formé par Lannoy, village à deux lieues de Lille, et les villes de Bruges et de Bruxelles, était couvert par son armée, tandis que son armée était presque dehors ce triangle, et que M. le maréchal lui-même avait jugé qu'il ne pourrait, sans s'exposer à être coupé, faire marcher un corps de troupes vers Bruges, qui est plus éloigné des lieux où l'ennemi avait rassemblé ses forces, qu'aucun autre point de l'espace indiqué. L'Escaut se trouve renfermé dans cet espace, et M. le maréchal n'a sans doute pas chargé le rédacteur de sa lettre de dire que l'Escaut était couvert par son armée; puisqu'il était entièrement en la possession de l'ennemi. M. le maréchal n'a pas eu davantage l'intention de laisser croire que son armée couvrait Gand, puisque entre cette ville et celle de Courtray, où se trouvait l'avant-garde française, l'ennemi occupait deux postes importants, celui de Harlebeck et celui de Pettegen : cependant on sait qu'un pays entre difficilement en insurrection, et ne peut, sans danger, faire des efforts pour l'indépendance, si la capitale est encore au pouvoir du despote.

Il est donc très-clair que presque tout le pays indiqué n'était couvert que par les troupes autrichiennes : or, pour tout Français vraiment ennemi de la maison d'Autriche, ce pays n'était pas *sans troupes ennemies.*

Le rédacteur de la lettre de M. le maréchal continue : « Malgré cela, dit-il, aucun mouvement ne s'effectue de la part des Belges. » Si, malgré cela, les Belges avaient fait quelques mouvements ; nous n'aurions eu qu'à gémir de l'imprudence de nos compatriotes.

» Je n'entrevois pas même la plus légère espérance de l'insurrection si manifestement annoncée.» Dans les villes que le corps de M. Carles avait parcourues depuis Dunkerque jusqu'à Menin, des acclamations patriotiques avaient pu donner une légère espérance d'insurrection. A Menin, on avait arboré la cocarde nationale, ce qui était encore au moins une légère espérance d'insurrection. A Courtray, l'armée avait été accueillie par les cris de vive la nation, vive Luckner, ce qui était encore une espérance d'insurrection. Il est vrai qu'un morne silence avait succédé; mais la cause en est naturelle et simple. Dès le lendemain, des hommes bien intentionnés, sans doute, avaient publié partout que M. le maréchal Luckner ne voulait plus avancer sans les ordres du nouveau ministre, et ils avaient obtenu la confiance qu'on doit à la vérité. Il était raisonnable de croire que ces ordres pouvaient être contraires à ceux du ministère précédent. Il aurait été absurde d'en douter en voyant M. le maréchal lui-même donner deux fois l'ordre de la retraite, et n'envoyer des contre-ordres qu'au moment où elle commençait à s'effectuer; cependant des citoyens de Gand et de Bruges venaient chaque jour nous parler des dispositions favorables de nos frères, et leurs rapports étaient communiqués à M. le général. Le 27, une députation des habitants de Bruges se rendit chez le maréchal même. Il aurait pu voir dans la démarche de ces patriotes et dans ce qu'ils lui déclaraient, un peu plus qu'une légère espérance d'insurrection.

« Et quand je serais encore maître de Gand et de Bruxelles, j'ai presque la certitude que le peuple ne se rangerait pas plus de notre côté. » Il nous est difficile, et il sera difficile à tout homme impartial de croire, d'après ce qu'on vient de lire, que c'est à Menin que le rédacteur de la lettre de M. le maréchal a eu la presque-certitude qu'il annonce; puisqu'il se permet des conjectures, nous pouvons dire le résultat des nôtres.

On paraissait avoir presque cette certitude avant même que l'armée quittât le camp de Famars; le changement opéré à Lille dans les plans de M. le maréchal n'avait pas d'autre objet que d'empêcher les succès de notre armée dans le pays : ces succès ne semblaient pas assez douteux pour qu'on ne craignît point que si M. le maréchal s'avançait jusqu'à Gand, ses talents militaires et le courage de ses soldats ne déterminassent bientôt la conquête et l'indépendance des Pays-Bas. Il fallait qu'il vînt toucher à Menin, afin qu'on pût calomnier le patriotisme des Belges et les projets de l'ancien ministère : on ne voulait pas même qu'il marchât jusqu'à Courtray, où le hasard seul, ou plutôt des circonstances personnelles, ont porté l'armée française. Ce système de garantie des Pays-Bas à la maison d'Autriche est beaucoup plus évident que la certitude qu'avait le rédacteur de la lettre de M. le maréchal et ses conseils, qu'à Gand et à Bruxelles le peuple ne se rangerait pas du côté des Français.

« Quoi qu'en dise, ajoute-t-on, un petit nombre de personnes à qui peu importe le salut de la France, dans la seule vue de satisfaire leur ambition et leur fortune. » Il paraît clair que le rédacteur de la lettre de M. le maréchal parle ici de nous. Si cela n'est point, il est du devoir de M. le maréchal de le déclarer; si cela est, le rédacteur de sa lettre ne peut pas se borner à une assertion perfide; il doit s'expliquer; nous nous expliquerons, et l'on verra qui de lui ou de nous avait plus à cœur le salut de la France. Il ne nous prête d'autres vues que de satisfaire notre ambition et notre fortune : il a raison, s'il reconnaît que notre unique ambition est de rendre notre patrie libre; il a raison, s'il est capable de sentir que le bonheur de la liberté est la véritable fortune de tout homme dont l'âme est indépendante et noble, et dont le caractère n'est ni lâche ni servile. Les sacrifices que nous avons déjà faits à la liberté de notre patrie, les dangers auxquels nous nous sommes exposés avec courage, les privations et les travaux que nous avons supportés avec joie, nous donnaient des droits à l'estime et à la confiance de nos concitoyens. Nous voulions les rendre libres, et nous méritions déjà leur reconnaissance et leur amour. On a craint cette puissance salutaire, que ne tardent pas à se créer des hommes véritablement conduits par des intentions courageuses et pures, et, dès le moment de notre rentrée sur le territoire de notre malheureuse patrie, ceux qui devaient nous protéger nous ont insultés, nous ont calomniés en présence de nos concitoyens et à la tête de l'armée. Nous pouvions être utiles à la liberté; il fallait nous perdre; on l'a voulu. Les expressions du rédacteur des lettres de M. le maréchal le prouvent : nos procès-verbaux, qui vont être rendus publics, prouveront que c'était aussi l'intention du directeur de ses paroles.

Après la retraite des armée françaises, livrés à la douleur d'avoir vu les propriétés de nos concitoyens incendiées, et au désespoir de laisser encore une fois notre patrie dans l'esclavage, nous sommes revenus ici nous environner des braves Belges et Liégeois que nous avions armés, et de ceux qui s'y étaient rassemblés et qui n'attendaient que des armes pour marcher encore avec nous. Fiers du courage qu'ils avaient montré et de la gloire qu'ils venaient d'acquérir, ils ne songeaient qu'à ceux de leurs frères qu'ils avaient perdus au champ d'honneur, et ils ne pensaient point à la détresse qui les menaçait. Nous gémissions de voir ces braves citoyens prêts à manquer de subsistance et à regretter de n'avoir pu partager le funeste honneur de périr pour la défense de la liberté française et de celle de leur patrie. Effrayés de notre misère commune, nous allions implorer les secours de tous nos frères les Français, lorsque nous avons appris que les principes généreux et bienfaisants de l'ancien ministre du département des affaires étrangères étaient ceux du ministre nouveau; mais nous avons cessé de désespérer du salut de notre patrie, lorsque nous avons vu qu'on accordait encore en France, indépendamment de toutes circonstances et de toutes intrigues politiques, une protection efficace et un intérêt honorable aux amis véritables de la liberté. Secourus avec générosité, nous obéissons au devoir impérieux de publier notre reconnaissance et celle de nos frères pour une nation généreuse, dont les agents savent la servir d'une manière digne d'elle.

*Signés,* les membres du comité révolutionnaire des Belges et Liégeois réunis; E. L. RENS, président; J. J. SMITS, E. S. DINNÉS, secrétaire.

### *Lettre du maréchal Luckner au président de l'assemblée nationale.*

M. LE PRÉSIDENT,

J'ai reçu hier par le ministre de la guerre la communication officielle du décret, qui porte que je rendrai compte dans la journée d'aujourd'hui, à l'assemblée nationale, des ordres que j'ai reçus, et de ceux que j'ai donnés relativement aux opérations de la campagne qui ont eu lieu jusqu'à ce jour; que je présenterai en même temps l'état de tout ce qui est nécessaire pour assurer le succès des opérations à venir.

Ce compte que je dois, comme général de l'armée française, ne rendre qu'au roi, son chef suprême, et au ministre chargé de me transmettre secrètement ses ordres, se trouvera soit dans la correspondance des ministres avec moi, dont l'assemblée a demandé la communication, soit dans les registres de mon état-major, qui, en ce moment, ne sont pas sous ma main.

Tous ces objets, purement militaires, ont une grande connexité avec les opérations subséquentes de la campagne, sur lesquelles la prudence et mon devoir me commandent le secret. C'est à l'assemblée nationale à examiner ce qui, dans la direction de la guerre, est absolument étranger à ses fonctions, et ce que la constitution lui permet de connaître par des interpellations faites au ministre de la guerre. Il a déjà eu l'honneur d'informer l'assemblée que je m'étais rendu ici sur un ordre du roi, pour conférer avec sa majesté de notre système de défense. J'ai concerté aussi avec le ministre les différentes notes que je joins ici, et qui sont relatives aux décrets que l'assemblée nationale peut rendre pour l'amélioration de l'armée. Je répondrai à la demande qui m'est faite par le décret, de tout ce qui est nécessaire pour assurer le succès des opérations à venir, que nous devons désirer une grande augmentation de forces, une grande réunion de moyens; qu'elles semblent nous être promises par les protestations de zèle civique et d'enthousiasme guerrier qui souvent retentissent dans l'enceinte de l'assemblée nationale; mais que, jusqu'à présent, ces brillantes espérances se sont peu réalisées; que l'armée est encore incomplète, peu nombreuse et nullement recrutée; que si l'assemblée perdait un moment pour la renforcer par tous les moyens qui peuvent dépendre d'elle et d'après les considérations que lui soumet l'expérience, nos forces seraient dans une immense disproportion avec celles de nos ennemis. Pour vérifier ces tristes vérités que je dois à l'assemblée nationale, et que la non publicité m'a permis de développer au roi avec encore moins de réserve, je désirerais vivement que l'assemblée pût trouver un moyen constitutionnel de s'en convaincre par elle-même, et je laisse à sa sagesse à choisir ce moyen.

Je saisirai l'occasion que l'assemblée m'a offerte de lui présenter l'hommage de mon respect pour les autorités constituées ; elle me trouvera toujours ce que j'ai toujours été, ennemi des factions, étranger aux intrigues, inviolablement attaché à la constitution et au roi que je défendrai de tous mes moyens, et profondément convaincu que l'union des bons citoyens dont les généraux leur donnent et ne cesseront de leur donner l'exemple, peut seule sauver la France.

*Le maréchal de France, général d'armée,*
                                   Luckner.

*Notes jointes à la lettre du maréchal Luckner.*

D'après le compte que les six ministres du roi ont rendu dans la séance du mardi 10 du courant, l'assemblée nationale a pu reconnaître la faiblesse des quatre armées françaises qui sont sur la frontière pour la défense du royaume : il en résulte que les quatre armées sont à peine composées de soixante-dix mille hommes disponibles, vu la nécessité de donner une garnison suffisante à toutes les places fortes qui, dans cette étendue de circonférence, sont en très-grand nombre.

Jusques-là, le maréchal Luckner commandait l'armée du Nord, mais tout récemment, le roi, voulant lui donner une nouvelle marque de sa confiance, lui a déféré le commandement en chef des deux armées du centre et du Rhin ; la première, pour être commandée par lui en personne, la seconde, par le lieutenant-général de Biron, sous les ordres du maréchal.

Ces deux armées réunies auront à soutenir les efforts de deux cent mille hommes de troupes autrichiennes, prussiennes, hessoises et russes, outre vingt-un à vingt-deux mille émigrés. Ces armées ennemies auront des essaims de troupes légères, très-aguerries, ce qui harcélera et fatiguera infiniment notre armée combinée. Pour résister à tant d'ennemis qui seront répandus dans le pays de Luxembourg, dans les électorats de Trèves, de Mayence, dans le duché de Deux-Ponts et l'évêché de Spire, dans le Brisgaw et les pays autrichiens de la Souabe, il ne se trouve pas quarante mille hommes dans les deux armées du centre et du Rhin. Une infériorité de forces aussi considérable met le maréchal Luckner dans l'impossibilé de répondre au vœu

de la nation, en signalant son zèle, je ne dirai pas
pour la défaite des ennemis, mais même pour la
défense de la frontière. Dans cette détresse extrême,
il ne reste à l'assemblée nationale et au roi qu'un
seul parti à prendre pour élever les deux armées du
maréchal Luckner à la hauteur des forces ennemies
sans retard et sans grands frais, ce serait d'ordonner
incessamment, par une proclamation bien motivée,
et adaptée au danger dans lequel est la patrie, la
levée de trois hommes armés et vétus par chaque
municipalité du royaume.

Si toutefois, dans les proportions respectives d'une
population à l'autre, dans l'étendue d'un même
canton, ce qui, à raison de quarante-quatre mille
municipalités, ferait une augmentation de cent
trente-deux mille hommes pour le renforcement de
ces deux armées, du centre et du Rhin, ces hommes
de nouvelle levée, forts, robustes et faits à la fatigue,
et le plus que possible au maniement des armes, seront tous de bonne volonté et prêts, soit à s'incorporer du moins pour deux ans dans les troupes de
ligne, afin de mettre les régiments au complet, soit
à augmenter le nombre des bataillons auxiliaires,
soit à fournir aux garnisons des places fortes qui
se trouvent dans l'arrondissement des divisions qui
seront sous les ordres du maréchal. Ces troupes
nouvellement levées, se rendront en voiture, les
unes à l'armée du centre, les autres à celle du Rhin,
où sous les yeux du maréchal Luckner à Metz, et

du lieutenant-général Biron à Strasbourg, se fera par des commissaires de guerre, à ce choisis, le tirage des nouveaux arrivés, d'abord pour l'armée de ligne, ensuite pour les bataillons auxiliaires, finalement pour les garnisons.

Et pour que la différence du traitement ne produise pas quelque mécontentement à l'occasion dudit tirage, le maréchal Luckner propose de mettre toutes les troupes, soit de ligne, soit auxiliaires, soit de garnison, à la même solde, et d'en faire jouir celles de nouvelle levée dès leur départ de leur canton pour l'armée.

*Signé*, le maréchal LUCKNER.

MESSIEURS,

C'est au moment où il faut réunir toutes les forces de l'empire, pour pouvoir résister aux ennemis puissants et nombreux qui se réunissent contre la France, que je crois devoir vous renouveler quelques observations sur le complètement de la force publique. Ces observations vous ont été soumises en différents temps, soit par les généraux, soit par les ministres; et plus que jamais il est temps de les prendre en considération.

Nous avons ordonné des levées considérables, et sans doute la population de la France peut aisément y suffire; mais il faudra du temps pour remplir ces nouveaux cadres; il faudra du temps pour inscrire, former, habiller, équiper, armer et instruire ces dif-

férents bataillons, et il est à craindre, quelque diligence qu'on fasse, qu'ils ne soient pas assez tôt
prêts pour servir d'une manière efficace pendant la
campagne.

Je ne pense pas cependant que l'on doive abandonner ces nouvelles levées. Je crois, au contraire,
qu'il faut les soigner et les recommander à tout le
patriotisme français. Mais en faisant usage de ce
moyen, on peut s'occuper en même temps de compléter les corps existants, et ceci présente plusieurs
avantages.

D'abord les cadres existent et sont remplis d'une
manière convenable pour l'instruction. Déjà les officiers, sous-officiers et soldats ont reçu la leçon de
l'expérience et commencent à n'être plus étrangers
pour la guerre et tout ce qui lui appartient. Il ne
s'agit donc plus que de les mettre à même d'en soutenir les fatigues, en les faisant partager à un plus
grand nombre, et d'en réparer les pertes par un
remplacement continuel. Il ne peut se faire que par
le recrutement. Or, il ne faut pas se le dissimuler,
cette partie va mal. Les troupes de ligne sont in-
complètes et s'affaiblissent tous les jours par des
pertes qui ne se réparent pas. Tous les corps ont
envoyé des officiers et sous-officiers pour recruter;
et je puis attester à l'assemblée que ce moyen, mis
avec zèle et intelligence dans toute son activité,
n'a pas donné vingt recrues depuis deux mois.

Les bataillons des gardes nationales éprouvent

également un déficit, et cependant tout invite les
citoyens à se joindre à leurs frères d'armes. Une
discipline douce, la certitude de voir finir leur engagement avec la guerre, le choix de leurs officiers,
et la confiance qui doit en résulter, enfin une solde
plus forte, tout semble devoir engager les citoyens
à compléter de préférence les bataillons de gardes
nationales. Parez donc bien vite à un inconvénient
dont je ne chercherai point à approfondir la cause,
mais que l'assemblée nationale jugera dans sa sagesse
être assez grave pour y remédier. Ordonnez le recrutement, et ne craignez pas d'y employer les mesures
les plus sévères. Quel est le citoyen qui oserait s'en
plaindre lorsque vous avez déclaré la patrie en danger? Oui, Messieurs, elle est en danger; mais cela
veut-il dire qu'il faille l'abandonner? Non, sans
doute; et ce mot, bien loin d'inspirer la terreur,
doit servir de motif au ralliement de tous les citoyens. Qu'ils marchent donc, et que nos gardes
nationales et nos troupes de ligne portées au complet, et même au-delà par le recrutement, arrêtent
l'ennemi, et sauvent la liberté française. Mais, je
vous le répète, le recrutement et les moyens de le
forcer, voilà ce qu'il faut ordonner. Il existe encore
dans l'armée une cause de diminution et d'affaiblissement pour les troupes de ligne : je viens en demander à l'assemblée l'anéantissement, et mettre à
la disposition des généraux le soin d'y remédier.
Les cours martiales, bien loin de suffire à notre dis-

cipline, lui nuisent beaucoup par la lenteur inévitable des jugements, et affaiblissent en même temps les régiments par la longue détention des soldats et leur nullité pendant ce temps.

Dans ce moment six cents hommes sont dans l'armée du Nord à la cour martiale. Douai en a seulement deux cents dans les prisons. Les autres sont à Lille, Valenciennes et autres villes. Voilà donc six cents hommes nuls pour les opérations de la guerre et le service journalier. Je demande la suspension des cours martiales et la permission aux généraux d'y suppléer par les moyens qu'ils aviseront, en observant que cette faculté cessera avec la campagne. J'ai à proposer encore à l'assemblée de suspendre la formation des six légions, en arrêtant la réunion des chasseurs à cheval et des bataillons d'infanterie légère, réunion qui ne donnerait pas un homme de plus. Elle sentira l'avantage de cette mesure, lorsqu'elle connaîtra la perte de temps qu'occasionnerait la marche de ces différents corps pour se réunir, et l'inutilité dont ils seraient pour les armées pendant ce temps. J'observe qu'avec leur formation actuelle, ils remplissent le même genre de service et sont extrêmement utiles; il ne s'agira que d'augmenter la force des compagnies, et cet objet rentre dans le recrutement dont j'ai déjà parlé.

Il me reste à vous entretenir des trois dernières légions et des cinquante-quatre compagnies franches attachées aux armées du Nord, du centre et du Rhin, et à vous proposer quelques mesures pour en accélérer la formation.

Je commence par les légions, et j'observe à l'assemblée que le mode de recrutement qu'elle a indiqué dans son décret peut être long et ne pas remplir le but qu'on s'est proposé. Je désire cependant voir ces corps organisés, parce que je sens tout le parti qu'on peut en tirer. Je supplie l'assemblée, 1° de permettre qu'une de ces légions soit appelée *légion de Luckner* jusqu'à la fin de la campagne ; 2° de la recruter à Paris. D'après les témoignages de bienveillance que les citoyens m'ont donnés à mon arrivée, la bonne volonté et l'ardeur qu'ils ont montrées pour parvenir à l'armée, je dois croire à un succès dans ce genre, et j'espère que l'assemblée me permettra de le tenter.

Quant aux compagnies franches, je crois devoir vous proposer d'y incorporer sur-le-champ les quinze cents hommes des régiments coloniaux. Ces hommes répandus sur les côtes, dans le département du Morbihan, pourraient être employés utilement en compagnies franches. L'envoi des troupes dans nos colonies, et la nécessité d'attendre ce qui est encore dans nos îles, permet et force même le retard de la formation des régiments coloniaux. L'état emploiera d'une manière active ces soldats, dont l'avantage particulier se trouvera rempli, par l'avancement que cette formation leur procurera.

Le maréchal LUCKNER.

*Rapport fait par M. Guadet, dans la séance du 20 juillet, sur les conférences de la commission des douze avec le maréchal Luckner.*

MESSIEURS ,

Aussitôt que votre commission extraordinaire fut informée que le maréchal Luckner était à Paris, elle désira avoir une conférence avec lui, et elle la lui fit demander. Ce désir était naturel. Votre commission était alors occupée du mode de recrutement de l'armée, de la formation de vos bataillons de volontaires nationaux, et enfin de toutes les mesures propres à assurer le succès de nos armes, et à faire triompher la liberté, de la ligue des rois conjurés contre elle. Il pouvait donc être très-utile de consulter sur tous ces points un général dont les talents militaires, l'expérience et le patriotisme font le désespoir de nos ennemis au-dedans et au-dehors.

Vous avez cru devoir vous faire rendre compte par votre commission extraordinaire de cette conférence non officielle; et c'est ce compte que je viens vous rendre, non pas tout entier, car il est des détails qui ne nous appartiennent pas, et qui ne pourraient être rendus publics, de l'aveu même du maréchal Luckner; mais en substance, et tel que l'on ne pût reprocher à votre commission extraordinaire ni indiscrétion ni réticence.

Le premier objet sur lequel votre commission extraordinaire a cru devoir demander un éclaircissement à M. Luckner, c'est l'état des armées et de nos villes. Plusieurs tableaux ont été mis sous vos yeux, et presque toujours les résultats en ont été différents. M. le maréchal Luckner nous a exposé la cause de ces éternelles incertitudes. Après nous avoir dit que les trois armées ne présentaient pas plus de soixante mille hommes effectifs, c'est-à-dire soixante mille hommes au-dessus des garnisons et des camps retranchés, il a ajouté que les commissaires des guerres ne méritaient pas en général assez de confiance pour qu'on pût s'arrêter à leurs états. Aussi, messieurs, le maréchal Luckner nous parut-il désirer que l'assemblée adoptât la mesure qui lui avait alors été proposée, d'envoyer des commissaires à l'armée. Vous avez rejeté depuis cette mesure, et il ne nous appartient pas de rechercher vos motifs. Nous avons cru devoir vous faire connaître le vœu que le maréchal Luckner a manifesté au milieu de nous.

Après nous avoir parlé du déficit des armées, le maréchal Luckner nous a entretenus des moyens de les augmenter. Ces moyens sont ceux que vous avez adoptés: ainsi il est inutile de les retracer ici. Je dois observer cependant qu'au nombre de ces moyens, le maréchal Luckner plaçait au premier rang celui de faire fournir, par chaque municipalité du royaume, deux ou trois hommes armés et équipés : moyen auquel vous avez suppléé, messieurs, en invitant toutes les municipalités de l'empire à fournir le nombre des volontaires nationaux dont elles pourront se priver. Au reste, messieurs, si le courage, si la confiance, si l'amour bien vif de la liberté, peut tenir lieu du nombre, rien n'est plus tranquillisant que les détails dans lesquels M. le maréchal est entré à cet égard avec nous. Soldats et sous-officiers de la ligne, volontaires nationaux, tous se montrent également dignes de servir la cause de la liberté. Pas un seul d'entre eux n'a déserté ses drapeaux; et si les officiers supérieurs, si ces hommes qui ne parlent que de noblesse et de loyauté, partageaient les sentiments des soldats, il n'y aurait de danger que pour nos ennemis; mais chaque jour amène de nouvelles trahisons. Jugez-en, messieurs, par ce trait qui nous a été raconté par le maréchal Luckner.

Le colonel Mourat dînait avec son général. Pendant le dîner, la conversation roula sur l'infamie des officiers qui passaient chez l'ennemi, et emportaient les caisses. Le colonel Mourat renchérit sur tout ce qui se dit à cet égard, et une heure après le dîner, il partit en emmenant avec lui plusieurs officiers de son régiment, et emportant la caisse.

Les volontaires nationaux, les citoyens soldats, qui sont en présence de l'ennemi, sont surtout l'objet des éloges du maréchal Luckner. Il y a dans l'armée qu'il commande plusieurs bataillons qui, par

leur bonne discipline, par leur mâle courage et leur
ardeur indomptable, le disputent aux meilleurs
corps de la ligne. La peine la plus forte dont je
puisse les menacer, nous disait le maréchal Luckner
avec attendrissement, c'est de les menacer de les
renvoyer dans leurs départements. Combien est
forte une armée dont les soldats sont animés de tels
sentiments!

Quant aux approvisionnements, ils sont complets,
et rien ne manque sous ce rapport. Les hôpitaux
militaires sont aussi dans le meilleur état. Le mouvement des deux armées, du centre et du Nord, avait
fait naître quelques inquiétudes, et nous avons cru
devoir nous les faire expliquer par le maréchal Luckner. Il nous a paru n'avoir point approuvé cette mesure, et ce n'est point à lui qu'elle doit être attri-
buée. Lorsqu'on me donne, dit-il, des Français à
commander, il m'importe fort peu de savoir quel est
le numéro de leur régiment ou le département qui
les a fournis. Je sais toujours que j'aurai leur confiance, parce que je ne veux que ce qui est juste;
et que le bonheur et la gloire de la nation française
me sont chers par-dessus tout. Et en effet, tels sont
les sentiments que, dans son langage franc et loyal,
il nous a manifestés. J'ai vu le roi, nous dit-il, et je
lui ai dit que l'armée était fidèle à ses serments,
qu'elle le serait jusqu'à l'abandonner lui-même s'il
cherchait à renverser la constitution.

Voilà les seuls détails qu'il nous soit permis de

vous donner, et vous en tirerez sans doute la même conséquence que nous : c'est que, si le maréchal ne peut vous démêler les intrigues qui l'environnent ; si, comme il l'a dit lui-même au sujet de sa dernière lettre, il s'entend très-mal à faire des phrases, et qu'il soit obligé sur ce point de s'en rapporter à ses aides-de-camp, il saura du moins battre nos ennemis, et défendre la cause qu'il a si généreusement adoptée.

L'assemblée a ordonné l'impression de ce rapport, et l'envoi tant à l'armée qu'aux quatre-vingt-trois départements.

### Lettre du maréchal Luckner au président de l'assemblée nationale.

Au quartier-général à Valenciennes, le 6 juillet 1792, l'an 4 de la liberté.

M. LE PRÉSIDENT,

M. Berthier, chef de l'état-major de l'armée que je commande, vient de me communiquer un extrait de la séance de l'assemblée nationale, du 2 juillet, où M. Delmas a lu des lettres qui inculpaient cet officier général. C'est pour moi un devoir et un besoin de rendre une justice éclatante à sa conduite, à son patriotisme éclairé, à son utile activité, dont l'état-major a reçu l'heureuse influence. C'est lorsqu'un bon citoyen et un bon militaire est attaqué ainsi par des méchancetés sourdes, que je dois proclamer hautement les excellentes qualités que mes rapports habituels m'ont mis à même de reconnaître en lui.

Je ne m'arrêterai pas aux autres inculpations du même genre : M. Charles Lameth a répondu à celle qui le regardait, en ayant l'honneur de vous adresser directement une lettre qu'il avait auparavant soumise à mon approbation. Que l'assemblée nationale me permette de lui présenter une réflexion générale, et de lui demander ce que deviendrait la discipline d'une armée, si des subordonnés pouvaient attaquer ainsi leurs officiers généraux par des assertions calomnieuses qui seraient écoutées à la tribune du corps législatif. La confiance même qui m'est témoignée serait annullée dans tous ses effets, si l'on persévérait à entourer de soupçons et de méfiances ceux dont le concours m'est indispensablement nécessaire, ceux qui me servent, pour ainsi dire, de bras, et dont c'est à moi à faire connaître la conduite avec une franchise sévère.

*Signé* Luckner, *maréchal de France*
*et général d'armée.*

*Autre lettre du maréchal Luckner.*

Au quartier-général de Valenciennes,
l'an 4 de la liberté.

M. le Président,

J'ai reçu hier au soir la communication officielle

du décret par lequel l'assemblée nationale veut bien me donner un nouveau gage de la confiance de la nation. J'ai l'honneur de vous prier d'être auprès de l'assemblée nationale l'interprète de mes respectueux remercîments, de mon attachément inviolable à la constitution, que j'ai juré de défendre : j'ose me rendre le témoignage que je n'ai jamais cessé, que je ne cesserai jamais de mériter la confiance de l'assemblée nationale et du roi, en leur consacrant l'emploi de tous mes moyens.

*Le maréchal de France, général*
*d'armée*, LUCKNER.

Voici quel était l'état de la France au 10 juillet 1792, ou du moins le tableau que les ministres en présentèrent à cette époque à l'assemblée législative. Nous avons cru ce tableau nécessaire pour l'intelligence des événements militaires ; car il ne faut pas perdre de vue que, dans ces temps de troubles et d'agitations, ils étaient toujours la conséquence immédiate des événements politiques.

Un décret du 6 de ce mois a ordonné que les ministres seraient entendus sur l'état actuel du royaume. Nous nous sommes conformés à ce décret. Un autre décret rendu hier, en conséquence de l'art. 18, enjoint aux ministres de rendre un nouveau compte du royaume, relativement à la sûreté intérieure et extérieure. Nous devons cependant déclarer que nous ne pouvons nous soumettre à une responsabilité solidaire que ni la constitution ni aucune loi ne nous imposent. Chaque ministre ne doit répondre que de son administration particulière, le seul cas où nous puissions être collectivement responsables : encore cette responsabilité a-t-elle des exceptions. Voici ce qui est établi à cet égard par l'art. 18 de la loi du 23 mai 1791 : « Si, après les delibérations du conseil et l'ordre du roi, un ministre voit du danger à concourir dans son département à l'exécution des actes arrêtés, après avoir exprimé son opposition, et l'avoir fait consigner dans les registres, il pourra les exécuter sans en devenir responsable. » Telles sont les bornes de cette équitable responsabilité à laquelle nous n'entendons pas nous soustraire; mais qui, comme vous le voyez, ne doit porter que sur les actes personnels de chacun de nous. Nous devons mettre le plus grand zèle dans l'exécution des lois qui concernent notre ministère, et veiller à la sûreté intérieure et extérieure de l'empire. Quand, après avoir rempli avec tout le développement du zèle et du patriotisme les fonctions que la loi et le roi nous ont confiées, nous sommes dénoncés pour toutes nos démarches; alors ces défiances ne peuvent que paralyser le gouvernement. Voici nos observations.

Le ministre de l'intérieur vous a rendu compte des troubles excités par le fanatisme; il s'en réfère au mémoire qu'il a lu hier; mais il ne doit pas vous cacher que nos dissentiments politiques ne contribuent pas moins fortement à perpétuer des troubles;

que les sociétés populaires ont été souvent la cause de violents orages. On peut citer celles de Marseille, Boissey, Arles, Avignon. Dans plusieurs endroits, le sang des citoyens a coulé; souvent les administrations ont été traversées dans leurs opérations, même mandées à la barre. De toutes parts on se plaint que le secret des lettres est violé.

L'assemblée pèsera sans doute dans sa sagesse le moyen de réprimer ces excès. Ces moyens seraient l'exécution de la loi, qui défend à ces sociétés d'agir comme corps politiques; la défense des affiliations; enfin, la volonté fortement prononcée de rétablir le règne de l'ordre. Abjurez vos divisions intérieures, et la patrie est sauvée.

Le ministre des contributions a eu l'honneur de vous remettre, le 29 juin, l'état des contributions foncière et mobilière, ainsi que des patentes et du recouvrement des contributions arriérées. Depuis ce moment, l'état de ces différentes branches de revenus n'a pu éprouver une amélioration sensible; cependant, les départements de la Haute-Somme, de la Seine-Inférieure et de la Meurthe, vièment de remettre en recouvrement les rôles de la contribution foncière; mais le département du Doubs, qui dès le 1er juin, s'était trouvé dans ce cas, a encore un avantage qu'il ne partage avec aucun des autres, c'est que tous les rôles de la contribution mobilière, pour 1791, y sont aussi en recouvrement; quarante-cinq départements ont fait leur répartition pour 1792. Une circulaire a été écrite à ceux qui sont en retard, et l'on a la présomption que ce travail est actuellement terminé.

La commission des assignats a été chargée de rendre compte à l'assemblée de l'état de cette partie qui vient d'être détachée du département des contributions. Par sa lettre d'hier, le ministre de ce département vous a présenté l'état de la fabrication du métal des cloches. Le produit de l'enregistrement et du timbre est satisfaisant ; cependant on ne peut pas en donner au juste l'évaluation, les états des six derniers mois de l'année n'étant pas encore arrivés. Les douanes nationales offrent aussi des résultats intéressants : sans les circonstances de la guerre, elles eussent été beaucoup plus productives en 1792, qu'elles ne l'ont été en 1791.

Le ministre des contributions s'occupe aussi de la comptabilité des ci-devant fermiers et régisseurs ; mais le traitement des commissaires nommés à cet effet n'est point fixé. Il est essentiel que l'assemblée prononce, car le ministre se trouve en ce moment forcé d'engager sa responsabilité en leur faisant payer des à-comptes. L'administration forestière est dans une situation plus fâcheuse encore. Les commissaires n'ont aucun agent sur lequel ils puissent compter. Les anciens agents sont censés faire le service, mais ils n'ont pas touché les appointements pour 1789, 1790, 1791 ; et il est aisé de sentir que des agents qui ne sont pas payés, et qui sont dans l'incertitude de la conservation de leur état, ne mettent pas beaucoup de zèle dans le travail; ainsi nos forêts sont livrées à la dévastation, et si l'on ne prend promptement un parti, il est bien à craindre que cette portion précieuse de nos richesses nationales ne disparaisse entièrement. On ne sait encore au juste quel sera le revenu des postes, tous les états n'étant pas parvenus, et la nouvelle administration n'ayant été installée que le 1er de ce mois. De nouvelles communications ont été ouvertes. La récolte des salpêtres n'a pas fourni ce qu'elle donnait ordinairement, mais au moyen des mesures prises par l'administration, nous serons bientôt au niveau des besoins. Au reste, les arsenaux et les magasins de guerre renferment une quantité suffisante de poudre pour plusieurs campagnes. Il en est de même de ceux de la marine. Le produit des loteries a diminué considérablement; mais on doit moins cette perte au petit nombre de joueurs qu'au grand nombre de bureaux frauduleux qui se sont établis. On croit qu'il y en a près de deux mille à Paris. L'administration manque absolument de moyens pour réprimer cette contravention.

## Marine.

Le ministre vous a dit, et il répète, que tout était à faire lorsque la confiance du roi et son courage l'ont fait entrer dans le ministère : malgré ses instances et celles de ses prédécesseurs, pour obtenir des décrets absolument nécessaires, l'état des choses est le même. Il a, par exemple, écrit à l'assemblée un grand nombre de lettres pour obtenir des solutions indispensables pour faire le remplacement des officiers : ces questions sont encore à résoudre. Dans l'attente de cette décision, il a adressé, le 25 avril dernier, de nouvelles observations sur les moyens de compléter le corps de la marine. Le 31 mai seulement, un ordre du jour motivé a paru l'autoriser à prendre sur lui de faire ces remplacements en suivant les lois anciennes : le ministre a pris en conséquence les ordres du roi pour faire là-dessus ce que les circonstances permettaient. La loi sur les corps de l'infanterie et de l'artillerie de la marine n'a été portée que les 6 avril, 12, 28 et 31 mai. Les inspecteurs de ces deux corps sont nommés et rendus à leur destination : ils ont ordre de se concerter pour les remplacements et les recrutements. Des lois devaient être faites pour la police des arsenaux, pour tracer la ligne de démarcation entre les fonctions civiles et militaires : ces lois sont encore attendues. En conséquence, les agents civils n'ont pu être nommés; le ministre aurait encouru la plus dangereuse responsabilité s'il eût publié les nouvelles listes avant que les fonctions de ces nouveaux agents fussent déterminées : c'eût été arrêter le mouvement de la machine ancienne, tandis que celui de la nouvelle n'était pas encore possible. Une foule d'autres lois n'ont reçu ni l'émission, ni le complément, ni les interprétations qu'elles devaient avoir. Tel est l'état du département de la marine sous le rapport des moyens nécessaires pour agir. Quant aux mesures prises pour la sûreté des côtes, le ministre les a déjà fait connaître à l'assemblée; il va les rappeler sommairement.

Quand il a été appelé au ministère, la France était en paix : notre situation politique ne tarda pas à changer; il fut bientôt prudent, et même nécessaire, de pourvoir, soit à la défense des côtes, soit à la sûreté de notre commerce. Dès le mois de janvier, des ordres ont été donnés en conséquence. Onze frégates, huit corvettes, huit avisos et deux chaloupes canonnières furent bientôt disposées pour faire des croisières. Quatre vaisseaux de 74 canons furent armés depuis, l'un à Brest, et trois autres à Toulon.

La guerre ayant été déclarée, les précautions de sûreté ne tardèrent pas à prendre un nouveau degré d'activité. Douze vaisseaux et une frégate furent mis en armement pour être employés dans un cas imprévu. Sept bâtiments vont être prêts à se réunir; nous avons encore dans les différentes mers cinq vaisseaux de 74 canons, cinq frégates, dix corvettes, dix avisos, treize flûtes ou gabarres; nous avons à flot cinquante-deux vaisseaux, trente-sept frégates, dix avisos, cinq chaloupes canonnières, treize flûtes ou gabarres, dont la majeure partie est en état d'être armée promptement ; mais il n'est question ici que de la situation matérielle de la marine. De grandes difficultés se présentent sur la formation des équipages, sur les états-majors, etc. Les matricules des gens de mer présentent soixante mille hommes, mais ils n'existent réellement pas ; les obstacles qu'éprouvent les agents rendent ces moyens en partie illusoires. Quant aux états-majors, depuis le peu de temps que je puis agir, j'ai donné tous les ordres nécessaires pour leur formation, et sous peu nous aurons des moyens pour un armement assez considérable.

## Saint-Domingue.

J'ai déjà fait connaître la situation de cette colonie qui, par son étendue et sa situation, est l'objet des désirs de toutes les puissances maritimes, qui occupait quatre à cinq cent mille travailleurs, qui par l'action et la réaction du commerce, nous donnait des moyens de nous solder envers l'étranger, et établissait ainsi un avantage de soixante millions dans la balance du commerce. Cette belle et florissante colonie, déchirée par des factions, touche à sa destruction totale, et n'offre plus qu'un vaste champ de dévastation, de pillage et d'incendie. L'empire des préjugés, les vacillations dans les mesures prises pour arrêter les troubles inséparables d'une révolution dans un gouvernement, ont amené sa ruine. L'assemblée a, par son décret du 29 avril dernier, attaqué la source du mal; elle a depuis accordé des secours à cette colonie. Ses forces sont de treize à quatorze mille hommes, qui sont mis sous la disposition du gouverneur général, et à la réquisition des commissaires civils. Il a été envoyé en même temps cinq vaisseaux, dix frégates, dix corvettes, quatre avisos, six flutes ou gabarres; les équipages déjà stationnés vont être recrutés par l'envoi de quatre cents matelots; il a été pourvu aux munitions, aux vêtements pour les habitants, et à l'achat pour les autres secours. Les îles du Vent ne se sont pas ressenties des mêmes désordres. La Martinique a déjà oublié les divisions qui l'ont quelque temps arrêtée. Les vaisseaux de commerce affluent dans ses ports : un renfort de deux mille hommes, tant de gardes nationaux que de troupes de ligne, a paru suffisant pour cette colonie; il s'y trouve en tout cinq mille hommes, un vaisseau, deux frégates, une corvette, deux flûtes ou gabarres, quatre avisos.

La Guyanne française, au milieu des abus de pouvoirs des assemblées coloniales, n'a éprouvé aucune commotion funeste; la force armée qui s'y trouve est de sept cents hommes de troupes de ligne, qui, aux ordres des commissaires civils, suffiront pour contenir les factieux, s'il s'en présentait : ces troupes ont été transportées par une frégate et une gabarre de l'état.

## *Établissements au-delà du cap de Bonne-Espérance.*

Les nouvelles lois, relatives à l'organisation de ces établissements, y ont porté une grande fermentation. Des mouvements ont eu lieu à Pondichéry, aux îles de France, à Chandernagor. Dans l'île de Bourbon, il s'est aussi manifesté des mouvements occasionnés par l'incertitude sur le nouveau régime : il y a lieu d'espérer que les commissaires civils éclaireront les esprits et ramèneront le calme ; ils ont à leur réquisition trois mille hommes ; trois frégates de l'état y sont en station.

## *Iles de Saint-Pierre et Miquelon.*

Déjà il a été rendu un compte à l'assemblée nationale de la situation de ces îles : il y a quatre cents hommes de troupes dans la partie intérieure, et dans les ports une frégate et un aviso.

## *Département de la guerre.*

Le ministre a pris tous les renseignements qu'il lui a été possible de prendre pour s'assurer de l'état véritable de nos forces, et il n'a rien négligé pour couvrir nos frontières. Elles sont menacées sur différents points par une masse de forces de deux cent mille hommes, distribuée ainsi qu'il suit :

Une première armée dans les Pays-Bas, une seconde soit dans le Luxembourg, soit dans le Brisgaw, enfin, les troupes prussiennes qui marchent
sur les frontières du Rhin, ou qui doivent même
en partie pénétrer dans les Pays-Bas, forment les
trois grandes divisions des troupes alliées. La force
de chacune de ces armées semble indiquer un plan
combiné sur les trois grands fronts de nos frontières.
Quel que soit ce plan, soit pour attaquer nos places,
soit pour faire une trouée en les tenant en échec, il
a été nécessaire de répartir le long de ces frontières
la totalité de nos forces. Le plan que nos ennemis
développent en ce moment ne pouvait-il pas être
prévu? Fallait-il dégarnir l'armée du Rhin et celle
du centre, qui vont être probablement attaquées?
Ce n'est pas ce qu'il est utile d'examiner en ce moment; il faut ne rien négliger pour réparer de si
funestes erreurs : on s'occupe de renforcer chacune
des armées, de faire une meilleure disposition de
troupes, soit dans les places, soit dans les camps.
Ces dispositions sont confiées à l'expérience des
généraux qui se concertent à cet effet. Ces opérations devant varier, à raison de la variabilité de celles
des ennemis, la révélation de nos divers plans de
défense serait une aussi inutile que dangereuse indiscrétion.

Deux cent soixante-onze mille hommes forment
la force totale et effective de nos armées, tant en
troupes de ligne que volontaires nationaux; mais

nous avons dix-sept mille quatre cents hommes dans les colonies. D'après les derniers ordres donnés, il n'en reste que onze mille huit cents, tant de ceux qui sont encore dans quelques garnisons de l'intérieur que ceux qui sont répandus sur deux cent soixante lieues de côtes, et qui forment la garde des ports et des arsenaux. En sorte que nous n'avons de disponibles que deux cent quarante-huit mille hommes distribués en quatre armées, dont trois sont sur les frontières menacées, la quatrième est dispersée dans le Midi, et garde aussi la Corse pour s'opposer aux entreprises d'une puissance voisine, qui, si elle ne médite pas une invasion prochaine, s'occupe au moins de faire une diversion dans cette partie. A la fin de ce mois, à l'époque où tous les renforts seront arrivés à leur destination, et où la composition des armées sera finie pour les deux cent quarante-huit mille hommes disponibles, il y aura dans l'armée du Nord, pour garder quarante-cinq lieues de frontières, quarante-cinq mille hommes; dans celle du centre, pour cinquante lieues de frontières, cinquante mille hommes; dans celle du Rhin, pour soixante-dix lieues de frontières attaquables, cinquante-cinq mille hommes; enfin, dans le Midi, pour quatre-vingt-cinq lieues de frontières, depuis Genève jusqu'à la mer et aux Pyrénées, quarante mille hommes. Total, cent quatre-vingt-dix mille hommes. Le reste est employé à la garde des places. Ce total ne pourra être mis en

action qu'autant que l'assemblée décrétera la formation des compagnies volontaires pour remplacer les
garnisons. Reste-t-il quelque force disponible qui
n'ait pas reçu une destination? Non.

Tous les ordres en exécution de vos décrets sont
donnés et s'exécutent avec activité. Cet état de forces
est-il suffisant? Non. Celui-là serait criminellement
imprudent, qui, quand il reste des citoyens jaloux
de combattre pour la patrie, oserait attiédir, par
une fausse confiance, le sentiment généreux qui
anime tous nos frères d'armes. Quels sont les moyens
les plus prompts pour les augmenter? C'est 1° la
formation de compagnies pour servir dans les places,
parce qu'elle est facile, sûre, et qu'elle nous permettra de disposer bientôt de nos bataillons de garnisons pour les porter dans les camps; 2° la formation successive des bataillons volontaires dont la
levée a été décrétée par l'assemblée, et proposée par
le roi; formation qu'il faut surtout chercher à accélérer par des moyens extraordinaires dans les départements du Midi, pour y remplir le vide opéré
par le déplacement de vingt bataillons qui se rendent sur le Rhin; 3° la levée des compagnies franches destinées à augmenter la force de nos troupes
légères. On peut espérer que ce secours sera prompt,
à raison du vif intérêt qu'y mettent les généraux;
4° enfin, le complètement des corps existants est la
mesure la plus urgente et la plus nécessaire; rien
n'a été négligé pour accélérer ce recrutement, sans

lequel la partie la plus solide de nos forces s'énerve-
rait par la consommation. Le roi nous a chargés de
vous rapporter que toujours il a eu en vue cette
disposition principale. Des raisons de gloire, d'intérêts, d'économies nationales, vous engagent à donner à ces corps, déjà exercés et aguerris, tous les
moyens d'augmenter leurs forces.

Nous manquerions à notre devoir si nous ne vous
parlions des moyens matériels et des dispositions
morales de donner à nos armées le sentiment de
leurs forces et la confiance nationale. Les approvi-
visionnements de vivres sont assurés partout. Les
effets de campements déjà fournis sont en nombre
suffisant pour l'état actuel, et on accélère les préparatifs pour accroître nos forces. Malgré la multiplicité des marchés passés pour fournitures des armes, différents obstacles, et peut-être aussi le zèle
indiscret de ceux qui, entraînés par de fausses défiances, les ont rendus publics, ont arrêté les livrai-
sons. L'état des arsenaux a été mis sous les yeux de
vos commissaires. Vous pensez sans doute que nous
devons fonder aujourd'hui nos plus grandes ressources sur le zèle de nos concitoyens. Il faut que
tous ceux qui possèdent des armes de guerre et qui
restent dans leurs foyers, se fassent un devoir de
les confier à ceux de leurs frères qui sont assez heureux pour s'en servir contre nos ennemis. Quant à
l'état des places de guerre, l'assemblée qui s'en est
fait rendre compte en différentes circonstances, en

a rendu dernièrement, par le ministre de la guerre, les détails les plus. circonstanciés, et l'on ne doit avoir aucune inquiétude à cet égard. On s'est attaché aussi à perfectionner l'instruction et la discipline, sans lesquelles les armées sont d'autant plus faibles qu'elles sont plus nombreuses; et le zèle des généraux, à cet égard, mérite d'autant plus d'encouragement que c'est la confiance dans les chefs, qui, chez les peuples libres, est le seul nerf de la discipline.

Si tous nos moyens de défense sont rassemblés avec célérité et distribués avec intelligence, nous résisterons à la ligue de nos ennemis, quels que soient la chance de nos premiers combats, et les événements journaliers de la guerre; mais notre force la plus puissante ne peut être que dans la réunion de toutes les volontés.

### Département de la justice.

Quoique je ne l'occupe que depuis le 4 de ce mois, j'ai eu l'honneur de vous offrir hier le tableau que vous m'avez demandé des différentes branches de ce département. Je le répète, il n'en est aucune qui n'appèle des lois supplémentaires et l'œil vigilant du législateur. L'insuffisance des moyens de police se fait surtout remarquer; le Code pénal est incomplet; les tribunaux manquent de moyens pour exécuter la loi; ils sont arrêtés ici par l'insuffi-

sauce des fonds affectés aux dépenses de la justice;
là, par le défaut de juges. La non-prorogation d'une
loi provisoire va amener une suspension provisoire
du cours de la justice dans la capitale, tel est l'état
de mon département.

Les ministres manqueraient à ce qu'ils doivent à
l'assemblée, s'ils ne déclaraient que, dans un tel
ordre de choses, ou plutôt dans ce renversement
de tout ordre, il leur est impossible d'entretenir la
vie et le mouvement d'un vaste corps dont tous les
membres sont paralysés; qu'il n'est pas en leur pouvoir de défendre le royaume de l'anarchie qui,
dans cet état d'impuissance de la force publique, et
d'avilissement des autorités constituées, menace de
tout engloutir.

Après cet aveu, nous vous devons la déclaration
que, n'ayant accepté les fonctions du ministère
qu'avec le désir et l'espérance de faire le bien, le
moment où nous ne pouvons plus le faire est le moment d'y renoncer. Nous avons en conséquence
l'honneur de vous annoncer que ce matin nous
avons tous donné notre démission au roi.

*Compte du ministre des affaires étrangères, en
date du 8 juillet.*

On a dû prévoir, dès l'origine de la révolution
française, qu'elle nous attirerait de nombreux et de
puissants ennemis : au dedans, ceux dont la révo-

lution contrarie les passions, les intérêts, les préjugés ; au-dehors, les princes qui en redoutaient
l'influence, ou qui cherchaient à prolonger nos
troubles par des vues d'aggrandissement. A cette
époque, presque toutes les chances nous étaient
favorables. La Russie, livrée aux embarras d'une
double guerre avec la Turquie et la Suède ; l'Autriche, épuisée par trois campagnes brillantes, mais
ruineuses ; occupée dans le Levant à conquérir de
vastes déserts, pour les rendre ensuite ; tandis qu'à
l'Occident elle avait à contenir, dans une très-grande
étendue de pays, un peuple qui la menaçait d'une
insurrection générale. La Russie, qui sourdement
avait préparé à sa rivale tous ces embarras, n'attendant que le moment d'en profiter. L'Angleterre et
l'Espagne prêtes à se déclarer une guerre acharnée
pour une rixe particulière de quelques matelots ;
toute l'Europe enfin troublée dans tous les sens,
soit par l'ambition des principales puissances, soit
par l'agitation des peuples en qui les Français
avaient réveillé le sentiment de leurs forces : tel
était l'état politique de la France au commencement
de la révolution.

Les données ne sont plus les mêmes. Les passions des princes ont pris un autre caractère : il faut
se frayer un route nouvelle, et en calculer la direction sur les rapports existants. Quels sont donc
nos rapports actuels à l'égard des différentes puissances ? Il ne faut pas se dissimuler qu'il existe dans

presque toutes les cours de l'Europe un esprit d'opposition aux principes de liberté qui sont la base de notre constitution. Il en est d'autres dont le ressentiment s'est manifesté d'une manière plus prononcée. L'Autriche, fidèle à un plan d'ambition héréditaire, a vu dans nos troubles un moyen d'agrandissement, est parvenue à faire prendre à la cour de Berlin le change sur ses véritables intérêts; elle se préparait à recueillir seule le fruit de nos divisions. Cependant, malgré la rupture du traité de 1756, il paraît qu'elle ne voit pas de bon œil cette guerre; et, si nous ne continuons pas à aigrir les esprits, il sera possible de rénouer le fil des négociations, pourvu que ce soit sur d'autres bases que celles du traité de Versailles. La cour de Berlin est celle dont l'opposition est aujourd'hui le plus fortement manifestée. A dire vrai, cette animosité n'est pas partagée par les hommes d'état et par ceux qui ont été élevés dans la science du gouvernement par Frédéric. On est autorisé à dire encore que l'association de cette cour avec l'Autriche ne peut être durable, même fût-elle fondée sur un partage, et qu'elle ne peut pas ainsi oublier ses véritables intérêts.

Les électorats de Cologne et de Trèves n'adopteront pas la neutralité. Malgré les protestations qu'ils ont faites au roi, et les vives réclamations des habitants, ils ont constamment manqué à leur parole. C'est surtout dans leurs états que les émigrés se sont recrutés, et qu'ils ont obtenu une protection ouverte. On peut donc les regarder comme ennemis déclarés, et on pourrait les attaquer sans contrevenir au droit des gens et à aucune des règles de la guerre.

Il est inutile d'entrer dans beaucoup de détails sur l'association germanique ; il suffit de présenter un tableau général de la diète actuelle de Ratisbonne. Les dispositions des esprits ne nous sont nullement favorables, à très-peu d'exceptions près; il s'y exerce une surveillance très-exacte de la part des ministres mal-intentionnés pour nous sur ceux qui paraissent inclinés en notre faveur. Ceux-ci, qui sont en petit nombre, ne savent pas et ne veulent pas se compromettre. Nous avons une forte majorité contre nous, soit dans le collége des électeurs, soit dans celui des princes, et le collége des villes est soumis dans les grandes affaires à des influences supérieures. La neutralité de l'empire n'est donc rien moins qu'équivoque, et il est même permis de croire que ceux qui montrent actuellement des dispositions favorables, tiendront un tout autre langage quand leurs états seront garantis par les armées des grandes puissances. Leur contingent cependant ne serait pas considérable, soit par rapport à la lenteur de leur armement, soit par rapport au caractère de leurs troupes; mais il est probable qu'ils le fourniront en argent. Aussitôt après le couronnement, l'empereur fera une déclaration très-forte pour les entraîner dans la confédération ; et l'effet de cette déclaration pourra seul nous éclairer sur les dispositions des diverses cours, et fixer nos idées avec quelque certitude ; mais en général ces dispositions ne sont rien moins que faites pour nous rassurer.

La Russie n'a jamais employé à notre égard cette dissimulation perfide, cette duplicité de sentiments qui nous avaient trop aveuglés sur les intentions des cours de Vienne et de Berlin. Depuis long-temps elle s'était déclarée ouvertement l'ennemie de notre révolution et la protectrice des émigrés ; elle a été un des principaux moteurs du concert des puissances ; elle a rompu de bonne heure les communications avec les agents français ; la première elle a adhéré aux mesures concertées pour la destruction de notre constitution : son alliance avec la Suède n'avait d'autre objet qu'une expédition commune contre la France. Enfin, les secours qu'elle a accordés aux émigrés, l'envoi d'un ambassadeur à Coblentz, ses rigueurs envers nos envoyés, quand ils étaient suspects de patriotisme ; tout semblait nous indiquer cette puissance comme l'ennemie la plus acharnée : sa conduite était entièrement dirigée dans ce sens, quand tout-à-coup elle a vu la Prusse s'engager dans une guerre sérieuse sur les bords du Rhin ; alors sa politique s'est développée ; on a vu clairement que la France, dont on la croyait prête à partager les dépouilles, était bien moins l'objet principal de son ambition que la Pologne ; la direction de toutes ses forces de terre sur ce seul point, la lenteur des armements dans ses ports, et la défaveur sensible où sont tombés à la cour le prince de Nassau et un autre chef des émigrés, toutes ces circonstances engagent à croire qu'elle n'a réellement voulu que faire prendre le change aux cours de Vienne et de Berlin sur ses véritables intentions. D'après les dernières nouvelles de Pétersbourg, il est certain qu'elle a refusé des secours aux Français, et que les émigrés, qui demandaient une escadre, n'ont pu obtenir qu'une frégate, qu'on leur a accordée moins par intérêt pour eux que pour débarrasser la Russie de leur présence et de leurs sollicitations.

La mort de Gustave III a changé les dispositions de la cour de Suède. Le régent n'avait jamais partagé sur la France les opinions de son frère; ainsi il était aisé de prévoir qu'il ne donnerait aucune suite aux engagements inconsidérés pris par le roi : cependant il ne pouvait brusquer ce changement; et, pour se dispenser de suivre les clauses d'un traité récent, il a été obligé de commencer par garder de grands ménagements. Voilà pourquoi cette cour n'a pas encore repris ses communications avec nous; mais les égards qu'elle témoigne à notre chargé d'affaires à Stockholm, la permission donnée à nos navires d'arborer dans les ports le pavillon national, la disgrâce des trois ministres qui nous étaient le plus opposés, la lenteur de ses armements de terre et de mer, tout nous annonce qu'elle gardera une stricte neutralité.

Depuis long-temps le Danemarck n'a d'autre po= litique que de rester spectateur immobile des que- relles qui agitent l'Europe : cette modération assure sa paix et sa prospérité. Le ministère danois est trop éclairé pour changer aujourd'hui de système. Nous pouvons donc être sûrs de sa neutralité, puis- que la justice, son intérêt et son expérience la lui commandent également.

La cour de Sardaigne montre des intentions évi- demment hostiles. L'accueil qu'elle fait aux émi= grés, l'intérêt qu'elle prend au sort des princes, l'éclat qu'elle a fait, en dernier lieu, au sujet d'un ministre patriote, les préparatifs de campagne, en- fin l'arrivée prochaine d'un corps de dix mille Au- trichiens, qui doivent se rendre, après la moisson, à Tortonne, son acquiescement au concert des princes, tout annonce qu'il est instant de se mettre en garde contre cette puissance.

Lorsqu'on connaît les dispositions de la Sardai- gne, il est inutile de parler de celles de la cour de Madrid : elle a, comme ses voisines, rompu ses né- gociations avec la France, favorise les émigrés : au- jourd'hui elle développe toutes ses forces.

L'influence qu'a perdue le pape dans la France, la destruction du clergé, la prise de possession d'Avi- gnon par la France; et plus encore la cessation du paiement des annates, nous ont fait de la cour de

Rome une ennemie irréconciliable. Le pape a fait les plus vives réclamations contre la réunion d'Avignon. Il s'est adressé à toutes les cours, même à la Russie, pour les faire appuyer. Il n'a voulu recevoir aucun agent français, sous quelque titre diplomatique que ce fût. Ainsi, nous pouvons nous considérer comme étant dans un état de rupture déclarée avec le pape, qui attend vraisemblablement que l'attaque méditée ait lieu, pour joindre aux armements concertés des rois, les foudres qu'il tient en réserve dans le Vatican.

La république de Venise a fait déclarer aux cours de Vienne et de Turin qu'elle persistait dans ses anciens principes de neutralité. Cependant, quoiqu'elle ait fait la paix avec la régence de Tunis, elle n'a pas encore désarmé; au contraire, elle paraît vouloir fermer le golfe Adriatique aux vaisseaux français. Alors elle protégerait évidemment l'Autriche, puisqu'elle mettrait en sûreté les ports de Fiume et de Trieste, situés dans ce golfe.

Gênes, Florence et Neufchâtel conserveront la neutralité.

L'Espagne a paru s'éloigner de nous sous le ministère de M. Florida-Bianca : c'est lui qui avait provoqué la fameuse cédule contre les Français, et les mauvais traitements de tout genre qu'on leur faisait subir, même aux négociants. Mais depuis sa retraite et l'avènement de M. d'Aranda, ces persécutions se sont ralenties; le ministre de la France a fait entendre ses justes réclamations : elles ont été accueillies en plus grande partie , et il est permis de croire que les lenteurs et les réponses évasives de cette cour vièrent d'une autre cause : en effet, la conduite vague qu'elle a tenue jusqu'ici paraissait s'approcher de la neutralité , plutôt que d'un système de rupture. Il n'est pas possible que nous en obtenions les secours stipulés par le traité , secours que nous lui avions offerts au milieu des embarras d'une révolution ; mais ce n'est pas peu de chose que d'être parvenu à renouer le fil des négociations.

Les rapports politiques entre la France et le Portugal sont depuis long-temps peu importants. Votre ambassadeur a été autorisé par le gouvernement à déclarer qu'il désirait avec ardeur le bonheur et la tranquillité de la France.

La Suisse est partagée d'opinion. Le dernier conseil tenu à Frauen-Feld, prouve que les malveillants ne l'emporteront pas. Nous pouvons surtout compter sur les cantons de Bâle, Zurich, Lucerne, la république de Valais et une partie des Ligues Grises. Genève, toujours d'intelligence avec Berne et Turin, peut, malgré ses protestations, nous donner de l'inquiétude. Sous les prétextes les plus frivoles, elle a introduit sur son territoire les troupes sardes; elle rétablit ses casernes et ses murs; trois mille hommes de troupes sardes sont déjà postés à Carouge et dans quelques autres villages, à une très-petite distance de la ville. Ces mesures sont d'autant moins à dédaiguer, que, depuis cette ville jusqu'à Lyon, le pays est ouvert. Il est donc important de veiller à ce que les Génevois n'ouvrent pas leur ville à nos ennemis ; et nos agents ont déjà fait à cet égard les remontrances les plus énergiques.

De toutes les puissances, l'Angleterre est celle dont l'amitié convient le plus aux Français régénérés et libres. L'alliance qui les unirait, assurerait à jamais leur prospérité et leur élévation, et toutes les puissances se ligueraient en vain contre elles. Depuis la révolution, les deux peuples, en s'estimant davantage, paraissaient se rapprocher; mais, par la note qui en donne l'assurance, il ne paraît pas que le ministère soit jusqu'ici disposé à renouveler un traité. Il met encore dans ses communications la plus grande réserve. Ce qui doit nous avertir d'avoir l'attention la plus scrupuleuse à ne lui donner aucun ombrage, à lui rendre une justice prompte dans les affaires particulières, à mettre une grande rigueur dans l'exécution du traité de commerce, et à lui faire la manifestation franche de notre vœu pour une alliance.

Jusqu'ici la neutralité a été le système suivi par les états-généraux des Provinces-Unies ; mais les renforts des troupes autrichiennes et prussiennes dans les Pays-Bas, donnant à la garantie de ces provinces une nouvelle force, il est à craindre que cette neutralité ne devienne illusoire, et que la Hollande ne fournisse des secours secrets à nos ennemis, soit en leur donnant les régiments allemands qui sont à son service, soit en leur fournissant des armes et des munitions de guerre, soit en en empêchant l'exportation pour la France, comme cela a déjà eu lieu. Il ne s'agit que de conserver, a l'égard de cette puissance, la mesure de justice et d'énergie qui convient à une grande nation.

Il est des puissances qui sont à l'abri de toute influence contraire à notre révolution. Telle est l'Amérique. Une identité de situation, une conformité de principes, le même amour de la liberté, feront toujours de ces nations deux peuples d'amis et de frères. Malheureusement les distances et les bornes de la population ne permettent pas d'espérer, ni même de demander aucune assistance militaire. Mais elle nous rend un service non moins précieux, et, en nous donnant des secours dont nous avons besoin pour les colonies, elle acquitte suffisamment la dette de la reconnaissance et de la fraternité.

La Pologne, exposée aux mêmes dangers que la France, déploie la même énergie. Ces dangers, en la rapprochant de la France, pourraient servir de base à une alliance sincère et durable; mais les distances semblent s'y opposer. Il faudrait, pour en profiter, un intermédiaire qui fût favorable à l'une et à l'autre puissance, et à l'aide duquel elles pussent entretenir des communications. Cet intermédiaire, allié fidèle de la Pologne, et de la France, sera le Turc. Il est vrai qu'on a eu l'impolitique de laisser refroidir et sa haine contre les deux puissances impériales et son amitié envers la France. Mais il sera facile de les ranimer ; car jamais le Turc n'oubliera les sacrifices qu'il a faits pendant la dernière guerre.

Telle est donc, en un mot, notre situation politique. Nous avons beaucoup d'ennemis, peu d'alliés sûrs, très-peu d'amis ; mais la réunion qui s'est opérée peut produire cet heureux effet, d'augmenter nos forces, et de nous donner les moyens de résister à la ligue des puissances.

L'assemblée législative décréta dès le lendemain la patrie en danger, et publia les trois proclamations suivantes :

### *Acte du corps législatif.*

Des troupes nombreuses s'avancent vers nos frontières. Tous ceux qui ont en horreur la liberté, s'arment contre notre constitution.

#### CITOYENS, LA PATRIE EST EN DANGER!

Que ceux qui vont obtenir l'honneur de marcher les premiers pour défendre ce qu'ils ont de plus cher, se souvienent toujours qu'ils sont Français et libres ; que leurs concitoyens maintiènent dans leurs foyers la sûreté des personnes et des propriétés ; que les magistrats du peuple veillent attentivement ; que tous, dans un courage calme, attribut de la véritable force, attendent, pour agir, le signal de la loi, et *la patrie sera sauvée.*

## *L'assemblée nationale à l'armée française.*

BRAVES GUERRIERS,

L'assemblée nationale vient de proclamer le danger de la patrie, c'est proclamer la force de l'empire, c'est annoncer que bientôt la jeunesse française se portera sous les drapeaux de la liberté : vous l'instruirez à vaincre; vous lui montrerez le chemin de la gloire. Au signal du danger de la patrie, vous sentez redoubler votre ardeur. Guerriers, que la discipline en dirige les mouvements : elle seule garantit la victoire. Ayez ce courage calme et froid que doit vous donner le sentiment de vos forces. Une véritable armée est un corps immense mis en mouvement par une seule tête. Il ne peut rien sans une subordination passive de grade en grade, depuis le soldat jusqu'au général. Guerriers, imitez le dévouement de d'Assas et le courage du brave Pie. Méritez les honneurs que la patrie réserve à ceux qui combattent pour elle : ils seront dignes d'elle, dignes de vous.

N'oubliez pas que c'est votre constitution qu'on attaque. On veut vous faire descendre du rang glorieux des peuples libres. Eh bien, braves guerriers, il faut que la constitution triomphe, ou que la nation française se couvre d'une honte ineffaçable. De toutes parts vos concitoyens se disposent à vous seconder. N'en doutez pas, il n'est aucun Français qui balance; il n'en est aucun qui, dans un jour de péril ou de gloire, s'expose à déshonorer sa vie par une lâche et honteuse inaction. Qu'il serait malheureux celui qui ne pourrait pas dire un jour à ses enfants, à ses concitoyens : « Et moi aussi je combattais, quand notre liberté fut attaquée; j'étais à la journée où les armes françaises triomphèrent de nos ennemis; j'ai défendu les remparts de la ville qu'ils attaquèrent en vain; et mon sang a coulé tel jour pour la patrie, la liberté, l'égalité! »

### *Adresse aux Français.*

Votre constitution repose sur les principes de la justice éternelle; une ligue de rois s'est formée pour la détruire; leurs bataillons s'avancent; ils sont nombreux, soumis à une discipline rigoureuse, et depuis long-temps exercés dans l'art de la guerre. Ne sentez-vous pas une noble ardeur enflammer votre courage? souffrirez-vous que des hordes étrangères se répandent comme un torrent destructeur sur vos campagnes? qu'elles ravagent nos moissons? qu'elles désolent notre patrie par l'incendie et le meurtre? en un mot, qu'elles vous accablent de chaînes teintes du sang de ce que vous avez de plus cher?

Nos armées ne sont point encore portées au complet; une imprudente sécurité a modéré trop tôt les élans du patriotisme; les recrutements ordonnés n'ont pas eu un succès aussi entier que vos représentants l'avaient espéré. Des troubles intérieurs augmentent la difficulté de notre position, nos ennemis se livrent à de folles espérances qui sont pour vous un outrage.

Hâtez-vous, citoyens, sauvez la liberté et vengez votre gloire.

L'assemblée nationale déclare que la patrie est en danger.

Cependant, gardez-vous de croire que cette déclaration soit l'effet d'une terreur indigne d'elle et de vous : vous avez fait le serment de *vivre libres ou de mourir*. Elle sait que vous le tiendrez, et elle jure de vous en donner l'exemple ; mais il ne s'agit pas de braver la mort, il faut vaincre : et vous le pouvez, si vous abjurez vos haines, si vous oubliez vos dissensions politiques, si vous vous ralliez tous à la cause commune, si vous surveillez avec une infatigable activité les ennemis du dedans, si vous prévenez tous les désordres, toutes les violences individuelles qui les font naître, si, assurant dans le royaume l'empire des lois, et répondant par des mouvements réglés à la patrie qui vous appèle, vous volez sur les frontières et dans nos camps, avec le généreux enthousiasme de la liberté et le sentiment profond des devoirs de soldats citoyens.

Français, qui, depuis quatre ans, luttez contre le despotisme, nous vous avertissons de vos dangers, pour vous inviter aux efforts nécessaires pour les surmonter. Nous vous montrons le précipice; quelle gloire vous attend quand vous l'aurez franchi! Les nations vous contemplent; étonnez-les par le déploîment majestueux de vos forces et d'un grand caractère. Union, respect pour les lois, courage inébranlable; et bientôt la victoire couronnera de ses palmes l'autel de la liberté, et bientôt les peuples qu'on arme aujourd'hui contre votre constitution ambitionneront de s'unir à vous par les liens d'une douce fraternité; et bientôt consolidant par une paix glorieuse les bases de votre gouvernement, vous recueillerez enfin tous les fruits de la révolution, et vous aurez préparé par votre bonheur celui de la postérité.

*Discours du général Lamorliere aux soldats de son armée, en faisant placer au centre du front de bandière du camp de Plobsheim, un drapeau aux couleurs nationales, surmonté du bonnet de la liberté, le 4 juillet 1792, l'an 4 de la liberté.*

### MES ENFANTS,

J'ai pensé qu'il serait agréable à de bons patriotes comme vous de voir arborer au centre du camp, et de la manière la plus solennelle, le signe de la liberté, pour laquelle nous sommes tous résolus à combattre et à mourir. Témoin de votre bonne conduite et de l'ardeur qui vous anime, je n'ai pas voulu retarder une cérémonie qui n'est pas moins satisfaisante pour moi que pour vous. Si, comme je l'espère, ce signe est toujours pour l'armée du Rhin, l'enseigne de la discipline, il sera aussi pour elle celui de la victoire. J'ai déjà fait part au roi des bons sentiments qui vous animent : je lui ai dit que vous ne vouliez céder en patriotisme, ni à l'armée du Nord, ni à celle du centre; que l'assemblée nationale et lui ne trouveront nulle part des soldats plus dévoués à la défense de la liberté et de la constitution.

Voici ma lettre au roi.

SIRE,

Les soldats que je commande ne connaissaient d'autres ennemis de la constitution que ceux rassemblés au-delà du Rhin; ils brûlaient de les combattre. Vos dangers leur ont appris qu'il en *existait* d'autres, et que vous en aviez été environné. Ils ont frémi d'indignation. Sire, ces soldats ont juré de maintenir la constitution : ils verseront tout leur sang pour la défendre, pour défendre le roi qu'elle nous a donné; et si les mesures par lesquelles l'assemblée nationale va, sans doute, venger la majesté du peuple français, violée en la personne de ses représentants élus et de son représentant héréditaire, avaient besoin de leur appui, le chef suprême de l'armée peut répondre à la nation que l'armée du Rhin sera fidèle à ses serments. C'est moi, moi le général de cette armée, et le plus ancien des soldats français, qui en suis caution.

Signé, LAMORLIÈRE.

Je ne puis me refuser aux instances des officiers généraux qui sont avec moi de signer cette profession de foi de tout bon soldat français.

Signé, CUSTINES, MARTIGNAC et<br>VICTOR BROGLIE.

Le général Dumourier, piqué de ce qu'on lui avait retiré le portefeuille de la guerre pour le donner au général Servan, et qui ne croyait personne capable d'être ministre après lui, adressait dans le même temps la lettre suivante au président de l'assemblée législative :

### M. LE PRÉSIDENT,

Comme j'ignore s'il existe un ministre de la guerre ; comme de deux généraux d'armée, l'un est en route pour la Moselle, ou à Paris ; l'autre est presque sur la même route ; comme me trouvant commandant, par *interim*, je crois devoir vous rendre compte, ainsi qu'au pouvoir exécutif, de faits qu'on peut ou grossir ou diminuer ; comme on a l'air de regarder les frontières des Pays-Bas comme indifférentes, parce que du système offensif on est tombé dans un système défensif absolu, sous le prétexte que toutes les forces de nos ennemis sont passées sur les frontières du Rhin, de la Meuse et de la Moselle; comme enfin, il se trouve qu'avec deux armées redoublées, et se croisant à une vingtaine de lieues d'ici, il ne se trouve pas même sur les frontières de quoi exercer une défensive honorable, je crois devoir rendre à l'assemblée nationale le même compte que j'envoie à M. Lafayette qu'on m'a annoncé comme général en chef depuis la mer jusqu'à la Meuse. Le 12, M. le maréchal Luckner m'a laissé commandant une division de son armée, composée de six bataillons de gardes nationales, de deux escadrons de cavalerie et d'un régiment de chasseurs à cheval, avec laquelle je dois partir le 20 pour me rendre à Metz. Il m'a laissé en même temps le commandement de toutes les troupes de l'armée du Nord, jusqu'à l'arrivée de M. Arthur Dillon, lieutenant-général, qui doit commander l'armée du Nord sous les ordres de M. Lafayette. Sous ce double rapport, je me trouve dans deux positions très-différentes. Comme lieutenant-général de l'armée du maréchal Luckner, je ne dois m'occuper que de mes six bataillons et de mon prochain départ. Comme commandant de l'armée du Nord, quoique pour un *interim* très-court, je dois veiller sur la tranquillité du pays.

A mon arrivée dans cette armée, M. le maréchal Luckner m'a donné le commandement de son aile gauche, et par conséquent du camp de Maulde et de tous les postes intermédiaires entre Lille et le camp de Famars. J'ai représenté plusieurs fois, et dernièrement aux deux généraux réunis, que cette gauche était trop faible ; que le poste d'Orchies ne pouvait pas tenir contre un coup de main ; que Saint-Amand était dans le même cas ; que le camp de Maulde était très-bien choisi pour un corps de sept à huit mille hommes, mais qu'il était très-imprudent de l'occuper avec deux ou trois mille. Cela pouvait être supportable tant qu'on occupait le camp de Famars avec quinze mille hommes ; mais on devait s'attendre que, dès que ce camp serait levé, réduit à trois mille hommes insuffisants pour soutenir même cette position éloignée de quatre lieues du camp de Maulde, l'un de ces deux camps, peut-être tous les deux, seraient attaqués et repliés, de même que les faibles postes d'Orchies et de Saint-Amand.

Ce que j'avais prévu et prédit est arrivé. Le maréchal étant parti le 12, le 14, jour de la fédération, les Autrichiens ont fait une petite insulte en avant du camp de Famars, pour attirer mon attention sur ce faible camp ; mais en même temps ils ont porté leurs principales forces sur Orchies.

J'avais visité cette petite ville trois jours avant d'être appelé à Valenciennes ; j'y avais mené un ingénieur, et j'avais donné des ordres pour la mettre à l'abri de l'insulte. Sa garnison était composée d'un détachement de soixante hommes du régiment ci-devant Beaujolais, commandé par M. Desmaretz, d'un bataillon de la Somme, de cinq cents hommes; de trente dragons, et de deux pièces de canon. Cette ville est assez grande; elle a des murs crenelés, un double fossé, et de longs faubourgs. Comme on n'avait pas eu le temps de la mettre en état de défense, les Autrichiens, au nombre de plus de six mille hommes, avec plusieurs pièces de canon et des obusiers, se sont avancés à la faveur des blés, et l'ont attaquée brusquement à dix heures du matin. Nos braves soldats ont soutenu une attaque de deux heures à trois postes différents, avec un courage et un sang-froid admirables. Ils se sont battus de rue en rue, et ont fait une retraite très-honorable sur Saint-Amand, n'ayant perdu que huit hommes dont quatre volontaires de la Somme, et quatre citoyens massacrés dans leurs maisons : ils ont été forcés d'abandonner une pièce de canon. Les Autrichiens ont laissé vingt-un morts, et ont emmené onze chariots de blessés.

A sept heures du matin, les ennemis ont évacué Orchies, que le général Marassé, commandant à Douai, a fait occuper par quatre cents hommes de sa garnison. Le matin, à neuf heures, j'en ai eu l'avis à Valenciennes : j'ai regardé ce succès des Autrichiens comme l'avant-coureur d'une attaque du camp de Maulde. Il s'agissait de rétablir la communication de Lille et Douai avec Valenciennes, de reprendre Orchies, de soutenir Saint-Amand et

Marchiennes, et surtout d'empêcher l'enlèvement du camp de Maulde que j'apprenais, par des avis que je garde, devoir être attaqué par la gauche, et en même temps par derrière, les ennemis se préparant à passer l'Escaut entre Condé et Maulde. J'ai sur-le-champ quitté le camp de Famars avec ma division; j'ai marché à Saint-Amand, d'où j'ai renvoyé à Orchies la garnison qui l'a si vaillamment défendu; j'ai rétabli toutes les communications; j'ai renforcé le camp de Maulde, et j'ai placé des postes le long de l'Escaut, entre Maulde et Condé. Si je dois être attaqué, ce sera principalement dans cette partie et sur Saint-Amand. En réunissant mes deux camps, j'ai à peu près sept mille hommes très-bien postés, et bien disposés à se défendre; mais j'ai devant moi douze à quinze mille hommes qui, sachant les marches et contre-marches de nos armées, bien persuadés que ma petite armée est la seule ressource de ce pays-ci, peuvent tenter de m'attaquer. Les troupes sont pleines d'ardeur et de confiance, et je réponds qu'elles se battront avec le courage d'hommes libres. J'ai mandé par un premier courrier ma position à M. Lafayette, pour l'engager à presser l'arrivée de la division qui doit me remplacer. Je vais faire venir les braves Belges, et trois bataillons de volontaires que je tire des garnisons de Gravelines, Aires et Bethune, qui sont en arrière et sans danger : je porterai ce camp à peu près à dix mille hommes pour avoir une défensive

active., et.qui pourra devenir offensive, les circonstances ou les opinions changeant.

La bravoure et la constance du général Beurnonville sont d'autant plus louables, qu'en partant,
l'état-major de M. Luckner a absolument négligé
de lui donner aucun avis, ni les premiers besoins;
moi-même j'ai été laissé sans instructions, sans
commissaires des guerres, sans argent. Je trouvai tout
par la confiance du pays et de l'armée. Il est possible
que cette circonstance m'empêche de partir le 20.
pour Metz, ou même qu'elle amène d'autres dispositions de la part de l'assemblée nationale et du
pouvoir exécutif.

J'envoie à Paris le lieutenant-colonel Launier,
mon aide-de-camp, qui pourra entrer dans des détails et prendre les ordres nécessaires: il est impossible d'assurer les transports, parce qu'on doit aux
habitants plus de 110,000 liv. pour les charrois, et
que l'armée en est partie sans qu'on ait laissé le
moindre ordre pour le paiement; ce qui nous rend
odieux à nos propres compatriotes.

*Signé*, DUMOURIER.

Valenciennes, le 18 juillet 1792, l'an 4 de la liberté.

M. LE PRÉSIDENT,

Comme j'ignore encore s'il y a un ministre de la
guerre, je crois devoir m'adresser à l'assemblée
nationale, pour l'instruire des circonstances graves

qu'a fait naître le départ de M. Luckner, et de l'état de la première division de son armée. Les ennemis s'établissent dans Bavay ; ils ont commandé, cette nuit, huit cents hommes des villages voisins, pour se fortifier. J'adresse au roi, ainsi qu'à vous, M. le président, 1° ma lettre à M. Lafayette ; 2° mon mémoire sur la position critique où je me trouve ; 3° une lettre du directoire du district du Quesnoy, qui prouve combien il y a peu de soin et d'ordre dans nos mouvements. Je vous jure, M. le président, sur le danger de la patrie, que j'espère remettre l'ordre, et repousser l'ennemi au moins autant de temps que je serai chargé de défendre ce département où je suis né, et dont j'ai la confiance. Je suis bien sûr de recevoir des représentants de la nation les secours les plus prompts en hommes et en argent, pour augmenter la brave armée à la tête de laquelle je me trouve accidentellement, et qui me montre une confiance infiniment honorable et utile, puisqu'elle augmente la mienne.

On me donne en ce moment de Douay l'avis d'un gros rassemblement sur Tournay, pour attaquer mon camp de Maulde : il faudrait qu'il fût bien fort pour me déposter ; et j'espère bien qu'ils n'en viendront pas à bout, surtout s'ils l'entreprènent avant le 20. Je crois que cet avis est faux, et m'est donné pour me faire déposter moi-même. Bien loin de là, c'est à Maulde que je crois faire mon plus grand rassemblement, par ce que je suis à cheval

sur l'Escaut ; et plus à portée de suivre les mouvements de l'ennemi.

J'attends au plutôt la réponse aux sept articles
de mon mémoire, et des ordres sur ce qui m'est
personnel, car je ne ne suis ici que par *interim*, à
moins que le roi ne change la première disposition
des armées.

### Lettre de M. Dumourier, lieutenant-général, à M. Lafayette,

Le 18 juillet 1792, six heures du matin.

Monsieur, vous jugerez, par la correspondance
de M. Delanoue, et par les pièces que je vous envoie, qu'il est impossible que M. Delanoue quitte
Maubeuge pour me relever, et que même, s'il
exécutait cet ordre qu'il était très-naturel que vous
donnassiez, ignorant les circonstances où nous nous
trouvons, je ne pourrais pas partir le 20, parce
que ma division est la principale force du camp de
Maulde, qui peut seul nous sauver. J'engagerai
donc M. Delanoue, s'il arrive, à aller rejoindre son
camp à Maubeuge, et je resterai ici tant que la
nécessité sera absolue, avec ma division. J'en rends
compte au roi, à l'assemblée nationale et à M.
Luckner.

Bien loin de diminuer le petit corps d'armée qui
doit défendre ce pays, je prends le parti de rassembler, près de Valenciennes, soit à Maulde, soit

ailleurs, suivant le mouvement de l'ennemi, toutes les forces que je peux tirer des garnisons auxquelles je joindrai ce qui m'arrivera de Paris, si l'assemblée nationale, d'après la grandeur du danger, juge devoir envoyer un renfort si nécessaire.

Si M. Arthur-Dillon arrive, je me mettrai sous ses ordres; mais je ne quitterai le département du Nord, que quand je pourrai le faire sans danger pour la patrie. Pensez, Monsieur, que si j'emmenais les bataillons et les cinq escadrons avec lesquels je devais partir le 20, il ne resterait dans le département du Nord, pour toute ressource, que sept mille hommes d'infanterie, et pour cavalerie, deux escadrons du 6ᵉ régiment de dragons, faisant à peu près trois cents hommes, à opposer à environ vingt-cinq à trente mille hommes qui sont devant nos places dégarnies de troupes, de vivres et de munitions de guerre.

Par le rassemblement qui doit se faire vers Valenciennes, il y aura un petit corps d'armée de vingt-quatre bataillons, et onze escadrons, formant un camp de quinze mille hommes, pour couvrir les places et arrêter les projets de l'ennemi. Je ne doute pas que l'assemblée nationale ne renforce ce corps avec lequel je vais agir, en vous rendant compte de mes mouvements. Je ne doute pas que vous ne preniez le parti de renforcer le camp retranché de Maubeuge avec la plus grande célérité, pour le porter à huit ou dix mille hommes; auquel cas j'opérerais une jonction avec M. Delanoue, où nous concerterions les mouvements pour arrêter la marche de l'ennemi.

Je joins ici le projet de mon rassemblement, que je concerterai avec M. Labourdonnaye ; je joins aussi mes opinions sur les projets de l'ennemi et sur la possibilité de l'exécution. Je crois qu'il est nécessaire, Monsieur, que vous fassiez connaître au lieutenant-général de l'armée du Nord votre position, votre force et vos projets de défense, ainsi que ceux de l'ennemi, sa force et sa position. Les Belges se rassemblent avec beaucoup de zèle au camp de Maulde ; ils y seront après demain sept à huit cents. Je presse pour obtenir des fonds pour l'augmentation de ce corps, et je prends sur moi d'ordonner la levée des compagnies franches. Nous ne pouvons rien faire sans les troupes légères. Vous voyez, par la lettre ci-incluse du district du Quesnoy, combien on a négligé les premières précautions, et comment on fait marcher les troupes sans pourvoir aux moyens de leurs subsistances.

Pendant que les armées françaises étaient sur les frontières, occupées à faire face aux ennemis du dehors, les premiers feux d'une guerre intestine éclataient dans le département du Finistère : voici ce qu'écrivait, le 10 juillet 1792, le procureur-général-syndic de ce département.

Dimanche, 8 de ce mois, le directoire fut pré-

venu, vers les trois heures après-midi, que le nommé
Allain Nédellec, cultivateur et juge de paix de
Fouesnant, dans ce ressort, avait fait publier, à
l'issue de la messe paroissiale, à tous ceux qui voudraient prendre le parti du roi, et commencer la
révolte, de quelque qualité et âge qu'ils fussent, de
se rendre avec armes, ou sans armes, près la chapelle de Kerbader, en la même paroisse; qu'il serait
fourni des armes et des munitions à ceux qui n'en
avaient pas.

Le même jour, vers les six heures de l'après-midi,
on fut instruit que le même Nédellec avait envoyé
un émissaire dans une succursale de la même
paroisse, pour faire la même publication à l'issue
de la messe, et qu'un rassemblement d'hommes
armés commençait à s'effectuer près la chapelle in-
diquée.

Le lundi 9, vers les dix heures du matin, on
vint avertir le directoire qu'il y avait déjà d'assemblés quatre à cinq cents hommes; que la troupe
grossissait, et que, dans la nuit du 8 au 9, Allain
Nédellec avait envoyé des détachements dans les
demeures des maires des différentes municipalités
du canton, pour les forcer à se rendre près de lui
en armes; que quelques-uns s'échappèrent, que
d'autres furent conduits forcément près du juge de
paix.

A dix heures, deux maires qui s'étaient échappés,
vinrent nous confirmer la nouvelle de ce récit, et

nous annoncer que des détachements couraient les campagnes, et menaçaient d'incendier ceux qui ne se rendraient pas au lieu indiqué, et que le tocsin avait été sonné dans les différentes paroisses; que de toutes parts on se rendait près le juge de paix : ces maires finirent par nous prier de venir à leur secours, ou que le pays serait désolé.

Sur-le-champ, le directoire arrêta d'envoyer sur les lieux une force armée de quinze cents hommes de garde nationale, seize gendarmes, un officier et un canon, et de déployer le drapeau rouge dès son arrivée dans le canton; de requérir de M. Canclos, commandant les troupes dans le département, deux cents hommes du régiment d'Orléans en garnison à Quimperlé, pour se réunir à la garde nationale, avec quinze cents hommes de plus, pour tenir garnison à Quimper, jusqu'au rétablissement du calme dans l'arrondissement.

Le mardi 10, le détachement de garde nationale et de gendarmerie est parti de Quimper à quatre heures du matin, pour se rendre au bourg de Fouesnant, distant de trois lieues. A un quart de lieue du bourg, les rébelles, postés derrière des fossés, ont profité de l'embarras de notre troupe, qui défilait dans un chemin creux, pour la fusiller.

Un exprès, qui nous a été dépêché, nous apprend que nous avons eu un homme de tué, trois de blessés, dont un dangereusement; que les paysans ont eu aussi un homme de tué, plusieurs de blessés, dont ils ne peuvent nous dire le nombre.

Que, d'après cette décharge, les paysans ont pris la fuite, et ont été poursuivis par notre détachement, qui s'est saisi de quarante-trois hommes, dont ils sont les maîtres.

On nous marque de plus, que les paysans se sont ralliés à une demi-lieue de Fouesnant, et ont un renfort d'hommes armés près de Bénaudet.

M. Canclos, de qui nous avons eu réponse, a fait preuve du plus grand zèle, en faisant partir sur-le-champ de Quimperlé deux cents hommes du régiment d'Orléans, qui doivent ce soir se réunir à notre détachement; de sorte qu'avec ce renfort, nous serons en force suffisante pour faire rentrer dans le devoir les révoltés, et dissiper le rassemblement.

Jeudi nous comptons sur l'arrivée de quinze cents hommes du régiment d'Orléans, que nous avons demandés de plus.

Par le prochain courrier, j'aurai l'honneur de vous rendre compte des suites de cette malheureuse affaire.

RAPPORT DES GÉNÉRAUX DE L'ARMÉE DU RHIN.

## *Lettre des généraux de l'armée du Rhin au président de la commission extraordinaire.*

Au camp de Klobsheim, juillet 1792.

Nous avons l'honneur de vous adresser, Monsieur,

un mémoire sur les mesures que nous venons de prendre pour la défense des frontières de la Sarre et du Rhin. Nos mouvements dépendent de la décision de l'assemblée nationale et du roi, et nous paraissent nécessaires pour le succès de la guerre. Pleins de confiance dans le patriotisme et les lumières de la commission, nous espérons qu'elle voudra bien présenter à l'assemblée nationale les différents objets que nous lui soumettons ; que notre empressement à suivre la loi du 10 juillet, avant que l'assemblée se soit expliquée sur les détails d'exécution, ne lui paraîtra point blâmable ; et que, par son approbation, elle augmentera le zèle avec lequel les troupes et les citoyens de cette frontière s'empressent de concourir à la défense de la patrie.

*Signé*, LAMORLIERE, BIRON, VICTOR BROGLIE et WIMPFEN.

## *Mémoire sur la défense des frontières de la Sarre et du Rhin.*

Le gouvernement connaît les forces que les Autrichiens et les Prussiens ont sur le Rhin. Leurs principaux magasins sont sur le Bas-Rhin, et ils en ont aussi dans le Brisgaw. Ils y ont rassemblé beaucoup d'artillerie : d'un moment à l'autre ils peuvent nous attaquer, soit en passant le fleuve, soit en se portant sur Landau, en passant par le Palatinat. L'électeur de Bavière, le duc de Deux-Ponts, les princes de l'empire ne se sont point encore déclarés contre nous; mais leurs places renferment les magasins de nos ennemis, et ils reçoivent leurs troupes. On ne peut douter qu'ils ne s'unissent à eux contre nous à l'ouverture de la campagne, c'est-à-dire sous quinze jours.

Voici nos moyens de défense :

Les cinquième et sixième divisions renferment aujourd'hui une infanterie de ligne environ de vingt-sept mille hommes; de volontaires nationaux, dix-sept mille hommes; de troupes à cheval, six mille hommes; en artillerie, mille sept cents hommes; total, quarante-sept mille sept cents hommes. De ces quarante-sept mille hommes, vingt-cinq mille ou environ sont employés à la garde des places, vingt-deux mille sont campés. L'équipage d'artillerie, celui des vivres, des hôpitaux ambulants, ont été calculés pour vingt mille hommes seulement, et il leur manque un grand nombre de chevaux. Les secours qui nous sont annoncés, consistent en huit mille hommes qui arriveront successivement dans le courant du mois prochain, et en vingt bataillons qui doivent être fournis par l'armée du Midi. La force, la quotité de ces dernières troupes, l'époque de leur arrivée, ne sont pas connues. Ainsi, si des moyens extraordinaires ne sont pas employés, l'armée du Rhin, dans son état actuel, aurait à soutenir, pendant deux mois, les attaques des ennemis combinés, attaque qui peut s'étendre depuis Besançon jusqu'à Bitche. La résistance serait impossible. La plaine du Rhin serait mise à contribution. Landau serait cerné. Sur toutes nos frontières, nos armées sont dans un état d'infériorité semblable à celui de l'armée du Rhin. Nous ne devons point compter sur le secours de ces armées : il faut donc employer des moyens extraordinaires et les employer dès aujourd'hui.

Les généraux de l'armée du Rhin puisent ces moyens dans la loi du 8 juillet dernier. Elle met les citoyens en état de réquisiton permanente; elle annonce que le corps législatif fixera le nombre de ceux qui doivent marcher à la défense de la patrie, et qui seront soldés par l'état. Nous avons conjuré le ministre de hâter l'exécution des lois; mais si nous attendons qu'un décret ait fixé le contingent de chaque département, et que ce contingent soit arrivé, la sûreté de l'état sera compromise. La volonté des citoyens qui se montrent déterminés à défendre leurs foyers et l'indépendance de leur patrie, les ressources des départements frontières, nous présentent des moyens de résistance, et l'espoir qu'ils ne seront point vains. Nous les avons concertés avec les administrateurs du département du Bas-Rhin, et nous avons reconnu :

1°. Qu'il est possible de requérir sur-le-champ et de mettre provisoirement en activité, dans les six départements de cette frontière, un nombre de gardes nationaux égal au sixième des citoyens actifs;

2° que ce nombre donnerait sous peu de temps
une force disponible de trente à quarante mille
hommes; 3° que l'armée du Rhin se trouvant ainsi
portée à quatre-vingt mille hommes, il serait possible de garnir le poste de la Haute-Alsace, la rive
du Rhin et les places, de manière à n'avoir rien à
craindre pour leur sûreté; et il resterait une armée
assez forte pour tenir tête à l'ennemi sur la frontière
du Palatinat, en prenant des dispositions fortes, et
en le couvrant de retranchements munis d'artillerie.
4°. Que les premiers effets de cette réquisition sur
les citoyens des deux départements du Rhin nous
mettraient en état d'occuper les passages des Vosges,
qui assurent la communication du Rhin à la Sarre,
ce qui est capital pour la défense de la frontière,
particulièrement pour celle de Landau. 5°. Nous
avons reconnu qu'il était nécessaire d'augmenter
notre équipage d'artillerie, et nous avons pris des
moyens pour y parvenir. 6°. Les chevaux et voitures que peuvent fournir les départements pourront suppléer, au moins momentanément, à la faiblesse de nos équipages d'artillerie et des vivres.

En conséquence, la réquisition ci-jointe, n° 1,
est adressée aux directoires des départements du
Rhin, du Doubs, de la Haute-Saône, du Jura.
L'ordre, n° 2, a été donné au directeur de l'artillerie, pour porter à 164 le nombre de nos pièces de
quatre. L'ordre, n° 3, met à la disposition de l'artillerie les ouvriers en bois et en fer que l'armée

peut lui fournir. 7°. Les ordres, n° 5, procureront à l'armée du Rhin un certain nombre de carabines, et formeront quelques chasseurs. Il est impossible de s'en passer. 8°. Les ingénieurs reconnaissent les positions que les troupes doivent occuper en arrivant, et disposent tout pour que les lignes et retranchements puissent être élevés avec rapidité. 9°. Enfin, le commissaire général a reçu ordre de préparer tous les moyens de subsistance et de transport pour que la marche des troupes se fasse le plus tôt possible.

Plusieurs de ces mesures doivent être approuvées et confirmées par le corps législatif et le roi pour qu'elles aient leur plein et entier effet, et d'ailleurs, elles sont encore insuffisantes. Celles qu'il faut ajouter ne peuvent être prises par les généraux, sans violer la constitution. Ils les ont sollicitées depuis longtemps. Si l'on ne se hâte, de grands malheurs menacent la chose publique.

1°. Les armées prussiennes, qui sont à quelques lieues de nos frontières, peuvent nous attaquer dès demain, aujourd'hui même, et nous sommes en paix avec la Prusse; et nous ne pouvons entrer sur le territoire des princes qui reçoivent ces armées, et qui sont aussi en paix avec nous, et c'est sur le territoire de ces princes que se trouvent des postes d'une importance extrême pour la défense des frontières de la Sarre et du Rhin.

Y serons-nous prévenus, comme nous l'avons

été à Kelh, malgré les avis réitérés donnés au gouvernement par les généraux de l'armée du Rhin?

2°. L'armée du Rhin est dépourvue d'officiers-généraux supérieurs, d'ingénieurs, d'artilleurs et de mineurs : sans ces officiers, sans ces soldats, on n'a ni armée, ni garnison capable de se défendre avec vigueur. Notre armée va être composée d'officiers et de soldats neufs au métier des armes, et il est plus nécessaire que jamais de ne point les laisser sans chefs, et de donner les emplois éminents aux plus capables.

3°. L'habillement des troupes est dans un état de délabrement véritablement honteux, et qui compromet essentiellement la santé du soldat. Il est urgent d'y pourvoir, de laisser aux corps les moyens de se procurer l'habillement, leur laisser toute liberté sur le choix des étoffes dont ils se pourvoiront, et de donner des secours à ceux qui en ont besoin, et particulièrement aux volontaires nationaux.

4°. On ne rappèlera pas ici toutes les demandes adressées aux différents ministres qui ont dirigé successivement les opérations de la guerre. Les plus importantes sont réunies dans les deux lettres adressées dernièrement à M. Lajard les 9 et 10 juillet : les généraux ne peuvent que répéter ici la phrase qui termine une de ces lettres : « Le temps des petites mesures est passé; l'ennemi nous presse, et, si nous n'employons à l'instant toutes les ressources de l'état, la cause de la liberté serait trahie. »

*Signés*, Lamorliere, Biron, Victor Broglie et Eusten.

*Réquisition faite par le général commandant l'armée du Rhin, au conseil général du département du Rhin.*

Nous, Alexis Lamorliere, lieutenant-général commandant l'armée du Rhin, ayant pris connaissance de la loi qui fixe les mesures à prendre quand la patrie est en danger, et de l'acte par lequel le corps législatif déclare que la patrie est en danger, lesquels nous ont été notifiés par MM. les administrateurs composant le directoire du département du Bas-Rhin; considérant que les ennemis de la patrie dirigent tous leurs efforts contre les frontières de la Sarre et du Rhin, et que leurs troupes s'y réunissent en grand nombre; qu'elles sont munies de tous les moyens d'attaque; que les troupes peuvent opérer dès ce moment une invasion et dévaster au moins une partie de nos campagnes avant que les troupes qui s'avancent, et que les citoyens qui vont accourir de toutes les parties du royaume, puissent les repousser;

Considérant que les citoyens des départements frontières suffisent pour arrêter seuls les entreprises de ces armées, et les empêcher de pénétrer sur le territoire français; que les citoyens brûlent de combattre pour l'honneur de la nation, pour les droits de l'humanité; qu'il suffit de diriger leur ardeur pour le plus grand avantage;

Considérant que, s'il est souverainement important que les citoyens des frontières se couvrent de leurs armes, et soutiènent seuls les premiers efforts de l'ennemi, le reste des Français accourra bientôt à la voix du corps législatif, pour partager leur honneur et leur gloire;

Considérant enfin, que, dans un danger imminent, il est du devoir du général chargé de la défense d'une frontière, de prendre provisoirement toutes les mesures que la loi permet, de faire toutes les réquisitions qu'elle autorise et qu'il croit utiles; après en avoir préalablement délibéré dans le conseil de l'armée du Rhin, nous avons arrêté de requérir les départements du Haut et du Bas-Rhin, du Doubs et du Jura, de la Haute-Saône, des Vosges et de la Meurthe, de prendre les mesures dont la teneur suit, et nous prions et requérons formellement le conseil général du département du Haut-Rhin de les adopter.

Art. 1er. Conformément à la loi du 8 juillet 1792, 4e année de la liberté, sur le danger de la patrie, toutes les gardes nationales seront en état d'activité permanente.

2. Tous les citoyens seront tenus de déclarer devant leurs municipalités respectives, le nombre et

la nature des armes et des munitions dont ils seront pourvus.

3. Les états qui en seront dressés, seront communiqués au général. On aura soin d'y indiquer les réparations nécessaires, et de marquer surtout si les fusils sont munis de baïonnettes et de baguettes de fer.

4. On constatera le nombre des armuriers et ouvriers en fer, qui peuvent être employés à réparer les armes, et ils y seront employés sur-le-champ.

5. Les frais de ces réparations seront payés provisoirement par la caisse de district.

6. Le nombre des gardes nationales que chacun des départements requis devra fournir, sera provisoirement fixé au sixième de celui des citoyens actifs, c'est-à-dire, pour le département du Haut-Rhin, à...

7. La répartition entre les districts et cantons sera faite incontinent, et publiée le plus tôt possible. Les commissaires qui doivent présider à la formation des compagnies, seront nommés à la première assemblée des administrateurs de district.

8. Dès qu'une compagnie sera formée, l'officier commandant des troupes en sera prévenu, et lui transmettra les ordres qu'il aura reçus pour la marche de cette compagnie.

9. Chaque département nommera un commissaire et un trésorier chargés de résider auprès du général de l'armée du Rhin, et de pourvoir au paiement de la solde des volontaires.

10. Les administrations pourvoiront à ce que la solde soit payée aux volontaires du jour de leur réunion dans les chefs-lieux de cantons, et conformément aux autres réglements faits pour les volontaires nationaux.

11. En conséquence, et lorsque le prêt sera fait aux volontaires, il leur sera délivré la portion de leur paie, destinée à leur subsistance.

12. Les cinq sous d'excédent devront rentrer en caisse pour subvenir à l'entretien, l'armement, habillement et équipement.

13. Les volontaires sont prévenus qu'ils pourront faire le service sans être revêtus de l'uniforme ; mais qu'il est nécessaire qu'ils aient ceux de leurs habits les plus propres à les garantir des maladies auxquelles ils seraient exposés par l'intempérie des saisons.

14. Ils seront aussi engagés à se munir de sacs de peau, s'il est possible, commodes pour le transport de leurs effets, de sacs de toile pour les distributions, et de haches et outils à remuer la terre. Les dégradations que ces outils peuvent éprouver seront payées par l'état.

15. Il sera attaché à chaque bataillon de volontaires un armurier, un tailleur, un cordonnier et un chirurgien.

16. Les corps administratifs sont requis de se concerter avec le général, pour que les gardes nationales de chaque commune soient dirigées de ma-

nière à contribuer à la défense des frontières, le plus utilement.

17. Les gardes nationales en activité de service pour les patrouilles ou détachements seront tenues de suivre les ordres qui leur seront donnés par l'officier chargé de la défense de l'arrondissement dans lequel leurs communes se trouvent comprises.

18. Les gardes seront exercés tous les dimanches; il leur sera adressé une instruction à cet effet. L'état général des gardes nationales sera adressé au général le plus tôt possible. Sur les réquisitions des officiers-commandants, les denrées et bestiaux seront transportés dans les lieux qui seront désignés.

19. Les administrateurs feront dresser l'état des voitures et des bateaux, chevaux de trait, de selle, dans chaque municipalité; ils l'adresseront au général dans le plus bref délai.

20. Elles feront aussi constater l'état des routes militaires, pourvoiront à ce qu'elles soient promptement réparées. Si ces réparations exigent des dépenses extraordinaires, elles seront incontinent demandées par le général.

Ce 9 juillet.

*Signés*, LAMORLIERE, BIRON, WIGENSTEIN; VICTOR BROGLIE.

En conséquence du mémoire ci-joint, les généraux de l'armée du Rhin demandent, 1° que les réquisitions qu'ils ont adressées aux conseils-généraux des départements de la frontière soient approuvées ; 2° que les volontaires qui se sont formés en vertu de cette réquisition, soient payés comme les autres volontaires, conformément aux dispositions de la loi du 17 juillet dernier ; 3° qu'à cet effet la trésorerie nationale soit autorisée à fournir aux caisses des départements le numéraire effectif nécessaire à la solde des volontaires, et à concerter avec les conseils généraux, les moyens les plus économiques de s'en procurer ; 4° que les réparations des armes et outils que les citoyens emploieront à la défense de la patrie soient payées par le trésor public ; 5° que les ordres donnés aux directeurs de l'artillerie et au commissaire général, pour que l'armée du Rhin soit abondamment fournie de ce qui lui est nécessaire, soient confirmés ; 6° qu'il soit envoyé, par les voies les plus promptes, à l'armée du Rhin une partie des carabines qui ont été fabriquées depuis peu d'années à Liège, sous la direction de M. Gorden, en 1790, et qui existent dans les magasins ; que chaque général soit autorisé à former un corps particulier de chasseurs exercés à se servir de cette arme ; 7° que les généraux soient autorisés formellement, et par le retour du courrier, à entrer sur le territoire des princes neutres, pour y attaquer les ennemis de la France, et les prévenir ; qu'ils soient autorisés à occuper militairement et à fortifier tous les postes qui leur paraîtront utiles à la défense de la frontière, et à se conduire, en un mot, sur leur territoire, comme ils le feraient sur le territoire français.

## Rapport fait par M. Montesquiou, général de l'armée du Midi, dans la séance du mardi 24 juillet.

Occupé depuis trois mois des moyens de repousser nos ennemis, j'espérais que mon zèle et mes travaux ne seraient pas infructueux. Il n'est plus permis depuis long-temps de douter des intentions hostiles du roi de Sardaigne. Le ministre des affaires étrangères en a informé l'assemblée. Elle a cependant pu ignorer que les préparatifs des Piémontais augmentent sourdement, et ont acquis depuis peu une grande extension. D'un autre côté, j'étais parvenu à établir une défensive presque suffisante sur une frontière de cent lieues de développement. Depuis Gex jusqu'à Antibes, chaque point d'attaque probable présentait, à la vérité, des forces inférieures, mais éventuellement doublées par des citoyens prêts à mourir pour la défense de la liberté : je n'étais plus dans le cas de regarder comme dangereuse l'attaque dont j'étais menacé, et je voyais sans inquiétude se former devant moi une armée de plus de cinquante mille hommes, pourvue d'abondants magasins et d'immenses munitions de guerre. La scène a changé tout-à-coup. J'ai reçu l'ordre de détacher vingt bataillons de mon armée pour renforcer celle du Rhin.

Le roi n'a ordonné cette disposition, l'assemblée n'y a donné son assentiment que parce qu'ils ont cru, sans doute, l'un et l'autre, que le royaume était moins exposé du côté des Alpes. Je n'ai pas douté qu'une connaissance plus exacte de ma position ne fît préférer d'autres mesures. J'en ai adressé le tableau au roi, dans un mémoire dont j'ai fait remettre le double au président du comité militaire. Mes représentations ont produit une partie de leur effet. L'envoi de vingt bataillons sur le Rhin a été réduit à dix ; mais ma position est telle, et le nombre des troupes que je commande est tellement circonscrit, qu'il laisse entièrement à découvert la partie la plus importante du pays que je suis chargé de défendre.

J'aurais renouvelé mes représentations sans m'écarter de mon poste, si de nouvelles circonstances ne m'avaient fait sentir l'importance de hâter la lenteur des explications politiques. Avant-hier, j'ai reçu de Savoie, par deux endroits différents, des détails semblables, qui me démontrent que le moment de l'explosion est proche. J'ai su que le 15 de ce mois, le roi de Sardaigne avait accordé la paie de guerre à ses troupes; que le même jour il avait été publié au prône des églises une lettre pastorale de l'archevêque de Turin, qui invite les bons chrétiens à prier Dieu pour la prospérité des armes des Piémontais contre les Français rebelles à leur Dieu et à leur roi. Les mêmes lettres portent que M. Risetti, inspecteur général de l'artillerie, était parti pour

aller à Milan, passer la revue des troupes autrichiennes qui devaient entrer en Piémont. L'ordre
d'établir des hôpitaux de guerre venait d'être donné.
Alors j'ai cru qu'il n'y avait pas un moment à perdre
pour détruire l'illusion funeste dans laquelle l'assemblée nationale et le roi pouvaient être encore
sur les dangers du Midi. Je suis parti la nuit même
pour leur exposer les vérités qui intéressent le salut
entier de l'empire. J'ai pensé, Messieurs, qu'il suffirait de les faire connaître pour faire changer des
dispositions qui coûteraient d'éternels regrets. J'ai
l'honneur de vous assurer, et j'en aurai pour garants
les cinq départements de la frontière des Alpes,
que tous les points de cette frontière sont menacés
par des forces fort supérieures aux nôtres. D'après
la jonction des Autrichiens, qui semble très-pro-
chaine, plus de six mille hommes se trouveront répartis dans le comté de Nice, dans le Piémont et
dans la Savoie : il paraît que le point d'attaque le
plus complètement préparé se dirige sur Lyon; que
vingt mille hommes bientôt réunis à dix ou douze
mille Autrichiens, menacent le centre du royaume
d'une incursion dont il est aisé d'apprécier toutes
les conséquences, même pour l'armée du Rhin,
qu'elle placerait entre deux armées ennemies. Vous
sentez, Messieurs, et les derniers événements de
l'Ardèche vous l'indiquent assez, vous sentez quelle
commotion produirait jusqu'au fond des départements intérieurs la marche libre d'une armée étran-

géré, liée avec les malveillants réunis dans ces contrées.

Pour achever de vous démontrer l'importance de
mes observations, je vous présenterai le tableau
court et exact de mes moyens de résistance. J'ai à
mes ordres quarante-huit bataillons de volontaires
nationaux, au complet de cinq cent quarante-six.
Vingt régiments de ligne de quatre à cinq cents
hommes au dessous du complet; six bataillons d'infanterie légère, et quinze escadrons. Total, quatre-
vingt-quatorze bataillons et quinze escadrons. La
frontière des Pyrénées, sur laquelle les ministres
m'ont rassuré jusqu'à présent, n'emploie que seize
bataillons pour la garde des places d'Avignon, Arles,
Montélimar, Valence; l'intérieur du pays où viènent
de se passer des événements si alarmants, en occupe
seize; les gorges des... et du pays de Gex, quatre.
Total, trente-six bataillons. Il ne m'en reste donc
que cinquante-huit. Les places de Toulon, Antibes,
Monaco, Embrun, Briançon, Grenoble et Barreaux
en occupent dix-neuf; il ne me reste donc que trente-
neuf bataillons qui puissent tenir la campagne. J'en
ai désigné dix à la défense du Var, et neuf à Camper.
Le camp de.... est dans une position importante et
nécessaire pour se défendre contre les troupes qui
descendront du Piémont. Ces moyens très-faibles
recevront du pays même le complément de force
qu'assure un patriotisme pour qui la constitution et
la liberté sont tout  et pour qui les, dangers et la

mort ne sont rien. Je n'ai donc que vingt bataillons, tant pour tenir la position de...., dont tout le monde connaît l'importance, que pour fermer le chemin de Lyon. Pour peu que l'on retranche sur cette dernière ressource, il ne reste rien. Le pays, auquel la nature et l'art ont refusé toute défense, est livré à l'ennemi. Lyon n'est qu'à quinze lieues des frontières; Lyon n'offre que des richesses à saisir, et peut-être de nombreux alliés à nos ennemis.

Tel est le précipice qu'ouvrirait sous nos pas une disposition qu'il est encore temps de changer. Les motifs qui l'ont inspirée sont sans doute d'une haute importance; mais il est possible aussi que, ne connaissant pas l'imminence du danger dont je viens vous offrir le tableau, on ait adopté un système que des notions plus justes feraient changer. J'ai cru remplir un devoir sacré en me présentant moi-même pour vous dire ces importantes vérités. Je n'ai pas calculé dans l'état de forces dont je puis disposer, vingt-un nouveaux bataillons dont l'assemblée a décrété la levée, ni l'augmentation de deux cent trente-six hommes par bataillons de volontaires; 1° parce que ce recrutement de volontaires nationaux n'est pas, à beaucoup près, achevé; 2° parce que je n'ai pas encore d'armes à leur donner. Le ministre de la guerre m'en a promis incessamment dix mille, et peu après un autre envoi de douze mille. Mais ces envois rencontrent si souvent dans leur route des obstacles que l'égoïsme et la défiance opposent à leur passage, et d'ailleurs l'attaque peut-être si prochaine, que je ne dois compter que sur ce qui se trouve aujourd'hui à portée de la frontière. Je sais bien que si l'ennemi paraît, tout ce qu'un peuple généreux a de bras armés se joindra à moi. Nous mourrons tous, s'il le faut, pour la cause de la liberté. Mais si vous nous enlevez ce petit nombre de disciplinés dont l'instruction doit servir de guide au zèle inexpérimenté de nos braves citoyens, vous nous priverez des plus grands moyens de résistance et de victoire. Hier, par l'honorable approbation que vous avez donnée aux mesures des généraux du Rhin, vous avez adopté un grand moyen d'accroître vos armées. Me serait-il permis de vous en indiquer un peut être plus efficace encore, pour donner tout-à-coup à nos forces militaires une force supérieure, et par le nombre et par la qualité, aux forces de nos ennemis? Nous avons éprouvé à la guerre l'avantage de former en bataillons les compagnies de grenadiers et de chasseurs des régiments de ligne. Profitons de cette expérience : il n'est peut-être pas en France de département national qui n'ait formé avec prédilection des compagnies ou des sections de grenadiers ou de chasseurs. Ces derniers surtout sont l'élite des jeunes gens. En général, ces compagnies sont bien armées, bien habillées. Un amour-propre très-louable les a portés à s'exercer, à s'instruire, à se faire remarquer par un travail plus assidu. Qu'il soit permis aux généraux de s'entendre avec les départements pour rassembler seulement la moitié de ces compagnies d'élite; qu'ils aient le droit de les réunir en bataillons, et de mettre à leur tête des chefs choisis parmi les commandants des gardes nationales en activité. Vous aurez tout-à-coup des corps excellents, des corps tout armés, tout équipés; des corps que, dès le lendemain, vous pourrez présenter à l'ennemi. La magie attachée au nom de grenadiers et de chasseurs aura son effet; et, par un seul décret, vous ferez sur-le-champ passer les armées françaises, de la désolante infériorité où elles se trouvent, à la plus imposante supériorité. C'est alors que vous donnerez véritablement à l'univers le glorieux exemple de l'énergie d'un peuple libre. Je remettrai au ministre de la guerre et à votre comité militaire l'état de tout ce qui manque encore en armes, en effets de campements, en munitions, en officiers généraux; j'ose espérer de l'assemblée des secours sans lesquels le zèle est impuissant et le courage sans effet. Je conjure l'assemblée de prendre en considération le tableau que je viens d'avoir l'honneur de mettre sous ses yeux.

Tandis que les généraux, admis à la barre de l'assemblée nationale faisaient connaître le résultat des opérations militaires, l'armée républicaine se signalait chaque jour par de nouveaux exploits. On écrivait du Quesnoy le 25 juillet.

On va décerner une médaille d'or à un jeune chasseur du 6ᵉ régiment, ci-devant Languedoc, qui vient de donner un exemple d'intrépidité vraiment rare. Il apprend qu'une patrouille de dix chasseurs tyroliens est à Gaumenies, à une lieue du Quesnoy. Il y court avec deux camarades, s'élance sur l'ennemi comme la foudre, malgré une décharge de carabines, désarme lui seul quatre Tyroliens, et poursuit le reste qui s'enfuit. Un des ennemis charge en fuyant, et lâche sa carabine sur l'intrépide chasseur, à qui la balle traverse l'oreille et le cou. Blessé, il retourne à sa proie, la saisit et la ramène au Quesnoy, avec les autres prisonniers. Ce jeune héros s'appèle *J.-B. Goffard*; il n'a que vingt ans, et dix mois de service. On espère qu'il guérira de sa blessure.

Thionville, le 20 juillet.

Une armée autrichienne se forme depuis Remiek jusqu'à Luxembourg, et l'on attend des Prussiens à Prêle-Consarbruck. L'ennemi menace à la fois Saarlouis, Thionville et Longwy. Par une marche forcée, il peut arriver en un jour aux portes de l'une de ces villes. Ces frontières sont exposées aux plus grands dangers. Mais leurs défenseurs sont pleins de courage, et chaque jour voit naître de nouveaux traits d'intrépidité. La délibération suivante porte un caractère d'héroïsme sublime, et les exemples n'en sont pas communs dans l'histoire.

M. de la Harpe, lieutenant-colonel au 4ᵉ bataillon de Seine-et-Oise, et commandant au château de Rodemack, assemble tous les officiers à ses ordres, et, après leur avoir exposé le danger de la patrie et la position critique où ils se trouvent eux-mêmes, isolés et trop faibles pour soutenir une longue résistance, il conclut ainsi : « En cas d'attaque, il nous faudrait fuir comme des lâches, ou recevoir d'indignes fers. Défenseurs libres de la constitution, nous porterions des chaînes ?... Non, la liberté ou la mort.

En conséquence, le commandant propose, 1° d'employer tous les moyens de résistance ; 2° lorsque la résistance deviendra impossible, de faire sauter une partie du château et de passer à travers l'ennemi, bayonnette et sabre à la main, pour se retirer sur Thionville ; 3° si toute retraite devient impossible, il reste une ressource à de braves gens, qui ne doivent être pris vivants dans aucun cas, c'est de laisser entrer l'ennemi dans la place, *et de faire sauter le tout à la fois.*

Le corps d'officiers soussignés, après avoir examiné les trois articles, les a adoptés unanimement, préférant tous de périr, quand il n'y aurait plus de ressource, plutôt que de se rendre.

Le commandant, M. Mathis, ancien officier d'artillerie, et Houcet, second lieutenant, sont chargés de suite de choisir l'emplacement le plus

favorable pour que la poudre fasse le plus d'effet.
Suivent les signatures.

*Maly*, adjudant; *Peynier, Brune, Blancard, Houcet*, sous-lieutenants; *Duvivier, Frères, Dumont*, lieutenants ; *Camus, Rennes, Bouillet*, capitaines ; *Mathis, Laharpe*, lieutenants-colonels.

Cette détermination a été communiquée à la troupe assemblée ; tous l'ont approuvée avec transport. L'emplacement pour la poudre est tout prêt.

Valenciennes, le 28 juillet.

En évacuant Bavay, les Autrichiens ont pris la direction de Mons. Avant de partir, ils ont prié, le bâton levé, les paysans *de vouloir bien* leur fournir tout ce qu'ils avaient en comestibles et en fourrages. Hier au soir ils ont commandé quatre cents paysans de corvée, pour détruire les retranchements qu'ils avaient construits. Un mouvement du général Dillon leur a, dit-on, fait craindre d'être tournés et attaqués par trois colonnes françaises. Leurs troupes campées à Beaumont, ont aussi évacué ce poste. Toutes ces troupes se sont portées vers Mons.

Il paraît que les Autrichiens ont voulu engager M. Lafayette à porter une grande partie de ses troupes vers le Hainaut, pour attaquer ensuite les points qu'il aurait laissés sans défense.

On n'a tous les jours que de nouveaux éloges à donner aux différents corps de l'armée.

Longwy, le 28 juillet.

L'avant-garde et la réserve de l'armée ont marché ici le 25 avec le 40ᵉ régiment, et le corps commandé par le colonel Steingler s'est porté au Tiercelet.

La deuxième division de l'armée, composée de plus de vingt mille hommes, est placée au-dessus de Flabenville sur la Chère, entre Longwy et Montmédy. Le camp s'étend d'un côté sur le Petit-Sivry, de l'autre sur la ferme de la Prêle, et la queue est à Villers le Rond, devant Marville.

Les hussards de Chamboran et les chasseurs gardent la trouée de Ruette, et tous les postes derrière Longwy. Cette armée est dans les plus belles dispositions.

On s'attend à une attaque du côté de Longwy ou plutôt de Thionville.

Le camp de Brouenne est transporté au Mont-Liber : il garde les devants de Montmédy.

Valenciennes, 1ᵉʳ août.

Le nombre des déserteurs augmente tous les jours, et tous, Houlans et Tyroliens, assurent qu'ils seront suivis d'une immense quantité de leurs camarades.

Un caporal des grenadiers de Murrai est arrivé,

le 30 juillet, de Bruxelles même, avec tout son poste, composé de 17 hommes.

Le général Dillon a fait, le 28, la revue du camp de Maulde : ce camp, qui vaut aujourd'hui une place forte, est environné de plus de vingt mille palissades ; cinq à six mille hommes, dans ces retranchements, feront face à une armée de trente mille hommes.

Croyons encore à l'humanité autrichienne !.... Qui pourrait apprendre le trait suivant sans ressentir tous les frémissements de l'indignation ? — Les paysans français enlevés par les Autrichiens, *se vendent dix écus* à Luxembourg ; de là on les envoie recruter les garnisons de la Silésie et de la Gallicie, d'où ces infortunés ne reviendront jamais.

*Du 2.* M. Dillon ayant fait avancer des troupes vers Bavay, y campa un jour. Mais il ne trouva pas la position avantageuse, et porta son armée à Berlamont, où son camp va être fortifié de huit bataillons et de deux escadrons. Il y avait à peine une heure qu'il était sorti de Bavay, quand les Autrichiens y sont rentrés. On ne sait pas encore quel est leur nombre. — Les compagnies franches se forment avec une rapidité incroyable. Le général choisit de vieux militaires pour les commander.

*Lettre de M. Arthur Dillon, lieutenant-géné-
ral, commandant sur la frontière du Nord, à
M. d'Abancourt.*

Je vous ai rendu compte, dans ma lettre du 21
de ce mois, n° 1, des premières démarches que
j'avais faites depuis mon arrivée dans ce pays, le
18 : la position militaire des choses est à peu près
la même depuis cette époque. Les ennemis sont toujours maîtres de Bavay ; ils font de fréquents changements de position. Je pense que leur intention,
dans ce moment, est de nous donner de l'inquiétude sur plusieurs points à la fois, afin de m'engager à dégarnir une de mes deux ailes, soit à Maubeuge, soit à Maulde. Ils n'y parviendront pas, à
moins que la supériorité de leurs forces ne leur
donne le moyen d'emporter l'un de ces deux camps.
Mais cette effrayante supériorité me donne tout lieu
de craindre qu'après avoir coupé la communication
de Maubeuge à Valenciennes, par la route de Bavay,
ils ne parviènent à la couper encore par la route
de Landrecy et d'Avesne. Ils ont poussé des postes
jusqu'à la haie de Gaumenies, environ trois quarts
de lieue au nord est du Quesnoy. D'autres partis se
sont montrés près de Valenciennes, à Jaleur et à
Curgie. Dans l'est de la forêt de Mormale ils se sont
emparés de Pont-sur-Sambre et de Berlamont. Il
était à craindre que leur projet ne fût de se rendre

maîtres de toute la forêt de Mormale, et de donner par là de l'inquiétude aux nombreux villages qui bordent cette forêt du Quesnoy à Landrecy. J'ai sû qu'il leur arrivait aussi du gros canon à Bavay, et me suis décidé en conséquence à renforcer et à mettre en état de soutenir un siége les places du Quesnoy, Landrecy et Avesnes. On peut être parfaitement tranquille à cet égard; j'ai établi M. de Chazot, maréchal-de-camp à Landrecy, avec commandement sur le Quesnoy et Avesnes. J'ai mis à sa disposition un corps de troupes légères, destinées à agir offensivement dans la forêt de Mormale, qu'il pourra renforcer chaque jour, suivant la nature de ses opérations, en tirant des détachements des neuf bataillons qu'il a dans sa garnison.

Une des choses qui me donne le plus de peine, est de contenir l'ardeur des troupes qui voudraient toutes à la fois marcher à l'ennemi. Un détachement d'environ trois cents hommes, sorti le 22 de Maubeuge, aux ordres du lieutenant-colonel Richardot, a eu plusieurs escarmouches avec l'ennemi où nous avons toujours eu l'avantage. Dans la nuit du 22 au 23, ce détachement a surpris et passé au fil de l'épée trois patrouilles de chasseurs tyroliens, près du lieu nommé *le Cheval-Blanc*, au bord du bois et au nord-est du Quesnoy : il est rentré à Maubeuge. M. Chazot commence demain ses opérations, et j'ai lieu d'espérer que, dans peu de jours, non-seulement nos communications seront libres avec Maubeuge, mais que nous aurons même reculé les ennemis dans les parties du bois qui tiènent à Bavay. Six chasseurs du 6ᵉ régiment étant en patrouille, ont été tirés et manqués par dix chasseurs tyroliens; ils sont tombés dessus, sans s'amuser à faire feu, en ont tué deux et pris trois prisonniers. Ces petits avantages ont le mérite de donner de l'ardeur et de la confiance à nos troupes.

Le ministre de la guerre communique à l'assemblée l'itinéraire de l'armée de M. Lafayette, pendant les 23, 24, 25 et 26 de ce mois, temps pendant lequel on avait présenté des craintes à l'assemblée sur ses mouvements.

Le 23, les troupes au commandement du général, et qu'il devait conduire où l'ennemi porte ses plus grandes forces, étaient rassemblées; elles ont pris leur marche en remontant la frontière du côté du Rhin. L'avant garde a trouvé sur son passage, le 24, de la résistance de la part de quelques corps ennemis; elle les a repoussés, et elle a continué sa route.

Le lendemain l'attaque a recommencé; l'aide-de-camp, M. Desmotes, a été grièvement blessé; M. Latour-Maubourg est allé à l'appui; l'ennemi a été repoussé avec perte. Un autre corps ennemi occupait le village de Besancy, il en a été débusqué; nous avons eu huit grenadiers et un dragon blessés. Nos troupes se sont parfaitement bien conduites : ordre dans leur marche, bonne tenue, bonne discipline et bravoure dans l'attaque ; voilà quelle a été leur conduite. Elles sont arrivées le 26 au camp de Longwy. Cette relation est signée de M. Lannoy, officier général.

Le ministre de l'intérieur transmet à l'assemblée une lettre du général Lafayette. — Elle est ainsi conçue :

Longwy, le 26 juillet, l'an 4 de la liberté.

Le ministre de l'intérieur m'a signifié un acte du corps législatif, du 21 juillet, et la dénonciation que six de ses membres ont signée.

Si j'étais interpellé sur mes principes, je dirais que, proclamateur et défenseur constant des droits de l'homme et de la souveraineté des peuples, j'ai partout et toujours résisté aux autorités que la liberté désavouait, et que la volonté nationale n'avait pas déléguées, et que partout et toujours j'ai obéi à celles dont une constitution libre a déterminé les formes et les limites.

Mais je suis interpellé sur un fait. Ai-je proposé à M. le maréchal de Luckner de marcher avec nos armées sur Paris ? A quoi je réponds, en quatre mots : *Cela n'est pas vrai.*

LAFAYETTE.

On lit ensuite une lettre du maréchal Luckner ; elle est ainsi conçue.

Au quartier-général à Longueville,
près Metz, le 28 juillet.

Je sens bien vivement dans ce moment combien il est affligeant pour moi de ne savoir pas parler la langue du pays où je sers, et à la liberté duquel j'ai dévoué le reste de ma vie : cette difficulté de me faire entendre a sans doute été cause de la différence qu'il y a entre la conversation que j'ai eue chez M. l'évêque de Paris, et celle que je trouve dans le procès-verbal de l'assemblée nationale, et le décret qui m'ont été envoyés.

Jamais propostion de marcher sur Paris ne m'a été faite ; et je vous assure, Messieurs, que si elle m'avait été adressée par un agent quelconque de la force publique, je ne me serais pas contenté de la rejeter avec horreur, mais j'aurais cru de mon devoir de dévoiler aussitôt aux autorités constituées un aussi criminel projet.

Il m'est bien douloureux, en sacrifiant entièrement mon repos et ma tranquillité, de voir donner une interprétation aussi affreuse à une conversation mal entendue.

J'avoue, qu'ayant souvent à répondre sur des objets qui me sont aussi étrangers, et auxquels je suis si peu accoutumé, mes forces ne pourraient long-temps y suffire, et que je me verrais dans la nécessité de quitter un poste qu'elles ne me permettraient pas de garder.

Permettez, Messieurs, à un vieillard étranger, mais qui a le cœur français, à un soldat qui s'est associé à vos dangers, et qui place son bonheur dans la durée de la liberté publique, dans le maintien de la constitution et dans votre gloire ; permettez-lui de vous répéter sans cesse que les dangers extérieurs qui menacent la patrie sont réels ; mais que si la France entière, qui reçoit l'influence des représentants du peuple, ajournant toutes contestations, se livre avec union au salut de l'état, la guerre que nous avons à soutenir, loin de nous conduire à l'inhumaine situation de recevoir de nos ennemis des lois et des fers, peut tourner au profit de la liberté universelle de tous les peuples de l'Europe. Une si imposante alternative commande à tous les bons Français des sacrifices, et il n'appartient qu'à l'assemblée nationale de les y inviter avec succès. L'union fera la force du peuple ; elle multipliera celle des armes ; elle seule enfin, en inspirant un mépris égal pour les intrigants, comme pour les factieux, opposera une forte digue au torrent des puissances coalisées, et obtiendra l'hommage éternel de la postérité à ceux qui auront le courage d'en annoncer et d'en donner l'exemple.

*Le maréchal* LUCKNER.

FIN DU TOME PREMIER.

# TABLE

*Des Proclamations, Adresses, Lettres et Rapports*
*qui sont contenus dans ce premier volume, rangés*
*selon l'ordre alphabétique de leurs auteurs.*

## A

LASOURCE, *membre de l'assemblée législative.*

## LOUIS XVI.

## LUCKNER. *(le maréchal)*

# M

**MARIE-CHRISTINE**, *(archiduchesse d'Autriche, gouvernante des Pays-Bas.*

## MONTESQUIOU. *(le général)*

# P

## PÉRIGUEUX.

# R

*N. B.* Le nom de toutes les personnes mentionnées dans l'ouvrage sera imprimé à la fin du dernier volume.

BIBLIOTHEQUE NATIONALE DE FRANCE

3 7502 01951868 9